Josef Thaller
Die sächsische, Thüringer und sachsen-anhaltinische Meisterküche

Josef Thaller

Die Sächsische, Thüringer und Sachsen-Anhaltinische MeisterKüche

425 Rezepte von 40 der besten Köche aus Sachsen, Thüringen und Sachsen-Anhalt
46 Farbaufnahmen von Harry Bischof

HUGO MATTHAES DRUCKEREI UND VERLAG
GMBH & CO. KG

ISBN 3-87516-693-0

Umschlagbild: ILLUSTRATION Thomas Thiemeyer, Stuttgart
Fotos: L'Eveque Fotografie, Harry Bischof, München
Foodstyling: Tim Landsberg, München

Printed in Germany
Gesamtherstellung: Hugo Matthaes Druckerei und Verlag GmbH & Co. KG, Stuttgart

INHALTSVERZEICHNIS

Alle Rezepte sind, soweit nicht anders angegeben, für vier Personen berechnet.

Dieses gemeinsame Werk
von 40 der besten Köche
Sachsens, Thüringens und Sachsen-Anhalts
ist dem Andenken von
Ernst Lößnitzer
gewidmet

Allen beteiligten Köchen
sei an dieser Stelle
sehr herzlich für ihre kreativen Beiträge
gedankt.

Ein besonderer Dank geht an
Herbert Frauenberger
vom Hotel Frauenberger
in Tabarz
sowie an
Karl-Martin Schneider
und an
Wolfgang Riemhofer
vom
Landhotel Baumwiese
in Dresden-Boxdorf,
wo die Aufnahmen für dieses Buch
entstanden sind.

Autor und Verlag
im September 1997

Zu den schätzenswerten Besonderheiten im geeinten Deutschland, die beileibe nicht bloß zum folkloristischen Reiz beitragen, sind neben den Dialekten, neben Sitten und Gebräuchen auch die regionalen Küchen zu zählen. Und wenngleich sich mittlerweile vieles einander angeglichen und manches miteinander gemischt hat, hat sich zugleich doch auch allerlei Typisches und Spezielles gehalten, das, wenn nicht alles täuscht, sogar zunehmend geschätzt und gepflegt wird. Aufbauend auf dem, was Natur und Kultur des betreffenden Landstrichs als Grundlage hergaben, haben die regionaltypischen Küchen stets auch von außerhalb kommende Einflüsse aufgenommen und weiterentwickelt, haben profitiert von Phantasie und kulinarischem Spürsinn vieler Generationen zumeist ungenannt gebliebener Köchinnen und Köche.

Vor diesem Hintergrund lädt der vorliegende Band zu einem Streifzug durch die aktuelle Küchenkunst dreier deutscher Bundesländer ein, einem Streifzug durch höchst traditionsreiche Regionen notabene, deren – wohl auch kulinarische! – Entwicklung seit Jahrhunderten durch vielerlei Beziehungen eng verbunden ist. Das Buch hält auf seiner Entdeckungsreise durch hiesige Küchen und Keller manch verlockenden Appetithappen bereit. Wir wünschen dazu ein gerüttelt Maß Spaß und Experimentierfreude – getreu dem Motto, wonach Probieren allemal über Studieren geht.

Kurt Biedenkopf
Ministerpräsident
des Freistaates Sachsen

Bernhard Vogel
Ministerpräsident
des Freistaates Thüringen

Reinhard Höppner
Ministerpräsident
des Landes Sachsen-Anhalt

LE BOUCHER

Vorwort

Der verständige Koch und der Genießer werden immer wieder eine Besserung der allgemeinen Küchenkultur durch die Erhaltung und Verbreitung und durch die Kultivierung der Heimatgerichte erwarten.

Hans Kaiser
„Gesegnete Mahlzeit"

In den Dresdner Gaststätten und Restaurants der Zeit vor dem 1. Weltkrieg gab es nicht nur Sächsisches. Besonders beliebt war bayerische Kost. So führte die überaus populäre „Bärenschänke", in deren zahlreichen Gasträumen am Tag bis zu sechstausend warme Mahlzeiten serviert wurden, unter ihren „Spezialitäten" regelmäßig „Pichelsteiner Saftfleisch", „Bayerische Kalbshaxen" und „Münchner Schlachtschüssel" auf. Besonders populär war dort auch, je nach Jahreszeit, „Das große Hasenessen" und, im November, „Das große Gänseessen". Jeden Dienstag war Schlachtfest, bei dem jedesmal acht schwergewichtige Landschweine daran glauben mußten.

In dem im Vergleich zu Leipzig bescheideneren Dresden gab es, wie in Thüringen und der ehemaligen preußischen Provinz Sachsen – heute Sachsen-Anhalt –, eine wenn auch nach heutigen Maßstäben einfache, so doch gute Küche. Sicherlich konnte man, wie Leipzig dies tat, mit Berlin oder Wien nicht konkurrieren, man hatte auch nicht den Ehrgeiz dazu. Die sparsamen Dresdner legten mehr Wert auf Preiswürdigkeit und große Portionen. So war einer der beliebtesten Gasthöfe jener Zeit die „Sauerbratenschänke", so genannt, weil es dort überaus großzügig portionierten Sauerbraten mit Kloß für 25 Pfennige gab. Die Hälfte von dem, was er in der „Bärenschänke" kostete.

Die Landesküchen des Kaiserreichs hatten, wie die der heutigen Republik, sehr vieles gemeinsam. Die Grundpfeiler der Küche waren, wie sie dies auch heute noch sind, die Fleischgerichte mit all ihren Ähnlichkeiten. Was dem Berliner sein „Eisbein", war dem Bayern sein „Surhaxl" und dem Rheinländer das „Hämchen". Die Rinderroulade ist heutzutage bundesweit der unangefochtene Favorit, dicht gefolgt vom eben erwähnten Sauerbraten, der vor allem im Ausland als ein Synonym für deutsche Küche angesehen wird, und dem besonders im Süden geschätzten Schweinebraten. Letzterer ist allerdings im Norden, wo er gerne mit Pflaumen und Backobst gegessen wird, nicht minder populär. Nicht zu vergessen die urdeutsche Schlachtplatte, die von Garmisch bis Kiel und von Aachen bis Leipzig die Augen und Lippen glänzen läßt.

Wo liegen nun die Unterschiede, was sind die unverwechselbaren Heimatgerichte, die für unsere Küchenkultur so unerläßlich sind? Es sind wohl die einfachen Speisen: das Töttchen der Westfalen, die Kutteln der Schwaben und Badener, das Füllsel der Pfälzer, das Lüngerl der Bayern, das Labskaus des Nordens sowie der Tiegelbraten der Thüringer und Sachsen. Die Regionalküche ist immer dort am authentischsten, wo sie am bescheidensten ist. Natürlich gehören noch die Knödel, die Spätzle und Schupfnudeln, die Klöße und Mehlbüdel, die Rievkooke, Pickerts und sonstigen Kartoffelkuchen, der Panhas, die Wurstebreis, Stopsels, gehören Himmel und Erde mitsamt all den sonst in Europa kaum zu findenden Gemüsen, wie Grünkohl, Stielmus, Wruken, und was es sonst noch in den deutschen Gemüsegärten geben mag, dazu.

Der große Alfred Walterspiel hat sich nicht gescheut, seine „Reibrägelte", die roh gebackenen Kartoffeln, und das „Schäufele" seiner badischen Heimat in sein Küchenprogramm aufzunehmen. Französische 3-Sterne-Köche haben die Küche der Provinz wiederentdeckt, und auch hierzulande haben sich in den vergangenen Jahren immer mehr junge Köche der Küche und den Produkten ihrer Region zugewandt, haben sich daran gemacht, die Heimatgerichte wieder zu neuem Leben zu erwecken, ihnen, wo es sinnvoll erscheint, die Schwere, aber nicht den Geschmack zu nehmen, sie zu verfeinern und zu variieren und ihnen wieder die Heimstatt zu geben, die sie in der Haushaltsküche längst verloren haben. Beispielhaft für diese Küchenbewegung zum Ausgang des 20. Jahrhunderts sind die 4061 Rezepte der bisher erschienenen neun Bände und die 425 Rezepte des vorliegenden zehnten und abschließenden Bandes dieser Serie.

Nebenstehendes Bild: „Rinderhälfte" von Jean-Pierre Corpaato, Öl auf Karton

Vorspeisen

Armselig der Mensch, der nicht zu genießen versteht.

Montaigne

1573

Ein nicht unwesentlicher Teil eines jeden Genusses besteht in der Vorfreude, daher die Amuse-gueules, die Amuse-bouches der feinen Küche. Sie dienen weniger der Überbrückung der Wartezeit auf den ersten Gang – die kann man auch mit einem Aperitif totschlagen –, sie sollen vielmehr, wie das Einstimmen der Instrumente im Orchestergraben, die Spannung erhöhen, die freudige Erwartung auf das Kommende steigern und damit den Lustgewinn maximieren. Dieselbe Funktion hat natürlich auch die Vorspeise. Aber sie ist bereits Teil des Ganzen, mit ihr beginnt der Vollzug des Aktes, sie ist sozusagen der Anfang vom Ende.

In der bürgerlichen deutschen Küche des letzten Jahrhunderts und wohl auch noch in der ersten Hälfte dieses Jahrhunderts gab es wenige eigenständige Vorspeisen. Was an Vorspeisen zu finden war, kam zumeist aus der französischen Küche, besonders in Süddeutschland und im Rheinland. Aber auch in den großen Städten des Nordens und selbstredend in Sachsen, vor allem in Leipzig, dominierte in der Küche des gehobenen Bürgertums bei den Vorspeisen das Französische: die Chauds-froids, Croquettes, Gänseleber- und sonstigen Pasteten, die Mayonnaisen und dergleichen mehr. Ganz besonders aber die farcierten Vorspeisen, wie die Mousses, Pains oder Puddings. Manchmal schob sich auch Landestypisches dazwischen, so wie in Sachsen die „Nierensemmelchen" oder „Krebsplinzen" und deftige Sülzen, die aber auch als Abendgericht für sich gegessen wurden.

Im Anhaltinischen und in Thüringen war es bei der wohlhabenden Schicht der Bevölkerung nicht anders. Relativ gering war der östliche Einfluß, und obwohl Rußland als das Land der klassischen kalten Vorspeisen galt, fanden diese Gerichte sich kaum auf den Karten der Restaurants. Kalte Vorspeisen waren offensichtlich nicht sonderlich beliebt. Besonders bei Hofe nicht, wie aus dem von Reinhard Lämmel (einem der mitwirkenden Köche dieses Buches) herausgebrachten Werk „Kulinarische Audienz am sächsischen Hof", einer Sammlung sachkundig kommentierter Menükarten, hervorgeht. Die Speisenfolgen begannen durchweg mit einer Suppe, auf die eine warme Vorspeise oder ein warmes Zwischengericht, zumeist kleine Pastetchen, mit einem Ragout gefüllt, Croustades, Beignets, Darioles und dergleichen mehr folgten. Es mag sein, daß es sich bei diesen Essen nach der heute noch geltenden klassischen Einteilung, mittags kalte Vorspeisen, abends Suppe, um abendliche Diners gehandelt hat, aber dennoch scheint es, daß insgesamt gesehen die kalten Vorspeisen hinter den warmen rangierten. Lediglich die Gänsestopfleber wurde in der Regel kalt, ob als Pastete oder als Chaud-froid, aufgetragen.

Die heute so beliebten oft lauwarmen Salatkompositionen, das besonders in den letzten Jahren populär gewordene Carpaccio, das ohnehin erst in den 60er Jahren in Italien, genauer gesagt im Piemont, entstanden ist, die Mille-feuilles-Kompositionen, die kleinen Würstchen von Fisch oder Krustentieren, die Gänselebertorten und Gugelhupfs, und was es sonst noch an aufregenden Kreationen der neuen deutschen Küche gibt, waren damals noch nicht bekannt. Lediglich die wie die Carpaccios aus Italien zu uns gekommenen Ravioli, die heute mit den unterschiedlichsten Füllungen zum festen Vorspeisenrepertoire gehören, waren auch schon zu Zeiten des letzten sächsischen Königs unter den Vorspeisenfavoriten zu finden. Zwar nicht als Ravioli, sondern als „Türkische Pastetchen".

Arabische Händler hatten diese kleinen Teigtaschen, die sie in China als Wan-tan kennen- und schätzengelernt hatten, zunächst nach Nordafrika und dann auch nach Europa gebracht, was der patriotischen Überzeugung der Italiener widerspricht, die dies Marco Polo zuschreiben. Dennoch ist der italienische Einfluß auf die Vorspeisenpalette der neuen deutschen Küche immer noch beeindruckend. Er wird nur noch übertroffen von der Innovationsfreude und Kreativität, mit der die neue Köchegeneration regionale Produkte und die regionale Küche in diesen besonders lustbringenden Teil der Gourmandise einbeziehen.

Rezept Seite 15: Kalbszungensülze mit Meerrettichmousse
Martin Schlösser, Landhaus zu den Rothen Forellen, Ilsenburg

Hirschterrine mit Steinpilzen auf Holundersauce

Michael Seidel
Restaurant Hammerklause
Plauen

500 g Hirschschulter oder -keule, 200 g geräucherter Speck, 200 g frische Steinpilze, 100 g gekochter Schinken, Schweinenetz, Rosmarin, Thymian, 1 Knoblauchzehe, Salz, Pfeffer, 1 Lorbeerblatt, Piment, Minze, 1 EL süße Sahne, 2 cl Weinbrand, 0,3 l Rotwein, 400 g Holunderbeeren, Speisestärke, je 1 Prise Zucker und Salz sowie 2 EL Rotwein zum Abschmecken.

Das Fleisch und die Hälfte des Specks würfeln, im Weinbrand und Rotwein 3 bis 4 Std. marinieren. Dann im Wolf oder Mixer zu einer streichfähigen Farce zerkleinern. Mit Salz, Pfeffer, der süßen Sahne und der zerdrückten Knoblauchzehe würzen.
Die Steinpilze in einem Sud aus 1 l Wasser, dem Lorbeerblatt, Salz, ganzem schwarzem Pfeffer und Piment 15 Min. blanchieren, abkühlen lassen und in grobe Scheiben schneiden.
Die Terrinenform sorgfältig mit dem Schweinenetz auskleiden und sehr fest bis zu einem Drittel Höhe mit der Farce füllen. Bei der gesamten Terrine ist darauf zu achten, daß keine Hohlräume bleiben, da sie sonst beim Servieren leicht zerfällt.
Auf die Farce werden die Pilzscheiben gelegt. Ein Rand von etwa 2 cm rings um die Form muß dabei frei bleiben. Darüber nun den Rest der Fleischmasse verteilen und verdichten. Die Terrine mit Scheiben des restlichen Specks und Aluminiumfolie abdecken, dann im Wasserbad im Backofen bei 80 °C 75 bis 80 Min. ziehen lassen. Nicht kochen.
Die Terrine in der Form 1 Tag abkühlen lassen, stürzen und vorsichtig in Portionsscheiben schneiden. Das Messer vorher in kaltes Wasser tauchen.
Die Holunderbeeren waschen und mit einer Gabel von der Dolde streifen. Mit ½ l Wasser offen zum Kochen bringen und mit je 1 Prise Salz und Zucker würzen. Nach 1 Std. Kochzeit durch ein feines Sieb passieren und mit der Speisestärke nach Wunsch andicken.

Anrichten:
Vor dem Auftragen mit dem Rotwein abschmecken. Die Sauce neben 2 Scheiben der Terrine angießen und mit Minzeblättern garnieren. Dazu je 1 Scheibe frisches Schwarzbrot reichen.

Terrine von Sellerie und Ochsenschwanzrilletten

Bild Seite 14

Ute Herzog
Villa Herzog
Dresden

1 Ochsenschwanz (in Stücke zerteilt), 2 gestückelte Karotten, 2 Stangen Lauch (geschnitten), 2 Stangen Staudensellerie, 2 geschnittene Petersilienwurzeln, je 1 Rosmarin- und Thymianzweig, 1 TL Salz sowie Pfeffer, 3 ungeschälte Knoblauchzehen, 5 Wacholderbeeren, 2 Lorbeerblätter, 300 ml Rotwein, 4 EL Tomatenmark, 6 Blatt Gelatine sowie 4 cl Sherry, 1 Sellerieknolle, 425 ml Sahne und ½ Tasse Gemüsebrühe.

Den Boden eines breiten Topfes gut fetten, die Hälfte des Gemüses hineingeben, die Fleischteile darauf verteilen, die Kräuter und Gewürze dazugeben und mit dem restlichen Gemüse bedecken. Den Rotwein darübergießen und für 3 Std. mit fest geschlossenem Deckel bei 150 °C im Backofen schmoren, dann auskühlen lassen. Die Fleischstücke herausnehmen, von den Knochen lösen und im Kutter mit den zerkochten Karotten-, Lauch- und Petersilienwurzelstücken zerkleinern.
1 Sellerieknolle schälen, grob würfeln und in 125 ml Sahne mit der Gemüsebrühe weich kochen. Pürieren, durch ein Sieb streichen und auskühlen lassen. Die Gelatine in Wasser einweichen und in dem warmen Sherry auflösen. Nun zum Selleriemus geben und gut unterrühren. Sobald die Masse geliert, die restliche steife Sahne unterheben.
Eine kleinere Kastenform mit nasser Folie auskleiden, zur Hälfte mit Selleriemus füllen, die Rilletten behutsam darüber verteilen und das restliche Mus einfüllen. Die Form fest aufstoßen und für 24 Std. kühlen.
Hierzu paßt sehr gut eine leichte Kräuter-Quark-Sauce.

Terrine von der Wildente mit Orangen-Pfeffer-Sauce, Radieschengemüse

Jens Budde
Hotel-Restaurant Schloß Eckburg
Dresden

Wildente:
3 Entenbrüste, 150 g grüner (roher) Speck, 2 Eigelb, 150 ml Sahne, 30 g Pistazienkerne, 30 g Pinienkerne, 50 g Pökelzunge, 1 Prise Pastetengewürz, Salz, Pfeffer, ½ Orangenschale, 2 cl Gin.

Die Entenbrüste von der Haut und Sehnen befreien. Die Haut zwischen zwei Folien plattieren und eine Form damit auslegen. Das Entenfleisch und den Speck zwei-

mal durch die feinste Scheibe des Fleischwolfes lassen. Danach 2 Std. gut durchkühlen.
Die Entenhackmasse im Kutter mit den Eigelben, der Sahne, der Orangenschale, Gin und den Gewürzen gut kuttern. Die Pistazien- und Pinienkerne blanchieren, die Pökelzunge kleinwürfeln, dann alles unter die Fleischfarce heben. Anschließend in die Form mit der ausgelegten Haut drücken. Im Wasserbad bei 80 °C etwa 40 bis 45 Min. stocken lassen, dann gut auskühlen.

Orangen-Pfeffer-Sauce:
4 Orangen, 0,1 l Orangensaft, 2 EL Perlsago, Tabasco, 1 EL Honig und 10 g getrockneter grüner Pfeffer.

Von 2 Orangen Zesten abreißen. Die Orangen schälen und filetieren, die Filets aufbewahren. Den Orangensaft mit Sago aufkochen und quellen lassen. Dabei den grünen Pfeffer hinzufügen, abkühlen lassen, mit Honig und Tabasco (vorsichtig dosieren!) nachschmecken, in die kalte Sauce die Orangenfilets geben.

Radieschengemüse:
1 Bd. Radieschen, 2 rote Schalotten, 50 g Crème fraîche, 1 EL Butter, Salz, Pfeffer, 4 Sauerampferblätter.

Die Radieschen putzen und in feine, gleich große Scheiben schneiden. Die Schalotten in kleine Würfel schneiden, in Butter anschwitzen, die Radieschen hinzufügen und mit der Crème fraîche einmal aufkochen. Mit Salz und Pfeffer abschmecken.
Beim Anrichten mit Sauerampferstreifen garnieren.

Anmerkung:
Das Radieschengemüse, das diese Terrine begleitet, gibt der klassischen Geschmacksverbindung von Wildente und Orange, sozusagen als Kontrapunkt, eine unerwartete, aber höchst interessante Note.

Terrine vom Bördelamm mit grünen Bohnen

Für 8 Personen

Martin Schlösser
Landhaus zu den Rothen Forellen
Ilsenburg

140 g schieres Lammfleisch, 80 g Poulardenbrust, 75 g Lammleber, 85 g frischer Speck, 150 g frischer Speck (in dünnen Scheiben), 40 g Karotten, 30 g Sellerie, 30 g Schalotten, Knoblauch, Salz, 2 EL Butter, 2 Pfefferkörner, 1 Pimentkorn, ½ Lorbeerblatt, 1 Prise Koriander, einige Rosmarinnadeln, 8 cl Madeira, 350 ml Lammfond, 1 Eiweiß, 80 g Prinzeßbohnen, eine Terrine von etwa ½ l Inhalt.

Das Lammfleisch und die sehr sorgfältig von allen Häuten befreite Poulardenbrust in Streifen schneiden und mit Salz bestreuen. Für die Marinade die Karotten und den Sellerie kleinwürfeln und die Schalotten fein hacken.
Die Butter in einer Pfanne erhitzen und die Karotten, den Sellerie sowie die Schalotten darin anrösten. Den Knoblauch und die Gewürze grob zerstoßen und zugeben. Mit dem Madeira und Lammfond aufgießen, 15 Min. kochen, abkühlen lassen und dann auf das Fleisch gießen. Mindestens 12 Std. marinieren.
Das Fleisch gut ablaufen lassen, die Marinade durch ein feines Sieb seihen und dann – leicht kochend – reduzieren. Gut kühlen. Die Leber sorgfältig häuten, in Streifen schneiden und mit dem Fleisch zweimal durch die feinste Scheibe des Fleischwolfes lassen. Den Speck in Streifen schneiden und einmal durchdrehen. Auf Eis den Speck in kleinen Portionen unter die Fleischmischung arbeiten. Das Eiweiß und die reduzierte Marinade unterrühren. Wenn nötig, die Farce nachwürzen.
Die Bohnen in Salzwasser halb weich kochen, in Eiswasser abschrecken und abkühlen. 1 große oder 2 kleine Speckscheiben mit etwas Farce bestreichen, mit den Bohnen belegen und aufrollen.
Die Terrine mit den restlichen Speckscheiben auslegen, zur Hälfte mit der Farce füllen. Die Speckrolle mit den Bohnen einlegen, mit der restlichen Farce bedecken und die Oberfläche glattstreichen. Mit Speck abdecken und in der geschlossenen Form etwa 35 Min. bei 80 °C im Wasserbad garen.

Fasanenparfait mit Gänseleber und Trüffeln

Für 8 Personen

Martin Schlösser
Landhaus zu den Rothen Forellen
Ilsenburg

600 g Fasanenknochen, 2 EL Öl, 50 g Karotten, 30 g Sellerie, 80 g Schalotten, 1 l Wasser, 200 ml trokkener Riesling, 50 g Petersilienwurzeln, 50 g weißer Lauch, 3 Wacholderbeeren, 1 Rosmarinzweig, 3 Pfefferkörner (weiß), 1 Thymianzweig, 1 Lorbeerblatt, 1 Knoblauchzehe, Salz sowie Pfeffer.

Farce:
150 g Fasanenfleisch, 2 Eiweiß, 130 g Stopfleber sowie Abrieb von ½ Orange und 60 g Crème double, 6 cl Cognac, 80 ml geschlagene Sahne, 60 g Trüffel.

Die Knochen mit dem gewürfelten Gemüse im Öl anrösten, mit Wasser und Wein auffüllen, aufkochen, abschäumen und 2 Std. köcheln lassen. 45 Min. vor Ende der Kochzeit die Gewürze und

Kräuter zugeben, durch ein Tuch passieren und auf ¼ l einkochen.
Das sehnenfreie Fasanenfleisch zweimal durch die feinste Scheibe des Fleischwolfes treiben.
Die Eiweiße und den Orangenabrieb auf Eis unterrühren. Die Masse im Kutter farcieren und kalt stellen. Die Farce durch ein Pastetensieb streichen. Die Gänseleber in Stücke schneiden und mit der erkalteten Jus, dem Cognac und den gewürfelten Trüffeln unter die Farce mengen. Nun die Crème double sowie die geschlagene Sahne unterheben.
Eine Form von ½ l Volumen ausbuttern und die Farce einfüllen. Bei 75 °C 35 Min. im Wasserbad garen.
Mit einer Orangen-Honig-Sauce servieren.

Galantine vom Hauskaninchen, Kräutermousse, Frühlingsgemüse

Für 8 Personen

Christian Heumader
Hotel Sächsischer Hof
Meiningen

1 Kaninchen.

Farce:
200 g Putenbrust, Salz, weißer Pfeffer sowie etwas Öl zum Braten, 200 ml kalte Sahne und 2 cl Cointreau, 2 cl Trüffelsaft (aus dem Glas), 50 g Paprikawürfel (rot), 50 g Zucchiniwürfel, 50 g Pistazienkerne und 50 g Pinienkerne, 25 g schwarze Trüffel (aus dem Glas), 2 Kaninchenrücken, ½ l heller Kaninchenfond sowie 1 Gemüsebündel.

Die Putenbrust gut gekühlt zweimal durch die feinste Scheibe des Wolfes drehen. Das Fleisch würzen, die Sahne dazugeben und mit dem Mixer zu einer homogenen Farce verarbeiten. Anschließend durch die feinste Scheibe eines Rahmensiebs passieren, kalt stellen. Die übrigen Zutaten, Cointreau, Trüffelsaft, die blanchierten Gemüsewürfel, Trüffel, Pistazien- und Pinienkerne, gleichmäßig in die Fleischfarce einarbeiten.

Fond:
Aus den Karkassen und Gemüsebündel einen Fond herstellen.

Galantine:
Das ausgelöste Kaninchen auf ein feuchtes Tuch legen, salzen und pfeffern. Die vorbereitete Farce gleichmäßig darauf verteilen. Die gewürzten Kaninchenrücken leicht von allen Seiten im Öl anbraten. Erkalten lassen, in einer Linie auf dem ersten Drittel des Fleisches plazieren und dabei leicht in die Farce drücken. Nun durch Anheben des Tuches die Galantine von der Brustseite her zur Keulenseite aufrollen.

Tip:
Wichtig ist eine straffe Führung des Tuches, um Hohlräume zu vermeiden.
Die Tuchrolle mit einem Bindfaden fixieren. Anschließend die Galantine etwa 1 Std. bei 80 °C im Fond pochieren. Gut auskühlen lassen.

Kräutermousse:
200 g Quark, 50 g Mascarpone, Salz, Pfeffer, 1 Bd. Dill und 1 Bd. Schnittlauch, 2 Thymianzweige, 2 Estragonzweige, 2 Basilikumblätter, 250 ml Sahne sowie 2 Blatt Gelatine.

Den Quark und den Mascarpone glattrühren, salzen und pfeffern. Die gehackten Kräuter untermischen. Die eingeweichte und gut ausgedrückte Gelatine unterrühren und die geschlagene Sahne unterheben. Anschließend etwa 1 Std. kalt stellen.
Nun das fertige Kräutermousse mit einem heißen Eßlöffel zu Nocken ausstechen.

Frühlingsgemüse:
8 Karotten (mit Grün), 1 Kohlrabi, 8 Lauchzwiebeln.

Das Gemüse tournieren und im Kaninchenfond blanchieren. Aus dem Fond ein Dressing, bestehend aus ¼ l Fond, 2 EL Sherry-Essig, 2 EL Olivenöl, Salz, Pfeffer sowie 2 EL Sherry, zubereiten und das Gemüse darin einlegen.

Anrichten:
Die Galantine in Scheiben schneiden, dann mit den Kräutermoussenocken auf Tellern anrichten und mit dem Frühlingsgemüse gefällig ausgarnieren.

Kalbszungensülze mit Meerrettichmousse

Bild Seite 10

Martin Schlösser
Landhaus zu den Rothen Forellen
Ilsenburg

Kalbszungensülze:
300 g Kalbszunge, 250 ml heller klarer Kalbsfond, 8 Blatt Gelatine, 4 cl Madeira, je 50 g Lauch, Sellerie und Möhren, 30 g Kerbel.

Die Kalbszunge im siedenden Kalbsfond garen, in Eiswasser abschrecken und die Haut abziehen. Den Kalbsfond leicht erwärmen und die eingeweichte Gelatine darin auflösen. Mit Madeira abschmecken.
Den Lauch, Sellerie und die Möhren in feine Wurfel schneiden und blanchieren. Den Kerbel fein hakken. Eine Form mit ½ l Volumen mit dem schon leicht gelierenden Fond auskleiden. Die Kalbszunge in dünne Scheiben schneiden. Die

Rezept Seite 12: Terrine von Sellerie und Ochsenschwanzrilletten, Ute Herzog, Villa Herzog, Dresden

Gemüsewürfel in den Fond geben und abwechselnd schichtweise in die Form legen.
Im Kühlschrank durchkühlen lassen und anschließend würzen.

Meerrettichmousse:
100 g frischer Meerrettich sowie 50 ml Kalbsvelouté, 3 Blatt Gelatine, 50 ml Fleischbrühe, 1 Limone, 80 ml Sahne.

Den Meerrettich schälen und in der Kalbsvelouté gar dünsten. Nach dem Erkalten im Mixer pürieren. Die Gelatine in der Brühe einweichen und auflösen, mit dem Saft der Limone würzen und mit dem Püree verrühren. Auf Eiswasser kalt rühren, in die leicht gelierte Masse die geschlagene Sahne unterheben und kalt stellen. Später Nocken abstechen.
Die Kalbszungensülze und Meerrettichmousse mit mariniertem Feldsalat anrichten.

Spanferkelsülze mit Gemüsevinaigrette

Uwe Belke
Schloßhotel
Bad Köstritz

Spanferkelsülze:
1 Terrine (30 cm), 800 g gepökelte Spanferkelkeule, 100 g Knollensellerie, 100 g Möhren, 100 g Lauch, 2 l Fleischbrühe, 1 Zwiebel und 2 Nelken sowie 1 Lorbeerblatt, 200 g Klärfleisch (Hesse), 3 Eiweiß, 12 Blatt Gelatine, 1 Knoblauchzehe, Estragon, Petersilie, 1 EL Essig.

Vinaigrette:
2 Schalotten, 50 g Karotten, 50 g Sellerie, Tomatenconcassé von 1 Tomate, gehackter Bärlauch, 20 g Lauch, 1 TL Senf, 5 EL Olivenöl, 0,1 l Kraftbrühe, 2 EL Essig sowie 1 EL Sherry, Petersilie und Schnittlauch, Salz, Pfeffer.

Spanferkelsülze:
Die Spanferkelkeule in der Fleischbrühe zum Kochen bringen, den Schaum abschöpfen. 30 Min. vor Ende der Garzeit die Gewürze und das Gemüse zugeben, das Fleisch herausnehmen, die Brühe durch ein Sieb geben und erkalten lassen.
Das Klärfleisch wolfen, die Eiweiße daruntermischen und mit der Brühe langsam erhitzen, durch ein Sieb passieren. Das Spanferkelfleisch in feine Würfel schneiden, mit in die Brühe geben, zum Schluß die eingeweichte Gelatine zufügen, säuerlich abschmecken und kalt stellen.

Vinaigrette:
Die Schalotten, Karotten, den Sellerie und Lauch fein würfelig schneiden, kurz blanchieren und abschrecken. Aus Senf, Öl, Kraftbrühe, Essig, Sherry und Salz eine Vinaigrette herstellen, erst das Gemüse, zum Schluß das Tomatenconcassé und den feingeschnittenen Bärlauch, die Petersilie sowie den Schnittlauch unterheben.

Gesülztes Eisbein auf Kerbel-Tomaten-Schaum

Wolfgang Riemhofer
Landhotel Baumwiese
Boxdorf

Eisbein:
1 Eisbein von etwa 500 g, 150 g Rinderfilet, je ½ Paprika (gelb und grün), ½ TL rote Pfefferkörner, 1 TL sehr fein geschnittener Sellerie, Salz, etwas Pfeffer.

Sud:
je ½ l Wasser und Weißwein, 2 Lorbeerblätter, 4 bis 5 Wacholderbeeren, ½ Karotte und 100 g Sellerie, 1 Zwiebel, 1 Stange Lauch, Salz, Pfefferkörner, 10 Blatt Gelatine.

Kerbel-Tomaten-Schaum:
1 Bd. frischer Kerbel, 1 Dose geschälte Tomaten, 1 EL Balsamico-Essig, 1 TL Olivenöl, Salz, Pfeffer aus der Mühle, 1 TL Crème fraîche.

Eisbein:
Das Eisbein vorsichtig vom Knochen lösen, die Sehnen entfernen und das Eisbein kühl stellen. Das Rinderfilet farcieren und mit den übrigen Zutaten vermischen. Mit Salz sowie Pfeffer würzen und anstelle des Knochens in das Eisbein füllen. Fest rollen und in eine gebutterte Alufolie einwickeln.
Den Sud mit seinen Zutaten zum Kochen bringen und das Eisbein dazugeben. 1 Std. sieden lassen, nicht kochen.
Das Eisbein herausnehmen und auskühlen lassen. Den Sud auf die Hälfte reduzieren. Die Gelatine in kaltem Wasser einweichen und anschließend in den Sud einrühren. Durch ein Sieb passieren und auskühlen lassen. Das Eisbein aus der Folie wickeln und in 2 cm dicke Scheiben schneiden. Wenn der Sud zu gelieren beginnt, in Suppenteller füllen.
Jeweils 1 Scheibe Eisbein in die Mitte der Teller geben und mit dem restlichen Sud bedecken. Im Kühlschrank fest werden lassen.

Kerbel-Tomaten-Schaum:
Die Hälfte des Kerbels zupfen und fein hacken. Die Tomaten im Mixer pürieren, mit dem gehackten Kerbel, dem Essig und dem Öl vermischen. Zum Schluß mit Salz und Pfeffer würzen. Zum Anrichten die Tomaten-Kerbel-Sauce in den Mixer geben und kurz aufstoßen. Auf den Tellern einen Spiegel gießen und mit der Crème fraîche verzieren. Die Eisbeinsülzen aus dem Kühlschrank nehmen, stürzen und auf der Sauce anrichten. Mit Kerbel garnieren.

Rezept Seite 30: Grünkernplätzchen mit Kaninchenleber und Tomatenvinaigrette
Detlef Lange, Hotel Villa Emma, Dresden

Schweinskopfsülze mit Linsenvinaigrette und Trüffelöl, gebratene Kartoffelwürfelchen

Für 10 Personen

Rainer Behringer
Restaurant Stadtpfeiffer
im Gewandhaus
Leipzig

1 Schweinskopf (halbiert und gekocht) mit Zunge, 1 l Kochfond (oder Kalbsfond), 2 bis 3 EL Balsamico-Essig, je 2 EL Karotten-, Sellerie- und Lauchwürfel, Salz, Pfeffer, 6 Blatt Gelatine (eingeweicht), verschiedene feine Blattsalate, 200 g Puy-Linsen (gekocht), Vinaigrette aus Balsamico-Essig, Olivenöl, etwas Kalbsfond, Salz, Pfeffer, 2 EL gehackter Petersilie, etwas weißes Trüffelöl (das zum Schluß nach Geschmack zugefügt wird), 500 g gekochte Kartoffeln (in Würfelchen).

Den Schweinskopf mit der Zunge grob würfeln, zu fette Stücke entfernen, Fond um gut 1/3 reduzieren, mit Balsamico-Essig, Salz und Pfeffer kräftig abschmecken. Das Gemüse, Fleisch sowie die eingeweichte und ausgedrückte Gelatine dazugeben und in eine Terrinenform füllen. Die Form kurz aufstoßen und über Nacht kühlen lassen.
Die Linsen und Vinaigrette zusammen erwärmen, die Kartoffelwürfel knusprig ausbraten und würzen. Die Terrine stürzen, in Scheiben schneiden, in die Mitte der Teller setzen, einen Kranz aus den verschiedenen Salaten darumlegen, die Linsenvinaigrette darüberträufeln und mit den Kartoffelwürfelchen bestreuen.

Anmerkung:
Trüffelöl ist mittlerweile auch schon in Supermärkten zu haben.

Sächsische Sauerbratensülze auf Kopfsalatherzen, mit Trüffelöl parfümiert

Peter Mauberger
Steigenberger Parkhotel
Radebeul

1 Tafelspitz von etwa 1,2 kg sowie 1 Kalbsfuß.

Beize:
½ l Wasser, ½ l Rotwein, 4 Schalotten, 1 Sellerie, 1 Karotte, ½ Stange Lauch, 10 Pfefferkörner, 5 Wacholderbeeren, 2 Gewürznelken, 2 Lorbeerblätter, 1 Knoblauchzehe, Sherry-Essig, etwas Olivenöl, Zucker, Salz, Pfeffer.

Einlage:
1 Stange Lauch, 1 Karotte, 1 Staudensellerie.

Garnitur:
1 Kopfsalat, Trüffelöl, Salz, Pfeffer, Sherry-Essig.

Die Zutaten der Beize aufkochen und über den Tafelspitz gießen. 3 Tage gekühlt wegstellen (das Fleisch muß mit der Beize bedeckt sein). Nach 3 Tagen den Tafelspitz aus der Beize nehmen. Das Fleisch gut abtrocknen, salzen, pfeffern und im Olivenöl anbraten. Mit der Beize und 1 l Wasser auffüllen, den Kalbsfuß dazugeben und etwa 1 Std. köcheln lassen (ab und zu abschäumen).
Wenn der Tafelspitz gar ist, aus dem Fond nehmen. Dann mit Salz, Pfeffer, dem Sherry-Essig sowie etwas Zucker abschmecken. Durch ein Passiertuch gießen und entfetten.
Bis der Tafelspitz und der Fond abkühlen für die Einlage den Lauch, die Karotte sowie den Sellerie in kleine Würfel schneiden, blanchieren und in Eiswasser abschrecken. Wenn der Tafelspitz abgekühlt ist, in dünne Scheiben schneiden. Diese Scheiben in einer mit Frischhaltefolie ausgelegten Form ringsum verteilen. Danach das geschnittene Gemüse, den Fond und den Tafelspitz schichtweise einfüllen. Die Form zum Schluß mit einigen Tafelspitzscheiben abdecken und für mindestens 6 Std. in den Kühlschrank stellen.
Die Salatherzen mit Sherry-Essig, Salz sowie Pfeffer marinieren, 1 Scheibe Tafelspitzsülze anlegen und mit Trüffelöl parfümieren.

Kaninchensülze mit Zitronenrahm

Herbert Frauenberger
Hotel Frauenberger
Tabarz

600 g Kaninchenklein mit Knochen, Salz, Pfeffer, 80 g Gewürzgurke, 80 g marinierter Paprika, 1 kleine Zwiebel, etwas Kräuteressig, 5 Blatt Gelatine, 120 ml Thüringer Schmant, 80 ml Kaffeesahne, Saft von 1 Zitrone, 4 Scheiben Thüringer Bauernbrot.

Das Kaninchenfleisch nicht zu weich kochen, von den Knochen befreien und in nicht zu große Würfel schneiden. Den gewürzten Fond vorsichtig abseihen und mit der eingeweichten ausgedrückten Gelatine zum Siedepunkt erwärmen, bis sich die Gelatine restlos gelöst hat. Die Gewürzgurke, den marinierten Paprika und die Zwiebel in feine Würfel schneiden. Die Zwiebelwürfel sollten kurz überbrüht werden.
Das Kaninchenfleisch mit diesen Zutaten vermischen und mit mildem Kräuteressig, Salz sowie Pfeffer würzen. Den noch flüssigen Geleefond auf die Masse gießen, so daß sie eben bedeckt ist. In ge-

eignete Formen (Timbalen) gießen und kalt stellen. Aus dem Thüringer Schmant, der Kaffeesahne und dem Zitronensaft einen Zitronenrahm bereiten. Die gestürzten Sülzchen auf einem Spiegel von Zitronenrahm anrichten. Mit frischen Kräutern und Gemüsestreifen garnieren. Dazu je 1 deftige Scheibe frisches Thüringer Bauernbrot reichen.
Ein Genuß nicht nur zur heißen Sommerzeit, sondern auch an kühlen Spätherbsttagen.

Joghurttörtchen mit Heringshäckerle

Mario Pattis
Romantik Hotel &
Restaurant Pattis
Dresden

150 g Blätterteig, 4 Matjesfilets, 1 kleine Zwiebel, 80 g Gewürzgurke, 1 kleiner Apfel (60 g), 100 g Joghurt, 1 Zitrone, 100 ml Sherry, 6 Basilikumblättchen, 1 kleiner Zitronenmelissezweig, 1 kleiner Dillzweig, 2 Blatt Gelatine, 2 Eiweiß, 80 ml geschlagene Sahne.

Den Blätterteig auf etwa 0,5 cm Stärke ausrollen und in eine kleine Kuchenform (Springform) auslegen (die Ecken leicht andrücken). Im vorgeheizten Backofen bei 220 °C 8 bis 10 Min. goldgelb backen und auskühlen lassen.
Die Matjesfilets etwas wässern, danach die Zwiebel, die Gurke sowie den Apfel in kleine Würfel schneiden und alles gut vermengen. Den Sherry mit den Kräutern auf 1/3 reduzieren, durch ein feines Sieb seihen und darin die vorher eingeweichte Gelatine auflösen. Diese Reduktion mit dem Joghurt vermengen und mit dem Saft und dem Abgeriebenen der Zitrone sowie Salz und Pfeffer kräftig abschmecken. Dann vorsichtig die geschlagene Sahne unterheben. Davon 2 EL unter das Heringshäckerle mengen und dieses vorsichtig auf dem ausgekühlten Blätterteig verteilen, kühlen und kurz anziehen lassen. Die Eiweiße zu Schnee schlagen, unter die Joghurtmasse heben und auf dem Heringshäckerle verteilen.
Das Törtchen mindestens 2½ Std. kühl stellen, in 4 Stück portionieren und auf Tellern anrichten. Eventuell mit einer Basilikumblüte und etwas Kaviar garnieren.

Heringssülze an Kräuterschaum

Michael Röder
Hotel Altdeutsche Weinstuben
Zum Künstlerkeller
Freyburg/Unstrut

Sülze:
¼ l Weißwein, ¼ l Wasser, 2 mittlere Gewürzgurken, 1 säuerlicher Apfel, 2 kleine Zwiebeln, 8 Blatt Gelatine, 6 Heringsfilets (in Öl), Salz, Pfefferkörner, 1 Lorbeerblatt.

Kräuterschaum:
je 1 Bd. Dill, Petersilie und Schnittlauch, 100 ml saure Sahne sowie 100 ml geschlagene Sahne und 2 EL Milch, 1 Spritzer Zitronensaft, Salz und 1 Prise Zucker.

Sülze:
Den Weißwein, das Wasser und die Gewürze aufkochen und leicht reduzieren. Den Apfel und die Zwiebeln schälen und zusammen mit den Gewürzgurken in feine Würfel schneiden. Die Gelatine in kaltem Wasser einweichen.
Den Sud durch ein Sieb schütten, Apfel-, Gurken- und Zwiebelwürfel zugeben und etwa 5 Min. köcheln lassen. Die Gelatine gut ausdrücken und in den warmen Sud geben. Die Heringsfilets waschen, trockentupfen und in schmale Streifen schneiden. Wenn der Sud fast kalt ist, die Heringsstreifen zugeben, alles gleichmäßig in 4 bis 5 Tassen oder ähnliches verteilen und erkalten lassen.

Kräuterschaum:
Die Kräuter fein hacken und mit saurer Sahne, Milch, Zitronensaft, Salz und der Prise Zucker gut verrühren. Zum Schluß die geschlagene Sahne unterheben.

Anrichten:
Die Sülzeförmchen kurz in warmes Wasser stellen und mit einem spitzen Messer vorsichtig den Rand lösen. Auf kalte Teller stürzen, 2 bis 3 Löffel Kräuterschaum dazugeben und mit je 1 kleinen Dillzweig garnieren.

Wermsdorfer Karpfenfilet in Malzbiergelee mit Apfel-Meerrettich-Sauce

Für 10 Personen

Peter Steffen
Rats-Keller Schönefeld
Leipzig

Karpfenfilet:
800 g frisches Karpfenfilet (ohne Haut), 1/2 l Malzbier, 3/4 l Wasser, je 1 EL Salbei, Beifuß, Majoran, Thymian, Kerbel, Basilikum, Pfefferkörner, 1 Lorbeerblatt, 1 1/2 Stangen Lauch 1 1/2 Möhren, 1 mittelgroße Zwiebel sowie 0,1 l Kräuteressig, 2 EL Zucker, 6 Eiweiß, 20 Blatt Gelatine, 1 Bd. Dill, Salz.

Das Karpfenfilet in etwa 2 cm breite Stücke schneiden und kühl stellen. Das Malzbier, Wasser, die

Gewürzzutaten, 1 Stange Lauch, 1 Möhre, die Zwiebel, Kräuteressig, Zucker, etwas Salz und die aufgeschlagenen Eiweiße in einen Topf geben und kurz aufkochen. Danach etwa 2 Std. bei geringer Hitze leicht sieden lassen (Klärvorgang). In der Zwischenzeit die Gelatine einweichen. Die ½ Möhre und die ½ Lauchstange in kleine Würfel schneiden und weich kochen.
Die gekochte Brühe durch ein mit einem Tuch ausgelegtes Sieb gießen. In die heiße Brühe die Karpfenfilets geben und ziehen lassen, die Gelatine ausdrücken und darin auflösen. Die Gemüsewürfel und Dillspitzen in die abgekühlte Sülze geben. In eine Pastetenform füllen und etwa 12 Std. im Kühlschrank fest werden lassen.

Apfel-Meerrettich-Sauce:
3 EL Crème fraîche, 1 EL frisch geriebener Meerrettich, 1 Apfel sowie 2 EL süße Sahne, 3 EL geschlagene Sahne, etwas Zitronensaft.

Die Crème fraîche mit dem geriebenen Meerrettich verrühren. Den Apfel schälen und fein reiben. Den geriebenen Apfel zur Meerrettichmasse geben, die süße Sahne unterrühren, die geschlagene Sahne unterheben. Die Apfel-Meerrettich-Sauce mit Zitronensaft abschmecken.
Die Pastetenform kurz in heißes Wasser tauchen und auf einen Teller stürzen. Die Sülze in Scheiben schneiden. Mit der Apfel-Meerrettich-Sauce anrichten und servieren.

Anmerkung:
Ein geradezu festliches Gericht wird der Karpfen in Malzbiergelee, wenn nicht die Filets, sondern der Karpfen im ganzen geliert wird. Tournierte Apfelspalten oder Meerrettichspäne können sehr gut als Dekorelemente verwendet werden.

Sülze von Mischpilzen

Torsten Hache
Restaurant Pagenhaus
Schloß Friedenstein
Gotha

200 g Shiitakepilze, 320 g Pfifferlinge, 150 g Morcheln, etwas Öl, 500 ml Fleischbrühe, 100 g Gemüsewürfel (Lauch, Möhren, Sellerie), Salz, Pfeffer, 8 Blatt Gelatine, etwas gehackte Petersilie, 1 Bd. Schnittlauch, 1 Knoblauchzehe, Thymian, Sherry, Balsamico-Essig.

Die Pilze putzen und je nach Größe in Würfel schneiden. In wenig Öl mit Knoblauch und Thymian anbraten. Anschließend abtropfen lassen und mit dem Schnittlauch, gehackter Petersilie und den Gemüsewürfeln vermischen. Alles abschmecken und in eine Terrinenform füllen.
Die Brühe erhitzen, die eingeweichte Gelatine zugeben und mit Sherry und Balsamico-Essig abschmecken. Die Pilze mit dem Fond aufgießen und 2 bis 3 Std. kühl stellen. Auf Kräuterschmant anrichten.
Man kann die Terrine auch mit einem Gänsestopfleberkern füllen.

Lachstatar im Sesam-Crêpe mit Zitronensauce

Kay Hartmann
Weimar Hilton
Weimar

Crêpes:
150 g Weizenmehl und 2 Eier sowie 0,2 l Milch, 30 g Sesam, 60 ml Olivenöl.

Das Mehl mit den Eiern und der Milch in eine Schüssel geben und zu einer glatten Crêpesmasse verrühren. Den Sesam in einer Pfanne anrösten, abkühlen lassen und unter die Crêpesmasse rühren. In einer heißen Pfanne mit etwas Olivenöl dünne Crêpes goldgelb ausbacken, auf Küchenpapier zum Abtropfen legen und dann zur Seite stellen.

Lachstatar:
400 g frisches Lachsfilet, Saft von ½ Zitrone, 3 EL frischer, gehackter Dill, Salz und weißer Pfeffer sowie 3 EL Olivenöl.

Das frische, küchenfertig entgrätete Lachsfilet mit dem Küchenmesser fein hacken und in eine Schüssel geben. Kräftig würzen mit dem Saft der frisch gepreßten Zitrone, Dill, Salz und dem weißen Pfeffer. Alles gut durcharbeiten und mit dem Olivenöl vollenden.
Die Crêpes mit dem Lachstatar etwa 0,5 cm dick bestreichen und straff einrollen. Mit Frischhaltefolie abdecken und kalt stellen.

Zitronensauce:
150 g Crème fraîche sowie Saft von 1 Zitrone.

Die Crème fraîche und den Saft der frisch gepreßten Zitrone in einer kleinen Schüssel verrühren.

Anrichten:
Pro Portion je 3 Tranchen vom Lachstatar im Sesam-Crêpe schräg schneiden (mit Elektromesser) und sternförmig auf den Tellern anlegen. Zwischen die Tranchen je 1 TL Zitronensauce geben und mit je 1 Ecke Kirschtomate garnieren. In die Mitte der Teller ein kleines Salatbukett aus Friséesalat sowie Lollo Rosso anrichten und mit Vinaigrettesauce beträufeln.

Anmerkung: Ob Lachstatar im Sesam-Crêpe – wie hier – oder in einer Kartoffelhülle, wichtig ist, daß die Umhüllung etwas auskühlt, damit dem Tatar nicht seine Frische genommen wird.

Rezept Seite 27: Savarin von Lachsforelle und Krebsen mit Bärlauch, Uwe Belke, Schloßhotel, Bad Köstritz

Tatar vom geräucherten Stör mit Kartoffelchips und Rote-Bete-Salat mit Orangenzesten

Rainer Behringer
Restaurant Stadtpfeiffer
im Gewandhaus
Leipzig

Tatar:
400 g kalt geräuchertes Störfilet (in kleine Würfel geschnitten) und 1 Zitrone, 1 EL Olivenöl, Salz, Pfeffer, 1 Bd. Schnittlauch, 3 Dillzweige.

Kartoffelchips:
2 nicht zu große Kartoffeln, Öl zum Fritieren.

Rote-Bete-Salat:
300 g gekochte rote Bete, 1 Orange, 1 EL Traubenkernöl, 1 EL Rotweinessig, 100 ml Sauerrahm, 1 Bd. Schnittlauch, Salz, Pfeffer, frischer Meerrettich, verschiedene feine Salatblättchen.

Tatar:
Das Störfilet mit dem Zitronensaft, Olivenöl, Salz und Pfeffer marinieren, den kleingeschnittenen Schnittlauch und Dill vorsichtig unterheben.

Kartoffelchips:
Die Kartoffeln in dünne Scheiben schneiden, knusprig fritieren.

Rote-Bete-Salat:
Die geschälten roten Bete in kleine Stifte schneiden. Das Gelbe der Orange dünn abschälen, in feine Streifen schneiden, diese viermal in frischem Wasser aufkochen.
Den Sauerrahm mit dem feingeschnittenen Schnittlauch und den Gewürzen verrühren. Die Roten-Bete-Stifte und Orangenzesten mit Vinaigrette anmachen, abschmecken. Die Salatblättchen mit den Roten-Beten-Stiften und Zesten in der Mitte der Teller anrichten. Im Dreieck um den Salat Chips mit Tatar aufschichten. Zwischen die Türmchen Sauce und einige Tropfen Rote-Bete-Vinaigrette träufeln.
Mit Dillzweigen garnieren.

Matjestatar im geeisten Bratapfel

Wolfgang Riemhofer
Landhotel Baumwiese
Boxdorf

4 große säuerliche Äpfel, 4 Nelken, Zimt, 1 Prise Zucker, 250 g rohe Linsen, 400 g Matjesfilet, 1 kleine Zwiebel, 1 TL gehackte Petersilie, 4 EL alter Sherry-Essig, Pfeffer aus der Mühle, 1 TL Honig.

Die Äpfel mit heißem Wasser abwaschen, die Deckel entfernen, vorsichtig aushöhlen, ohne die Wand zu verletzen. Die Kerngehäuse entfernen, das Fruchtfleisch kleinhacken und abgedeckt kühl stellen. In die Apfelgehäuse jeweils 1 Nelke legen, mit Zimt und Zukker bepudern und mit den rohen Linsen füllen. Bei 180 °C etwa 10 Min. im Ofen backen. Anschließend mit den Linsen in ein Gefrierfach stellen.
Das Matjesfilet und die Zwiebel in sehr kleine Würfel schneiden, die Apfelwürfel und die Petersilie dazugeben, mit Sherry-Essig, Honig und dem Pfeffer marinieren.
Die Apfelgehäuse aus dem Gefrierfach holen, etwas antauen lassen und die Linsen entfernen. Das Matjestatar einfüllen, mit Dill und Zitronenspalten ausgarnieren.
Die Verbindung von Matjes mit Apfel liegt zwar auf der Hand, dieses Tatar bekommt aber durch das Braten sowie durch das anschließende Anfrosten des Apfels eine bemerkenswerte Geschmacksbereicherung.

Marinierter Stör

Für 10 Personen

Martin Schlösser
Landhaus zu den Rothen Forellen
Ilsenburg

1 kg Stör, 35 g Meersalz, 15 g Zukker, 8 g grobgestoßener weißer Pfeffer, Zesten und Saft von 1 Limone (grüne Schale in Streifen), Zesten und Saft von 1 Orange, 50 g gehackter Dill, 8 cl Cognac.

Den Stör mit der Gewürzmischung einreiben, mit dem Dill bestreuen und mit der Hautseite nach unten in ein Geschirr legen. Mit dem Saft und Cognac leicht übergießen, mit Folie bedecken und 48 Std. im Kühlschrank marinieren lassen. Das Filet dabei zweimal am Tag in der Marinade wenden. Vor dem Servieren die Gewürze abschaben.
Das Filet mit der Hautseite nach unten auf ein Brett legen und von der Kopfseite her beginnend in schräge, dünne Scheiben schneiden. Die Haut von der Fettschicht nicht mitschneiden.
Dazu eine Dillsauce reichen.

Tannengebeizter Saibling mit Waldbeerengelee

Rainer Frieden
Romantik Hotel &
Restaurant Pattis
Dresden

4 Saiblingfilets, Salz, Pfeffer aus der Mühle, 5 Wacholderbeeren, etwas Zucker, 2 bis 3 Tropfen Pernod, 1 kleiner Tannenzweig, 1 EL Erdnußöl und 200 g Waldbeeren (gemischt), 40 g Zucker, 2 Blatt Gelatine, 50 ml Rotwein.

Die Saiblingfilets entgräten, mit Salz sowie Pfeffer aus der Mühle würzen, mit zerdrückten Wacholderbeeren sowie etwas Zucker bestreuen und mit Pernod beträufeln. Die Tannennadeln von den Zweigen trennen, dem Erdnußöl beimengen und die Filets damit einstreichen. Mit Folie abdecken und im Kühlschrank 24 Std. ruhenlassen.
Die Waldbeeren mit Rotwein sowie den 40 g Zucker aufkochen, pürieren und durch ein Sieb streichen. Die eingeweichte ausgedrückte Gelatine auflösen und unter die Sauce geben, erkalten lassen. Das Beerengelee mit einem Schneebesen kräftig durchschlagen, bis eine gallertartige Konsistenz erreicht ist (eventuell etwas Rotwein nachfüllen).
Ein Salatbukett in die Mitte der Teller setzen, hauchdünne Scheiben vom Saibling in kleinen Abständen auflegen und in die Zwischenräume das Waldbeerengelee geben.

Carpaccio von gekochter Hähnchenbrust mit Brennesselsenf

Ute Herzog
Villa Herzog
Dresden

Carpaccio:
½ l Milch, 2 Hähnchenbrustfilets (ohne Haut), Salz, Pfeffer, Muskat.

Brennesselsenf:
etwas Butter, 200 g frisch gesammelte Brennesselspitzen, 100 g milder Senf, Zucker, Salz, Zitronenpfeffer.

Carpaccio:
Die Milch mit ½ TL Salz, etwas Pfeffer und Muskat zum Kochen bringen, die Brüstchen hineingeben und 10 Min. leise köcheln lassen. Aus der Milch nehmen, trockentupfen, wenn sie abgekühlt sind in Klarsichtfolie einwickeln und für 30 Min. in den Gefrierschrank stellen.

Brennesselsenf:
½ EL Butter schmelzen, die gewaschenen Brennesselspitzen zugeben und wie Spinat zusammenfallen lassen. Mit dem Pürierstab pürieren und abseihen. Die entstandene Brennesselmatte mit den angegebenen Zutaten würzen, unter den Senf mischen (geht sehr gut mit dem Pürierstab). Eventuell nachwürzen.

Anrichten:
Die Brustfilets hauchdünn auf der Aufschnittmaschine quer zur Faser in Scheiben schneiden. Diese Scheiben rosettenförmig auf 4 Tellern anordnen, mit einer Tortencremespritze den Brennesselsenf in kleinen Rosetten zwischen die Scheiben verteilen. In die Mitte ein Salatbukett setzen und den Rand der Teller mit etwas grobem Pfeffer ausstreuen.

Carpaccio von auf Tannennadeln geräuchertem Schweinefilet mit Sanddorndressing

Ute Herzog
Villa Herzog
Dresden

1 Schweinefilet von 200 bis 250 g, Sanddornsaft (aus dem Reformhaus) sowie Öl und Essig, Zucker, Salz, Pfeffer, Saft von ½ Zitrone, getrocknete Tannennadeln.

Den Boden und den unteren Rand eines hohen Topfes gut mit Alufolie auskleiden. Den Boden mit Holzkohle bedecken, mit Grillanzünder anfeuern und bis zur Weißglut bringen. Die Tannennadeln darauf verteilen, auch weiß werden lassen. Eine Alufolie mit einem Nagel dicht löchern und darauf legen. Darauf das geteilte, von Haut und Fett befreite Filet setzen, den Deckel auflegen und 40 Min. so stehenlassen. Wegen des Geruches am besten im Freien.
Die Filets herausnehmen, abkühlen lassen, in Klarsichtfolie einpakken und 30 Min. im Gefrierschrank anfrieren lassen. Nun mit der Aufschnittmaschine hauchdünne Scheiben schneiden und rosettenförmig auf flachen Tellern anordnen. In die Mitte 1 Salatbukett setzen. Zwischen die Scheiben am Außenrand jeweils 1 Feldsalatblatt legen.
Mit folgender Marinade beträufeln: 2 EL Essig, 1 EL Sanddornsaft, 1 Prise Zucker, Salz, Pfeffer und Zitronensaft.

Tip:
Von altem Parmesan mit dem Käsehobel Späne abziehen und lokker verteilen. Gibt dem Carpaccio eine pikante Note.

Carpaccio vom Elblachs in Zitronenvinaigrette mit Zucchiniglitscher

Steffen Jack
Landhotel Baumwiese
Boxdorf

Lachscarpaccio:
500 g Lachs, je 1 TL Zitronensaft, Cognac, Worcestersauce, Salz, Pfeffer aus der Mühle, 1 Bd. frischer Dill.

Zitronenvinaigrette:
200 ml Zitronensaft, 2 EL Honig, 50 g Zucker, 4 Zitronenmelisseblätter, 1 TL Sesam, 5 g grüner Pfeffer.

Zucchiniglitscher:
800 g rohe Kartoffeln und 400 g gekochte, geschälte Kartoffeln, Salz, 2 Eier, ¼ l Buttermilch, 1 Zucchini, etwas Leinöl zum Ausbacken.

Lachscarpaccio:
Den Lachs in dünne Scheiben schneiden und diese nebeneinander auf Klarsichtfolie legen. Mit Zitronensaft, Cognac und Worcestersauce einreiben, mit Salz sowie Pfeffer würzen und mit dem gezupften Dill belegen. Von einem Ende her zu einer festen Roulade drehen und die Seiten gut verschließen. Zusätzlich mit Alufolie umwickeln und durch Drehen der Enden in eine große Bonbonform bringen. Das Lachscarpaccio über Nacht einfrieren.

Zitronenvinaigrette:
Den Zitronensaft mit dem Honig und dem Zucker verrühren, in einem kleinen Topf aufkochen lassen und um die Hälfte reduzieren. Erkalten lassen, den Sesam, die grünen Pfefferkörner und die gehackte Zitronenmelisse einrühren.

Zucchiniglitscher:
Die rohen Kartoffeln schälen, fein reiben und etwas auspressen. Die gekochten Kartoffeln durch die Presse drücken und mit den rohen Kartoffeln vermischen. Nun die Zucchini waschen, in feine Streifen schneiden und zur Masse geben. Salz, Eier und die Buttermilch unterheben und in einer kleinen Pfanne im Leinöl kleine Taler ausbacken.

Anrichten:
Das Lachscarpaccio aus dem Gefrierfach nehmen und auf der Aufschnittmaschine in dünne Scheiben schneiden. Fächerförmig auf Tellern anrichten und mit der Zitronenvinaigrette bepinseln.
Den heißen Zucchiniglitscher dazulegen und mit frischer Zitronenmelisse sowie etwas Friséesalat garnieren.

Streifen vom Stör mit Traubenkernöl und Salatsträußchen

Peter Steffen
Rats-Keller Schönefeld
Leipzig

400 g Störfilet, 4 cl Traubenkernöl, 1 Zitrone, 1 Schalotte, Dill, Salz, Kopfsalatherzen, Radicchio, Eisbergsalat, feiner Friséesalat, Kirschtomaten, Chicorée, Radieschenkeime, Kresse.

Das Störfilet in Streifen schneiden. Das Traubenkernöl erhitzen, die feinwürfelig geschnittenen Schalotten dazugeben und anschwitzen. In diesen Ansatz das Störfilet geben, kurz anschwenken, mit gehacktem Dill, Salz und Zitronensaft abschmecken.
Warm mit dem entstandenen Fond über die geputzten und auf die Teller gelegten Salatsträußchen geben.
Sofort servieren.

Frisch geräucherte Forelle mit Gurken-Zwiebel-Schmant

Michael Nowak
Restaurant im Hotel Bellevue
Schmölln

4 frisch geräucherte Forellenfilets, 400 ml Schmant, 100 g saure Gurken, 1 Zwiebel, 2 cl trockener Weißwein (Bordeaux).

Den Schmant in eine Schüssel geben, die Gurken in Würfel und die Zwiebel in feine Streifen schneiden. Nun die Gurkenwürfel, Zwiebelstreifen und den Weißwein mit dem Schmant verrühren. Mit Salz und Pfeffer abwürzen.

Anrichten:
Jedes Forellenfilet in 4 Tranchen schneiden und sichelförmig auf die Teller legen. Den Gurken-Zwiebel-Schmant in die Mitte geben und mit Dillspitzen sternförmig ausgarnieren.

Scampisalat, in Sesam paniert, an roter Linsensauce

Frank Scharf
Romantik Hotel &
Restaurant Pattis
Dresden

8 Scampischwänze, Salz, Pfeffer, 1 Zitrone, 20 g Mehl, 1 Ei, 50 g Sesam, 2 cl Sherry-Essig, 4 cl Sonnenblumenöl, 2 cl Baumnußöl, 2 cl Olivenöl, etwas Senf, 2 cl Rahm, 40 g rote, eingeweichte, gekochte Linsen, 3 verschiedene Sprossen (Reformhaus), 0,5 dl Erdnußöl, 30 g Butter.

Die Scampi am Rücken einschneiden und den Darm entfernen. Salzen, pfeffern und mit Zitronensaft einreiben. Die Scampi nacheinander mit Mehl, Ei sowie Sesam panieren. Den Sherry-Essig, das Sonnenblumenöl, Baumnußöl, Olivenöl sowie den Senf miteinander gut verrühren, salzen, pfeffern und den Rahm sowie anschließend die Linsen dazugeben.
Mit den 3 verschiedenen Sprossen ein Salatbukett anrichten. Das Erdnußöl erhitzen, die Butter dazugeben und die panierten Scampi goldgelb braten.

Rezept Seite 26: Warmer Salat von Lammzungen und Gemüselinsen mit Ölrauke
Rainer Behringer, Restaurant Stadtpfeiffer im Gewandhaus, Leipzig

Danach mit der Salatsauce sowie den Linsen einen Saucenspiegel gießen, die gebratenen Scampi darauf setzen und mit dem Salatbukett garnieren.

Räucherfischsalat

Klaus Hinze
Hotel Schweizer Hof
Halle

500 g geräucherter Seefisch (Rotbarsch, Dorsch), 100 g Seelachsschnitzel (in Öl), 50 g kleine Kapern und 100 g Gewürzgurke sowie 150 g Mayonnaise.

Den entgräteten Fisch würfeln (nur feste Sorten verwenden) und mit den anderen Zutaten vorsichtig vermengen. Anschließend gut durchziehen lassen.
Auf Blattsalat als kleine Vorspeise anrichten.

Friséesalat mit Blutwürstchen, Schalottensauce und glacierten Äpfeln

Rainer Behringer
Restaurant Stadtpfeiffer
im Gewandhaus
Leipzig

6 Schalotten (fein gewürfelt), etwas Butter zum Anschwitzen, 1 Kopf Friséesalat (möglichst hell und fein), 8 kleine Röschen Feldsalat, 12 kleine Blutwürstchen, 100 ml Kalbsjus, 1 Thymianzweig, 50 ml roter Portwein, 10 g kalte, gewürfelte Butter, Kerbelblättchen, 2 Äpfel, am besten Boskop (geschält, entkernt, in Spalten geschnitten), 1 EL Zucker und 100 ml Apfelsaft, etwas Calvados, Vinaigrette aus 1 EL Cidre-Essig, 2 EL Traubenkernöl (alles gut vermischt), 3 EL Pinienkerne (leicht geröstet), Salz, Pfeffer.

Die Schalottenwürfel in etwas Butter farblos anschwitzen, den Thymianzweig dazugeben, mit Portwein ablöschen, einkochen, die Kalbsjus hineingießen und ebenfalls einkochen. Mit einem Schneebesen die kalten Butterwürfel einrühren. Den Thymianzweig entfernen und nicht mehr kochen lassen. Abschmecken und warm stellen.
Den Zucker leicht karamelisieren lassen, mit dem Apfelsaft ablöschen und einkochen. Die Apfelspalten zugeben, bißfest glacieren, zum Schluß mit Calvados, Salz und Pfeffer abschmecken.
Den geputzten und gewaschenen Frisée- und Feldsalat in der Mitte der Teller anrichten, mit der Vinaigrette beträufeln. Die erwärmten Blutwürstchen im Dreieck um den Salat setzen, dazwischen die Apfelspalten legen. Die Blutwürstchen mit der Sauce nappieren, Pinienkerne und Kerbel als Garnitur anlegen.

Warmer Salat von Lammzungen und Gemüselinsen mit Ölrauke

Bild Seite 25

Rainer Behringer
Restaurant Stadtpfeiffer
im Gewandhaus
Leipzig

120 g gekochte Puy-Linsen, je 1 EL Tomaten-, Karotten-, Sellerie- und Lauchwürfel (in der Größe der Linsen), 6 gekochte Lammzungen, 1 TL feingeschnittener Schnittlauch, Ölrauke, etwas heller Frisée- und Eichblattsalat, Vinaigrette aus 2 EL Balsamico-Essig, 3 EL Olivenöl, etwas Fond von der Lammzunge, Thymianblättchen, ganz wenig Knoblauchöl (alles gut miteinander vermischt).

Die Puy-Linsen in Salzwasser abgaren, mit den Gemüsewürfeln und 2/3 der Vinaigrette mischen, kurz warm stehenlassen. Die Salate putzen und waschen. Die Lammzungen längs auf einer Aufschnittmaschine in Scheiben schneiden, dann erwärmen.
Die Salatblätter auf der einen Seite der Teller wie ein kleines Nest anrichten, in die Mitte den warmen Linsensalat setzen. Die Lammzungen fächerförmig wie auf dem Bild dargestellt anrichten, mit etwas Linsensalat und Schnittlauch locker bestreuen und mit der restlichen Vinaigrette beträufeln, einige Thymianblättchen als Garnitur dazulegen.

Kalbsbries-Bohnen-Salat mit Olivenölvinaigrette

Frank Scharf
Romantik Hotel &
Restaurant Pattis
Dresden

300 g rohes, gut gewässertes Kalbsbries, 1 Bd. Suppengrün, 200 g feine Bohnen, 0,5 dl Olivenöl, 1 dl Sonnenblumenöl sowie 50 g Butter und 0,5 dl Sherry-Essig, Salz, Pfeffer, 1 Msp. Dijon-Senf.

Das Kalbsbries in Salzwasser mit dem Suppengrün kurz aufkochen und 15 Min. ziehen lassen. Danach abschrecken, mit einem Tuch trocknen und in Röschen zupfen. Die Bohnen in Salzwasser garen und in Eiswasser auskühlen lassen. Das Olivenöl, Sonnenblumenöl, die Butter sowie den Essig mit Salz, Pfeffer und Senf mischen, dann gut verrühren. Die Bohnen mit der Vinaigrette anmachen. Ein kleines Salatbukett anrichten und darunter die Bohnen dekorativ anlegen. Die Brieschen auf die Bohnen geben und servieren.

Crêpestorte mit Pilzen

Christian Heumader
Hotel Sächsischer Hof
Meiningen

Crêpes:
125 g Mehl, ¼ l Milch, 3 Eier, 2 Eigelb, Schnittlauch, Petersilie, Dill, Basilikum, Salz, Pfeffer, Öl.

Pilzmasse:
500 g Champignons, 100 g Pfifferlinge, 3 Eier, Salz, Pfeffer.

Crêpes:
Das Mehl und die Milch mit einem Schneebesen glattrühren. Die Eier und Eigelbe dazugeben und die gehackten Kräuter untermengen, mit Salz und Pfeffer würzen. Den Teig 1 Std. ruhenlassen. Anschließend im heißen Öl kleine Crêpes backen.

Pilzmasse:
Die Pilze putzen (nicht waschen) und ganz fein hacken. In einer heißen Pfanne ohne Fett braun rösten, bis die ganze Flüssigkeit verdampft ist. Dann die Eier und die Gewürze unterrühren.
Die Crêpes schichtweise mit der Pilzmasse bestreichen und leicht andrücken. Die Pilztorte soll ungefähr 4 cm hoch werden. Die Pilztorte auf ein mit Backpapier ausgelegtes Blech geben und mit Alufolie abdecken. Im Rohr etwa 20 Min. backen.
Die Pilztorte gibt man als Beilage zu Fischgerichten oder als eigenständige Mahlzeit mit etwas Salat, sie wird aber auch als Vorspeise gereicht.

Gänsestopfleber auf Linsen mit frischen Pfifferlingen

Rüdiger Kaufmann
Hotel Thüringer Hof
Eisenach

450 g rohe Gänsestopfleber, Salz, weißer Pfeffer, 4 aufgeschnittene Knoblauchzehen, 100 g Butter, 2 TL Zwiebelwürfel, 200 g frische Pfifferlinge, 0,1 l Kalbsglace, einige Tropfen Sherry-Essig, etwas Sahne sowie 200 g gekochte Puy-Linsen.

Die Gänseleber in dünne Scheiben schneiden, würzen und in einer beschichteten Pfanne ohne Fett von beiden Seiten anbacken, auf Pergamentpapier legen und 3 bis 4 Min. in den vorgeheizten Ofen bei 220 °C schieben, bis sie sich fest anfühlt.
Eine Bratpfanne mit Knoblauch einreiben, die Butter erhitzen und die Zwiebelwürfel darin glasig dünsten. Die Pfifferlinge dazugeben und kurz bei starker Hitze anbraten. Den Bratfond abseihen, in die Glace geben und vorsichtig mit Sherry-Essig abschmecken. Zum Schluß noch einige Tropfen Sahne hinzugeben.
Auf die Mitte der Teller ein Bett aus Linsen geben, obenauf die Leberscheiben setzen, die Pfifferlinge außenherum legen. Zwischen die Pfifferlinge die Sauce geben.

Überbackene Austern

Lothar Beck
Stadthotel Patrizier
Schmalkalden

12 Sylter Austern, ¼ l Weißwein zum Aufkochen, 2 Eigelb, ½ Zitrone, 250 g flüssige Butter, Salz und Pfeffer, 2 EL Weißwein.

Die Austern aufbrechen, den ¼ l Weißwein aufkochen, vom Herd ziehen und die Austern darin ganz kurz ansteifen.

Sauce hollandaise:
Die 2 Eigelbe mit den 2 EL Weißwein auf einer warmen Herdplatte aufschlagen, die ½ Zitrone dazugeben. Vorsicht, das Eigelb kann schnell zum Rührei werden! Die flüssige Butter muß die gleiche Temperatur wie das Eigelb haben, dann gibt man sie vorsichtig darunter. Anschließend mit Salz und Pfeffer abschmecken.

Variationen:
Man kann von der Sauce hollandaise mehrere Geschmacksvariationen machen, so zum Beispiel einen Teil mit etwas Tomatenmark abschmecken = italienisch, mit Curry abschmecken = indisch usw.

Anrichten:
Die Austern aus dem Weinsud nehmen, in die Austernschalen geben und die Sauce hollandaise darübergeben. Nun im Backofen überbacken.

Savarin von Lachsforelle und Krebsen mit Bärlauch

Bild Seite 21

Uwe Belke
Schloßhotel
Bad Köstritz

Savarin:
20 Krebse, 200 g Lachsforellenfilet, 2 Eier, 8 EL Schlagsahne, Tabasco, Pfeffer, Salz, etwas Butter.

Sauce:
1 Schalotte sowie etwas Butter und ⅛ l Fischfond, ½ EL Noilly Prat, 20 g Bärlauch, 30 g kalte gesalzene Butter, 2 EL Crème double.

Savarin:
Die Krebse in kochendes Wasser geben, nach 1 Min. herausnehmen, die Schwänze auslösen und entdarmen. Das Krebsfleisch mit dem zerteilten Lachsforellenfilet, Eiern, der eiskalten Schlagsahne sowie den Gewürzen fein mixen und durch ein Sieb streichen.
Eine gebutterte Savarinform bis zu 2/3 mit der Masse füllen, mit Folie abdecken und im Wasserbad bei 150 °C etwa 20 Min. pochieren.

Sauce:
Die gewürfelten Schalotten in Butter anschwitzen, mit Fischfond und Noilly Prat auffüllen, einkochen lassen, den Bärlauch zugeben, durchkochen, passieren, noch einmal aufkochen und mit der Salzbutter sowie Crème double aufmontieren.

Anrichten:
Den Savarin in die Mitte geben, mit einer Krebskarkasse und Krebsschwänzchen garnieren und die Sauce angießen.

Kalbsbriesmousse im Blätterteigröllchen mit Nierchen

Rainer Frieden
Romantik Hotel &
Restaurant Pattis
Dresden

50 g gewürfelte Schalotten, 100 g geklärte Butter, 300 g Kalbsbries (gewässert und geputzt), ½ l Kalbsfond, 4 Blatt Gelatine, 0,2 l Sahne, 250 g Blätterteig, etwas Mehl, 1 Eigelb und 160 g Kalbsnierchen (gewässert), Salz, Pfeffer aus der Mühle, frischer Thymian, 2 cl Gin, 80 ml Kalbsjus.

Die Schalottenwürfel in etwas Butter anschwitzen, das Kalbsbries dazugeben, in etwas Kalbsfond aufkochen lassen und in 15 bis 20 Min. gar ziehen. Nach dem Erkalten kleinschneiden, im Mixer pürieren, abschmecken, die aufgelöste Gelatine beigeben und die geschlagene Sahne unterheben.
Den Blätterteig länglich formen und auf einer bemehlten Arbeitsfläche zu einem Rechteck aufrollen (beim Rollen die Richtung öfter wechseln, das heißt von links nach rechts und von oben nach unten), daraus 3 cm breite Streifen mit 12 cm Länge schneiden. In der Mitte mit etwas Eigelb bestreichen (nicht die Schnittkanten einstreichen, sie kleben sonst an den Formen). Spiralförmig die Teigstreifen um eine Schillerlokkenform rollen und das Teigende fest andrücken. Die Oberfläche nochmals mit Eigelb bestreichen, auf ein Backblech legen, etwas ruhenlassen und nun bei 200 °C etwa 15 Min. backen, noch warm von den Formen ziehen.
Die Mousse mit einem Spritzbeutel in die Blätterteigrollen füllen. Die in Scheiben geschnittenen Nierchen würzen, im Mehl wenden, mit Thymian in geklärter Butter braten und mit dem Gin ablöschen.
Die gefüllten Blätterteigröllchen mit mariniertem Feldsalat anrichten, die Kalbsnierchen dazulegen, mit der Kalbsjus nappieren und mit frischen Kräutern garnieren.

Kalbsbries und Kalbsbäckchen auf Löwenzahn in Himbeerdressing

Wolfgang Riemhofer
Landhotel Baumwiese
Boxdorf

500 g Kalbsbries, ¼ l Himbeeressig, ½ l Wasser, 1 TL Salz, 5 Pfefferkörner, 1 Lorbeerblatt, 2 Nelken, Alufolie, 4 Kalbsbäckchen und ½ TL Kraftbrühe, 2 Estragonzweige, Pfeffer aus der Mühle.

Salat:
200 g Löwenzahnsalat, 60 g frische Himbeeren.

Dressing:
2 EL Himbeeressig, 1 EL Balsamico-Essig, 4 EL Walnußöl, Salz, Pfeffer, Zucker.

Das Kalbsbries etwa 1 Std. wässern, dabei öfter das Wasser wechseln, bis es klar bleibt. Den Sud aus Himbeeressig, Wasser und den Gewürzen in einem Topf zum Kochen bringen. Das Bries in eine Aluminiumfolie wickeln, so daß es eine runde Stangenform ergibt. In den Sud legen, einmal aufkochen und 20 Min. bei schwacher Hitze ziehen lassen. Im Sud über Nacht erkalten lassen.
Die Kalbsbäckchen putzen und von Sehnen befreien. Einen weiteren Sud wie den ersten zum Kochen bringen und die Bäckchen einlegen. Nur ziehen (etwa 10 Min.) und dann erkalten lassen.
Den Löwenzahn waschen und auf ein Küchentuch zum Trocknen legen. Die Himbeeren putzen und aus den Essigen und dem Öl eine Marinade herstellen. Mit Salz, Pfeffer und Zucker würzen, die Himbeeren dazugeben.
Den Löwenzahnsalat fächerförmig auf den Tellern verteilen und mit dem Dressing marinieren. Das Kalbsbries aus der Alufolie nehmen und in Scheiben schneiden. Die Kalbsbäckchen ebenfalls in Scheiben schneiden und im Sud zusammen mit dem Bries leicht erwärmen. Immer abwechselnd auf dem Salat verteilen.

Anmerkung: Himbeeressig läßt sich sehr leicht selbst herstellen. Am besten wird er mit selbstgepflückten Waldhimbeeren.

Rezept Seite 31: Gebackener Kalbskopf und Kalbsbries auf lauwarmem Kartoffel-Morchel-Salat
Christian Heumader, Hotel Sächsischer Hof, Meiningen

Meißner Weinbergschnecken, mit Kräutern überbacken

Frank Bidlingmaier
Hotel Bülow Residenz
Dresden

Schnecken:
2 Schalotten (in Würfeln), 24 Weinbergschnecken, 2 EL Kalbsjus, Butter, Knoblauchöl, etwas Cognac.

Die Schalottenwürfel in Butter und etwas Knoblauch farblos anschwitzen, mit 1 Spritzer Cognac ablöschen, den Schnecken etwas Kalbsjus zugeben, kurz durchkochen und in Schneckenpfannen 6 Stück pro Person anrichten. Die gefrorene Kräuterbutter in dünnen Scheiben auflegen und im Backofen bei 220 °C überbacken, bis sich die Butter goldbraun färbt.

Kräuterbutter:
150 g Butter, 4 Eigelb, 6 g Salz und 6 g Worcestersauce sowie 3 g Sojasauce, 5 g Knoblauch (gehackt), etwas Cognac, 20 g Schalotten (gehackt), 10 g Petersilie (gehackt), 10 g Schnittlauch (geschnitten), 2 g Basilikum (gehackt), 2 g Estragon (gehackt), 1 g Majoran, 1 Msp. Caynennepfeffer, 1 KL Curry, 1 KL Paprikapulver, 1 Msp. Rosmarin (gehackt), 1 Msp. Thymian (gehackt), 8 g Dill, 12 g Speisestärke.

Die Butter mit einem Rührgerät gut schaumig schlagen, danach in eine Schüssel geben. Alle Kräuter und sonstigen Gewürze zerkleinern und zur Butter geben. Die Eigelbe separat gut aufschlagen, mit der Speisestärke abbinden und mit der Butter-Kräuter-Masse mischen. 1 gute Std. kühl stellen (am besten als Rolle einfrieren).
Als Beilage eignet sich geröstetes Weißbrot, eventuell mit Knoblauch eingerieben.

Tip:
Alle Kräuter können auch getrocknet verwendet werden.

Ravioli von Weinbergschnecken an Knoblauchrahm

Michael Röder
Hotel Altdeutsche Weinstuben
Zum Künstlerkeller
Freyburg/Unstrut

Ravioli:
300 g Mehl, 3 Eier, 1 TL Olivenöl, Salz, 12 Weinbergschnecken.

Sauce:
3 Schalotten, 2 kleine Knoblauchzehen, 50 g Butter, 200 ml Sahne, etwas Weißwein, frischer Schnittlauch, Salz, Pfeffer.

Ravioli:
Das Mehl, die Eier, das Öl und 1 Prise Salz gut verkneten und zu einem festen Teig verarbeiten. Den Teig etwa 1 Std. kühl stellen, dann dünn ausrollen. 12 Teigstükke rund ausstechen (Kaffeetasse) und jeweils in die Mitte 1 Schnekke legen.
Nun die Teigstücke zusammenklappen und die Ränder mit einer Gabel fest andrücken. In siedendem Salzwasser 10 Min. garen.

Sauce:
Die Schalotten sowie den Knoblauch schälen und in feine Würfel hacken. Die Butter in einem Topf erhitzen und darin die Schalotten und den Knoblauch glasig schwitzen. Mit etwas Weißwein ablöschen, mit der Sahne aufgießen und etwas einkochen lassen. Abschmecken mit Salz und weißem Pfeffer. Zum Schluß den Schnittlauch dazugeben und kurz mitkochen lassen.
Anrichten auf flachen Tellern mit 3 Ravioli pro Person, etwas Sauce angießen und Tomatenwürfelchen als Garnitur dazugeben.

Grünkernplätzchen mit Kaninchenleber und Tomatenvinaigrette

Bild Seite 17

Detlef Lange
Hotel Villa Emma
Dresden

200 g Grünkern, 100 g Möhren, 1 Zwiebel, 100 g Lauch, 100 g Stangensellerie, 1 EL Kräuter (Kerbel), 2 EL Mehl, 1 Ei, Salz, Pfeffer, Öl zum Braten, 250 g Kaninchenleber, 20 g Butter zum Braten, Salz und 6 bis 7 Blatt Lollo Rosso.

Tomatenvinaigrette:
2 EL Balsamico-Essig, 3 EL Olivenöl, 1 Prise Salz und 1 Prise Zucker, schwarzer Pfeffer aus der Mühle, 1 bis 2 Tomaten.

Die Tomaten auf beiden Seiten einschneiden und in kochendem Wasser 10 Sek. blanchieren, abschrecken und enthäuten. Dann halbieren und die Kerngehäuse herausschneiden. Das Fruchtfleisch in kleine Würfel von 5 mal 5 mm schneiden.
Den Grünkern über Nacht in Wasser einweichen. Das Gemüse waschen, putzen und in kleine Würfel schneiden, kurz blanchieren und abschrecken.
Dann den eingeweichten Grünkern mit den Gemüsewürfeln und den restlichen Zutaten vermengen. Anschließend mit Salz und Pfeffer würzen, kleine Plätzchen formen und diese im heißen Öl in einer Pfanne goldbraun ausbacken. Die Kaninchenleber pfeffern und in der heißen Butter auf beiden Seiten je 3 bis 4 Min. goldbraun braten.

Nun die Grünkernplätzchen mit dem Salat, der Tomatenvinaigrette und Leber anrichten. Die Leber mit Salz würzen.

Blätterteigkissen, gefüllt mit Ragoût fin

Rüdiger Kaufmann
Hotel Thüringer Hof
Eisenach

1 kg Kalbfleisch, 1 große Zwiebel (mit ½ Lorbeerblatt und 1 Nelke gespickt), 100 g Butter, 2 EL Mehl, 4 Nelken und 1 Lorbeerblatt, Salz, Worcestersauce, 2 Zitronen, 500 g Champignons, 0,25 l Sahne, 1 Eigelb, 4 Blätterteigplatten (TK, 12 mal 12 cm).

Das Kalbfleisch in einen Topf mit kochendem Wasser, welches mit 1 TL Salz und der gespickten Zwiebel versehen ist, geben und weich ziehen lassen. Nicht kochen. Das Fleisch herausnehmen und abkühlen lassen. Die Champignons putzen, kurz waschen und in Scheiben schneiden.
Das ausgekühlte Fleisch in kleine Würfel schneiden, die Butter in einen Topf geben, das Mehl hinzufügen und mit einem Schneebesen verrühren. 0,25 l Kochfond sowie die Sahne langsam und unter ständigem Rühren erhitzen, bis alles eine dickflüssige Konsistenz hat. Die Sauce mit Worcestersauce und dem Saft von 1 Zitrone abschmecken. Die Blätterteigplatten auf ein leicht gefettetes Blech geben, mit Eigelb bestreichen und bei 180 °C etwa 15 Min. im Ofen backen.
In der Zwischenzeit die Champignons und das Fleisch in die Sauce geben und kurz aufkochen. Die fertigen Blätterteigkissen aufschneiden. Das Unterteil mit Ragoût fin füllen, den Deckel etwas schräg ansetzen, Zitronenecken anlegen und mit frischen Kräutern garnieren.

Gebackener Kalbskopf und Kalbsbries auf lauwarmem Kartoffel-Morchel-Salat

Bild Seite 29

Christian Heumader
Hotel Sächsischer Hof
Meiningen

Kalbskopf und Kalbsbries:
½ Kalbskopf, 200 g Suppengemüse (Möhren, Lauch, Sellerie, Zwiebeln), 2 Nelken, 6 Pfefferkörner, Liebstöckel, Petersilie, Salz sowie 400 g Kalbsbries, 4 EL Butter, 2 Eier, Mehl, 100 g Mie de pain (geriebenes frisches Weißbrot ohne Rinde), Öl zum Backen.

Kartoffel-Morchel-Salat:
4 mittelgroße festkochende Kartoffeln, 25 g getrocknete Morcheln, 8 EL Olivenöl, 5 Schalotten, 4 EL Balsamico-Essig, ¼ l Kalbsfond, Salz, Pfeffer.

Kalbskopf und Kalbsbries:
Den Kalbskopf mit dem Gemüse und den Gewürzen etwa 2 Std. kochen. Das Fleisch, noch heiß, vom Knochen lösen, in eine Terrinenform geben und mit einem schweren Gegenstand bedecken. 1 Tag in der Form lassen.
Den Kalbskopf dann aus der Form nehmen und in Würfel von etwa 3 cm Seitenlänge schneiden. Mit Salz und Pfeffer würzen, im Mehl sowie in den aufgeschlagenen Eiern wenden und im Mie de pain panieren. Im heißen Öl bei 180 °C backen.
Das Kalbsbries 2 Std. wässern und dann in dem Kalbskopffond pochieren. Das Kalbsbries anschließend von der umliegenden Haut befreien und in 1 cm dicke Scheiben schneiden. Das Kalbsbries salzen, im Mehl wenden und goldgelb in Butter backen.

Kartoffel-Morchel-Salat:
Die Kartoffeln schälen und in Würfel von 1 cm Seitenlänge schneiden. Die Kartoffelwürfel in Salzwasser gar kochen und in Eiswasser abschrecken. Für die Marinade das Olivenöl erhitzen, die Schalotten in Würfel schneiden und im heißen Olivenöl glasig anschwitzen. Die eingeweichten Morcheln in kleine Würfel schneiden und mit anschwitzen. Mit Balsamico-Essig ablöschen und mit dem Kalbsfond auffüllen, salzen und pfeffern. Die heiße Marinade über die Kartoffelwürfel geben und etwa 1 Std. durchziehen lassen.

Anrichten:
Den lauwarmen Kartoffel-Morchel-Salat auf der Mitte der Teller anrichten. Die gebackenen Kalbskopfwürfel sowie das Kalbsbries darauf verteilen und zum Schluß mit Schnittlauch und gestoßenem Pfeffer ausgarnieren.

Fasanenbrusttörtchen mit Calvados-Äpfeln und Petersilienwurzelpüree

Bild Seite 32

Ute Herzog
Villa Herzog
Dresden

4 Fasanenbrüstchen, 4 große Scheiben Frühstücksspeck, 1 kg Petersilienwurzeln (geschält und in Scheiben geschnitten), ½ l Gemüsebrühe, etwas ausgelassene Speck- und Zwiebelwürfel, 1 Tasse Sahne, Salz, Pfef-

fer, Kümmel, Fett zum Braten, 500 g Äpfel (geschält, entkernt, in Butter geschmort, mit Salz, Majoran, Zucker sowie etwas Zitronenpfeffer abgeschmeckt), ¼ l Sahne, ½ Mokkatasse Calvados, 1 EL gekörnte Gemüsebrühe.

Die Fasanenbrüstchen in den Frühstücksspeck total einwickeln und auf jeder Seite 5 Min. bei großer Hitze im Fett braten (in Alufolie eingewickelt ruhenlassen). Das Fett aus der Pfanne entfernen, mit etwas Calvados den Bodensatz loskochen, abseihen, eventuell mit etwas Speisestärke andicken. Die Petersilienwurzeln in der Brühe garen, abseihen (Brühe aufheben, gibt eine gute Suppe) und pürieren. Etwas heiße Sahne einrühren, so daß ein geschmeidiges Püree entsteht. Mit Salz, Pfeffer und Kümmel abschmecken, dann die heißen Speck- und Zwiebelwürfel unterheben.
Auf je 1 Teller einen Kreis von 8 cm Durchmesser formen, die heißen Apfelstücke hübsch darauf verteilen, die Brüstchen auswikkeln und dekorativ obenauf legen.
Den Apfelsatz mit Calvados sowie der Brühe loskochen, die restliche Sahne dazugeben und reduzieren lassen.
Die helle Sauce um die Törtchen gießen, die dunklere als Tupfen zugießen.

Gebratene Thüringer Rotwurst und Flußkrebsschwänze

Rüdiger Kaufmann
Hotel Thüringer Hof
Eisenach

2 mittelgroße Tomaten und 2 Salatköpfe (1 Lollo Roso, 1 Lollo Bianco), 0,25 l Salatdressing, 400 g Rotwurst im Kranzdarm, 400 g Flußkrebsschwänze (gekocht, ausgebrochen und entdarmt), 100 g Kräuterbutter, frische Kräuter, Bratfett.

Die Tomatenblüten entfernen, an der Unterseite über Kreuz anritzen, kurz in kochendes Wasser tauchen, auf Eis abschrecken und dann die Haut abziehen. Nun vierteln, die Kerngehäuse entfernen und die Tomatenfilets in kleine Würfel schneiden. Den Salat putzen und waschen. Gut abtropfen lassen. Die Rotwurst in fingerdicke Scheiben schneiden und in der Pfanne kurz anbraten, dann warm stellen.
Den Salat im Dressing anmachen. In einer Pfanne die Hälfte der Kräuterbutter zerlaufen lassen, die Flußkrebsschwänze kurz anschwenken und warm stellen.
Den Salat in der Mitte der Teller anrichten, die Rotwurstscheiben außenherum legen, dazwischen die Flußkrebsschwänze anrichten. Die restliche Kräuterbutter in die Pfanne geben, die Tomatenwürfel kurz anschwenken, das Ganze über den Salat geben und mit den Kräutern bestreuen.
Dazu Stangenweißbrot reichen.

Kräuter-Eierkuchen mit Räucherlachs und grünem Spargel

Reinhard Seydel
Thüringer Hof zu Leipzig
Leipzig

¼ l Milch, 100 g Mehl, 3 Eier, 1 EL Öl, Salz, Pfeffer, 1 Bd. Petersilie, 1 Bd. Dill, Butter, 200 g Räucherlachs (in Scheiben), 400 g grüner Spargel, 50 g Kräuterbutter und 1 Zitrone sowie einige Salatblätter.

Aus Milch, Mehl, Eiern, Öl, Salz, Zucker, Petersilie und Dill einen Eierkuchenteig herstellen. In einer Pfanne mit ausgelassener Butter die Eierkuchen backen.
Auf die noch heißen Eierkuchen Scheiben von Räucherlachs legen, den abgetropften heißen Spargel darauf legen, die Kräuterbutterflöckchen verteilen und dann zusammenrollen.
Eine kleine Salatgarnierung mit frischen Kräutern und Zitrone rundet das Ganze ab.

Sächsisches Zwiebelbemmchen

Reinhard Seydel
Thüringer Hof zu Leipzig
Leipzig

80 g Speck, 4 Scheiben Bauernbrot, 150 g Katenschinken, 80 g Zwiebeln, 2 Stangen Porree, 2 Knoblauchzehen, 100 g geriebener Edamer, Petersilie, Schnittlauch und 1 Blättchen Liebstöckl, Salz, weißer Pfeffer.

Den Speck in kleine Würfel schneiden und auslassen. Die gehackte Petersilie anschwitzen, Porreestreifen dazugeben, den Knoblauch fein hacken oder pressen, alles kurz anschwitzen.
Je 1 Scheibe Bauernbrot mit dünnen Scheiben von Katenschinken belegen, darauf die warme Zwiebelmasse geben, alles mit geriebenem Käse bestreuen und im Ofenrohr oder Grill überbacken.
Vor dem Servieren mit gehackten Kräutern bestreuen.

Rezept Seite 31: Fasanenbrusttörtchen mit Calvados-Äpfeln und Petersilienwurzelpüree
Ute Herzog, Villa Herzog, Dresden

Suppen

Ich habe tausendmal Könige und Kaiser bei Tisch gesehen,
und alle haben mit Genuß Suppe gegessen.
Antonin Carême

In den Hungerjahren nach dem 2. Weltkrieg gab es eine „Wolga-Wolga"-Suppe, deren Hauptbestandteile Sauerkraut, Linsen und altes Brot waren. Diese Suppe hatte keine kulinarischen Wurzeln, sieht man einmal von einer gewissen Ähnlichkeit mit der russischen „Schtschi" und der ukrainischen „Tjeria", beide eine Art Brotsuppe, ab. Sie war aus der Not kreiert.

Heute könnte eine derart rauhbeinig daherkommende Suppenkreation allenfalls als Mitternachtssuppe nach einem strapaziösen, abendfüllenden Festbankett aufgetischt werden, um einen durch Verfeinerung verweichlichten Magen in einer Art Schocktherapie mit einem Ruck wieder einzurenken.

Der badische Winzer, Gastronom und Gastrosoph Franz Keller hat einmal, wie er in seinem Buch „Alemannisch angerichtet" berichtet, nach einer dreitägigen Feinschmeckertour durch die Pariser kulinarische Szene die Tafelrunde der begleitenden Gastro-Journalisten und Gourmet-Freunde mit der Bestellung einer Kartoffelsuppe amüsiert. Sie war, wie er schreibt, „der Rettungsanker; statt der hochgestochenen Vorspeisen und Zwischengerichte mußte ich eine Suppe haben".

Solche Rettungsanker sind fast immer die einfachen Suppen der Regionalküche. Die „Potage paysan" der Franzosen, die „Minestrone" der Italiener, die „Kartoffelsuppe" der Deutschen; Gemüsesuppen zumeist, die ursprünglich als Basis nicht einmal eine Fleischbrühe hatten. Sie wirken ausgleichend und besänftigend und beruhigen nicht nur den Magen, sondern auch das Gewissen.

Die magenberuhigende Wirkung gilt besonders für die Kartoffelsuppe, die ein vorzügliches Heilmittel bei Darmkatarrh ist. Allerdings nur, wenn sie nicht mit Fleischbrühe, sondern nur mit Wasser und auch ohne Suppengemüse, hingegen mit viel Petersilie und Kümmel gekocht wird. Eine nicht minder hilfreiche Suppe ist die Brotsuppe, wie es sie in Thüringen gibt, wo noch zusätzlich am Vortag gekochte Kartoffeln hineingerieben werden. Eine vor allem bei Kindern beliebte Brotsuppe war eine Variante, bei der Schwarzbrot und Äpfel mit einer Zimtstange in Wasser verkocht und mit Zucker und einer Prise Salz abgeschmeckt wurden, eine Besonderheit der sächsischen wie der Thüringer Küche. Als gesundheitsbringend galten auch die Thüringer Meerrettichsuppe und die „Bittersilchbrüh", eine Rindsuppe mit Rindfleisch und Semmelwürfeln aus dem Thüringer Wald.

In den vornehmen sächsischen Haushalten des letzten Jahrhunderts hatte man eine gewisse Vorliebe für russische Suppen, denen ebenfalls heilbringende Wirkungen zugeschrieben wurden. Beliebt war eine Gemüsesuppe „à la Orloff", aber auch der „Borschtsch". Vielfach wurden sogar „Piroschki" als Beilage zur Rindsuppe gereicht. Auch die bei beiden Geschlechtern gleichermaßen beliebten Biersuppen gehörten zu den Gesundheitssuppen. Sie wurden schon zum Frühstück gegessen. Friedrich II. hatte dies einst ausdrücklich auch seinen Landeskindern in der preußischen Provinz Sachsen anstelle des teuren Kaffees empfohlen.

Natürlich ist die Suppe nicht nur Gesundheitsmittel, sie ist Lebenselixier von Bauer und Edelmann gleichermaßen und Urquell der Kulinarik. Sie steht am Anfang der Kulturgeschichte des Essens, labt Könige und Bettler und renkt die strapazierten Mägen nicht nur der Gourmets, sondern auch der Dichter ein. 1776 schrieb Wieland in Weimar an den Freund Jakob Michael Reinhold Lenz: „Wenn Ihr nichts besseres habt und einmal für Euer üppiges Fleisch kreuzigen wollt, so kommt heute auf den Mittag und eßt eine Suppe mit mir. Vielleicht kommt Goethe auch."

Rezept Seite 50: Aufgeschäumtes Selleriesüppchen mit Langustenpraline
Ralf J. Kutzner/Frank Bidlingmaier, Hotel Bülow Residenz, Dresden

Rinderkraftbrühe mit gebackenen Kalbsbriesröschen

Wolfgang Riemhofer
Landhotel Baumwiese
Boxdorf

300 g Rinderwade, je 30 g Karotten, Sellerie und Lauch, Salz, 2 bis 3 Pfefferkörner, 1 Lorbeerblatt sowie je 30 g Karotten und Lauch (in feinen Streifen), 1 l Rindergrundbrühe, 2 Eiweiß, 300 g Kalbsbries, 2 EL Himbeeressig, 100 g gesiebtes Mehl, 1 Ei, 100 g feine Semmelbrösel, Salz und ½ l Pflanzenöl sowie 1 EL gehackte Petersilie.

Die Rinderwade mit den Gemüsen im Fleischwolf grob zerkleinern, mit den Eiweißen vermengen und in einen Topf geben. Die kalte Rindergrundbrühe dazugeben und langsam erhitzen. Dabei leicht umrühren. Wenn die Suppe kocht, steigen die Trübstoffe nach oben und bilden eine feste Schicht. Noch etwa 1 Std. leise köcheln lassen. Vorsichtig durch ein feines Tuch passieren und eventuell mit Salz nachschmecken.
Das Kalbsbries gut wässern, dabei öfter das Wasser wechseln, bis es klar bleibt. Den Sud mit seinen Zutaten zum Kochen bringen, das Bries einlegen und einmal aufkochen. Etwa 10 Min. ziehen lassen. Danach im Sud abkühlen. Das Bries herausnehmen und in kleine Röschen zupfen.
Mit dem Mehl, verquirlten Ei und den Semmelbröseln panieren, anschließend im heißen Öl goldbraun backen.
Die Gemüsestreifen mit der Kraftbrühe erhitzen, in Suppenteller gießen, die Kalbsbriesröschen mit Küchenpapier trockentupfen und dazugeben. Mit der gehackten Petersilie bestreuen.

Anmerkung: Es ist wichtig, daß das Kalbsbries gut gewässert wird.

Rinderkraftbrühe mit Kalbskopf und Spargel oder Kalbskopfravioli

Bild Seite 39

Mario Pattis
Romantik Hotel &
Restaurant Pattis
Dresden

150 g Karotten, 150 g Zwiebeln, 120 g Sellerie, 1½ kg Rinderknochen, 3 Lorbeerblätter, 5 Pfefferkörner, 5 Pimentkörner, 4 zerdrückte Wacholderbeeren, 2 Nelken, 2 kleine Rosmarinzweige, 2 kleine Thymianzweige, 150 ml Weißwein, 3 l Wasser, 80 g Karotten, 80 g Zwiebeln, 1 Knoblauchzehe, 5 Pfefferkörner, 1 Tomate, 300 g Klärfleisch, 3 Eiweiß, 1 l Rinderbrühe sowie 1 cl Gin, 50 ml Madeira, Salz und Pfeffer.

Kalbskopfravioli:
100 g Mehl, 1 Ei, 1 EL Sesamöl, Salz, 200 g parierte Kalbskopfmaske (vom Metzger), 300 ml heller Kalbsfond, 50 g Karotten und 50 g Zwiebeln, 30 g Sellerie, 20 g Butter, 40 g frische Morcheln, 50 g Spargelstückchen, 1 EL Crème fraîche, 1 Ei zum Einstreichen, etwas Öl, ½ TL gehackter Kerbel.

Mit der Rinderkraftbrühe und dem Ravioliteig sollte am Vortag begonnen werden.
Die gehackten Rinderknochen in kochendes Wasser geben, kurz aufkochen und das Wasser wieder abgießen. Mit kaltem Wasser wieder zum Kochen bringen und den zustande gekommenen Schaum vorsichtig abschäumen.
Das geputzte und kleingeschnittene Gemüse mit den Kräutern und den Gewürzen dazugeben und bei milder Hitze 2½ Std. leise köcheln lassen. Die Brühe durch ein Tuch seihen und entfetten.
Zum Klären der Brühe das Klärfleisch zusammen mit den Karotten und Zwiebeln durch die grobe Scheibe des Fleischwolfes lassen. Zusammen mit den Eiweißen, Gin und Madeira in die kalte Rinderbrühe geben. Mit einem Schneebesen einrühren und bei mittlerer Hitze langsam zum Kochen bringen. Dabei mehrmals umrühren, damit das Eiweiß nicht anhängt. Die Kräuter und Gewürze dazugeben und etwa 50 Min. ziehen lassen. Die Brühe durch ein Tuch seihen, entfetten und mit Salz sowie Pfeffer abschmecken.

Einlage:
Kalbskopf und Spargel oder alternativ Kalbskopfravioli.

Kalbskopfravioli:
Das Mehl in eine Schüssel geben, das Ei, Öl und 1 Msp. Salz hinzufügen und alles zu einem glatten Teig verarbeiten. Den Teig einige Zeit ruhenlassen.
Den Kalbskopf mit dem Gemüse in dem Kalbsfond etwa 2½ Std weich kochen und auskühlen lassen. Den gekochten Kalbskopf in Würfel schneiden und in der Butter mit den gründlich geputzten Morcheln durchschwenken. Die Crème fraîche mit den gekochten Spargelstückchen unterheben und auskühlen.
Den Teig ganz dünn ausrollen und mit verquirltem Ei bepinseln. Die Füllung im Abstand von 6 cm mit Hilfe eines kleinen Löffels auf den Teig geben, mit Teig abdecken und mit der Handkante andrükken, so daß keine Luft dazwischen ist. Mit einem Teigrädchen die Ravioli portionieren. Salzwasser mit etwas Öl zum Kochen bringen und die Ravioli in etwa 4 Min. bißfest kochen.
Die Ravioli in Suppentellern anrichten, mit dem Kerbel bestreuen, mit der Consommé auffüllen und servieren.

Lammkraftbrühe mit Paprikawürstchen

Bild Seite 43

Bernd Weinberger
Kempinski Hotel Fürstenhof
Leipzig

Kraftbrühe:
2 EL Öl, 1 kg Lammknochen und Lammparüren, Röstgemüse (in Würfel geschnitten): je 50 g Karotten, Knollensellerie, Lauch, 80 g Zwiebeln und 200 g Paprika, 2 EL Tomatenmark, 2½ l Fleischbrühe, 8 Pfefferkörner, 1 Knoblauchzehe, 1 kleiner Thymianzweig, Rosmarin, Salz.

Kläransatz:
300 g magere Lammparüren und 30 g Karotten, 30 g Knollensellerie, 200 g Paprikaabschnitte, 80 g Eiweiß, Salz.

Paprikawürstchen:
100 g mageres Lammfleisch, Salz, 80 ml Sahne, Pfeffer, feingehackte Petersilie, Thymian und Rosmarin, je 1 rote, grüne und gelbe Paprika, etwas Olivenöl, Lammsaitlinge zum Füllen.

Einlage:
12 Lammfiletscheiben, Salz, Pfeffer, etwas Öl zum Braten.

Kraftbrühe:
Das Öl in einem breiten Topf erhitzen, die kleingehackten Lammknochen sowie die Lammparüren beigeben und anbraten, das Röstgemüse hinzufügen und mitbraten, nach etwa 10 Min. das Tomatenmark dazugeben und mitrösten. Danach das Ganze in ein Sieb geben und das Fett abtropfen lassen. Diesen Ansatz nun in einen Topf legen, mit der Brühe auffüllen und 5 Std. leicht köcheln lassen, dabei mehrmals den Fond abschäumen. Nach ²/₃ der Kochzeit die Gewürze unterrühren.

Kläransatz:
Die mageren Lammparüren, Karotten, Knollensellerie und Paprikaabschnitte durch die feine Scheibe des Fleischwolfes drehen. Das Eiweiß leicht salzen und etwas anschlagen. Alles in einen Topf geben, vermengen und mit dem kalten Lammfond auffüllen, dann langsam erhitzen, mehrmals vorsichtig umrühren. Nach dem Aufkochen die Kraftbrühe 1½ Std. ziehen lassen. Durch ein Tuch passieren und eventuell noch einmal abschmecken.

Paprikawürstchen:
Das magere Lammfleisch kleinschneiden und gut durchkühlen lassen, danach leicht salzen. In der Küchenmaschine pürieren, bis eine Bindung entsteht. Anschließend die gekühlte Sahne nach und nach beigeben. Die Paprika vierteln, entkernen und die Hautseite der Paprika mit Olivenöl bestreichen, unter den Salamander geben, bis sich die Haut leicht löst. Nun die Haut abziehen und die Paprika in kleine Würfel schneiden. Die ausgekühlten Würfel der Lammfarce beigeben, ebenso die gehackte Petersilie, Thymian und Rosmarin. Die Masse in einen Spritzbeutel geben und in die Saitlinge spritzen. Die Würstchen in einer Länge von 4 cm abdrehen und in siedendem Wasser 8 Min. gar ziehen lassen.

Einlage:
Die 12 Lammfiletscheiben mit Salz sowie Pfeffer würzen und im heißen Öl in einer Pfanne rosa braten.

Anrichten:
Je 3 Paprikawürstchen und 3 Filetscheiben in vorgewärmte Teller geben und mit der Lammkraftbrühe auffüllen.

Anmerkung: Man kann die Paprikawürstchen auch im Saitling belassen, am besten schmecken sie jedoch wenn die Haut abgezogen wird.

Geeiste Kalbskraftbrühe mit Gemüseblättchen

Jens Michel
Restaurant Schloßallee
Moritzburg

Brühe:
1 kg frische Kalbsbrühknochen, 2 EL Öl, 1 kleine geputzte Möhre, 1 geschälte Zwiebel, 1 Bd. Petersilie, 1 Lorbeerblatt.

Zum Klären:
200 g Rinderhesse, 300 g Kalbshesse, 1 kleine geputzte Möhre, 1 geschälte Zwiebel und 30 g geputzter Sellerie, 2 Eiweiß, Salz.

Einlage:
1 kleine Möhre und 1 Stange Porree, ½ Sellerieknolle.

Brühe:
Die Kalbsknochen waschen, kurz im Öl anrösten, mit kaltem Wasser auffüllen und 2 Std. kochen. Die Möhre, Zwiebel sowie Petersilie und das Lorbeerblatt zugeben und noch eine ½ Std. köcheln, passieren und abkühlen lassen.

Klären:
Das Rind- und Kalbfleisch durch die große Scheibe des Fleischwolfes drehen. Die Eiweiße etwas aufschlagen und unter das Fleisch mengen. Die Möhre und die geschnittenen Zwiebeln in der Pfanne ohne Fett anrösten, anschließend ebenfalls zum Fleisch geben. Zusammen mit der kalten Kalbsbrühe in einen Topf geben, langsam erhitzen, dabei vorsichtig von Zeit zu Zeit umrühren. Aufkochen, 30 Min. ziehen lassen, vorsichtig durch ein Passiertuch gießen, abfetten, mit etwas Salz abschmecken und kalt stellen.

Einlage:
Die Möhre putzen, waschen, halbieren und in Blättchen schneiden (1 mm). Den Porree und Sellerie putzen, waschen, längs vierteln und in Blättchen schneiden.
Das Gemüse kurz in kochendem Salzwasser blanchieren, herausnehmen, in Eiswasser abschrekken. Die Gemüseblättchen in die Suppentassen geben, die gekühlte Kraftbrühe aufgießen, nochmals 1 Std. kalt stellen, anschließend servieren.
Wenn die Kraftbrühe richtig gekocht wurde, geliert sie im eiskalten Zustand leicht.

Wildkraftbrühe mit Gemüse-Crêpes

Rüdiger Kaufmann
Hotel Thüringer Hof
Eisenach

Wildkraftbrühe:
300 g Wildfleisch, 20 ml Erdnußöl, 150 g Klärfleisch (mageres Rindfleisch), 0,2 l Wasser, 80 g Karotten, 60 g Sellerie, 80 g Lauch, 50 g Tomaten, 10 g getrocknete Steinpilze, 2 Eiweiß, ½ Lorbeerblatt, 5 weiße Pfefferkörner sowie 3 l Wildfond.

Das Wildfleisch im Öl anbraten und abkühlen lassen. Das Klärfleisch und Wildfleisch durch die grobe Scheibe des Fleischwolfes lassen, das Gemüse in Würfel, die Tomaten in Stücke schneiden. Das gehackte Fleisch, die Gemüsewürfel, Tomatenstücke, Steinpilze, Eiweiße, Gewürze und das Wasser kräftig vermischen und für mindestens 1 Std. im Kühlschrank ruhenlassen.
Den Kläransatz mit dem kalten Wildfond auffüllen und vermischen. Unter vorsichtigem Rühren aufkochen lassen. Nach dem Aufkochen nicht mehr rühren, dann 1½ Std. leicht sieden und durch ein Tuch laufen lassen. Entfetten und abschmecken.

Crêpes:
75 g Mehl, 0,2 l Milch, 3 Eier, Salz, 1 EL gehackte Kräuter, 1 Stange Lauch und 150 g Sellerie sowie 150 g Karotten.

Das Mehl in eine Schüssel sieben und mit der Milch glattrühren. Die aufgeschlagenen Eier sowie die geschnittenen Kräuter und Salz dazugeben. Gut vermengen und den Teig ruhenlassen.
Den Lauch putzen und das Grüne in 4 etwa 30 cm lange Streifen schneiden. Kurz blanchieren. Das Gemüse in feine Streifen schneiden, ebenfalls blanchieren. Aus dem Teig dünne Pfannkuchen backen. In die Mitte des Pfannkuchens die Gemüsestreifen setzen, rundum hochschlagen und mit den Lauchstreifen zubinden.

Anrichten:
Die Gemüse-Crêpes in die Mitte der Teller setzen und mit Wildkraftbrühe auffüllen.

Punschsuppe vom sächsischen Wildhasen mit Fasanennocken

Steffen Jack
Landhotel Baumwiese
Boxdorf

Punschsuppe:
1 kg Wildhasenknochen, 1 EL Tomatenmark, ½ l Glühwein, 1 l Wasser, 1 Zwiebel, 1 kleine Karotte, 100 g Sellerie, 1 Stange Lauch, 5 Nelken, 1 Lorbeerblatt, 10 Pfefferkörner, 5 Wacholderbeeren, Salz, Pfeffer, 4 cl Portwein.

Fasanennocken:
100 g Fasanenbrust, 1 Ei, 3 EL Schlagsahne, Salz, Pfeffer, Muskat, 1 EL gehackte Pistazien, 0,2 l Hühnerbrühe zum Pochieren.

Punschsuppe:
Die Knochen anrösten, das Tomatenmark dazugeben und kurz mit angehen lassen. Mit dem Glühwein ablöschen und einkochen. Das Wasser eingießen und zum Kochen bringen. Die Zwiebel sowie das Gemüse in grobe Würfel schneiden und mit den Gewürzen zu der Brühe geben. Etwa 2 Std. köcheln lassen. Kurz vor dem Abpassieren mit Salz sowie Pfeffer würzen und mit dem Portwein verfeinern.

Fasanennocken:
Die Fasanenbrust würfeln und gut gekühlt im Kutter pürieren. Das Ei und die Sahne unterheben, dann nochmals farcieren. Mit Salz, Pfeffer sowie Muskat abschmecken, die gehackten Pistazien dazugeben und mit einem Teelöffel Nocken abdrehen. Dann in der Hühnerbrühe etwa 10 Min. sieden lassen.

Klare Kraftbrühe von der Ermstedter Gans mit deren Leberklößchen, Brust und Pilzen

Bild Seite 51

Torsten Hache
Restaurant Pagenhaus
Schloß Friedenstein
Gotha

Kraftbrühe:
Karkassen von 1 Gans (am besten vom Vortagsbraten), 2 l Hühnerbrühe, 1 Möhre, 1/8 Sellerie, 1 Stange Lauch, 1 Knoblauchzehe und 1 Lorbeerblatt, 2 bis 3 Wacholderbeeren, Salz, Pfeffer, ¼ Gänsebrust.

Rezept Seite 36: Rinderkraftbrühe mit Kalbskopf und Spargel oder Kalbskopfravioli
Mario Pattis, Romantik Hotel & Restaurant Pattis, Dresden

Klößchen:
100 g Gänseleber, 70 g Schweinekamm, 30 g Weißbrotbrösel, 1 Ei, 1 Schalotte, Majoran, Petersilie, Salz, Pfeffer, 40 g Maronen.

Die Knochen mit kalter Hühnerbrühe in einen Topf geben. Die Möhre, den Lauch, Sellerie und die Gewürze zugeben und 3 Std. sieden lassen. Alles passieren und nochmals einkochen. Anschließend abschmecken. Die Schalotte schälen und würfeln, mit den Weißbrotbröseln, dem Ei, Schweinekamm und der Gänseleber vermischen und durch die feine Scheibe des Fleischwolfes drehen. Die gehackte Petersilie dazugeben und mit Majoran, Salz und Pfeffer abschmecken.
Nun kleine Klöße formen und in wenig Brühe garen. Die Gänsebrust salzen, pfeffern und im Ofen schmoren lassen. Danach in feine Scheiben schneiden und mit Leberklößchen und den rohen feingeschnittenen Maronen in einen Suppenteller geben. Mit heißer Brühe aufgießen. Eventuell noch Pilzravioli zugeben (siehe S. 133).

Entensuppe mit Trauben

Detlef Lange
Hotel Villa Emma
Dresden

2 rohe Entenkeulen und ½ EL rohe Currypaste sowie ½ EL Kokoscreme, Entenfond.

Entenfond:
1 Möhre, 1 Zwiebel, 50 g Sellerie, 2 Lorbeerblätter, Salz und Pfeffer, 1 EL Fischfond, 100 g Kirschtomaten, 100 g kernlose helle oder blaue Trauben, 100 g frische Ananaswürfel, 10 frische Korianderblätter.

Die Entenkeulen auslösen und aus den Knochen, der Möhre, Zwiebel und dem Sellerie einen Fond kochen.
20 Min. bevor der Fond fertig ist, 1 Lorbeerblatt dazugeben, mit Salz sowie Pfeffer abschmecken und anschließend passieren. Dann das Entenfleisch kleinschneiden, ebenfalls mit Salz und Pfeffer würzen und in einem Topf ohne Öl scharf anbraten.
Mit der Kokoscreme und dem Entenfond ablöschen, die Currypaste unterrühren, dazu den Fischfond und die restlichen Zutaten in der genannten Reihenfolge hinzugeben. Wenn die Suppe aufkocht, die Korianderblätter beifügen und anschließend servieren.

Altmärkische Hochzeitssuppe

Frank Wiedekind
Classik Hotel Magdeburg
Beyendorf

150 g Spargel, 1½ l Rinderbrühe, Petersilie, Salz.

Eierstich:
3 Eier, 150 ml Milch, Salz, Muskat, etwas Butter.

Für den Eierstich die Eier mit der Milch verquirlen und mit Salz sowie etwas Muskat würzen. Dann die Masse in einem zuvor mit Butter ausgestrichenem Gefäß etwa 20 Min. im leicht kochenden Wasserbad ziehen lassen. Danach die Masse stürzen und in Würfel schneiden.
Nun den Spargel schälen, bißfest garen und in mundgerechte Stükke schneiden. Die Rinderbrühe mit etwas Salz abschmecken.
Den Spargel sowie den Eierstich in die Rinderbrühe geben und die Suppe mit der frischen Petersilie bestreuen.

Altthüringer Klößchensuppe

Jens Kleiber
Berg- und Jagdhotel Gabelbach
Ilmenau

50 g Sago, 50 g Blumenkohl, 50 g Karotten, 50 g Sellerie, 50 g Lauch und 50 g Kohlrabi, 1 l Rinderbrühe, Salz, Pfeffer und Muskat.

Semmelklößchen:
1 kleines Brötchen, 6 EL geriebenes Weißbrot, ½ TL Stärke, 50 g Butter, 1 Ei, Salz, Pfeffer, Muskat.

Den Sago in kaltem Wasser etwa 2 Std. einweichen. Den Blumenkohl, die Karotten, den Sellerie, Lauch und Kohlrabi waschen und in Stifte schneiden. Die Rinderbrühe langsam zum Kochen bringen, das Gemüse sowie den Sago hinzufügen und abschmecken.

Semmelklößchen:
Die Brötchen in kaltem Wasser einweichen, kräftig ausdrücken und mit allen anderen Zutaten zu einer geschmeidigen Masse verarbeiten. Kleine Klößchen formen und 10 bis 15 Min. ruhenlassen.
5 Min. vor Beendigung der Kochzeit der Suppe die Klößchen hinzufügen. Auf vorgewärmten Tellern anrichten und mit Kerbel und Petersilie garnieren.

Saure Suppe

Rüdiger Kaufmann
Hotel Thüringer Hof
Eisenach

100 g Brotrinden, 2 l Fleischbrühe, 500 g Kesselfleisch, 250 g Gehacktes, 1 Handvoll getrocknete Zwetschen, etwas Schweineblut, Essig, Salz, Pfeffer.

Die Brotrinden sehr fein schneiden und in der Fleischbrühe zer-

kochen. Das Kesselfleisch fein würfeln und in die Brühe geben, Gehacktes anbraten und in die Brühe krümeln.
Die getrockneten Zwetschen extra kochen und nur die Früchte in die Brühe geben. Das Ganze mit Schweineblut eindicken und anschließend mit Essig, Salz sowie Pfeffer süßsauer abschmecken.

Spargelbrühe mit Nudelklößchen

Michael Röder
Hotel Altdeutsche Weinstuben
Zum Künstlerkeller
Freyburg/Unstrut

Spargelbrühe:
150 g Rindfleisch zum Kochen, 1 Bd. Petersilie, 4 bis 5 Stangen, Spargel, 1 l Wasser, 2 Eier, Salz, Pfeffer, Muskat.

Nudelklöße:
2 Eier, 1 TL Öl, Salz, 200 g Mehl, 50 g Butter, 100 g Semmelbrösel.

Spargelbrühe:
Das Rindfleisch mit etwas Salz weich kochen. Den Spargel schälen und in Stücke schneiden. Die Petersilie fein hacken.
Die Brühe erneut zum Kochen bringen, das Rindfleisch und den Spargel dazugeben und leicht köcheln lassen. Wenn der Spargel weich ist, die verquirlten Eier einrühren und zu Flocken stocken lassen. Die Petersilie unterheben und mit Salz, Pfeffer sowie Muskat abschmecken.

Nudelklöße:
Die Eier, das Öl, Salz und Mehl zu einem festen geschmeidigen Teig verkneten und etwas ruhenlassen. Die Butter in einer Pfanne erhitzen und darin die Semmelbrösel goldbraun rösten.
Den Teig hauchdünn ausrollen und in kleine Rechtecke schneiden. In die Mitte der Teigstücke jeweils etwas Semmelbrösel geben und diese dann zu kleinen Taschen formen und fest zusammendrücken. In Salzwasser garen und leicht abschrecken.
Anrichten in Suppentellern mit jeweils 2 bis 3 Nudelklößchen pro Portion und einer ordentlichen Kelle Brühe.

Anhaltinische Droschkenkutschersuppe

Lutz Kuhnert
Steigenberger Hotel Dessau
Dessau

400 g durchwachsenes Rindfleisch, 80 g Reis, 3 Bd. Suppengemüse, 300 g mehligkochende Kartoffeln, frische Kräuter (Petersilie, Liebstökkel, Majoran usw.), Salz, Pfeffer, Muskat.

Das Rindfleisch in reichlich Wasser weich kochen, dann in Würfel schneiden. Den Reis abbrühen, er muß noch bißfest sein. Das Suppengemüse putzen und kleinschneiden.
Die Kartoffeln ebenfalls in Würfel schneiden. Das Gemüse und die Kartoffeln in der Rinderbrühe weich kochen, das Rindfleisch und den Reis dazugeben und mit Salz, Pfeffer sowie Muskat abschmecken. Zum Schluß die frischen Kräuter unterheben.
In tiefen Tellern oder in einer Suppenterrine servieren.

Anmerkung:
Droschkenkutschergerichte zeichnen sich in der Regel sowohl durch ihre Deftigkeit aus wie auch dadurch, daß ihnen meist Wurst oder Kartoffeln beigegeben werden.

Essenz von der Seezunge mit gefüllten Spitzmorcheln, Lachsklößchen

Bild Seite 46

Christian Heumader
Hotel Sächsischer Hof
Meiningen

Seezungenfond:
50 g Butter, 1 Lauchzwiebel und ½ Sellerie, 10 g Meersalz, ¼ l Noilly Prat, ½ l Wasser, Salz, Pfeffer, 4 Lorbeerblätter, Petersilienstengel, Dillstengel, 2 Pfefferkörner, 2 Nelken und Seezungengräten.

Farce:
1 l Seezungenfond, 200 g Hechtfleisch, 2 Eiweiß, 1 Lauchzwiebel, 100 g Sellerie, 4 Champignonköpfe, 8 weiße Pfefferkörner, 4 Lorbeerblätter, 1 Petersilienwurzel.

Gefüllte Spitzmorcheln:
2 Seezungenfilets, 4 Spitzmorcheln, 100 ml Sahne, Salz und Pfeffer sowie 1 Eiweiß.

Lachsklößchen:
100 g Lachs, 70 ml Sahne, Salz, Pfeffer, 1 Eiweiß, 40 g Butter.

Seezungenfond:
Die Gräten leicht in Butter anschwitzen. Das Gemüse dazugeben und mit Wasser und Noilly Prat auffüllen. Mit den Gewürzen sowie Kräutern ausgarnieren und etwa 30 Min. ziehen lassen. Durch ein Tuch passieren und erkalten lassen.

Farce:
Das Hechtfleisch durch die grobe Lochscheibe des Wolfes drehen. Das Gemüse anschließend durchdrehen. Die Eiweiße und die Gewürze dazugeben und alles gut vermengen. Anschließend kalt stellen.

Das Klärfleisch in den kalten Seezungenfond geben und bei schwacher Hitze langsam aufkochen lassen. Bei etwa 90 °C den Fond 1 Std. klären. Anschließend durch ein feines Leinentuch passieren.

Gefüllte Spitzmorcheln:
Die Seezungenfilets durch die feinste Scheibe des Wolfes drehen, kalt stellen und mit den restlichen Zutaten eine homogene Farce herstellen. Die Morcheln gründlich waschen und vom Sand reinigen. Mit dem Spritzbeutel die fertige Farce in die Morcheln spritzen und mit den Lachsklößchen im Fischfond gar ziehen lassen.

Lachsklößchen:
Das gut gekühlte Lachsfleisch durch die feinste Scheibe des Wolfes drehen, kalt stellen und mit den restlichen Zutaten eine homogene Farce herstellen. Mit Mokkalöffeln kleine Nocken ausstechen und im Fischfond pochieren.

Lauchconsommé mit Lachstalern

Gabriele Erdmann
Park-Restaurant Vogelherd
Zerbst

Consommé:
800 g Lauch (nur das Weiße) und 50 g Butter, 1 l Geflügelfond sowie 150 ml Weißwein, 200 g Geflügelfleisch, 3 Eiweiß, Salz, Pfeffer.

Lachstaler:
90 g Forellenfilet, 40 ml Sahne, 120 g Blattspinat, Salz und Dill, 80 g Lachsfilet, 3/4 l Fischfond.

Consommé:
Den Lauch putzen, waschen und in Butter andünsten. Mit Geflügelfond und Weißwein aufgießen und zugedeckt 40 Min. kochen lassen. Die Brühe durch ein Sieb gießen und ganz abkühlen lassen. Das Geflügelfleisch durch den Fleischwolf drehen, mit den Eiweißen mischen, in die kalte Brühe geben und etwa 2 Std. ziehen lassen. Die Consommé durch ein Tuch passieren und abschmecken.

Lachstaler:
Das Forellenfilet fein hacken, mit der Sahne im Mixer pürieren und würzen. Die Spinatblätter in kochendem Salzwasser kurz blanchieren. Eine Klarsichtfolie ausbreiten, hauchdünne Lachsfiletscheiben darauf legen und leicht salzen. Die Spinatblätter und die Forellenfarce darauf ausbreiten und alles zusammenrollen.
Die Folie am Ende zusammenbinden und die Fläche mehrmals einstechen. Im Fischfond 10 Min. gar ziehen lassen, anschließend aus der Folie nehmen und in Scheiben schneiden.
Die Lachsscheiben und die Consommé auf die Teller verteilen und mit Lauchstreifen und Dillzweigen garnieren.

Pot-au-feu mit St.-Peters-Fisch und Gambas im Portweinsud

Christian Heumader
Hotel Sächsischer Hof
Meiningen

4 Filets vom St.-Peters-Fisch (etwa 100 g je Filet), 8 Riesengarnelen (Gambas) und 800 ml Fischfond, 1/8 l weißer Portwein, 1 l Fischfond zum Pochieren, Salz.

Garnitur:
4 Karotten mit Grün, 4 kleine Kartoffeln, 4 Cocktailtomaten, 120 g frische Erbsen, 4 Dillzweige, 4 Kapuzinerkresseblüten.

Die Filets vom St.-Peters-Fisch und die Riesengarnelen ohne Panzer im Fischfond bei 80 °C gar ziehen lassen. Anschließend die 800 ml Fischfond erhitzen und mit Portwein auffüllen. Das Gemüse blanchieren, in kaltem Wasser abschrecken und im Fischfond wieder erhitzen.
Den Portweinsud in tiefe Teller geben. Den Fisch und die Gambas, das Gemüse und die gekochten Kartoffeln hineinlegen.
Mit Dillzweigen und Kapuzinerkresseblüten ausgarnieren.

Pot-au-feu von heimischen Fischen und Krebsen

Detlef Lange
Hotel Villa Emma
Dresden

1 Forelle (etwa 500 g), 200 g Lachs, 100 g Zander, 0,6 l Fischfond, 16 Flußkrebse, 0,2 l trockener Weißwein, 1 Bd. Suppengrün und 400 g gemischtes Gemüse (Möhre, Stangensellerie, Lauch und Zuckerschoten, in Streifen geschnitten), 3 EL Olivenöl, Salz, Pfeffer, Lorbeer, 1 TL Forellenkaviar, 1 Bd. Dill sowie 1 Bd. Kerbel und Saft von ½ Zitrone.

Die Forelle filetieren, vom Lachs und dem Zander die Haut abziehen und daraus mit dem Suppengrün und Lorbeer einen Fond kochen. Die Flußkrebse mit der Hälfte des Weißweins in sprudelndes Wasser geben und ungefähr 10 Min. kochen lassen.
Das Olivenöl in einem Topf erhitzen und die Gemüsestreifen darin andünsten. Das Ganze leicht salzen und pfeffern, mit dem restlichen Weißwein ablöschen, den Fischfond auffüllen und etwa 2 Min. kochen lassen.

Rezept Seite 37: Lammkraftbrühe mit Paprikawürstchen, Bernd Weinberger, Kempinski Hotel Fürstenhof, Leipzig

Alle Fischfilets mit dem Zitronensaft marinieren, in kleine Stücke schneiden, die Krebse ausbrechen und in dem Sud etwa 5 Min. ziehen lassen. Eventuell noch einmal alles kurz aufkochen und dann mit dem Kaviar sowie den Kräutern servieren.

Pot-au-feu von Thüringer Süßwasserfischen

Rüdiger Kaufmann
Hotel Thüringer Hof
Eisenach

450 g Karpfenfilet, 3 l Fischfond, 120 g Lauch (nur das Weiße), 60 g Zwiebeln, 30 g frische Champignons, 5 g frischer Dill, 2 Eiweiß, 2 cl Noilly Prat.

Einlage:
100 g Forellenfilet, 100 g Barschfilet, 100 g Zanderfilet, Gemüsestreifen.

Das Karpfenfilet mit dem Messer grob hacken. Gemüse und die Champignons zu Würfeln schneiden. Das Fischfleisch, die Gemüsewürfel, Champignonwürfel, den frischen Dill sowie die Eiweiße vermischen und mindestens 1 Std. ruhenlassen.
Den Kläransatz mit dem kalten Fischfond auffüllen, gut vermischen und unter vorsichtigem Rühren mit dem Kochlöffel langsam aufkochen. Etwa 30 Min. leicht kochen lassen (nach dem Aufkochen nicht mehr rühren). Nun sorgfältig durch ein Tuch sieben, entfetten, abschmecken und mit Noilly Prat verfeinern.
Die Fischbrühe nochmals erhitzen. Die Forellenfilet-, Barschfilet- und Zanderfiletstücke nun in die erhitzte Fischbrühe legen und ziehen lassen. Die Fischstücke in Teller legen, einige Gemüsestreifen in die Mitte geben und die heiße Brühe angießen.
Als Beilage eventuell eine Blätterteigstange reichen.

Kraftbrühe vom Moritzburger Karpfen mit seinen gebackenen Nocken

Wolfgang Riemhofer
Landhotel Baumwiese
Boxdorf

Kraftbrühe:
1 kg Karpfenkarkassen, 2 Zwiebeln, 1 Karotte, ½ Sellerie und 1 Stange Lauch, 1 Lorbeerblatt, 2 Nelken, 2 TL Salz, Pfefferkörner, 0,5 l Wasser, 0,3 l Weißwein, 2 EL Pernod, 1 bis 2 Dillzweige, 400 g Karpfenfilet, 4 Eiweiß, 100 g Wurzelgemüse, Salz, Pfeffer, 1 Msp. Safran.

Karpfennocken:
250 g Karpfenfilet, 1 EL Petersilie, 1 Ei, 50 ml Sahne, 1 TL feine Semmelbrösel, Salz, Pfeffer, etwas Oregano, Öl zum Fritieren.

Kraftbrühe:
Die Fischkarkassen mit dem Gemüse in kaltem Wasser ansetzen. Den Weißwein dazugeben und zum Kochen bringen. Die Gewürze und etwas Pernod beigeben, etwa 10 Min. leicht köcheln lassen. Zur Seite stellen und 1 Std. ziehen lassen.
Durch ein Sieb passieren und abkühlen lassen. Das Filet kuttern und mit dem kleingeschnittenen Gemüse vermengen. Die Eiweiße dazugeben und kräftig durchmengen. In einen hohen Topf geben und die erkaltete Fischbrühe dazugießen. Einmal umrühren und bei geringer Hitze langsam zum Kochen bringen. Dabei nicht im Topf rühren.
Wenn die Brühe aufgekocht hat, vorsichtig durch ein Tuch passieren und mit Salz, Pfeffer, Pernod und dem Safran würzen.

Karpfennocken:
Das gekutterte Karpfenfilet mit den übrigen Zutaten verrühren und gut abschmecken. Mit einem Kaffeelöffel Nocken abdrehen und in der Friteuse oder in einem Topf mit Öl fritieren.

Karpfensuppe mit Meerrettichnocken und roten Beten

Peter Steffen
Rats-Keller Schönefeld
Leipzig

Karpfensuppe:
Fischabschnitte (Köpfe, Gräten) und 2 Möhren, 1 Sellerieknolle, 1 Stange Lauch, 1 Zwiebel, Piment, Lorbeer, Petersilie, Dill, Knoblauch, ½ Rote-Bete-Knolle, 400 g Karpfenfilet (ohne Haut), etwas Butter.

Meerrettichnocken:
2 TL geriebener Meerrettich sowie 60 g Grieß und 1 Ei.

Karpfensuppe:
Von den Fischabschnitten, Möhren, Sellerieknolle, Lauch, Zwiebel und Gewürzen einen Fischfond kochen. Sellerie und Möhren in feine Streifen schneiden. Lauch in feine Ringe schneiden. Abgekochte rote Bete ebenfalls in feine Streifen schneiden und beiseite stellen. Das Karpfenfilet in längliche Streifen schneiden, in etwas Butter anschwitzen, die Sellerie- und Möhrenstreifen sowie die Lauchringe dazugeben, zusammen dünsten und mit heißem Fischfond

auffüllen. Die Suppe mit Knoblauch, Dill und Petersilie abschmecken.

Meerrettichnocken:
Den Meerrettich mit dem Grieß und dem Ei verrühren, mit einem Kaffeelöffel Nocken abstechen, in siedendes Wasser geben und kurz ziehen lassen.

Anrichten:
Die Fischsuppe in vorgewärmte tiefe Teller einfüllen und mit den Meerrettichnocken sowie Roten-Beten-Streifen (zuletzt dazugeben) servieren.

Bouillon von roten Zwiebeln und Orangen mit Pistazien-Sahne

Ute Herzog
Villa Herzog
Dresden

1 EL Zucker, 2 EL Butter, 1 EL Balsamico-Essig, 500 g rote Zwiebeln, 1/2 Tasse Rotwein, 2 Lorbeerblätter, 5 Pimentkörner, 3/4 l Gemüsebrühe, 4 Orangen, 2 EL Johannisbeergelee, 1 Msp. Kreuzkümmel, Salz, Pfeffer, 10 Pistazien sowie 4 EL steife Sahne.

Den Zucker in der geschmolzenen Butter leicht karamelisieren, mit dem Balsamico-Essig ablöschen. Die Zwiebeln schälen und grob zerteilen, dazugeben und durchschmoren lassen. Mit dem Rotwein ablöschen. Die Lorbeerblätter und die Pimentkörner dazugeben, 10 Min. schmoren lassen. Ab und zu etwas Gemüsebrühe hinzufügen.
Die Orangen schälen, die weiße Haut entfernen und in Scheiben schneiden. In den Topf geben, das Johannisbeergelee einrühren, die restliche Gemüsebrühe dazugeben und kräftig aufkochen lassen. Mit Kreuzkümmel, Salz und Pfeffer würzen. Nochmals 15 Min. bei geschlossenem Deckel köcheln lassen. Dann durch ein feines Sieb geben.
In vorgewärmte Suppentassen füllen. Die Pistazienkerne mit der Nußmühle mahlen, dann unter die steife Sahne heben und jeweils 1 Klecks in die Mitte der Tassen setzen.

Thüringer Zwiebelsuppe

Rüdiger Kaufmann
Hotel Thüringer Hof
Eisenach

2 l Fleischbrühe, 2 bis 3 große Zwiebeln, 1 TL Kümmel, 10 Kartoffeln (mittelgroß), Salz, Pfeffer.

In die Brühe die in Scheiben geschnittenen Zwiebeln geben, den Kümmel dazugeben sowie die geschälten, kleingeschnittenen Kartoffeln. Das Ganze etwa 25 Min. kochen, alles stampfen und mit Salz sowie Pfeffer abschmecken.

Kerbel-Möhren-Suppe

Helmut Streller
Restaurant Villa Posthof
Chemnitz

80 g Kerbel oder Sauerampfer und 4 Möhren, 50 g Butter, 30 g Mehl, 0,75 l Fleischbrühe oder Gemüsebrühe, 200 ml süße Sahne, weißer Pfeffer, Salz und 1 entrindete Toastbrotscheibe.

Den Kerbel oder Sauerampfer waschen, abtropfen lassen und fein wiegen. Die leicht gedünsteten Möhren pürieren, mit Kerbel oder Sauerampfer in der Butter andünsten. Das Mehl darüberstäuben und kurz mitdünsten. Mit der Brühe ablöschen und die Suppe etwa 20 Min. kochen lassen.
Durch ein Sieb passieren, die Sahne zugeben, würzig abschmecken und über gerösteten Weißbrotwürfeln anrichten.
Mit Möhrenstreifen und Kerbelblatt dekorieren.

Wernigeröder Wildrahmsuppe mit Morcheln, schwarze Johannisbeer-Sahne

Günther Ulrich
Hotel Gothisches Haus
Wernigerode

400 g Wildbretfleisch, dazu Knochen und Parüren, 30 ml Öl, je 30 g Zwiebeln, Möhren, Sellerie, Salz, Pfeffer, 5 Wacholderbeeren, 2 Lorbeerblätter, 1/8 l Rotwein, 30 g Mehl, 30 g Butter, 20 g schwarze Johannisbeeren, 1/8 l Sahne sowie 30 g Morcheln, 1 Eigelb.

Aus den Wildknochen, Parüren, dem Wildbretfleisch, dem Gemüse sowie den Gewürzen eine kräftige Brühe bereiten. Hierzu zunächst die Knochen und Parüren in dem heißen Öl anbraten, das Röstgemüse zugeben, mit Wasser auffüllen und anschließend das Fleisch sowie die Gewürze hinzufügen. Eine helle Mehlschwitze mit der Brühe verkochen, passieren und mit dem Eigelb sowie etwas Sahne legieren.
Das Fleisch erkalten lassen, in kleine Würfel schneiden und als Einlage für die Wildsuppe verwenden. Danach die Brühe mit Rotwein abschmecken. Die Mor-

cheln kurz in Butter anbraten. Die schwarzen Johannisbeeren mit der restlichen Sahne vermengen und auf die angerichtete Suppe geben.

Rahmsuppe von Perlgraupen mit Pfifferlingen

Bild Seite 55

Kay Hartmann
Weimar Hilton
Weimar

1 l Geflügelbrühe, 300 g Poulardenbrüste, 1 gespickte Zwiebel (mittelgroß, 1 Lorbeerblatt und 2 Nelken), 0,2 l Weißwein (nicht zu trocken), 0,2 l Sahne, 100 g Crème double, 150 g Perlgraupen, 100 g Karotten, 100 g Sellerie, ¼ Stange Lauch, 200 g frische Pfifferlinge, 50 g Butter, 2 EL gehackte Petersilie, Salz, weißer Pfeffer, Muskatnuß.

Die Geflügelbrühe mit den Poulardenbrüsten und der gespickten Zwiebel langsam zum Kochen bringen. Die Poulardenbrüste herausnehmen, auskühlen lassen und in kleine Würfel schneiden. Den Fond durch ein sauberes Leinentuch geben und mit dem Weißwein sowie der Sahne verkochen.
Die Karotten und den Sellerie waschen, schälen und in 1 cm große, dünne Scheiben schneiden. Das vorbereitete Gemüse kurz blanchieren (mit kochendem Salzwasser überbrühen) und in Eiswasser abschrecken. Die Perlgraupen in Salzwasser kochen, durch ein Sieb geben und kurz unter fließendem Wasser abspülen. Die Perlgraupen, das feinblättrig geschnittene Gemüse und das Geflügelfleisch in die Rahmsuppe geben, kurz aufkochen, mit der Crème double vollenden und mit Salz, weißem Pfeffer und etwas frisch geriebener Muskatnuß abschmecken. Die frischen Pfifferlinge putzen, waschen und in heißer Butter anbraten.

Anrichten:
Die Suppe in tiefe Teller geben und die gebratenen Pfifferlinge darauf verteilen, mit der gehackten Petersilie bestreut servieren.

Kürbis-Karotten-Rahm-Suppe mit geräuchertem Aalfilet

Günther Ulrich
Hotel Gothisches Haus
Wernigerode

160 g Räucheraal.

Kürbissuppe:
300 g Kürbis (gewürfelt), ¼ l Wasser, 2 EL gekörnte Hefebrühe (Reformhaus), Salz, Pfeffer, ¼ l Sahne.

Die Kürbiswürfel anschwitzen und mit Wasser angießen. Zugedeckt etwa 30 Min. garen. Den Kürbis pürieren. Ist die Masse zu fest, noch ewas Wasser zugeben. Die Hefebrühe einrühren und mit dem restlichen Wasser auffüllen. Nun noch einmal aufkochen, abschmecken und mit der Sahne verfeinern.

Karottensuppe:
800 g Karotten, ¼ l Wasser, 2 EL gekörnte Hefebrühe, Salz, Pfeffer, ¼ l Sahne.

Die Karottensuppe auf die gleiche Weise zubereiten wie die Kürbissuppe. Die beiden Suppen gleichzeitig in die Teller schöpfen.

Anrichten:
Das geräucherte Aalfilet in der Mitte anrichten und mit frischen Kräutern garnieren.

Anmerkung: Kürbisse und Karotten sind mit ihrer leichten fruchtigen Süße eine gute Geschmackskomponente zum Aal.

Apfel-Safran-Suppe mit Hummer

Uwe Belke
Schloßhotel
Bad Köstritz

2 Hummer zu je 400 g, Salz und 4 Äpfel, 0,1 l Weißwein sowie 0,4 l Fischfond, 0,1 l Crème double, Safranfäden, etwas kalte Butter.

Die lebenden Hummer kopfüber in kochendes Salzwasser geben, 12 Min. kochen lassen, herausnehmen, halbieren und das Fleisch herauslösen. Die Scheren mit einem Küchenmesser aufschlagen und das Fleisch ebenfalls herausziehen.
Die gewürfelten Äpfel mit dem Weißwein ansetzen, kochen und mit einem Mixstab durchmixen und passieren. Nun den Fischfond sowie die Crème double dazugeben, mit Safran abschmecken und mit etwas Butter noch einmal aufschlagen.
Die Hummerschwänze in Medaillons schneiden, mit den Scheren in tiefen Tellern verteilen und die Suppe darübergeben.

Hagebutten-Cappuccino

Ute Herzog
Villa Herzog
Dresden

1 kg Hagebutten, 1 EL Butter, 2 Schalotten und 1 EL Zucker, ¾ l Gemüsebrühe, Salz, Zitronenpfeffer, Muskat, 4 EL angeschlagene Sahne.

Die Hagebutten waschen, die Blütenreste entfernen und halbieren. Nun die Butter schmelzen, den Zucker darin leicht karamelisieren, die Schalotten – mit Schale, grob gewürfelt – dazugeben und

Rezept Seite 41: Essenz von der Seezunge mit gefüllten Spitzmorcheln, Lachsklößchen Christian Heumader, Hotel Sächsischer Hof, Meiningen

kurz andünsten. Die nassen Hagebuttenhälften darauf verteilen und kräftig durchschmoren lassen, dabei stetig rühren, um ein Anbrennen zu vermeiden.
Mit der Gemüsebrühe auffüllen und bei geschlossenem Deckel 30 Min. köcheln lassen. Durch ein feines Sieb abgießen und mit Salz, Zitronenpfeffer sowie etwas Muskat abschmecken.
In vorgewärmte Kaffeetassen füllen, die Sahne darauf verteilen, mit 1 Prise Muskat verzieren und servieren.

Cremesuppe von frischem Knoblauch mit Weißbrotcroûtons

Jens Michel
Restaurant Schloßallee
Moritzburg

Cremesuppe:
8 Knoblauchzehen, 40 g Butter, 20 g feingehackte Zwiebeln sowie 10 g Mehl, 0,8 l Kalbskraftbrühe, 0,2 l Sahne, Salz, weißer Pfeffer.

Weißbrotcroûtons:
20 g Butter, 4 Toastbrotscheiben, ½ TL Knoblauchgranulat.

Cremesuppe:
Die Knoblauchzehen kleinhacken oder durch die Presse drücken. In der Butter zusammen mit den Zwiebeln anschwitzen, das Mehl anstäuben und leicht anrösten.
Das Ganze mit der Kalbskraftbrühe auffüllen und 20 Min. gut durchkochen lassen. Durch ein feines Sieb passieren, die Sahne angießen, nicht mehr kochen und abschmecken.

Weißbrotcroûtons:
Die Butter in der Pfanne zerlaufen lassen. Die Toastbrotscheiben von der Rinde befreien, in kleine Würfel schneiden und in der Butter goldgelb rösten. Kurz vor Schluß das Knoblauchgranulat dazugeben.
Die Suppe in tiefen Tellern anrichten, die Weißbrotcroûtons extra dazu reichen.

Rote und gelbe Paprikacremesuppe mit gefüllter Pfefferschote

Claus Alboth
Alboth's Restaurant im Kaisersaal
Erfurt

Paprikacremesuppe:
20 g Butter, 20 g Mehl, 500 ml helle Geflügelbrühe, 70 ml flüssige Sahne, 1 gelbe Paprikaschote, 1 rote Paprikaschote, 30 ml geschlagene Sahne, 2 EL Zitronensaft sowie Salz und Pfeffer.

Aus Butter und Mehl eine Mehlschwitze herstellen, mit kalter Geflügelbrühe auffüllen und etwa 10 Min. köcheln lassen. Die flüssige Sahne dazugeben und die Suppe in zwei Hälften teilen. Die gelbe und rote Paprikaschote waschen, zerkleinern und getrennt in die Suppen geben. Danach weich kochen, mixen und passieren. Mit der geschlagenen Sahne aufrühren, mit Zitronensaft, Salz sowie Pfeffer abschmecken und zu den Suppenmassen geben.

Pfefferschoten:
50 g Schabefleisch, Salz, Pfeffer, 1 Eigelb, 4 Pfefferschoten.

Das Schabefleisch würzen und mit dem Eigelb durchkneten. Die Pfefferschoten aufschneiden, waschen, mit dem Schabefleisch füllen und dämpfen.

Anrichten:
Die beiden Suppen gleichzeitig in die Teller füllen und jeweils 1 Pfefferschote auf die Suppe legen.

Tomaten-Zwiebellauch-Creme mit gebratenen Jakobsmuscheln

Torsten Hache
Restaurant Pagenhaus
Schloß Friedenstein
Gotha

250 g Tomaten, 500 g Zwiebellauch, 40 g Tomatenmark, Bratfett, 50 g Mehl, 200 ml Fleischbrühe, 150 ml Sahne, 4 Jakobsmuscheln, Salz, Pfeffer.

Die Tomaten vierteln und den Zwiebellauch in 4 cm große Stükke schneiden. Den Lauch, die Tomaten und das Tomatenmark im Bratfett anschwitzen. Alles mit Mehl bestäuben und durchrösten. Anschließend mit der Brühe sowie der Sahne auffüllen und aufkochen lassen. Die Masse pürieren, passieren und abschmecken. Nun die Jakobsmuscheln würzen und anbraten.
Die Suppe aufschäumen und mit den Jakobsmuscheln in Suppentassen geben.

Forellencremesuppe mit Garnelen und Currysahne

Günther Ulrich
Hotel Gothisches Haus
Wernigerode

300 g Forelle, 60 g Möhren und 60 g Sellerie sowie 40 g Zwiebeln,

5 cl trockener Weißwein, ½ Lorbeerblatt, 4 Pimentkörner, Salz, Pfeffer, 20 g Butter, 40 g Weizenmehl, 50 g Garnelen, 0,1 l Sahne, 10 g Curry.

Die Forelle säubern, waschen und filetieren. Die Gräten und das Fischfleisch in 1 l Wasser mit dem Gemüse, dem Wein und den Gewürzen etwa 30 Min. langsam kochen lassen. Etwas Butter mit Weizenmehl anschwitzen und mit der durch ein Sieb gegossenen Fischbrühe auffüllen.
Das Gemüse und das Forellenfleisch in feine Würfel schneiden und alles leicht köcheln. Die Garnelen kurz in der restlichen Butter anschwenken und als Einlage in die Suppe geben.
Die Sahne und den Curry vermengen und auf die angerichtete Suppe geben.

Cremesuppe von roter Bete

Martin Schlösser
Landhaus zu den Rothen Forellen
Ilsenburg

50 g Sellerie, 150 g rote Bete und 50 g weißer Lauch sowie 30 g Butter, 50 g Zwiebeln, 300 ml Geflügelbrühe, Salz, Pfeffer, Muskat, Kümmel, 100 g Crème fraîche, 180 ml Sahne, etwas Kerbel sowie 1 Schwarzbrotscheibe.

Das Gemüse waschen, schälen und kleinwürfelig schneiden. Die Butter erhitzen und die Zwiebelwürfel darin dünsten. Dann Sellerie, rote Bete sowie den Lauch hinzufügen und mit der Brühe auffüllen. Mit Salz, Pfeffer, Muskat und Kümmel würzen und das Gemüse gar kochen lassen. Das Ganze pürieren und passieren. Mit der Crème fraîche sowie 100 ml Sahne auffüllen und bis zur richtigen Konsistenz (400 ml) einkochen lassen.
Direkt vor dem Servieren die restliche Sahne steif schlagen und den gehackten Kerbel unterziehen. Je 1 Löffel Kerbelsahne und geröstete Schwarzbrotwürfel auf die Suppe geben.

Aufgeschlagenes Rotkohlsüppchen mit sautierter Kalbszunge

Mario Pattis
Romantik Hotel &
Restaurant Pattis
Dresden

150 g Rotkohl, Salz, Pfeffer, 1 Apfel, 350 ml Fleischbrühe, 100 ml Sahne, 50 g Schalotten, 50 ml Weißweinessig, 50 g Zucker, 50 g Speck, 1 große Zwiebel, 1 Lorbeerblatt, 3 Nelken, 50 ml Portwein sowie 50 ml Rotwein und etwas Butter, 12 dünne Tranchen gekochte Kalbszunge sowie 4 schöne Kerbelzweige zum Garnieren.

Den Rotkohl kleinschneiden, mit Salz, Pfeffer, Zucker und Essig vermengen und so lange marinieren, bis sich Flüssigkeit bildet.
Den Speck und die Schalotten in ganz kleine Würfel schneiden. Danach den Speck auslassen, die Schalotten darin glasig dünsten, das Rotkraut dazugeben, mit dem Portwein und dem Rotwein ablöschen und mit der Fleischbrühe auffüllen. Den geschälten und in Würfel geschnittenen Apfel hineingeben.
Die Zwiebel mit dem Lorbeerblatt und den Nelken spicken und mit zum Rotkraut geben. Das Rotkraut etwa 40 Min. kochen, bis es schön weich ist, und die gespickte Zwiebel wieder entfernen. Jetzt alles pürieren und, wenn nötig, noch etwas Fleischbrühe einfüllen.
Die Sahne etwas anschlagen, zu dem pürierten Rotkraut geben und kurz durchkochen. Mit Salz, Zucker und Essig abschmecken.
Vor dem Anrichten die Suppe mit dem Mixstab aufschlagen und mit den in Butter sautierten Kalbszungenscheiben sowie dem Kerbel anrichten.

Aufgeschlagene Topinambursuppe mit Räucheraal

Ute Herzog
Villa Herzog
Dresden

2 EL Zucker, 2 EL Butter sowie ½ EL ganzer Kümmel, Salz, Pfeffer, ¾ l Gemüsebrühe, 2 EL Kräuteressig, 1 kg Topinambur, 100 g Crème double, 120 g Räucheraal.

Den Zucker in der geschmolzenen Butter karamelisieren lassen, mit dem Kräuteressig ablöschen. Die Topinamburknollen kräftig waschen, mit der Schale in grobe Stücke teilen, in den Topf geben und durchschmoren lassen. Kümmel, Salz und Pfeffer zugeben, mit der Gemüsebrühe auffüllen und 30 Min. bei geschlossenem Deckel köcheln lassen.
Mit dem Pürierstab pürieren, durch ein Sieb abseihen. Noch einmal aufkochen. Die Crème double darin auflösen und nochmals abschmecken. Mit dem Pürierstab kräftig aufschäumen.
Nun den Räucheraal filetieren, in kleine Würfel schneiden und gleichmäßig in 4 vorgewärmte Suppentassen verteilen, die aufgeschäumte Suppe darübergießen.
Eventuell mit gehackter Petersilie verzieren.

Aufgeschäumtes Selleriesüppchen mit Langustenpraline

Bild Seite 34

Ralf J. Kutzner/
Frank Bidlingmaier
Hotel Bülow Residenz
Dresden

Selleriesüppchen:
1 Zwiebel (mittelgroß), 50 g Butter, 200 g Knollensellerie, 1 l Geflügelbrühe, 1 Lorbeerblatt, Thymian und ¼ l Sahne.

Die Zwiebel in Würfel schneiden, in der Butter farblos angehen lassen, den Knollensellerie schälen, ebenfalls in Würfel von etwa 1 cm Kantenlänge schneiden. Den Sellerie zu den Zwiebeln geben, anschwitzen und mit der Brühe auffüllen. Das Lorbeerblatt und den Thymian dazugeben und 25 bis 30 Min. kochen lassen. In den Mixer geben, pürieren und durch ein Sieb passieren. Dann nochmals aufkochen, die Sahne zugeben und servieren.

Langustenpraline:
8 Langusten oder Garnelen und 2 EL Fischfarce, 2 Blatt Frühlingsrollenteig, Salz, Pfeffer, 1 Spritzer Sesamöl und 1 TL Petersilie sowie 1 TL Schnittlauch.

Die Langusten in kleine Stücke schneiden (1 cm). Würzen mit Salz, Pfeffer, Sesamöl, Schnittlauch, Petersilie, danach mit Fischfarce vermengen. Den Frühlingsrollenteig zu einer Rolle wickeln und in dünne Streifen schneiden. Die Langusten zu Bällchen formen (etwa 3 cm Durchmesser), dann mit dem Frühlingsrollenteig locker einrollen. In der Friteuse goldgelb ausbacken und kurz vor dem Servieren in die Mitte der Teller einsetzen.

Meerrettich-Rote-Bete-Suppe mit Ravioli von Räucherforellen

Rainer Behringer
Restaurant Stadtpfeiffer
im Gewandhaus
Leipzig

2 kleine Köpfe gekochte, geschälte rote Bete, 1 kleine Zwiebel (in kleine Würfel geschnitten), 10 g Butter, 0,3 l Fischfond, 0,1 l Noilly Prat, 0,2 l Sahne, frischer geriebener Meerrettich, Muskat sowie Salz und einige Dillzweige.

Ravioliteig:
100 g Mehl, 1 Ei, 1 TL Olivenöl.

Füllung:
1 geräuchertes Forellenfilet (gehäutet, entgrätet und in kleine Würfel geschnitten), 100 g frisches Forellenfilet, 0,1 l Sahne, Salz, 1 Spritzer Noilly Prat.

Die roten Bete in dünne Scheiben und anschließend in kleine Rauten schneiden. Die Zwiebelwürfel in Butter farblos anschwitzen. Abschnitte der roten Bete zugeben, mit Fischfond, Noilly Prat und Sahne auffüllen, einkochen, mit dem Stabmixer mixen und durch ein feines Sieb passieren. Mit frischem Meerrettich, Muskat und Salz abschmecken.
Aus Mehl, Ei und Olivenöl einen Nudelteig kneten und 2 Std. ruhenlassen. Das gut gekühlte Forellenfilet in kleine Würfel schneiden, mit Noilly Prat und etwas Salz würzen, mit der ebenfalls gekühlten Sahne im kalten Kutter glattmixen, abschmecken und durch ein Haarsieb streichen. Die Farce vorsichtig mit der Räucherforelle vermengen.
Den Nudelteig dünn ausrollen, Kreise im Durchmesser von 6 cm ausstechen, die Ränder befeuchten, in die Mitte 1 Klecks Farce geben, zusammenklappen und die Ränder festdrücken. Pro Portion je 1 Ravioli abgaren. Die Suppe aufmixen, die roten Bete und Ravioli in tiefe Teller legen, mit der heißen Suppe aufgießen und mit Dillspitzen garnieren.

Rote-Bete-Suppe mit Nocken vom Moritzburger Teichkarpfen

Steffen Jack
Landhotel Baumwiese
Boxdorf

Rote-Bete-Suppe:
2 Knollen rote Bete, 500 ml Wasser, 50 ml Kräuteressig, Kümmel, Salz, Pfeffer, 200 ml Sahne, 2 EL Sherry-Essig.

Karpfennocken:
200 g Karpfenfilet, 50 ml Sahne und 1 Eiweiß, 200 ml Fischfond zum Pochieren, Salz, Pfeffer.

Rote-Bete-Suppe:
Die roten Bete waschen, schälen und in grobe Würfel schneiden. Mit dem Wasser, Kräuteressig und dem Kümmel ansetzen und weich garen. Alle Zutaten in einen Mixer geben und zusammen mit der Sahne pürieren. Durch ein Sieb streichen, mit Salz sowie Pfeffer würzen und mit dem Sherry-Essig verfeinern.

Karpfennocken:
Das Karpfenfilet mit der Sahne und dem Eiweiß in einem Kutter fein farcieren. Achtung: Alle Zutaten müssen gut gekühlt sein! Den Fischfond zum Sieden bringen, die Masse mit Salz sowie Pfeffer würzen und mit einem Kaffeelöffel zu Nocken formen. Im Fischfond etwa 5 Min. pochieren.

Rezept Seite 38: Klare Kraftbrühe von der Ermstedter Gans mit deren Leberklößchen, Brust und Pilzen
Torsten Hache, Restaurant Pagenhaus, Schloß Friedenstein, Gotha

Anrichten:
Die Suppe in tiefe Teller geben, die Nocken einsetzen und eventuell mit Sauerrahm oder Crème fraîche garnieren.

Grillenburger Steinpilzcremesuppe mit gerösteten Weißbrotwürfeln

Ralf J. Kutzner
Hotel Bülow Residenz
Dresden

250 g Steinpilze (frisch oder gefroren), etwas Öl, 2 mittelgroße Zwiebeln (in Würfel geschnitten) und ¼ l Weißwein, 1 l Geflügelbrühe, 1 Knoblauchzehe, 1 Lorbeerblatt, 1 Thymianzweig, Salz und Pfeffer, ¼ l Sahne oder Crème double sowie 1 Prise Zucker, 4 Toastbrotscheiben sowie 100 g Butter.

200 g Steinpilze im Topf mit Öl anschwitzen, die Zwiebelwürfel dazugeben. Mit Weißwein ablöschen, mit Brühe auffüllen und mit Lorbeer, Thymian, Salz, Pfeffer sowie der zerdrückten Knoblauchzehe würzen. Etwa 20 Min. köcheln lassen.
Danach die Sahne oder Crème double hinzufügen, aufmixen und durch ein Haarsieb passieren.
Die Toastbrotscheiben entrinden und in Würfel schneiden (etwa 1 cm Kantenlänge). In einer Pfanne mit Butter unter ständigem Wenden bräunen.
Die restlichen Steinpilze in einer Pfanne mit Butter anschwitzen, mit Salz und Pfeffer würzen.
Die Suppe in Tassen oder Teller füllen, die Pilze und Weißbrotwürfel darin verteilen. Als Garnitur eventuell noch etwas gehackte Kräuter zugeben.

Schnippelbohnensuppe mit Wildhasenfilet

Jens Kleiber
Berg- und Jagdhotel Gabelbach
Ilmenau

4 Wildhasenfilets, 500 g Buttermilch, Wacholderbeeren, 300 g grüne Bohnen, 80 g Kartoffeln, 50 g Karotten, 1 l Rinderbrühe, Thymian, Salz und Pfeffer sowie Muskat, 50 g Butter.

Die Wildhasenfilets gründlich waschen und über Nacht in Buttermilch und zerdrückten Wacholderbeeren einlegen.
Die Bohnen in 2 bis 3 cm große Stücke schneiden und danach 2 Min. ins kochende Salzwasser geben. Die Schnippelbohnen in Eiswasser abschrecken, die Kartoffeln und Karotten in Würfel schneiden und mit den Bohnen etwa 30 Min. in der Rinderbrühe kochen lassen. Dann mit Thymian, Salz, Pfeffer sowie Muskat abschmecken.
Das Wildhasenfilet gut abspülen und in Butter rosa braten, kurz ruhenlassen und aufschneiden.
In tiefen Tellern anrichten und dann die Schnippelbohnensuppe darübergeben.

Sauerampfersuppe mit pochiertem Wachtelei

Wolfgang Riemhofer
Landhotel Baumwiese
Boxdorf

1 große Kartoffel (etwa 400 g) und 1 Zwiebel, 50 g Butterschmalz, 0,4 l Rinderbrühe, 0,2 l Sahne, 1 Bd. Sauerampfer (etwa 80 g), Salz, Pfeffer, etwas Essig, 4 frische Wachteleier.

Die Kartoffel und die Zwiebel schälen und in Würfel schneiden. Im Schmalz ohne Farbe anschwitzen, mit der Rinderbrühe sowie der Sahne angießen und weich kochen.
Zusammen mit dem gezupften Sauerampfer im Mixer pürieren. Noch einmal erhitzen und mit Salz sowie Pfeffer abschmecken. Nicht mehr kochen lassen.
Einen Topf mit Wasser und 1 Schuß Essig aufstellen. Zum Sieden bringen und vorsichtig die Wachteleier ohne Schale dazugeben. Etwa 2 Min. ziehen lassen, dann in die Suppe geben.
Mit dem frischen Sauerampfer garnieren.

Maiscremesuppe mit Lachscroûtons

Christian Heumader
Hotel Sächsischer Hof
Meiningen

Maiscremesuppe:
50 g Butter, 600 g Maiskörner 1 l Hühnerbrühe, 200 ml Sahne, Salz, Pfeffer, 1 Bd. Kerbel.

Lachscroûtons:
250 g frischer Lachs, Salz, Pfeffer, Speisestärke, Öl zum Fritieren.

Maiscremesuppe:
Die Butter heiß werden lassen und die Maiskörner leicht anschwitzen. Mit der Hühnerbrühe auffüllen und etwa 15 Min. kochen lassen. Anschließend mit dem Mixer pürieren und durch ein Sieb passieren. Die Sahne dazugeben, salzen und pfeffern.

Lachscroûtons:
Den Lachs in 60 g schwere Tranchen schneiden, salzen, pfeffern und in Speisestärke wälzen. Die gewürzen Lachsstreifen im heißen Fett backen.

Anrichten:
Die Maiscremesuppe in tiefe Teller füllen, die gebackenen Lachsstreifen hineinlegen und mit dem Kerbel ausgarnieren.

Süßsaurer Pilzeintopf mit Kartoffelklößchen

Uwe Belke
Schloßhotel
Bad Köstritz

100 g gewürfelter durchwachsener Speck, etwas Öl, 100 g Schalotten, 100 g Lauch, 800 g gemischte frische Pilze (Maronen, Pfifferlinge, Steinpilze, Rotkappen, Birkenpilze), ¼ l Fleischbrühe, Petersilie, Schnittlauch, Dill, Essig, Zucker, Salz, Pfeffer, 1 Knoblauchzehe.

Den Speck im Öl anbraten, die feinwürfelig geschnittenen Schalotten und den Lauch mit andünsten, die Pilze zufügen und mit der Fleischbrühe auffüllen, 10 Min. garen, mit Essig, Zucker, der durchgepreßten Knoblauchzehe, Salz, Pfeffer und den Kräutern abschmecken.
Mit kleinen Kartoffelklößchen anrichten.

Sauerkrautsuppe

Für 6 bis 8 Personen

Reinhard Seydel
Thüringer Hof zu Leipzig
Leipzig

150 g Kasseler Kamm (ohne Knochen), 100 g Zwiebeln, 40 g Butter, 300 g Sauerkraut, ¼ l Fleischbrühe, 100 g Möhren, Kümmel, Zucker und Salz, 1 Lorbeerblatt, 5 Pimentkörner, 5 Wacholderbeeren, 100 g Kartoffeln, 1 Bd. Schnittlauch und 1 Brötchen.

Die Kasseler Streifen und Zwiebelwürfel in Butter anschwitzen. Das Sauerkaut etwas schneiden und mit in den Topf geben, mit Fleischbrühe auffüllen. Als Farbkontrast und geschmackliche Verbesserung Möhrenstreifen mitkochen lassen.
Mit Kümmel, Zucker, Salz, Lorbeerblatt, zerdrückten Pimentkörnern und Wacholderbeeren würzen. Das Ganze bis zum Garpunkt bringen und mit geriebenen rohen Kartoffeln etwas binden.
Vor dem Servieren mit Schnittlauch und Croûtons bestreuen.

Gesäuerte Kohlsuppe mit Ochsenmaultaschen

Rainer Frieden
Romantik Hotel &
Restaurant Pattis
Dresden

60 g Schalotten, 30 g ausgelassener Speck, 250 g Sauerkraut, 0,5 l Geflügelbrühe, 0,3 l Sahne, Salz, gemahlener Pfeffer, gemahlener Kümmel, frischer Majoran, etwas Zukker, 40 g Butter, 80 g Schwarzbrotcroûtons.

Nudelteig:
100 g Mehl und 1 Vollei, ½ TL Öl, Salz.

Füllung:
200 g geschmorter Ochsenschwanz, 50 g feine Gemüsewürfel, 50 g gehackte Kräuter, Salz, gemahlener Pfeffer, 1 Eiweiß.

Die in kleine Würfel geschnittenen Schalotten im ausgelassenen Speck anschwitzen, geschnittenes Sauerkraut dazugeben (eventuell etwas abspülen), mit der Geflügelbrühe aufgießen und etwa 15 Min. kochen. Im Mixer pürieren. Mit der Sahne auffüllen und mit Salz, gemahlenem Pfeffer, gemahlenem Kümmel, frischem Majoran sowie etwas Zucker abschmecken.
Für die Maultaschen den Nudelteig gleichmäßig ausrollen. Mit Hilfe eines Teigrädchens Rechtecke von 6 mal 12 cm ausrollen, die Füllung auf ⅓ der Rechtecke geben, die Ränder mit Eiweiß bestreichen, den Nudelteig umschlagen und andrücken. In leichtem Salzwasser 10 Min. bei schwacher Hitze garen.
Die erhitzte Suppe mit der Butter aufschlagen, mit den aufgeschnittenen Maultaschen, frischen Kräutern und den Schwarzbrotcroûtons garnieren.

Grüner Bohneneintopf mit Lammfleisch

Lutz Kuhnert
Steigenberger Hotel Dessau
Dessau

250 g Lammkeule, 1 Bd. Suppengemüse, Salz, Pfeffer, Lorbeer, Piment, 500 g grüne Bohnen sowie 400 g Kartoffeln, 100 g Butter und 80 g Mehl, 1 Bd. Bohnenkraut.

Die Lammkeule mit reichlich Wasser, dem Suppengemüse, Lorbeer, Piment und etwas Salz ansetzen und weich kochen. Das Lammfleisch herausnehmen und in schmale Streifen schneiden, etwa so breit wie die Bohnen. Die Brühe vorsichtig durch ein Haarsieb gießen. Die grünen Bohnen putzen und in etwa 5 cm lange Stücke schneiden.
Die Kartoffeln schälen und in Würfel schneiden. Die geschnittenen Bohnen und Kartoffeln in der Brühe bißfest garen. Das Lammfleisch dazugeben, zur Seite stellen, etwas ziehen lassen. Die Butter in einem Tiegel auslassen und

das Mehl dazugeben, leicht durchrösten, bis es goldgelb ist. Diese braune Buttermischung unter den heißen Bohneneintopf rühren, mit Salz, Pfeffer und reichlich Bohnenkraut abschmecken.
In tiefen Tellern servieren und mit je 1 Bohnenkrautzweig garnieren.

Linsensuppe, süßsauer

Lutz Kuhnert
Steigenberger Hotel Dessau
Dessau

125 g Backpflaumen, 200 g Bauchspeck (gut durchwachsen), 300 g Linsen, 200 g Kartoffeln, 1 Zwiebel, 1 Bd. Suppengemüse, Salz, Pfeffer, Essig, Zucker.

Die Backpflaumen in Wasser einweichen. 1/3 des Bauchspecks und die Zwiebel würfeln. Die Linsen mit dem Rest Bauchspeck weich kochen. Die Kartoffeln schälen, kleinschneiden und zu den Linsen geben, kochen, bis sie weich sind. Die Bauchspeck- und Zwiebelwürfel goldgelb dünsten, in den Eintopf geben, ebenso die Backpflaumen, dann mit Salz, Pfeffer, Essig und Zucker abschmecken (süßsauer).
In tiefen Tellern servieren, dazu schmecken Blutwurstscheiben.

Sächsische Kartoffelsuppe I

Matthias Böhler
art'otel dresden
Dresden

500 g Kartoffeln, 2 Karotten, 1 Stange Lauch, 1 kleine Zwiebel, 50 g Sellerie, 1 TL Kümmel, Salz, Pfeffer, 1 l Rinderbrühe, 150 g Bauchspeck (gewürfelt), 20 g Butter und 3 frische Majoranstiele.

Die Kartoffeln und das Gemüse grob würfelig schneiden. Die Hälfte des gewürfelten Specks mit der Butter anschwitzen, die Kartoffeln und das Gemüse dazugeben, mit Rinderbrühe auffüllen und alles weich kochen.
Die Suppe pürieren, den gezupften Majoran, restlichen Speck, Salz, Pfeffer und Kümmel hineingeben, nochmals aufkochen und abschmecken.

Sächsische Kartoffelsuppe II mit Selleriestroh

Helmut Streller
Restaurant Villa Posthof
Chemnitz

500 g Kartoffeln und 3 Zwiebeln, 3 Möhren, etwas Kerbel, Liebstöckel, Lauch von Frühlingszwiebeln, 1½ l Fleischbrühe, 50 g durchwachsener Speck, Salz und weißer Pfeffer, Petersilie, 1 Sellerieknolle, Kümmel, Majoran, etwas Mehl.

Die geschälten Kartoffeln in Würfel schneiden. Das Gemüse kleinschneiden, mit der Hälfte des Selleries und dem Liebstöckelstengel in einem Topf mit der Fleischbrühe kochen lassen. Danach abkühlen lassen und alles grob pürieren.
Die in Würfel geschnittenen Zwiebeln und den Speck anbraten, mit Pfeffer würzen. Wenn die Zwiebeln goldgelb sind, den Speck und die Zwiebeln unter die Suppe rühren. Mit gemahlenem Kümmel und Majoran abrunden.

Selleriestroh:
Den restlichen Sellerie in dünne Streifen schneiden, mit Mehl bestäuben, in die heiße Friteuse geben und goldgelb fritieren. Herausnehmen und abtropfen lassen. Knusprig über die Kartoffelsuppe geben, mit einigen Blättchen frischem Kerbel und gewiegter Petersilie garnieren.

Sächsische Kartoffelsuppe III mit Majoran und Würstchen

Peter Steffen
Rats-Keller Schönefeld
Leipzig

2 l Fleischbrühe und 1 kg geschälte Kartoffeln, 2 Möhren, ½ Selleriekopf, 2 Schalotten, 1 Stange Porree, 100 g Bauchspeck, 4 Wiener Würstchen, Majoran, Salz, Knoblauch sowie Schnittlauch.

Die Brühe mit den halbierten Kartoffeln, 1 Möhre, etwas Sellerie, 1 Schalotte und der ½ Porreestange zum Kochen bringen. Alles weich kochen und durch eine Presse oder Durchschlag geben. Auch mit dem Mixer pürieren ist möglich. Mit Majoran und Knoblauch abschmecken.
Die restliche Möhre und Sellerie in Streifen schneiden, die ½ Porreestange in Ringe, den Bauchspeck in kleine Würfel. Alles zusammen so lange anschwitzen, bis das Gemüse gerade noch bißfest ist. Die Würstchen in Scheiben schneiden.
Die pürierte Suppe aufkochen, kurz vor dem Servieren die bißfeste, angeschwitzte Gemüse-Speck-Mischung dazugeben und durchziehen lassen. In Suppenteller verteilen und mit geschnittenem Schnittlauch und den Wurstscheiben servieren. Frische Majoranblätter als letztes dazulegen.

Rezept Seite 47: Rahmsuppe von Perlgraupen mit Pfifferlingen, Kay Hartmann, Weimar Hilton, Weimar

Bördeländer Kartoffelsuppe mit Knackwurst

Frank Wiedekind
Classik Hotel Magdeburg
Beyendorf

500 g Kartoffeln, 200 g Möhren, 200 g Sellerie, 1½ l Fleischbrühe, Salz, gemahlener weißer Pfeffer, Majoran, 320 g Knackwurst sowie Petersilie.

Die Kartoffeln, Möhren und den Sellerie schälen und in grobe Stükke schneiden. Anschließend alles in der Fleischbrühe weich kochen. Nun mit dem Mixstab die Kartoffeln, Möhren und den Sellerie pürieren und das Ganze noch einmal kurz aufkochen lassen.
Die Kartoffelsuppe mit Salz, weißem Pfeffer und Majoran abschmecken und warm stellen. Nun die Knackwurst in Scheiben schneiden, kurz anbraten und mit in die Suppe geben.
Zum Schluß mit frischer, gewiegter Petersilie bestreuen.

Thüringer Kartoffelsuppe

Rüdiger Kaufmann
Hotel Thüringer Hof
Eisenach

2 Stangen Lauch und 1 Möhre sowie 500 g Kartoffeln, Salz, Pfeffer, 100 g Speck, 4 EL saure Sahne.

Den Lauch und die Möhre kleinschneiden, mit Salz und Pfeffer würzen und etwa 2 Std. kochen. Die gewürfelten Kartoffeln dazugeben und weitere 30 Min. kochen, dann alles stampfen.
Mit ausgelassenen Speckstückchen schmelzen und abschmecken.
Beim Anrichten 1 EL saure Sahne auf jeden Teller geben.

Kartoffelsamtsuppe mit gebratener Kalbsleberwurst

Jens Kleiber
Berg- und Jagdhotel Gabelbach
Ilmenau

500 g mehligkochende Kartoffeln, 1 Bd. Suppengrün, 2 Majoranzweige, 50 g Butter, 2 Schalotten, Salz, Pfeffer, Muskat, 1½ l Kalbsbrühe, ¼ l Sahne, 200 g Kalbsleberwurst.

Die Kartoffeln schälen und in kleine Würfel schneiden, das Suppengrün waschen und ebenfalls in Würfel schneiden. Die gewürfelten Schalotten in 30 g Butter andünsten, die Kartoffeln sowie das Suppengrün dazugeben und dann mit Kalbsbrühe aufgießen. 1 Std. leicht kochen lassen, mit dem Pürierstab mixen, durch ein Sieb streichen und nochmals kurz kochen lassen. Mit Majoran, Salz, Pfeffer sowie Muskat abschmekken und die Sahne hinzufügen. Die Kalbsleberwurst in Scheiben schneiden und in der restlichen Butter kurz anbraten.
Die angebratene Kalbsleberwurst portionsweise auf die angerichtete Kartoffelsamtsuppe geben und mit frischem Majoran servieren.

Tomatisierte Kartoffelsuppe mit Basilikum und gebratener Rotwurst

Claus Alboth
Alboth's Restaurant im Kaisersaal
Erfurt

Kartoffelsuppe:
80 g Speck, 30 g Zwiebeln, 30 g Karotten, 30 g Sellerie, 30 g Lauch, 150 g geschälte Kartoffeln sowie 500 ml Fleischbrühe, 100 ml Sahne, Salz, Pfeffer und Muskat.

Den Speck mit Zwiebeln, Karotten, Sellerie und Lauch anschwitzen. Die Kartoffeln und Brühe dazugeben und weich kochen lassen. Danach mixen und passieren, die Sahne hineingießen, abschmecken und unter Rühren aufkochen.

Zum Tomatisieren:
100 ml Fleischbrühe, 1 EL Tomatenmark, 2 Tomaten, 4 Basilikumblätter, Salz, Pfeffer.

Die Brühe aufkochen, das Tomatenmark, die kleingeschnittenen Tomaten sowie das Basilikum dazugeben, dann abschmecken.

Garnitur:
12 angebratene Rotwurstscheiben.

Anrichten:
Die Kartoffelsuppe in tiefen Tellern anrichten, in die Mitte das Tomatenpüree verteilen und darauf die Rotwurstscheiben legen.

Sächsische Teichelmauke (Kartoffelsuppe zum Selberrühren)

Für 6 Personen

Jens Budde
Hotel-Restaurant Schloß Eckberg
Dresden

400 g mehligkochende Kartoffeln, 50 g Möhren, 50 g Sellerie, 1 Schalotte, 50 g Sauerkraut, 50 g Butter, 100 ml Sauerrahm, 50 g Kräuter (Blattpetersilie, Schnittlauch, Kerbel, Koriander, Estragon), ¾ l helle Rinderbrühe, Salz, Pfeffer.

Die Kartoffeln schälen, kochen und durchpressen. Die Möhren, den Sellerie und die Schalotte in

feine Würfel schneiden. Das Sauerkraut hacken. Das Gemüse und Sauerkraut zusammen in der Butter anschwitzen.
Anschließend mit Sauerrahm und den geschnittenen Kräutern unter die Kartoffelmasse arbeiten. Mit Salz und Pfeffer abschmecken. Die noch warme Masse in vorgewärmte Tassen spritzen, jeweils etwa 70 g pro Portion.
Zum Servieren mit der heißen Brühe angießen. Der Gast kann sich nun seine Kartoffelsuppe selbst „zusammenrühren".

Kartoffelpüreesuppe mit Weinbergschnecken

Für 8 Personen

Martin Schlösser
Landhaus zu den Rothen Forellen
Ilsenburg

24 Weinbergschnecken, Essig, Salz, 30 g Butter, 30 g Zwiebeln, 50 g weißer Lauch, 30 g Knollensellerie, 400 g Kartoffeln, 200 ml trockener Riesling, 800 ml Geflügelbouillon, 5 g frischer Majoran, je 1 Lorbeerblatt, Nelke und Knoblauchzehe, 1 Msp. Kümmel, 100 ml Sahne, 50 g Toastbrot, Pfeffer, Muskat, 20 g geklärte Butter.

Die Schnecken in Essigwasser waschen und unter klarem Wasser abspülen. In siedendem Salzwasser die Schnecken 5 Min. blanchieren, abschrecken, aus dem Haus nehmen und den Darm entfernen. Die Schnecken im Weißwein und der Geflügelbouillon 3 Std. leicht köcheln und im Fond erkalten lassen.
Das Gemüse in Würfel schneiden. Die Kartoffeln schälen und in Scheiben schneiden. Das Gemüse in Butter dünsten, die Kartoffeln dazugeben und mit dem Schneckenfond auffüllen, aufkochen und abschäumen. Die Kräuter und Gewürze 1 Std. vor Kochzeitende beigeben und mitkochen. Pürieren und passieren. Das Toastbrot entrinden und würfeln, dann in geklärter Butter rösten.
Die Suppe erneut aufkochen, mit Salz, Pfeffer und Muskat abschmecken, mit leicht geschlagener Sahne verfeinern, mit Röstbrot und Schnecken servieren.

Freyburger Silvanersuppe mit Käsecroûtons

Peter Steffen
Rats-Keller Schönefeld
Leipzig

100 g Butter, 2 Schalotten, ¼ Sellerieknolle, 100 g oder 2 Petersilienwurzeln, 0,5 l Freyburger Silvaner, 0,2 l Sahne, 100 g Crème fraîche, 3 Eigelb, Zucker, Salz, Muskat, weißer Pfeffer, 2 Weißbrotscheiben (oder Toastbrot), 100 g Gouda und 50 g Butter, 1 TL Tomatenmark.

Die Butter in einem Topf erhitzen, bis das Wasser verkocht ist. Die in Würfel geschnittenen Schalotten, den Sellerie und die Petersilienwurzeln in der geklärten Butter anschwitzen. Mit dem Silvaner auffüllen, etwas köcheln lassen und die Sahne dazugeben. Durch ein Sieb passieren und nochmals aufkochen. Nun unter die heiße Silvanersuppe die Crème fraîche sowie die geschlagenen Eigelbe (als Liaison) dazugeben und abschmecken.
Für die Käsecroûtons das Weißbrot rösten. Den Gouda erwärmen, bis er streichfähig wird. Das Tomatenmark und die Butter dazugeben. Die Masse auf das geröstete Weißbrot streichen und im Grill 7 Min. goldgelb backen. Anschließend in Würfel schneiden und in die heiße Suppe geben.

Graupensuppe mit Rauchfleisch

Klaus Hinze
Hotel Schweizer Hof
Halle

500 g Kasseler Rippchen oder Kasseler Bauch, 100 g Perlgraupen (mittelgroß), 1 Bd. Suppengrün, Salz, Pfeffer, 1 Liebstöckelstengel, 4 Kartoffeln, 2 Möhren.

Aus dem Räucherfleisch und Wurzelwerk eine Brühe kochen. Die Graupen etwa 20 Min. kochen, danach mit warmem Wasser übergießen und abtropfen lassen. Die Kartoffeln würfeln und ebenfalls kochen. Desgleichen die Möhren würfeln und kochen.
Nach dem Garen die Brühe mit dem kleingeschnittenen Fleisch, den Graupen, Kartoffeln sowie Möhren vermengen und aufkochen lassen.

Brot-Pfeffer-Suppe

Michael Seidel
Restaurant Hammerklause
Plauen

8 bis 10 Scheiben altbackenes Schwarzbrot und 1 große Zwiebel, 100 g Räucherspeck, 1 l Fleischbrühe, schwarzer Pfeffer, Salz, frisch gehackte Kräuter.

Das Brot kleinschneiden und auf 4 Suppenschüsseln verteilen. Die zerkleinerte Zwiebel mit dem in Würfel geschnittenen Speck anbraten und mit der kochenden Fleischbrühe übergießen.

Mit viel Pfeffer und etwas Salz abschmecken, über das Brot gießen und etwas ziehen lassen.
Vor dem Servieren die gehackten Kräuter darüberstreuen.

Sauerrahmsuppe mit geröstetem Mohn

Lothar Beck
Stadthotel Patrizier
Schmalkalden

½ l Buttermilch, ¼ l Kalbs- oder Hühnerbrühe, 4 TL Mohn sowie 2 TL Sesam und ½ EL Speisestärke, etwas Süßstoff und Salz.

Die Buttermilch mit der Brühe aufkochen lassen, dann abschmekken und mit der Speisestärke binden.
Den Mohn in der Pfanne ohne Fett anrösten und unter die Suppe ziehen. Den Sesam beim Anrichten darüberstreuen.

Spinat-Knoblauch-Suppe mit Wachtelspiegelei

Thomas Engelmann
Restaurant Apels Garten
Leipzig

500 g Blattspinat, 2 Knoblauchzehen, 1 Schalotte, 50 g Butter und 30 g Mehl, 200 ml trockener Riesling, 300 ml Kochsahne (20 %), Salz, weißer Pfeffer, 4 Wachteleier, Butter zum Braten.

Den Blattspinat waschen, die Stiele entfernen, die Blätter rupfen und abtropfen lassen. Die Knoblauchzehen sowie die Schalotte in kleine Würfel schneiden.

In einem Topf die Butter zerlassen, die Schalotten- und Knoblauchwürfel anschwitzen, danach den Blattspinat hinzufügen und etwa 5 Min. dünsten, dann mit dem Mehl anstäuben und mit dem Weißwein ablöschen.
Alles aufkochen. Die Sahne dazugießen, mit Salz und Pfeffer würzen. Die Suppe etwa 10 Min. leicht kochen lassen und danach mit dem Pürierstab fein zerkleinern. Nochmals abschmecken.
Die Wachteleier in Butter anbraten. Beim Servieren auf der Suppe anrichten, eventuell geröstetes Weißbrot beigeben.

Karotten-Honig-Suppe mit Brotwürfeln

Thomas Engelmann
Restaurant Apels Garten
Leipzig

400 g geschälte junge Karotten, 60 g Butter, 50 g Weizenmehl, 250 ml lieblicher Weißwein, 250 ml Kochsahne (20 %), Saft von 2 Orangen, 50 g Honig, 2 Scheiben Mischbrot (ohne Rinde), Salz, weißer Pfeffer.

Die geschälten Karotten fein raspeln und in 50 g Butter anschwenken. Mit Mehl bestäuben und nochmals durchschwenken, dann mit dem Weißwein ablöschen und aufkochen lassen. Jetzt die Sahne hineingießen und die Suppe etwa 10 Min. leicht köcheln lassen. Den Saft der Orangen mit dem Honig verrühren und der Suppe beigeben. Mit Salz und Pfeffer nach Bedarf würzen. Das Brot in Karos schneiden und in der restlichen Butter anrösten. Die Röstbrotwürfel in der fertigen Suppe servieren.

Frühlingskräutersuppe

Herbert Frauenberger
Hotel Frauenberger
Tabarz

100 g Porree, 1 kleiner Bd. Sauerampfer, 1 gute Handvoll Brennesselspitzen, je 1 kleiner Bd. Schnittlauch und Petersilie, etwas Kerbel, Dill, einige junge Sellerieblätter, 80 g Butter, 50 g Weizenmehl und 1 l kräftige Fleischbrühe, 1 Eigelb, 50 ml Sahne, 4 Eier, 1 Weißbrotscheibe, weißer Pfeffer, Salz, etwas geriebene Muskatnuß, 1 EL Essig.

Den gewaschenen Porree – vorzugsweise vom unteren Ende der Porreestange – in sehr feine Streifen schneiden. Die Kräuter, mit Ausnahme des Schnittlauches, der in feine Röllchen geschnitten wird, mit dem Wiegemesser möglichst klein zerteilen.
Nun in 50 g Butter die Porreestreifen dünsten, mit dem Mehl anstäuben und kräftig durchschwitzen. Die kalte Fleischbrühe dazugeben und unter ständigem Rühren zum Kochen bringen.
Die Eier vorsichtig aufschlagen und im gesalzenen Essigwasser kurz vor dem Siedepunkt nach herkömmlicher Art pochieren. Im wachsweichen Zustand mit dem Schaumlöffel aus dem Sud nehmen. Nach dem Durchkochen der Suppe diese mit wenig weißem Pfeffer, Salz sowie Muskat abschmecken. Die mit dem Eigelb verquirlte Sahne vorsichtig unterrühren. Die Suppe darf nun nicht mehr kochen, damit sie nicht ausflockt. Zum Schluß die gehackten Kräuter und den Schnittlauch hineingeben. Die entrindete Weißbrotscheibe in kleine Würfel schneiden und in der restlichen Butter goldgelb braten.
Die Suppe anrichten, je 1 pochiertes Ei hineingeben und die Weißbrotwürfel darüberstreuen.

Rezept Seite 61: Durchgerührte Kartoffelsuppe Altthüringer Art mit Lauch und Schinken
Günther Ulrich, Hotel Gothisches Haus, Wernigerode

Zerbster Dillklump

Gabriele Erdmann
Park-Restaurant Vogelherd
Zerbst

Brühe:
500 g Rindfleisch zum Kochen, 1 kleine Zwiebel, 1 Bd. Suppengrün, Salz.

Semmelklößchen:
50 g Butter, 1 kräftige Prise abgeriebene Muskatnuß und Salz, 2 Eier, 100 g Semmelbrösel, 10 gare Spargelstangen, 1 Bd. Dill.

Brühe:
Das vorbereitete Fleisch in etwa 1½ l kaltem Wasser ansetzen. Die Zwiebel und das Suppengrün putzen, zerkleinern und zum Fleisch geben. Salzen. Etwa 2 Std. bei kleiner Hitze köcheln lassen. Zwischendurch mehrmals abschäumen. Die Brühe durch ein feines Sieb geben. Abschmecken.

Semmelklößchen:
Die Butter schaumig rühren, Muskat und Salz hinzufügen. Nach und nach die verquirlten Eier und die Semmelbrösel dazugeben. 15 Min. quellen lassen.
Nun kirschgroße Klößchen formen und 5 Min. in der Brühe gar ziehen lassen. Die Spargelstücke in Stücke schneiden. Den Dill waschen und kleinschneiden. Beides zur Suppe geben.

Thüringer Schlachtfestsuppe

Herbert Frauenberger
Hotel Frauenberger
Tabarz

2 l Wurstbrühe (vom Schlachter), 250 g Wurzelwerk (Möhren, Sellerie, Petersilienwurzel usw.), 2 mittelgroße Zwiebeln, 50 g Thüringer Hausmacherleberwurst, 100 g Thüringer Hausmacherblutwurst, 2 Schwarzbrotscheiben, 2 EL Speiseöl sowie 1 TL gestoßene Pfefferkörner und 1 kleiner Bd. Petersilie, Knoblauch, Majoran und Salz nach Geschmack.

Von der Wurstbrühe zuerst das Fett abschöpfen. In diesem Fett das in feine Streifen geschnittene Wurzelgemüse und die ebenfalls in gleiche Schnittform gebrachten Zwiebeln dünsten, ohne Farbe nehmen zu lassen. Mit dem grobgestoßenem Pfeffer, etwas Majoran und gegebenenfalls mit etwas Salz würzen.
Nun das Ganze mit der Wurstbrühe auffüllen. Die vom Darm befreite Leber- und Blutwurst grob zerteilen und in die Suppe geben. Die Wurst sollte in der Suppe verkochen. Das Schwarzbrot in kleine Würfel schneiden. Im heißen Öl den zerdrückten Knoblauch etwas anrösten. Nun die Brotwürfel dazugeben und diese schön knusprig braten.
Auf die in vorgewärmten tiefen Tellern angerichtete Wurstsuppe die Brotcroûtons und zuletzt die gehackte Petersilie streuen.

Feigensuppe mit rosa Pfeffer

Lothar Beck
Stadthotel Patrizier
Schmalkalden

1 mittlere Zwiebel, etwas Butter, 10 frische Feigen, 2 cl alter Sherry (medium), 4 cl Crème de Cassis, 100 g Crème fraîche und 2 Eigelb, 1 l Kalbsfond oder Hühnerbrühe, Salz, Pfeffer, rosa Pfeffer.

Die Zwiebel in der Butter glasig anschwitzen. Dann 8 Feigen schälen, vierteln und hinzugeben. Nach 10 Min. mit der Brühe auffüllen, 30 bis 45 Min. kochen lassen. Mit dem Pürierstab mixen. Die Crème fraîche mit den Eigelben darunterziehen, nicht mehr kochen.
Mit dem Sherry und der Crème de Cassis abschmecken. Die restlichen 2 Feigen schälen, würfeln und frisch zur Suppe geben. Anschließend etwa 2 TL von dem rosa Pfeffer hinzufügen.

Kalte Mandelsuppe

Frank Scharf
Romantik Hotel & Restaurant Pattis
Dresden

20 g Butter, 70 g Mandeln sowie 1 EL Mehl, 1 l Milch, 0,5 l Sahne, 70 g Zucker, etwas Zimt, Vanille und 4 Eigelb.

Die Butter erhitzen und die Mandeln leicht bräunen. Mit dem Mehl bestäuben und mit der Milch sowie Sahne ablöschen. Aufkochen und Zucker, Zimt, sowie die Vanille (Schale) dazugeben. Die Eigelbe unterrühren und mit dem Mixstab pürieren. Dann kalt stellen.
Vor dem Anrichten die Suppe mit dem Mixstab aufschäumen und in tiefen Tellern mit den gerösteten Mandeln servieren.

Borsdorfer Holundersuppe mit Mandelsahne

Thomas Engelmann
Restaurant Apels Garten
Leipzig

500 ml Holundersaft, 200 ml lieblicher Weißwein, Zucker, Zitronensaft, gemahlener Ingwer, 20 g Vanil-

lepuddingpulver, 300 ml Kochsahne (20 %), 50 ml Schlagsahne (30 %), 20 ml Mandellikör, 20 g gehobelte Mandeln.

Den Holundersaft und Weißwein mit Zucker, Zitronensaft sowie etwas gemahlenem Ingwer aufkochen. Das Puddingpulver in die Kochsahne einrühren und damit den Fond binden, alles etwa 5 Min. leicht köcheln lassen.
Die Schlagsahne aufschlagen, den Mandellikör unterziehen und beim Servieren in die Suppe geben, mit gehobelten Mandeln überstreuen.

Durchgerührte Kartoffelsuppe Altthüringer Art mit Lauch und Schinken

Bild Seite 58

Für 6 Personen

Günther Ulrich
Hotel Gothisches Haus
Wernigerode

750 g rohe, geschälte Kartoffeln (mehlige Sorte) und 100 g Sellerie, 100 g Karotten, 100 g Porree (nur das Weiße), 100 g Zwiebeln, 300 g Schinken (roh oder gekocht) sowie 2 Stangen Frühlingslauch, etwas Sellerielaub oder Wildkräuter (Löwenzahn, Brennessel usw.), 2 l Wasser, Salz und Pfeffer, Kümmel sowie 1 Bd. Petersilie.

Die Kartoffeln in grobe Stücke schneiden, das Suppengemüse putzen, die Zwiebeln schälen und ebenfalls in grobe Stücke schneiden. Dann mit dem kleingeschnittenen Sellerielaub oder Wildkräutern sowie den Kartoffeln kalt aufsetzen.
Kurz aufkochen und auf kleiner Flamme etwa 30 Min. köcheln lassen, bis die Kartoffeln und das Gemüse weich sind. Durch einen Durchschlag oder Sieb rühren, mit Salz, Pfeffer und Kümmel abschmecken, den Schinken sowie den Frühlingslauch (beides kleingewürfelt) dazugeben, nochmals kurz aufkochen lassen und in vorgewärmte Teller füllen.
Mit kleingehackter Petersilie bestreuen und servieren.

Graupensuppe, bürgerlich

Günther Ulrich
Hotel Gothisches Haus
Wernigerode

250 g Schweinebauch, 400 g Schinkenknochen, 1 Zwiebel (gehackt), 1 Lorbeerblatt, Salz und Pfeffer sowie 1½ l Wasser, 100 g Graupen, 300 g Möhren, 300 g Porree, 2 Bd. Schnittlauch.

Den Schweinebauch, die Schinkenknochen, die gehackten Zwiebeln, Salz, Pfeffer sowie das Lorbeerblatt in einen großen Topf geben und mit kaltem Wasser übergießen. Zum Kochen bringen und etwa 1 Std. kochen lassen. Danach das Fleisch und die Knochen herausnehmen. Das Fleisch würfeln und die Graupen in die Brühe geben, dann 30 Min. kochen.
Inzwischen die Möhren schälen, waschen und in Stücke schneiden. Vom Porree den Wurzelansatz und etwa ⅓ Grün abschneiden. Die Stangen der Länge nach aufschneiden und gründlich waschen. Ebenfalls in Stücke schneiden. Die Möhren und den Porree zur Suppe geben und etwa 10 Min. mitkochen. Die Fleischwürfel wieder zufügen und die Suppe abschmecken.
Den Schnittlauch in Röllchen schneiden, die Suppe damit bestreuen und servieren.

Brotsuppe nach altem Thüringer Rezept

Rüdiger Kaufmann
Hotel Thüringer Hof
Eisenach

500 g altes Brot, 1 l Wasser, 4 Äpfel (geschnetzelt), 1 TL Kümmel, 2 EL Schmalz, 2 TL Salz, 4 EL Zucker, 2 EL Rosinen.

Das Brot zerschneiden und mit dem kalten Wasser, den Apfelschnitzen, dem Kümmel und dem Schmalz aufsetzen und 1½ Std. langsam kochen. Die Suppe durch ein Sieb rühren, mit Salz und Zucker abschmecken und nochmals aufkochen.
Zum Schluß die Rosinen zugeben und servieren.

Freyburger Winzersuppe

Michael Röder
Hotel Altdeutsche Weinstuben
Zum Künstlerkeller
Freyburg/Unstrut

50 g Butter, 50 g Zucker, 100 g helle Trauben, 50 g Lauchstreifen, 30 g Mehl, 250 ml Weißwein, 125 ml Wasser, 200 ml Sahne, Salz, weißer Pfeffer, Muskat.

Die Butter und den Zucker zusammen in einem Topf erhitzen, die Trauben und Lauchstreifen zugeben, beides anschwitzen lassen. Danach mit Mehl bestäuben und mit Weißwein ablöschen. Mit etwas Wasser, der Sahne und dem restlichen Weißwein auffüllen, mit Salz, Pfeffer sowie geriebener Muskatnuß abschmecken.
Gut verkochen lassen und heiß servieren.

Fische, Krusten- und Schalentiere

Lachse, Gründling, Bürschling, Hecht
sind im Januar nicht schlecht,
doch Bedingung ist zumeist:
Erst erwischen, eh' man speist.

Anonymus

Hechte wie Karpfen waren und sind immer noch in der sächsischen wie der thüringischen Küche besonders geschätzt. Hechte wurden zumeist wegen ihres trockenen Fleisches gespickt und im Ofen im ganzen gegart, wobei sie fleißig mit saurer Sahne übergossen werden mußten. Karpfen wie Schleien hingegen wurden meist „blau" oder „polnisch" zubereitet. Eine Besonderheit der Thüringer Küche war jedoch auch „Hecht blau" mit Meerrettich. Auch Gerichte, bei denen verschiedene Fische zusammen gekocht wurden, waren sehr beliebt. So Hecht mit Aal oder Hecht mit Barsch, also immer ein magerer Fisch mit einem fetten Fisch.

Besonders beliebt waren seit jeher die Maränen, Renken im Bayerischen, Felchen im Schwäbischen genannt, die von Sachsen wie Bayern und Schwaben am liebsten geräuchert wurden. Aber auch Seefische wie Kabeljau, Schellfisch, Dorsch und Heilbutt gehörten zur Alltagsküche. Die Ostseeküste war nicht allzuweit entfernt, und die Versorgung mit frischen Seefischen war fast überall, wenigstens in den größeren Städten, gegeben, zumindest mit dem Entstehen der ersten Eisenbahnverbindungen ab der Mitte des letzten Jahrhunderts. Bis dahin hatten die Thüringer Fuhrleute immerhin schon regelmäßig von ihren Fahrten an die Küste auf dem Rückweg Fässer mit eingesalzenen Heringen mitgebracht. „Ein Hering, sieben Mäuler, und der Vater kriegt den Kopf", hieß es früher in den ärmeren Gegenden Thüringens. Weshalb die Thüringer auch Heringsnasen hießen. Mag sein, daß dieser Spitzname daher kam, daß bei einem Hering für sieben Esser wohl einige nur daran riechen durften.

Der beliebteste Festtagsfisch war und ist auch heute noch der Karpfen. Begehrt zur Kirmes, besonders aber, und hier teilen die Sachsen und Thüringer ihre Vorliebe für diesen wohlschmeckenden Fisch mit den übrigen Deutschen, an Weihnachten und Neujahr. Rund 70 Prozent der jährlich verzehrten Mengen dieses vorwiegend als Zuchtprodukt auf den Markt kommenden Fisches wandern an diesen hohen Festtagen in die Kochtöpfe. Die beliebteste Variante ist dabei immer noch „Karpfen blau", meist mit Meerrettich, oder „Karpfen im Wurzelsud", beides traditionelle Zubereitungsarten der sächsischen und thüringischen Regionalküche. Auch Karpfen auf „Greizer Art" ist sehr populär. Hier wird der Karpfen zuerst mit lauwarmem Essig gebläut und dann in einem Fond aus Bier und Schwarzbrotrinde, angereichert mit dem Rogen und dem Blut sowie einem halben Pfund Butter und gewürzt mit Wacholderbeeren, Pfefferkörnern, Lorbeerblatt und Zitronenscheiben, sanft gegart. Am Schluß wird dieses exzellente festtagswürdige Gericht noch mit etwas Pfefferkuchen und Rotwein abgeschmeckt. Karpfen „polnisch" nennt man diese Art der Zubereitung auch. Schließlich war August der Starke nicht nur Kurfürst von Sachsen, sondern auch König von Polen. Ein anderes beliebtes festtagswürdiges Karpfenrezept ist „Karpfen in Aspik"; in Polen gleichermaßen populär und dort als „Karp w Galarecie" auf den Karten der besseren Restaurants zu finden. Für beide Rezepte empfiehlt es sich, einen Spiegelkarpfen zu nehmen.

In manchen Gegenden Sachsens und Thüringens war es einst Brauch, an Silvester einen Karpfenschuppen in den Geldbeutel zu legen in der wenig realistischen Hoffnung, daß dann das Geld das ganze Jahr über nicht ausgeht. Sollte man diese Meinung teilen, müßte man wohl zu Neujahr bei diesen beiden Gerichten auf einen Spiegelkarpfen verzichten und sich mit einem solchen, der Schuppen hat, begnügen.

Rezept Seite 84: Cordon bleu von Lachs und Zander mit Champagnersauce
Ralf J. Kutzner, Hotel Bülow Residenz, Dresden

Cordon bleu vom Zander auf Erbsenpüree und Sauerkraut-Sahne

Ute Herzog
Villa Herzog
Dresden

4 kleine Filets vom jungen Zander, 4 Scheiben Edamer, 4 Scheiben gekochter Schinken, etwas Senf und Paniermehl, 1 verquirltes Ei, 500 g geschälte Erbsen (in 1 l Wasser über Nacht eingeweicht), 250 g Sauerkraut, Salz, Pfeffer, Majoran, Zukker, 2 EL Weißwein, ¼ l Sahne, etwas Butterschmalz.

Die Zanderfilets leicht plattieren, dünn mit Senf bestreichen, auf je 1 Hälfte die Käse- und die Schinkenscheiben legen, die andere Hälfte darüberklappen und mit ½ Zahnstocher feststecken. Durch das Ei ziehen und panieren, dabei die Panade schön fest drücken.
Das Sauerkraut in der Sahne und dem Weißwein 20 Min. köcheln lassen und durch ein Sieb geben, mit Salz, Pfeffer und Zucker abschmecken. Die im Einweichwasser gargekochten Erbsen im Sieb ablaufen lassen, pürieren, mit Salz, Pfeffer, Majoran und etwas Zukker abschmecken.
Die Cordons bleus in einer beschichteten Pfanne in etwas Butterschmalz schön knusprig braun braten.

Anrichten:
Das Erbsenpüree mit einem Löffel in die Mitte der Teller setzen, die Cordons bleus von vorne schräg anlegen und mit der Sauerkrautsahne umgießen.

Tip:
Wer es etwas deftiger mag, kann zum Erbsenpüree noch gebratenen Speck und geröstete Zwiebeln reichen.

Zanderfilet auf Leipziger Allerlei im Krebsschaum

Mario Pattis
Romantik Hotel &
Restaurant Pattis
Dresden

4 Zanderfilets (mit Haut) zu je 150 g, 2 Limonen, 1 Orange, 50 g Butter, 20 ml Cointreau, ½ TL grüner Pfeffer, 16 lebende Flußkrebse, 100 g frische Morcheln, 20 g Butter, Saft von 1 Zitrone, 40 g Kaiserschoten, 8 junge Frühlingskarotten, 8 Kohlrabi sowie 8 Stangen Spargel und 50 g Zuckererbsen, 8 tournierte Kartoffeln, 100 g Butter, 2 cl Cognac, 200 ml trockener Weißwein, 400 ml Fischfond, 10 g Krebsbutter und 1 Tomate sowie 50 g Tomate concassée, 80 g Karotten, 80 g Zwiebeln, 50 g Sellerie, 80 ml Sahne, etwas Schnittlauch und gezupfter Kerbel zum Garnieren, Salz, Pfeffer, Muskat.

Die Morcheln waschen und in lauwarmem Wasser einweichen. Die Krebse unter fließendem Wasser abbürsten, etwa 2 Min. in kochendes Salzwasser geben (mit dem Kopf zuerst), in eiskaltem Wasser abschrecken und abtropfen lassen. Danach die Krebse ausbrechen und den Darm entfernen. 50 g Butter auslassen, die Krebskarkassen mit den in grobe Würfel geschnittenen Karotten, Zwiebeln und Sellerie anrösten, die Tomate zugeben, mit dem Cognac ablöschen, mit Weißwein und dem Fischfond auffüllen. Den Fond auf $^1/_3$ reduzieren und durch ein Sieb seihen. Die Sahne und die Tomate concassée in den Saucenfond geben, kurz aufkochen lassen und abschmecken.
Das Gemüse putzen und in Salzwasser jedes für sich bißfest garen. Die Kartoffeln kochen. Die Limonen und Orange filetieren und in 20 g Butter sautieren.
Die Zanderfilets mit Salz, Pfeffer und Zitronensaft würzen und auf jeder Seite etwa 4 Min. in 80 g Butter sautieren. Die restliche Butter auslassen, die Schalotten glasig dünsten. Die Morcheln zugeben. Das Gemüse, die Krebse und die Kartoffeln ebenfalls hinzufügen und alles zusammen kurz durchschwenken. Mit Salz, Pfeffer und etwas Muskat abschmecken. Das Gemüse anrichten, die Zander darauf setzen.
Die sautierten Limonen- und Orangenfilets mit dem Cointreau flambieren und auf den Zanderfilets anrichten. Die Krebsbutter der Sauce zugeben, schaumig schlagen und anrichten. Die Zander mit den Kräutern dekorieren.

Speck-Zander auf Gewürztraminer-Risotto mit glacierten Trauben

Matthias Böhler
art'otel dresden
Dresden

Speck-Zander:
4 Zanderfilets zu je etwa 180 g, 50 g Mehl, 24 Scheiben Bauchspeck, 500 g Schweinenetz, Salz, Pfeffer.

Risotto:
2 Schalotten, 50 g Butter, 200 g Risottoreis, ¼ l Gewürztraminer und ½ l Geflügelbrühe, 1 Bd. Petersilie sowie 50 ml Olivenöl.

Glacierte Trauben:
200 g kernlose Trauben, 30 g Butter, 50 ml Gewürztraminer.

Speck-Zander:
Die Zanderfilets würzen, im Mehl wenden, dann in die nicht zu dicken Bauchspeckscheiben, an-

Rezept Seite 66: Forelle blau, Michael Nowak, Restaurant im Hotel Bellevue, Schmölln

schließend in das Schweinenetz einpacken.

Risotto:
Die Schalotten fein würfelig schneiden und in der Butter anschwitzen. Den Risottoreis zugeben und ebenfalls kurz mitschwitzen. Mit der Hälfte der Geflügelbrühe auffüllen und aufkochen lassen, anschließend im Backofen bei etwa 150 °C ziehen lassen. Nach und nach den Gewürztraminer sowie die restliche Geflügelbrühe hineingießen, bis der Reis noch leicht kernig ist, dabei gelegentlich den Risotto schwenken, nicht rühren, und die gehackte Petersilie unterheben. Nun den Zander im Olivenöl anbraten.

Glacierte Trauben:
Die Trauben halbieren und in der Butter mit dem Gewürztraminer glacieren.
Den Risotto auf den Tellern anrichten, den kroß gebratenen Zander darauf setzen und die Trauben darübergeben.

Lachsforelle und Zander, gedünstet, auf Muschel-Curry-Rahm mit schwarz-weißem Reis

Jens Michel
Restaurant Schloßallee
Moritzburg

400 g Lachsforellenfilet, 400 g Zanderfilet, 40 g Butter, 30 g feingehackte Zwiebeln, Salz, weißer Pfeffer, 1/8 l Rieslingwein, 1 frischer Dillzweig.

Muschel-Curry-Rahm:
40 g Butter, 20 g feingehackte Zwiebeln, ½ TL Curry, 80 g Venusmuscheln, 80 ml Sahne, 0,1 l Fischfond.

Schwarz-weißer Reis:
Am besten eine fertige Reismischung kaufen. Etwa 30 Min. in Salzwasser leicht köcheln lassen, abgießen und mit kaltem Wasser abspülen. 30 g Butter erhitzen, 20 g feingehackte Zwiebeln darin glasig schwitzen, den Reis dazugeben, anschwenken und nochmals mit Salz abschmecken.
Das Forellenfilet und Zanderfilet in 2 cm breite Streifen schneiden, wie einen Zopf flechten. Eine halbhohe Pfanne mit der übrigen Butter einreiben, die restlichen Zwiebelwürfel einstreuen, die Fischzöpfe einlegen, würzen, den Riesling angießen, den Dillzweig einlegen und auf kleiner Flamme dünsten.

Muschel-Curry-Rahm:
Die Butter erhitzen, die Zwiebelwürfel anschwitzen, Curry anstäuben, den Fischfond angießen, aufkochen lassen. Die Sahne angießen, auf 2/3 einkochen, die Venusmuscheln einlegen und in der Sauce erwärmen.
Die Sauce in die Mitte der Teller angießen, darauf den Fischzopf setzen, rechts und links davon den Reis anrichten.

Forelle blau

Bild Seite 65

Michael Nowak
Restaurant im Hotel Bellevue
Schmölln

2 Zwiebeln, etwas Salz sowie 1 Lorbeerblatt, 5 Pfefferkörner, 4 fangfrische Forellen.

Die Zwiebeln schälen und halbieren, Salzwasser mit den Zwiebelhälften, dem Lorbeerblatt und den Pfefferkörnern zum Kochen bringen. (Fische zum Blausieden dürfen erst kurz vor der Verwendung gefangen werden. Durch einen Schlag auf den Kopf töten und nicht schuppen. Den Fisch auf einer nassen Fläche öffnen, dann ausnehmen und unter fließendem Wasser waschen, damit der dem Fisch anhaftende Schleim erhalten bleibt, denn dieser bewirkt das Blauwerden.)
Den Fisch mit Lebensmittelgarn an Kopf und Schwanz so binden, daß er die Form eines offenen Kreises bekommt. So gebunden in siedendes Wasser geben und 6 bis 10 Min. ziehen lassen. Nach dem Garen die Schnur wieder entfernen, der Fisch behält jetzt seine Form.

Anrichten:
Die Forellen auf die Teller setzen und mit gehackter Petersilie und Zitronenhälften ausgarnieren. Als Beilage empfehlen sich Petersilienkartoffeln und Blattspinat.

Forelle in der Zwiebelkruste

Wolfang Riemhofer
Landhotel Baumwiese
Boxdorf

4 Forellen, Saft von 1 Zitrone, 400 g rote Zwiebeln, 1 Knoblauchzehe, ½ Bd. Thymian, 1 Bd. Estragon, 1 Bd. Kerbel, 80 g Semmelbrösel, Salz, Pfeffer, Mehl sowie 150 ml Pflanzenöl, 200 g Butter.

Die Forellen waschen, mit dem Zitronensaft säuern und mit Salz sowie Pfeffer würzen. Die Zwiebeln und die Knoblauchzehe schälen, grob zerkleinern und mit einem Pürierstab pürieren. Den Thymian, Estragon und Kerbel waschen, zupfen und kleinhacken. Mit dem Zwiebelmus mischen, mit etwas Pfeffer würzen und mit den Semmelbröseln binden.

Die Forellen im Mehl wenden und mit der Zwiebel-Kräuter-Paste dünn bestreichen. In einer großen Pfanne das Öl erhitzen und die Forellen von beiden Seiten anbraten, bis die Kruste Farbe bekommt. Im vorgeheizten Backrohr bei 200 °C 15 Min. ziehen lassen. Aus dem Rohr nehmen, das Fett abschütten und in etwas Butter kurz nachbraten.
Die Forellen auf Teller heben, die Butter mit Salz würzen und über die Fische gießen. Mit je 1 Kräuterbund garnieren.

Forelle in der Semmelkruste mit Zerbster Stangenspargel auf leichter Zitronensauce

Gabriele Erdmann
Park-Restaurant Vogelherd
Zerbst

8 Forellenfilets und 800 g Zerbster Stangenspargel, etwas Butter.

Semmelkruste:
5 EL Semmelmehl, 2 EL gehackte Petersilie, 1 Knoblauchzehe, etwas Rosmarin, abgeriebene Zitronenschale, 3 EL Olivenöl, 1 Ei sowie etwas Salz und Pfeffer.

Zitronensauce:
Gräten und Köpfe der Forellen, Suppengemüse, 1 Schalotte, ¼ l Weißwein, 50 g Butter, 1 Zitrone, Salz.

Semmelkruste:
Die Kräuter mit dem Semmelmehl im Mixer kurz mixen. Das Olivenöl erhitzen und die Kräutermasse für einige Minuten anrösten. Nicht bräunen. Die Forellenfilets salzen und pfeffern, im aufgeschlagenen Ei wenden und in den Kräuterbröseln panieren. Die panierten Filets auf beiden Seiten knusprig braten.
Den Spargel gut schälen und in kochendem Salzwasser ungefähr 8 Min. kochen. Er sollte noch bißfest sein.

Zitronensauce:
Die Forellenköpfe und -gräten mit dem geputzten, kleingeschnittenen Suppengemüse und der feingeschnittenen Schalotte in einen großen Topf geben. Mit Wasser und Weißwein bedecken, salzen und aufkochen. Bei schwacher Hitze 20 Min. köcheln lassen, dann durch ein Sieb gießen. Zur reduzierten kochenden Sauce das nußgroße Stück Butter sowie Zitronensaft geben und noch einmal aufkochen lassen, wenn nötig abschmecken.
Den Spargel in 3 bis 4 cm lange Stücke schneiden, mit Zitronensauce und den Forellenfilets auf Tellern anrichten.
Eventuell mit fritierten Zitronenschalen garnieren.

In der Haselnußkruste gebackenes Forellenfilet an lauwarmem Spargelsalat

Jens Michel
Restaurant Schloßallee
Moritzburg

Filets:
4 Forellenfilets, Zitrone, Salz, weißer Pfeffer, 30 g Mehl, 2 Eier, 150 bis 200 g feingeriebene Haselnüsse, 50 g geriebene Semmel, 200 g geklärte Butter (Butter erhitzen, die Molke abschöpfen).

Spargelsalat:
1 kg weißer Spargel, Salz, 2 EL Zucker, 30 g Butter, 40 ml Kräuteressig, 80 ml Distelöl, weißer Pfeffer, 1 Bd. Petersilie, 1 Bd. Kerbel.

Filets:
Die Forellenfilets (mit Haut wird es knuspriger) mit Zitrone marinieren, mit Salz und weißem Pfeffer würzen. Im Mehl wenden, durch die geschlagenen Eier ziehen, in den geriebenen Haselnüssen (mit geriebener Semmel vermischt) wälzen und die Panade fest andrücken. In der geklärten Butter backen und warm stellen.

Spargelsalat:
Den Spargel schälen und feucht abdecken. Aus den Schalen einen Fond kochen. Die Schalen herausnehmen, Salz, 1 EL Zucker und die Butter zum Fond geben, den Spargel darin 8 bis 10 Min. köcheln, herausnehmen, auf Tellern anrichten und etwas auskühlen lassen.
Aus Essig, Öl, Salz, weißem Pfeffer, 1 EL Zucker und den Kräutern eine Vinaigrette bereiten und diese über den Spargel verteilen. Zuletzt die gebackenen Forellenfilets anlegen.

Forellenfilet im Strudelteig

Lutz Kuhnert
Steigenberger Hotel Dessau
Dessau

1 kg Blattspinat und 8 Forellenfilets (mit Haut), 4 Blatt Strudelteig, 100 g Butter, 1 Zwiebel, Salz und Pfeffer, Muskat, Knoblauchgranulat sowie etwas Öl zum Braten.

Den Blattspinat putzen, waschen, kurz brühen und in kaltem Wasser abschrecken. Die Zwiebel in feine Würfel schneiden, in der Butter glasig schwitzen, den Spinat dazugeben und kurz durchschwenken. Mit Salz, Pfeffer, Muskat sowie

Knoblauch abschmecken und zur Seite stellen.
Den Strudelteig ausbreiten, in die Mitte etwas Spinat geben, darauf je 2 gewürzte Forellenfilets legen, wieder etwas Spinat darauf geben und jetzt einschlagen wie ein Paket. Etwas Öl in einer Pfanne heiß werden lassen, das Paket von allen Seiten gut anbraten, dann im Ofen bei 150 °C backen (etwa 10 Min.).
Zum Servieren den Rest Spinat auf die Mitte der Teller verteilen, darauf das Paket legen. Dazu passen eine Wildreismischung und Weißweinsauce.

Soufflierte Bachforelle mit Kohlrabi in Estragonrahm

Rainer Behringer
Restaurant Stadtpfeiffer
im Gewandhaus
Leipzig

4 Bachforellenfilets zu je 120 g, 80 g Lachsforellenfilet, 80 g Forellenfilet (in feine Streifen geschnitten), 8 schöne Spinatblätter (blanchiert), 200 ml trockener Weißwein, etwas Butter, 150 ml Sahne, 50 ml trockener Weißwein zum Angießen, je 1 EL kleine Würfel von Karotte, Sellerie und Lauch (mit Biß gegart), 300 ml Fischfond, Estragonstiele, 1 Schalotte, 100 ml Weißwein sowie 50 g kalte Butterwürfel, 1 gehäufter EL Estragonblätter, 2 EL geschlagene Sahne, 300 g Kohlrabi (geschält und in gleichmäßige Stifte geschnitten, in Salzwasser abgekocht), Salz und Pfeffer.

Das gekühlte Forellen- und Lachsforellenfleisch im kalten Kutter mit Weißwein und Sahne zu einer homogenen Farce mixen, würzen, durch ein feines Haarsieb streichen und dann die Gemüsewürfel unterheben.
Die 4 Filets mit den Spinatblättern bedecken, darauf gleichmäßig die Farce verteilen, auf ein gebuttertes Blech setzen und etwas Weißwein angießen.
Die Schalotte in etwas Butter farblos anschwitzen, mit Fischfond sowie Weißwein auffüllen, die Estragonstiele dazugeben und etwa um die Hälfte reduzieren. Abpassieren und mit der Butter mixen. Zuletzt noch 2 EL geschlagene Sahne unterziehen. Den Kohlrabi und die Estragonblätter hineingeben. Die Filets im Ofen garen, anschließend unter dem Grill leicht bräunen.
Die Sauce auf den Tellern verteilen, den Fisch in die Mitte setzen und zum Schluß mit Estragonspitzen garnieren.

Gebratene Forelle, sauer eingelegt, mit Bratkartoffeln und gartenfrischen Salaten

Kay Hartmann
Weimar Hilton
Weimar

Gebratene Forellen:
4 Forellen (ausgenommen) zu je 250 g, Saft von 1 Zitrone, Salz, 100 g Mehl, 100 ml Pflanzenöl.

Die küchenfertigen Forellen waschen, trockentupfen, mit dem frisch gepreßten Saft der Zitrone marinieren. Salzen und im Mehl wenden. Das Öl in einer Pfanne erhitzen und die Forellen darin goldgelb braten.

Beize:
1 l Wasser, 1 Zwiebel und 1 Karotte, ¼ Sellerie, etwas Porree, 1 Lorbeerblatt, Piment- und Pfefferkörner, frischer Dill, 200 ml Kräuteressig, Salz und Zucker.

Das Wasser in einen Topf gießen. Die Zwiebel, Karotte, Sellerie und den Porree waschen, schälen, in walnußgroße Würfel schneiden und zusammen mit den Gewürzen sowie den frischen Kräutern etwa 15 Min. kochen lassen. Den Kräuteressig hineingießen und die Beize mit etwas Salz sowie Zucker abschmecken.
Die Beize erkalten lassen und die gebratenen Forellen 24 Std. darin einlegen.

Bratkartoffeln:
1 Zwiebel, 100 ml Öl zum Braten, 500 g Kartoffeln, Salz und Pfeffer, 1 TL frischer Majoran.

Die Zwiebel schälen, halbieren und in Scheiben schneiden. Die Zwiebelscheiben im heißen Öl glasig anschwitzen.
Die geschälten Kartoffeln in Salzwasser bißfest kochen, abkühlen, in Scheiben schneiden, goldgelb braten, mit Salz sowie Pfeffer würzen und den frischen gehackten Majoran unterschwenken.

Anrichten:
Die sauer eingelegten Forellen in die Mitte der Teller legen, mit etwas Marinade begießen, mit Zwiebelringen, 1 Zitronenkeil sowie 1 Dillzweig garnieren. Auf die linke Seite die Bratkartoffeln geben, auf der rechten Seite der Forelle die gartenfrischen Salate anlegen.

Anmerkung:
Diese Forelle ist sozusagen eine veredelte Ausgabe des guten alten Bratherings, weshalb Bratkartoffeln und Salat hier sehr gut passen. Wichtig ist, daß der Fisch vor dem Marinieren gebraten und nicht etwa gedämpft oder pochiert wird. Durch die starke Hitze beim Braten gerinnt das Eiweiß und bildet eine Schutzschicht, so daß der Fisch nicht auslaugt.

Rezept Seite 70: Medaillons vom Stör auf Sauerampfer-Silvaner-Sauce, Brokkoli, Stampfkartoffeln
Peter Steffen, Rats-Keller Schönefeld, Leipzig

Saibling mit Zitronen-Butter-Sauce und zweifarbigem Reisküchlein

Ute Herzog
Villa Herzog
Dresden

125 g Butter, 2 EL Zucker, 4 Saiblingsfilets (in je 8 Streifen geschnitten), Schalen von 2 Zitronen (unbehandelt, in hauchdünne Streifen geschnitten), den ausgepreßten Saft der Zitronen, 4 EL Crème fraîche, Butterschmalz, Salz, Pfeffer und 1 EL gekörnte Gemüsebrühe, gekochter Reis (einmal in Wasser, einmal in Rote-Bete-Saft gekocht) sowie 100 ml Sahne.

25 g Butter, den Zucker und die Zitronenschalenstreifen mit der Gemüsebrühe karamelisieren lassen, mit dem Zitronensaft ablöschen und die Crème fraîche darin schmelzen lassen.
Den Saibling leicht salzen und pfeffern und im Butterschmalz in einer beschichteten Pfanne von jeder Seite 3 Min. braten. Die Zitronensauce nochmals aufkochen, die Sahne dazugeben, mit den restlichen kalten Butterwürfeln unter Zuhilfenahme eines Pürierstabs aufschlagen. Nicht mehr kochen.
Einen Ring mit 5 cm Durchmesser auf den Teller legen, die eine Hälfte mit dem weißen, die andere mit dem roten Reis füllen, die Fischstreifen sternförmig anordnen und mit der Zitronenbutter nappieren.
Einen kleinen Salat mit Öl-Zitronen-Marinade extra reichen.

Anmerkung:
Die Zitronenbutter mit ihrer zarten Note ist eine ideale Begleitung zum feinen und geschmackvollen Fleisch des Saiblings.

Bachsaibling, gedünstet, auf Gemüsestreifen und Rieslingschaum

Detlef Lange
Hotel Villa Emma
Dresden

4 Bachsaiblinge zu je 300 bis 400 g, Zitrone, Salz, Pfeffer, 40 g Möhren, 40 g Fenchel, 40 g Lauch, 40 g Stangensellerie, Kerbel und Dill, 50 g Butter, 0,1 l Fischfond, 0,1 l Riesling, 100 g Crème fraîche.

Die Bachsaiblinge filetieren, mit Zitrone marinieren, leicht pfeffern und salzen. Danach aus den Karkassen einen leichten Fischfond kochen.
Das Gemüse waschen, putzen und in feine Streifen schneiden. In einer großen Pfanne das in Streifen geschnittene Gemüse in heißer Butter anschwitzen, würzen und mit dem Fischfond ablöschen. Die marinierten Fischfilets auf das Gemüse legen und 10 Min. mit geschlossenem Deckel leicht köcheln lassen. Die fertiggegarten Fischfilets mit dem Gemüse aus der Pfanne nehmen und warm stellen. Den Fond etwas reduzieren lassen, mit dem Riesling verfeinern und mit Crème fraîche abbinden. Die Sauce mit dem Pürierstab kurz pürieren, bis sie eine schaumige Konsistenz hat. Kurz aufkochen lassen.
Das Gemüse auf den Tellern anrichten, die Fischfilets darauf verteilen und vor dem Servieren mit der Sauce überziehen.

Anmerkung:
Noch feiner im Geschmack als der Bachsaibling ist der Wandersaibling (Salvelinus alpinus), der vor allem in Gebirgsseen vorkommt und bis zu 60 cm groß und annähernd 3 kg schwer werden kann.

Medaillons vom Stör auf Sauerampfer-Silvaner-Sauce, Brokkoli, Stampfkartoffeln

Bild Seite 69

Peter Steffen
Rats-Keller Schönefeld
Leipzig

600 g Störfilet (grün), 150 g Butter, 2 Zitronen, weißer Pfeffer und ½ Bd. Sauerampfer, 200 ml Freyburger Silvaner, 100 g Crème fraîche, 1 cl Noilly Prat und 1 Eigelb sowie 0,2 l Fischfond.

12 Brokkoliröschen.

1 kg Pellkartoffeln, 200 ml süße Sahne, Salz, Muskat, 50 g Butter.

Den Stör filetieren und in 4 Medaillons schneiden. Mit Zitronensaft und etwas weißem Pfeffer aus der Mühle marinieren und kühl stellen. Den Sauerampfer kurz waschen und in Streifen schneiden.
Den Fischfond mit Silvaner und Noilly Prat aufkochen, vom Herd nehmen, mit Crème fraîche verrühren und das geschlagene Eigelb hineingeben. Nicht mehr kochen, aber heiß stellen.
Die Pellkartoffeln schälen und noch heiß grob zerdrücken bzw. zerstampfen (am besten mit Metallstampfer). Die heiße Sahne und die aufgelöste Butter dazugeben und abschmecken.
Die Störmedaillons in heißer Butter langsam braten.
Den in Salzwasser gegarten Brokkoli mit anrichten oder extra reichen.
Die gebratenen Medaillons auf vorgewärmte Teller geben und mit Silvanersauce umgießen. Die Stampfkartoffeln mit einem Löffel abstechen und dazulegen. Mit frischem Sauerampfer ausgarnieren.

Filet vom Stör im Kartoffelmantel

Helmut Streller
Restaurant Villa Posthof
Chemnitz

600 g Kartoffeln, 4 kleine Störfilets zu je etwa 120 g, Mehl, 1 Bd. Dill, 2 Eier, 1 Zwiebel, Salz, Pfeffer, Kümmel, Majoran, etwas Olivenöl, ½ Zitrone.

Die Kartoffeln reiben und mit den restlichen Zutaten einen Teig bereiten. Die Störfilets mit gehacktem Dill, dann mit Mehl bestäuben und abklopfen. Die Filets in die Kartoffelreibemasse legen und damit vollständig umhüllen.
Anschließend im Olivenöl goldgelb braten. Zitronensaft zugeben, dadurch behält die Kartoffelmasse ihre appetitliche Farbe.

Schmorstör mit gelber Paprikasauce

Für 10 Personen

Martin Schlösser
Landhaus zu den Rothen Forellen
Ilsenburg

1,8 kg Stör, 100 g Staudensellerie, 5 Schalotten, 1 frischer Thymiansowie 1 frischer Rosmarinzweig, 2 Knoblauchzehen, 100 ml Olivenöl, 400 g gelber Paprika (gewürfelt), ½ l grauer Burgunder, Salz, Pfeffer, Lorbeer, 5 Safranfäden.

Die Haut des Störs abnehmen, den Stör waschen, trocknen und in etwa 2 cm dicke Scheiben schneiden. Den Sellerie und die Schalotten fein würfeln. Die Hälfte der Würfel in ein Geschirr streuen, Knoblauch, Kräuter sowie die Störtranchen darauf legen und mit den übrigen Würfeln bestreuen. Den Wein in das Geschirr gießen und 12 Std. kalt stellen. Anschließend herausnehmen, trockentupfen und in einer Pfanne die Scheiben im Öl kurz anbraten und würzen. Aus der Pfanne nehmen und den Fond mit dem gewürfelten Paprika im Topf zu einer Sauce kochen. Die Sauce ständig rühren und so lange einkochen lassen, bis die richtige Konsistenz erreicht ist. Durch ein Sieb gießen und den Stör in der fertigen Sauce gar ziehen lassen.
Die Sauce kann auch mit einem Pürierstab gemixt werden, sie wird dadurch schaumiger.

Waller mit Meerrettichkruste auf roter Bete

Torsten Hache
Restaurant Pagenhaus
Schloß Friedenstein
Gotha

¼ Toastbrot (entrindet), 80 g Butter (davon die Hälfte zerlassen) und 40 g kalte Butter, 1 Eigelb, 2 EL Meerrettich, Salz, Pfeffer, Kümmel, 200 ml Fischfond, 100 ml Sahne, Noilly Prat, ½ Zitrone, etwas Stärke, 200 g rote Bete, 1 EL Zucker, 800 g Wallerfilet (entgrätet und ohne Haut), 300 ml Fischfond.

Für die Kruste das Weißbrot in Brösel reiben und mit etwas zerlassener Butter, dem Eigelb, dem Meerrettich, Salz und Pfeffer vermischen. Für die Sauce den Fischfond, die Sahne, Noilly Prat, die Zitrone und Gewürze auf ¼ reduzieren. Eventuell mit Stärke binden und mit kalter Butter aufmontieren.
Die roten Bete in der Schale mit Salz, Pfeffer und Kümmel gar kochen und schälen. In Scheiben schneiden. Die Butter mit Zucker karamelisieren, rote Bete zugeben und durchschwenken, kreisförmig anrichten. Den Waller würzen und in eine feuerfeste Form geben. Den Fischfond angießen und im Ofen halb garen.
Den Waller mit Meerrettichkruste bestreichen und gratinieren. Auf dem Rote-Bete-Gemüse anrichten.

Schnitzel vom Waller in Tomatenrahm auf Basilikumnudeln

Jens Michel
Restaurant Schloßallee
Moritzburg

Schnitzel:
4 Filets vom Waller (je 150 g), Salz, weißer Pfeffer, Zitrone, 20 g Mehl, 2 Eier, 20 ml Olivenöl.

Tomatenrahm:
4 mittelgroße Tomaten, 20 ml Olivenöl, Salz, weißer Pfeffer, 1 TL gehacktes Basilikum, 80 ml Sahne, 20 g feingehackte Zwiebeln.

Basilikumnudeln:
320 g grüne Bandnudeln (Tagliatelle verde), 30 g Butter, 10 g feingehackte Zwiebeln, 50 ml Sahne, 1 TL gehacktes Basilikum, 3 EL Öl für das Kochwasser, Salz.

Schnitzel:
Aus den Filets je 3 kleine Scheiben schneiden. Leicht plattieren, würzen, im Mehl wenden, durch die geschlagenen Eier ziehen und im Olivenöl von beiden Seiten goldgelb braten. Warm stellen.

Tomatenrahm:
Die Tomaten brühen, in kaltem Wasser abschrecken, die Haut abziehen, das Innere entfernen. Das Fruchtfleisch in Würfel schneiden. Die Zwiebelwürfel im Olivenöl glasig schwitzen, die Toma-

tenwürfel dazugeben, mit Salz sowie Pfeffer würzen und etwa 1 Min. dünsten. Die Sahne angießen, nochmals 1 Min. köcheln lassen und das Basilikum dazugeben.

Basilikumnudeln:
Die Bandnudeln in siedendem Salzwasser mit dem Öl garen, abgießen. Die Zwiebeln in der Butter anschwitzen, die Nudeln dazugeben, mit der Sahne aufgießen, kurz schwenken und zum Schluß das Basilikum untermengen.

Anrichten:
Die Nudeln an der Oberseite der Teller einsetzen, den Tomatenrahm davor angießen, die Wallerschnitzel halb auf der Sauce, halb auf den Nudeln anrichten.

Gefülltes Welsfilet mit Goethes Lieblingsgemüse

Bild nebenstehend

Herbert Frauenberger
Hotel Frauenberger
Tabarz

50 g feine Selleriewürfel, 50 g feine Möhrenwürfel, 4 gut gekühlte Welsfilets zu je 150 g, 20 ml Schlagsahne, 1 Ei, Salz, weißer Pfeffer aus der Mühle, 1 TL gehackte Petersilie, 1 TL gehackter Estragon, 1 TL feine Schnittlauchröllchen, etwas Öl für die Alufolie, 300 g Blumenkohlröschen, 4 kleine Möhren, 8 kleine Teltower Rübchen, 3 EL Weißweinessig, 60 ml Olivenöl, 2 EL rote Zwiebelwürfel, Salatblätter für die Garnitur (z. B. Frisée, Batavia, Rauke).

Die Gemüsewürfel in kochendem Wasser ½ Min. blanchieren, in kaltem Wasser abschrecken und gut abtropfen lassen. 2 Welsfilets in kleine Würfel schneiden, in eine Schüssel geben. Die Sahne und das Ei hinzufügen, mit dem Schneidstab des Handrührers fein pürieren, mit Salz und Pfeffer kräftig würzen, 2/3 der Gemüsewürfel und 1/3 der gehackten Kräuter untermischen. Die Welsfarce 30 Min. kalt stellen. Die 2 anderen Welsfilets mit einem schweren Küchenmesser flach klopfen und mit der Welsfarce bestreichen. 2 passend große Stücke Alufolie mit dem Öl einpinseln. Die Filets darin einrollen. Die Enden gut verschließen.
Die Welsrollen in heißes, aber nicht mehr kochendes Wasser geben. 20 Min. darin garen, im Wasser kalt werden lassen. Über Nacht kalt stellen. Inzwischen die Blumenkohlröschen, Möhren sowie die Teltower Rübchen putzen und nacheinander je 3 Min. in kochendem Salzwasser bißfest garen, herausnehmen und gut abtropfen lassen.
Aus dem Essig, 2 EL Wasser, Salz, Pfeffer und Öl eine Vinaigrette rühren, die restlichen Gemüsewürfel, gehackten Kräuter und die Zwiebelwürfel unterrühren.
Die Welsrollen auswickeln. Jede Rolle schräg in 6 Scheiben schneiden. Je 3 Scheiben mit Gemüse und einigen Salatblättern anrichten. Die Vinaigrette über das Gemüse und den Salat gießen. Dazu eine Brotauswahl reichen.

Geräucherter Waller, mit Lorbeer gebraten, auf Linsengemüse und Safransauce

Rainer Behringer
Restaurant Stadtpfeiffer
im Gewandhaus
Leipzig

4 Wallerfilets zu je 150 g, Räucherapparat und Räuchermehl (mit etwas Thymian, zerdrückten Wacholderbeeren, einigen Lorbeerblättern und etwas Piment), 12 frische Lorbeerblätter, Salz, Pfeffer, 2 EL Olivenöl, 2 EL Butter, 150 g Puy-Linsen (gekocht), je 30 g Karotten-, Sellerie- und Lauchwürfel (ebenfalls gekocht), Salz, Pfeffer, 0,3 l Fischfond, 0,1 l trockener Weißwein, einige Safranfäden, 50 g kalte Butterwürfel, Salz, Pfeffer.

Die Wallerfilets kurz räuchern, der Räuchergeschmack sollte nicht dominieren, die frischen Lorbeerblätter auf die Wallerfilets legen und würzen.
Vorsichtig im Olivenöl und in etwas Butter auf beiden Seiten anbraten und im Ofen fertiggaren. Die Linsen mit den Gemüsewürfeln in Butter anschwitzen und abschmecken. Den Fischfond mit dem Weißwein und den Safranfäden um gut 1/3 einkochen, mit der kalten Butter mixen und ebenfalls abschmecken.
Das Linsengemüse in die Mitte der Teller setzen, die Wallerfilets mit Lorbeerblättern obenauf legen und die Sauce um den Fisch herum angießen.

Huchenfilet auf Spinat mit Rotweinbutter

Torsten Hache
Restaurant Pagenhaus
Schloß Friedenstein
Gotha

1 kg Blattspinat und 2 Schalotten (gewürfelt), 80 g Butter, 2 Schalotten, 200 ml Rotwein, 8 EL Kalbsjus und 4 Huchenfilets zu je 150 g, Salz, Muskat.

Den Spinat putzen. Die Schalottenwürfel in Butter andünsten,

Rezept obenstehend: Gefülltes Welsfilet mit Goethes Lieblingsgemüse
Herbert Frauenberger, Hotel Frauenberger, Tabarz

den Blattspinat dazugeben, gar dünsten und abschmecken.
Für die Sauce die Schalotten schälen, in Streifen schneiden und in etwas Butter andünsten. Mit Rotwein sowie Kalbsjus ablöschen und einkochen lassen. Alles passieren, mit Butter aufmontieren und abschmecken. Die Huchenfilets würzen und anbraten. Im Ofen fertiggaren und anschließend warm stellen.
Den Blattspinat in die Mitte der Teller geben, darauf die Huchenfilets anrichten. Die Teller mit der Sauce füllen.

Aal in Rotweinsauce

Michael Seidel
Restaurant Hammerklause
Plauen

600 g Aal, etwas Mehl, ½ Tasse Olivenöl, ½ l trockener Rotwein, 20 kleine Zwiebeln, 20 g Butter, 1 Prise Puderzucker, 2 Knoblauchzehen, Dill, 1 Zitrone, 1 Lorbeerblatt, Piment, Balsamico-Essig, Salz, Pfeffer.

Den Aal wie üblich säubern, säuern, salzen, portionieren, in etwas Mehl wälzen und dann in dem Olivenöl ausbraten.
Mit dem Rotwein auffüllen, Knoblauch, Piment und Lorbeerblatt dazugeben und 15 Min. im Sud köcheln lassen. Den Aal herausnehmen, die Sauce passieren, mit Mehl nach Belieben andicken und über den Fisch gießen. Die Zwiebelchen schälen, leicht mit Puderzucker bestäuben und in Butter langsam anbräunen, den Balsamico-Essig sowie etwas Fischsauce angießen und langsam dünsten, bis der Fond eingekocht ist. Mit Salz und Pfeffer würzen.
Dazu werden Dillkartoffeln oder Risotto und ein frischer Blattsalat gereicht.

Vogtländischer Karpfen mit Bier

Michael Seidel
Restaurant Hammerklause
Plauen

400 g Wurzelwerk (rote Bete, Sellerieknolle, Petersilienwurzeln, Möhren, Porree, Kohlrabi), 1½ kg Karpfen, 0,2 l Schwarz- oder Bockbier, 125 g Butter, 100 g geriebene Kartoffeln, 1 Lorbeerblatt und Piment, ½ Zitrone, Salz, Pfeffer.

Am Tag vorher das Wurzelwerk waschen, putzen, in kleine Würfel schneiden, mit den geriebenen Kartoffeln in 1 l kaltem Wasser ansetzen und 2 bis 3 Std. auf kleiner Flamme weich kochen.
(Beim Einkauf des Karpfens läßt man sich das Blut in einem kleinen Schraubglas, in das man vorher 1 EL Weinessig gefüllt hat, mitgeben. Der Essig verhindert die Gerinnung des Blutes.)
Den Karpfen säubern, mit Zitronensaft säuern und kräftig salzen. Zusätzlich kann man ihn außen mit kochendem Essig bläuen, sollte dann aber den Zitronensaft weglassen. Den so vorbereiteten Karpfen 30 Min. ziehen lassen.
Danach den Karpfen in eine Kasserolle schichten. Zuunterst die Kopfstücke, dann die Mittel- und obenauf die Schwanzstücke sowie die Innereien (Rogen oder Milch). Über das Ganze die passierte Gemüsebrühe gießen, den zerstoßenen Pfeffer, das Lorbeerblatt, Piment, die Hälfte der Butter und das Karpfenblut dazugeben. Den Karpfen schnell zum Kochen bringen und bei geringer Hitze etwa 40 Min. ziehen lassen. 15 Min. vor dem Auftragen das Bier dazugießen. Dazu Apfelrotkohl und Salzkartoffeln oder vogtländische Klöße reichen. Die verbliebene Butter erhitzen und nach dem Anrichten über die Salzkartoffeln geben.

Moritzburger Wurzelkarpfen

Matthias Böhler
art'otel dresden
Dresden

Marinade:
½ l Fischfond, ½ l Estragonessig, 3 Wacholderbeeren, 5 Pfefferkörner, 1 Nelke, etwas Estragon.

Wurzelkarpfen:
4 Karpfenfilets zu je 180 g sowie 50 g Mehl und 30 ml Öl.

Einlage:
100 g Schalottenstreifen, 50 g Staudensellerierauten, 150 g Karottenrädchen (zackig ausgestochen).

Alle Zutaten für die Marinade zusammen aufkochen, anschließend nach und nach die Einlage dazugeben. Die Karpfenfilets würzen und im Mehl wenden. Im heißen Öl kurz anbraten, in eine Schale setzen und mit dem heißen Gemüsesud auffüllen. Zusammen auskühlen lassen. Anschließend auf Tellern anrichten. Das Gemüse darübergeben und mit Bauernbrot servieren.
Als Garnitur etwas in Streifen geschnittene Blattpetersilie darüberstreuen.

Moritzburger Spiegelkarpfen, mit grünem Meerrettich gratiniert, Dunkelbier-Sauce, Blattspinat und Dampfkartoffeln

Peter Mauberger
Steigenberger Parkhotel
Radebeul

4 Karpfenfilets zu je 160 bis 180 g, Saft von 1 Zitrone, Salz, 50 ml

Olivenöl, 2 Schalotten, 350 g Kartoffeln, 125 ml Dunkelbier, 400 g Spinat, 1 Knoblauchzehe, 70 g Butter, Pfeffer, 2 Eigelb, 150 ml Weißwein, 50 g grüner Meerrettich, 4 Dillzweige, 4 Kirschtomaten.

Die Karpfenfilets mit dem Zitronensaft und Salz würzen. In etwas erhitztem Olivenöl die Karpfenfilets auf beiden Seiten anbraten und beiseite stellen. Die Schalotten schälen und in feine Würfel schneiden.
Die Kartoffeln in Salzwasser kochen und danach pellen. Die Hälfte der Schalottenwürfel im restlichen Olivenöl glasig werden lassen, mit dem Dunkelbier ablöschen und auf die Hälfte reduzieren. Den Spinat waschen und gut abtropfen lassen. Die restlichen Schalottenwürfel und die zerdrückte Knoblauchzehe in Butter anschwenken, den Spinat dazugeben, würzen und dann etwa 1 Min. garen.
Die Eigelbe mit dem Weißwein, Salz und dem grünen Meerrettich zu einem Sabayon aufschlagen. Das Sabayon über die Karpfenfilets geben und unter dem Grill gratinieren.
Den Spinat in der Mitte der Teller anrichten und das Karpfenfilet darauf geben, die Kartoffeln ringsum anlegen. Mit je 1 Dillzweig und 1 Kirschtomate dekorieren.

Moritzburger Karpfenfilet auf buntem Rübchengemüse

Wolfgang Riemhofer
Landhotel Baumwiese
Boxdorf

1 rote Zwiebel, 2 Karotten, 1 weiße Rübe (klein), 1 rote Rübe, 50 g Butter, 4 Karpfenfilets zu je 160 g und 80 ml Öl sowie 200 ml Fischfond, 200 ml Sahne, 1 EL gehackte Blattpetersilie, Salz, Pfeffer und Muskat sowie 1 TL Honig.

Die Zwiebel, Karotten sowie die weiße und rote Rübe schälen und in grobe Würfel schneiden. Die Rüben einzeln in Salzwasser bißfest kochen und abkühlen lassen. Die Karpfenfilets waschen, trokkentupfen und mit Salz sowie Pfeffer würzen. In einer Pfanne das Öl erhitzen und die Fischfilets von beiden Seiten anbraten, herausnehmen und warm stellen.
Die Zwiebelwürfel in Butter andünsten, das Rübchengemüse dazugeben, kurz mitdünsten und mit dem Honig glacieren. Den Fischfond, die Sahne und die gehackte Petersilie zugeben und einkochen lassen. Mit Salz, Pfeffer und wenig Muskat abschmecken. Das Rübchengemüse auf den Tellern verteilen und die Karpfenfilets obenauf legen.
Mit Kerbel oder Dill garnieren.

Reinhardsbrunner Karpfen in Köstritzer Schwarzbier

Herbert Frauenberger
Hotel Frauenberger
Tabarz

1½ bis 2 kg Karpfen (küchenfertig), 0,1 l trockener Rotwein, ½ l Köstritzer Schwarzbier, Saft von 1 Zitrone, 1 mittelgroße Zwiebel und 50 g Sultaninen sowie 250 g Möhren, 150 g Knollensellerie, 50 g Butter, 60 g Honigkuchen, 1 Prise Zukker, Pfeffer, Salz, 1 Lorbeerblatt und 1 bis 2 Nelken sowie 30 g Mandelblättchen.

Den Karpfen wie üblich filetieren, enthäuten und in 4 gleich große Stücke teilen. In eine feuerfeste Form geben, pfeffern und mit dem Rotwein übergießen. Im Kühlschrank nun 2 bis 3 Std. marinieren lassen. Danach noch einmal pfeffern, das Lorbeerblatt, die Nelken wie auch die in feine Würfel geschnittenen Zwiebeln unterheben und das Ganze mit dem Schwarzbier übergießen. Die feuerfeste Form mit dem Fisch in den Ofen schieben und erhitzen. Kurz aufkochen und dann bei geringer Hitze gar ziehen lassen.
Inzwischen die geputzten Möhren und den Sellerie in dünne Stifte schneiden, die Sultaninen in Wasser einweichen. Die Gemüsestifte in der Butter bißfest dünsten. Nun den Karpfen aus dem Sud nehmen. Den Sud mit geriebenem Honigkuchen binden und glattrühren. Mit Pfeffer, Salz, 1 Prise Zucker sowie Zitronensaft abschmecken und die abgetropften Sultaninen dazugeben.
Die gedünsteten Gemüsestifte über den Karpfen geben und mit der Sauce übergießen.
Mit den Mandelblättchen bestreuen und Petersilienkartoffeln dazu reichen.

Magdeburger Wurzelkarpfen mit Petersilienkartoffeln

Bild Seite 76

Frank Wiedekind
Classik Hotel Magdeburg
Beyendorf

150 g Möhren und 150 g Sellerie, 100 g Lauch- oder Frühlingszwiebeln, Petersilienwurzeln, 2 l Wasser, Salz, Saft von 1 Zitrone, 2 Karpfen.

Das Wurzelgemüse putzen und waschen, dann in grobe Stücke schneiden. Anschließend ins Wasser geben, mit etwas Salz sowie

Zitronensaft würzen und zum Kochen bringen.
In der Zwischenzeit die Karpfen säubern und halbieren. Nachdem der Wurzelsud kurz aufgekocht hat, diesen an den Herdrand schieben, die Karpfen hineinlegen und etwa 20 Min. gar ziehen. Die Karpfen herausnehmen und auf einem passenden Geschirr anrichten.
Zu diesem Gericht passen auch Salzkartoffeln und ein frischer Salat.

Karpfenfilet blau auf Essiggemüse

Uwe Belke
Schloßhotel
Bad Köstritz

1 frischer Karpfen von zirka 1 bis 1½ kg, 80 g Karotten, 60 g Staudensellerie, 80 g Frühlingszwiebeln, 30 g Kaiserschoten, 30 g Bohnen, 3 EL Essig, Estragon, Gewürzbeutel mit 3 Wacholderbeeren, 1 Lorbeerblatt, 8 Pfefferkörnern, 2 Nelken, ½ ausgepreßte Zitrone, ½ l Wasser, 60 g Meerrettich, Petersilie, Salz, Zucker, 1 Knoblauchzehe, Butter, etwas Öl.

Den Karpfen entgräten, dabei den Hautschleim nicht beschädigen. Das Gemüse putzen, die Kaiserschoten und Bohnen getrennt blanchieren und abschrecken. Nun das restliche Gemüse in etwas Öl anschwitzen, mit Wasser, Essig, Estragon und Gewürzbeutel, Zitronensaft, Salz sowie etwas Zucker ansetzen und 5 Min. kochen lassen. Die Karpfenfilets im heißen Sud blau pochieren. Die Kaiserschoten und Bohnen in Butter kurz andünsten, das Gemüse aus dem Sud dazugeben.
Das Gemüse auf Suppenteller verteilen, den Karpfen darauf geben und zum Schluß den Meerrettich darüberreiben.

Karpfenfilet, gebraten, mit Rosinen und Zwiebeln

Thomas Engelmann
Restaurant Apels Garten
Leipzig

50 g Rosinen, 50 ml Rum oder Weinbrand, 200 g geschälte rote Zwiebeln, 800 g Karpfenfilet (mit Haut, ohne Gräten und Schuppen), Salz, Saft von 1 Zitrone, 30 g Butter und 100 g Butterschmalz.

Die Rosinen im Rum oder Weinbrand einweichen, bis sie die Flüssigkeit aufgenommen haben. Nun die Zwiebeln in kleine Würfelchen schneiden.
Das Karpfenfilet portionieren, dann mit Salz sowie Zitronensaft marinieren und bis zum Braten kühl stellen.
In einem Topf die Butter schmelzen, darin die Zwiebeln anschwitzen und die eingeweichten Rosinen dazugeben. Alles etwa 5 Min. köcheln lassen und mit wenig Salz würzen. Die Karpfenfilets abtropfen lassen und im heißen Butterschmalz von beiden Seiten goldgelb braten.
Beim Anrichten das Rosinen-Zwiebel-Gemisch über die Karpfenfilets geben.
Mit Kartoffeln und einem Blattsalat servieren.

Sautiertes Karpfenfilet mit Champignon-Oliven in Rieslingschaum

Günther Ulrich
Hotel Gothisches Haus
Wernigerode

1 kg Karpfenfilet, 100 g Zwiebeln, 100 g Butter, Salz, Pfeffer, Saft von 1 Zitrone, 250 g Champignons, 100 g Oliven, ¼ l Weißwein, 2 Eigelb, ¼ l Sahne.

Größere Karpfen filetieren und in Filets von 250 g portionieren. Zum Schmoren kann die Haut dranbleiben. Sie muß aber mehrfach flach eingeschnitten werden, damit sich die Filets nicht deformieren. Vorher jedoch die Schuppen entfernen.
Feine Zwiebelwürfelchen in einer Sauteuse in Butter anschwitzen. Die Filets dazugeben, mit Salz, Pfeffer und Zitronensaft würzen, auf beiden Seiten anbraten. Nun in Viertel geschnittene Champignons und einige Oliven dazugeben, mit herbem Weißwein auffüllen und danach zugedeckt fertigschmoren.
Die Karpfenfilets anrichten und die Champignons sowie Oliven darübergeben. Den Fond kräftig würzen, erhitzen und mit den Eigelben binden. Zuletzt die geschlagene Sahne darunterheben und über die Filets verteilen.

Wermsdorfer Karpfenfilet in Haselnußbutter, mit Rote-Bete-Zwiebel-Gemüse und Birnenscheiben

Peter Steffen
Rats-Keller Schönefeld
Leipzig

Filets:
800 g Karpfenfilet (ohne Haut), etwas Mehl, 200 g Butter, 30 g gemahlene Haselnüsse, 1 Zitrone, weißer Pfeffer, Salz.

Das Karpfenfilet würzen und im Mehl wenden. In der heißen But-

Rezept Seite 75: Magdeburger Wurzelkarpfen mit Petersilienkartoffeln
Frank Wiedekind, Classik Hotel Magdeburg, Beyendorf

ter langsam bei mäßiger Hitze braten, kurz vor Ende der Garzeit die gemahlenen Haselnüsse dazugeben, nur kurz mitbraten.

Rote-Bete-Zwiebel-Gemüse:
2 Rote-Bete-Knollen 1 große Zwiebel, Butter, Kümmel, Salz, Zucker.

Die roten Bete weich kochen, schälen und in Scheiben schneiden. Ebenso die Zwiebel schälen und in Ringe schneiden. Alles in heißer Butter mit etwas Kümmel, 1 Prise Salz und Zucker anschwitzen.

Birnenscheiben:
2 große Birnen, Zucker, Wasser.

Die Birnen schälen, halbieren und entkernen. Anschließend in leichtem Zuckerwasser bißfest kochen.

Anrichten:
Die portionierten Karpfenfilets mit der Nußbutter auf vorgewärmten Tellern anrichten. Die in Fächer geschnittenen Birnen dazugeben und das Rote-Bete-Zwiebel-Gemüse anlegen. Separat dazu Bratkartoffeln reichen.

Frisch geräuchertes Moritzburger Karpfenfilet auf warmem Kartoffelsalat

Frank Bidlingmaier
Hotel Bülow Residenz
Dresden

100 g Sägespäne von Buchenholz, 1 Lorbeerblatt, 6 Wacholderbeeren, 1 Thymianzweig, 4 Karpfenfilets zu je 80 g, etwas Zitronensaft, 150 g kleine neue Kartoffeln (Bamberger Reiter), etwas Butter, 2 Schalotten (in Würfeln), 0,1 l Bouillon, 1 EL gehackte Kräuter (Schnittlauch, Petersilie), 1 cl Weißweinessig, etwas Öl, Salz, Pfeffer.

Zum Räuchern wird ein älterer Topf mit Locheinsatz und passendem Deckel verwendet, in den Topf werden Sägespäne, Lorbeer, Wacholder und Thymian gegeben. Den Topf mit Deckel auf den Herd stellen.
Die Karpfenfilets mit Salz, Pfeffer und etwas Zitronensaft würzen, auf den eingeölten Locheinsatz geben und im Topf 2 bis 3 Min. räuchern. Den Topf vom Herd nehmen und nochmals 2 Min. ziehen lassen.
Die gekochten, geschälten Kartoffeln in etwa 5 mm dicke Scheiben schneiden. Die Schalotten im Topf mit Butter etwas anschwitzen, die Bouillon hineingießen. Die Kartoffelscheiben darin erwärmen, mit Essig sowie Öl abschmecken. Salz, Pfeffer und die Kräuter unterheben.
Den Kartoffelsalat auf die Teller geben und die Karpfenfilets darauf anrichten. Eventuell mit etwas Blattsalat garnieren.

Karpfenroulade

Lutz Kuhnert
Steigenberger Hotel Dessau
Dessau

600 g Karpfenfilet (ohne Haut), 250 ml Sahne (sehr kalt), 1 großer Wirsingkopf, 1 Ei, 1 Eigelb, 2 Karotten, 1 kleine Sellerieknolle sowie 1 TL Pökelsalz, Salz, Pfeffer.

Bei den Wirsingblättern die Stiele herausschneiden, überbrühen und in kaltem Wasser abschrecken. Auf Tücher oder Küchenkrepp legen und gut abtrocknen. Die Karotten sowie den Sellerie putzen und in kleine Würfel schneiden. 200 g Karpfenfilet in 5 cm breite Streifen schneiden, das restliche Karpfenfilet kleinschneiden und mit einem Stabmixer pürieren. Die kalte Sahne dazugießen. Das Ei und das Eigelb dazumixen, mit Salz, Pfeffer und Pökelsalz abschmecken. Die Gemüsewürfel unterheben.
Die abgetrockneten Wirsingblätter als Rechteck ausbreiten, mit der Masse bestreichen. Auf eine Längsseite die Karpfenfiletstreifen legen und das Wirsingrechteck aufrollen, die Querseiten mit einschlagen. Die Rolle gut in Klarsichtfolie einwickeln, die Enden verknoten. Nun nochmals in Alufolie einschlagen. In einem Topf mit etwas Wasser 25 bis 30 Min. langsam dünsten bzw. dämpfen.
Die Roulade auswickeln, aufschneiden und mit einer Grünkern-Reis-Mischung und einer Dill-Sahne-Sauce servieren.

Moritzburger Karpfentopf

Helmut Streller
Restaurant Villa Posthof
Chemnitz

1,2 kg Moritzburger Karpfen, 200 g Zwiebeln und 200 g Möhren sowie 100 g Sellerie, ½ Bd. Dill, Liebstöckel, 200 ml süße Sahne, 5 dl Riesling, Salz, Pfeffer, etwas Olivenöl, grüner Pfeffer, Petersilie.

Den Karpfen filetieren, Den Kopf, die Flossen und Abschnitte mit Gewürzen und Suppengrün zur Fischbrühe ansetzen. Den Sellerie, die Möhren, Zwiebeln und etwas Dill in Streifen schneiden und im Olivenvöl anschwitzen. Das Gemüse in den Fischsud geben.
Die Karpfenfilets in Streifen schneiden und mit der Sahne sowie dem grünem Pfeffer in den Sud geben. Alles noch einmal kurz aufkochen lassen.

Vor dem Servieren mit dem Riesling, dem Rest gehacktem Dill, Liebstöckel und Petersilie versehen und in rustikalen Steintöpfchen servieren.

Karpfensülze mit Meerrettichremoulade und Bratkartoffeln

Jens Kleiber
Berg- und Jagdhotel Gabelbach
Ilmenau

Karpfensülze:
1 Karpfen (ausgenommen), ¼ l Weißwein, 200 g Gemüse (Lauch, Karotten, Zwiebeln, Sellerie), 10 Blatt Gelatine, 2 cl Pernod, 2 EL Weinessig, 1 Lorbeerblatt, Salz.

Meerrettichremoulade:
Dill, Kerbel, Estragon, 100 g geriebener Meerrettich, 200 g Majonnaise, 30 ml Schlagsahne.

Bratkartoffeln:
500 g Kartoffeln, 50 g Margarine, 3 Schalotten, Salz, Pfeffer.

Karpfensülze:
Den Karpfen filetieren und die Gräten mit kaltem Wasser, Weißwein, Weinessig, dem Gemüse, Salz und Lorbeerblatt ansetzen. Etwa 3 Std. leicht kochen lassen.
Das Karpfenfilet in diesem Fond etwa 10 Min. gar ziehen lassen. Danach herausnehmen und kühl stellen. Dem heißen Fond den Pernod zugeben und durch ein Tuch passieren. Die eingeweichte und gut ausgedrückte Gelatine unterrühren, bis sie sich vollständig aufgelöst hat. Nun eine vorgekühlte Form etwa 1 cm hoch ausgießen und kalt stellen.
Das gekochte Gemüse in Streifen schneiden und abwechselnd schichtweise mit dem Karpfenfilet in die Form füllen. Nach jeder Schicht mit dem leicht abgekühlten Fond aufgießen und über Nacht kalt stellen.

Meerrettichremoulade:
Den Dill, Kerbel und Estragon waschen und fein hacken. Zusammen mit dem ausgedrückten Meerrettich unter die Majonnaise geben und mit der Schlagsahne schaumig rühren.

Bratkartoffeln:
Die am Vortag gekochten Kartoffeln schälen und in Scheiben schneiden. In der heißen Margarine anbraten, die in Würfel geschnittenen Schalotten hinzufügen und mitbraten. Mit Salz und Pfeffer würzen.

Anrichten:
Die Karpfensülze aus der Form stürzen und in Scheiben schneiden. Die Meerrettichremoulade auf die Teller geben und darauf die Karpfensülze anrichten. Die Bratkartoffeln dazugeben und mit Dillspitzen und Kirschtomaten garnieren.

Frikadellen vom Hering nach altem Thüringer Hausrezept

Herbert Frauenberger
Hotel Frauenberger
Tabarz

800 g Heringsfilet, ½ l Milch, 1 mittelgroße Zwiebel, 80 g Butter, 120 g Crème fraîche, 3 Eier, 150 g Semmelmehl, 50 ml Speiseöl und weißer Pfeffer.

Die gehäuteten und entgräteten Heringsfilets über Nacht in Milch einlegen. Am nächsten Tag aus der Milch nehmen und gut abtrocknen. Danach fein wiegen, die Zwiebel in kleine Würfel schneiden. Nun in einer Kasserolle die Hälfte der Butter zergehen lassen, das Heringsfleisch sowie die Crème fraîche dazugeben und alles auf der Kochstelle gut abrühren. Dann die Masse an den Herdrand stellen und 2 verquirlte Eier sowie die Hälfte des Semmelmehls unterheben. Mit etwas Pfeffer würzen und nochmals gut durcharbeiten.
Aus dieser Masse 8 gleich große Frikadellen formen. Diese durch das restliche geschlagene Ei ziehen und im übrigen Semmelmehl panieren. Im erhitzten Speiseöl die Frikadellen beidseitig schön goldgelb braten. Zum Schluß die restliche Butter zum Nachbraten dazugeben und die Frikadellen mehrfach mit Bratfett übergießen.
Zu den Heringsfrikadellen passen ein luftiger Kartoffelstampf, ein deftiges Linsengemüse mit Speck und Zwiebeln, gebratene Butterbohnen oder ganz einfach ein gemischter Gartensalat.
Wenn gewünscht, noch 1 Zitronenkeil anlegen und mit 1 Petersiliensträußchen garnieren.

St.-Peters-Fisch-Filet auf Gemüsevinaigrette

Wolfgang Riemhofer
Landhotel Baumwiese
Boxdorf

80 g Sellerie, 1 Schalotte, 100 g Karotten, 100 g Zucchini, Salz, Pfeffer, 50 ml alter Balsamico-Essig, 2 EL Olivenöl, 1 EL feingeschnittener Schnittlauch, 800 g St.-Peters-Fischfilet, Saft von 1 Zitrone, Salz und Pfeffer aus der Mühle sowie 200 g Butterschmalz, etwas Mehl.

Den Sellerie, die Schalotte sowie die Karotten schälen und mit der

Zucchini in kleine Würfel schneiden. In leichtem Salzwasser kurz blanchieren und abschrecken.
Die St.-Peters-Fischfilets waschen, mit Zitronensaft säuern, mit Salz sowie Pfeffer würzen und in dem Mehl wenden. Im Butterschmalz anbraten und im Ofenrohr bei etwa 200 °C 10 Min. ziehen lassen. In der Zwischenzeit das Olivenöl in einer Pfanne erhitzen, die Schalotten- und Gemüsewürfel dazugeben und ohne Farbe anschwitzen. Mit Salz sowie Pfeffer würzen und mit Balsamico-Essig ablöschen. Zum Schluß den Schnittlauch dazugeben.
Das Gemüse auf die Teller geben, den Fond darüberträufeln und die Fischfilets obenauf legen.

Seezunge und Loup de mer in Kaviarsahne, Nußkartoffeln, Rotwein-Zucker-Schalotten

Christian Heumader
Hotel Sächsischer Hof
Meiningen

Seezunge und Loup de mer:
2 Seezungen, 1 Loup de mer, etwas Öl, 2 Lauchzwiebeln, ¼ Sellerie, 5 Schalotten, ¼ l Wasser, Salz, Pfeffer, Lorbeerblätter, Dillstengel.

Kaviarsahne:
¼ l Sahne und 4 EL Crème fraîche, 4 cl Noilly Prat, 4 EL geschlagene Sahne, 50 g Forellenkaviar, 16 Schalotten, 4 EL Zucker, ¼ l Rotwein.

Nußkartoffeln:
8 Kartoffeln, 2 EL Butter, Salz.

Seezunge und Loup de mer:
Die Haut der Seezungen von den Schwanzflossen ausgehend abziehen. Die Filets mit einem Fischmesser auslösen. In der Mitte der breiten Seite des Filets einen Schlitz schneiden und das dünnere Ende durchziehen, so daß es eine Schleife gibt.
Den Loup de mer entschuppen und von der Mittelgräte her filetieren. Die Schleifen sowie die Filets würzen und dann im heißen Öl etwa 5 Min. von beiden Seiten anbraten.

Kaviarsahne:
Die Fischkarkassen etwa 2 Std. wässern. Anschließend mit den Gewürzen und Gemüsen einen Fond zubereiten. Nach 20 Min. den Fond durch ein Sieb passieren und mit Sahne auffüllen. Einkochen lassen und Noilly Prat dazugeben. Die Crème fraîche einmixen und nicht mehr kochen lassen. Zum Schluß die Sahne unterrühren. Die Schalotten schälen und blanchieren und in Eiswasser abschrekken. Den Zucker karamelisieren lassen, mit Rotwein ablöschen. Die Schalotten dazugeben und den Rotwein langsam sirupartig einkochen.

Nußkartoffeln:
Die Kartoffeln mit einem Kartoffellöffel ausstechen und in Salzwasser blanchieren, in Eiswasser ablöschen. Die Butter schmelzen, aber nicht braun werden lassen. Die blanchierten Kartoffelkugeln dazugeben und im Rohr in etwa 20 Min. fertigbraten. Mit Salz leicht würzen.

Anrichten:
Die Schleifen der Seezunge und das Filet vom Loup de mer in die Mitte der Teller legen, mit der Sauce überziehen und mit Kaviar ausgarnieren. Die Rotweinschalotten und Nußkartoffeln abwechselnd um den Fisch legen.

Anmerkung:
Statt Nußkartoffeln passen sehr gut auch Pommes rissolées.

Seeteufelmedaillons mit Tomatenmousse auf Basilikumdressing

Bild nebenstehend

Gabriele Erdmann
Park-Restaurant Vogelherd
Zerbst

500 g Seeteufelfilet.

Tomatenmousse:
500 g reife Tomaten, 4 EL Olivenöl, 1 Knoblauchzehe, 1 Schalotte, Basilikum und Petersilie, 15 g Gelatine, 1 Eiweiß, Salz, Pfeffer.

Basilikumdressing:
12 Basilikumblätter, 6 EL Olivenöl, 1 EL Weißweinessig, etwas Zitronensaft, 2 EL Wasser, Salz.

Vom Seeteufelfilet die Haut abziehen und 12 kleine Medaillons schneiden.

Tomatenmousse:
Die Tomaten waschen, vierteln und mit reichlich Salz mindestens 30 Min. marinieren. Das Olivenöl mit dem feingehackten Knoblauch und der Schalotte, der Petersilie und dem Basilikum bei ganz schwacher Hitze für 10 Min. ziehen lassen. Die Tomatenmasse pürieren, durch ein Sieb streichen. 2 kleine Schöpfer vom Passierten entnehmen und in einem kleinen Topf erhitzen. Nun die vorgeweichte Gelatine darin auflösen und schnell zu den restlichen passierten Tomaten rühren.
Das warme Olivenöl mit den Kräutern ebenso durch ein Sieb dazuschütten und verrühren. Das Eiweiß mit 1 Prise Salz zu Schnee schlagen und zu der Tomatenmasse rühren. Die Schüssel in den Kühlschrank stellen und alle 10 Min. einmal umrühren, bis die Masse dicker wird.

Basilikumdressing:
Die Basilikumblätter im Olivenöl

Rezept obenstehend: Seeteufelmedaillons mit Tomatenmousse auf Basilikumdressing
Gabriele Erdmann, Park-Restaurant Vogelherd, Zerbst

erhitzen und ziehen lassen. Den Weißweinessig, Wasser, Salz und Zitronensaft dazugeben und mit einem Mixer nur kurz pürieren.
Aus der Tomatenmousse mit einem Eßlöffel große Nocken ausstechen. Das Olivenöl erhitzen, die mit Salz und Pfeffer gewürzten Seeteufelmedaillons auf jeder Seite 3 bis 4 Min. braten.
Die Nocken und die Medaillons auf 4 Tellern sternförmig anrichten und mit dem Basilikumdressing beträufeln.

Lachsfilet in Paprikasauce mit Ratatouille

Rüdiger Kaufmann
Hotel Thüringer Hof
Eisenach

Lachsfilet:
4 rote Paprikaschoten, 1 kg Lachsfilet mit Haut (geschuppt), 3 EL Olivenöl, 4 Zwiebeln, 12 Basilikumblätter, halbierte Knoblauchknolle, Zitronensaft und etwas Weißweinessig, 0,2 l Noilly Prat, 0,3 l Gemüsebrühe, 1 EL Orangensaft.

Die Paprikaschoten mit den Zwiebeln, Basilikum und Knoblauch in Olivenöl anschwitzen, ohne Farbe nehmen zu lassen. Einige Tropfen Essig hinzugeben, 2 bis 3 Min. mitkochen, Noilly Prat dazugeben und zu einer dickflüssigen Konsistenz einkochen. Die Gemüsebrühe sowie etwas Wasser dazugießen und 20 Min. langsam köcheln lassen.
Den Knoblauch entfernen, im Mixer pürieren und warm stellen. Das Fischfilet mit Zitronensaft, Salz sowie Pfeffer würzen und etwa 5 Min. mit der Haut nach oben dämpfen. Die Sauce jetzt mit dem Orangensaft binden.

Ratatouille:
1 Zucchini und 1 Aubergine, 1 rote Paprika sowie 1 Schaufel von der Fenchelknolle, etwas Olivenöl zum Braten, Salz und Pfeffer.

Die Zucchini und Aubergine etwa 1 cm dick schälen. Fenchelschaufel, Paprika, Zucchini- und Auberginenschale in etwa 2 cm große Würfel schneiden. Kurz vor dem Anrichten im Olivenöl bei starker Hitze etwa 1 bis 2 Min. anbraten, bis sie gerade anfangen, weich zu werden. Abgießen und mit Salz sowie Pfeffer würzen.
In die Mitte der Teller eine Beilage – Reis oder Rösti – geben, den Fisch mit der Hautseite noch oben darauf setzen, die Sauce außenherum angießen und das Ratatouillegemüse dazugeben.

Thüringer Kartoffelsalat mit leicht gebratenen Lachstranchen

Bild Seite 86

Jens Kleiber
Berg- und Jagdhotel Gabelbach
Ilmenau

320 g Lachsfilet, Zitronensaft, 4 EL Rinderbrühe sowie 3 EL Kräuteressig und 4 EL Leinsamenöl, 1 TL Zucker, Schnittlauch, Kerbel, Petersilie, 2 Schalotten, 50 g Butter, Salz, 4 große festkochende Kartoffeln, 2 Äpfel, 1 Bd. Radieschen.

Das Lachsfilet in Tranchen schneiden und mit Zitronensaft marinieren. Die Rinderbrühe, den Kräuteressig, das Leinsamenöl, den Zucker, Schnittlauch, Kerbel, die Petersilie und die in kleine Würfel geschnittenen Schalotten zu einem Dressing verarbeiten und dieses pürieren.
Die gekochten Kartoffeln sowie die Äpfel schälen und in Scheiben schneiden. Die Apfelscheiben in Zitronenwasser legen. Die Radieschen waschen, putzen und ebenfalls in Scheiben schneiden. Auf vorgewärmten Tellern jeweils abwechselnd 1 Scheibe Kartoffel, Apfel und Radieschen anrichten und das Dressing darübergeben.
Die Lachstranchen in Butter braten, salzen und an den Kartoffelsalat anlegen. Mit Kapuzinerblüten und Feldsalat garnieren.

Soufflierter Lachs in Champagnersauce auf Blattspinat, Grünkern

Christian Heumader
Hotel Sächsischer Hof
Meiningen

Soufflierter Lachs:
400 g Lachs, Salz, Pfeffer, 200 g Zander, 200 ml Sahne, 2 Eiklar, 80 g Butter, 1/2 l Fischfond (aus dem Glas).

Champagnersauce:
1/4 l Fischfond, 1/4 l Champagner oder trockener Sekt, 1/8 l Noilly Prat, 1/8 l Sahne und 1 EL Crème fraîche, 1 EL Butter.

Blattspinat:
400 g Blattspinat, 50 g Butter, Salz, Pfeffer, Muskat, 4 EL Wasser.

Grünkern:
200 g Grünkern, 50 g Butter, 3 Schalotten, ½ l Fleischbrühe (aus dem Glas).

Soufflierter Lachs:
Den Lachs in 4 gleich große Rauten schneiden und würzen. Den Zander durch die feinste Scheibe des Wolfes drehen. Die Sahne und die restlichen Zutaten nach und nach zugeben und eine homogene Farce herstellen. Anschließend kalt stellen.

Rezept Seite 84: Kabeljau mit grünem Spargel, Lutz Kuhnert, Steigenberger Hotel Dessau, Dessau

Die Farce dann durch ein Holzrahmen-Haar-Sieb streichen und erneut kalt stellen. Die Farce auf die Lachsrauten fingerdick aufstreichen und in eine Pfanne mit dem heißen Fischfond legen. Die Lachsrauten im Rohr bei etwa 180 °C 10 Min. pochieren. Die Zanderfarce wird dabei leicht braun und geht auf (souffliert).

Champagnersauce:
Den Fischfond mit Champagner oder Sekt und Noilly Prat auffüllen und auf 1/3 Flüssigkeit einreduzieren. Die Sahne dazugeben und mit der Crème fraîche sowie der Butter die Sauce aufmontieren.

Blattspinat:
Den Blattspinat gründlich waschen und in heißer Butter anschwitzen, würzen. Das Wasser dazugießen, mit einem Deckel abdecken und 2 Min. andämpfen.

Grünkern:
Den Grünkern über Nacht einweichen. Am nächsten Morgen abschütten. Die Butter heiß werden lassen und darin die Schalottenwürfel anschwitzen. Den Grünkern dazugeben und kurz anschwitzen. Mit der Brühe auffüllen und gar kochen.

Cordon bleu von Lachs und Zander mit Champagnersauce

Bild Seite 62

Ralf J. Kutzner
Hotel Bülow Residenz
Dresden

Cordon bleu:
320 g Zanderfilet, Salz, Pfeffer, 100 g Lachsfarce, 280 g Lachstranchen, Zitronensaft, etwas Mehl, 2 Eier, gehackte Kräuter (Kerbel, Schnittlauch, Petersilie), Öl.

Das Zanderfilet auf Klarsichtfolie legen, mit Folie abdecken und mit einem Fleischklopfer (glatte Seite) oder einem Topf vorsichtig auf doppelte Größe flach klopfen.
Mit Salz und Pfeffer würzen, etwas Lachsfarce aufstreichen, die Lachstranchen auflegen und mit dem Zander umwickeln. Mit Salz, Pfeffer und Zitrone würzen, in dem Mehl wenden und wieder gut abklopfen.
Die Eier und Kräuter mischen und mit einem Schneebesen durchschlagen. Den Fisch in der Eimasse wenden und sofort in einer Pfanne mit Öl anbraten, von oben und unten Farbe geben und danach im Ofen 5 Min. bei 185 bis 190 °C garen.

Champagnersauce:
0,4 l Fischfond, 0,2 l Crème double oder Sahne, 0,1 l Champagner.

Den Fischfond auf 1/3 reduzieren, die Crème double oder Sahne dazugeben, aufkochen und leicht köcheln lassen. Kurz vor dem Anrichten den Champagner hineingießen und mit einem Stabmixer aufmixen.

Anrichten:
Den Fisch aus dem Ofen nehmen und mit einem Elektromesser in 4 Stücke schneiden. Auf Tellern anrichten, mit der Champagnersauce umgießen und servieren.
Als Beilage eignen sich sehr gut Spinatnudeln.

Kabeljau mit grünem Spargel

Bild Seite 82

Lutz Kuhnert
Steigenberger Hotel Dessau
Dessau

1 kg grüner Spargel und 1 Zitrone, 600 g Kabeljaufilet (ohne Haut), Mehl, Salz, Pfeffer, Dill, Öl.

Den Spargel schälen, aber nur etwa ab der Hälfte nach unten. Die Zitrone gut abwaschen. Vierteln und mit Wasser und Salz zum Kochen bringen. Den Spargel hineingeben und überbrühen, bis er fast weich ist. Dann zur Seite stellen und etwas ziehen lassen. Das Kabeljaufilet portionieren, würzen, im Mehl wenden und braten.
Den grünen Spargel als Fächer auf die Teller verteilen. Den gebratenen Kabeljau auf die Spargelenden legen. Garnieren mit 1 Dillzweig.
Dazu passen Grießplätzchen oder Rösti-Puffer.

Schwarzer Heilbutt auf rotem Zwiebelkonfit mit Korianderschaumsauce

Wolfgang Riemhofer
Landhotel Baumwiese
Boxdorf

Zwiebelkonfit:
600 g rote Zwiebeln, 1 Knoblauchzehe, 100 g Butter, 50 g Zucker, 200 ml Rotwein, 4 EL Preiselbeerkonfitüre, Salz.

Korianderschaumsauce:
1 Schalotte, 20 g Butter, 1 Bd. frischer Koriander, 200 ml Fischfond, 100 ml Sahne, 2 EL Crème fraîche, Salz, Pfeffer, 1 Schuß Noilly Prat, 50 g kalte Butter, 4 schwarze Heilbuttsteaks zu je etwa 160 g sowie 100 g Butterschmalz.

Zwiebelkonfit:
Die Zwiebeln und die Knoblauchzehe schälen, in Würfel schneiden und in der Butter andünsten. Den Zucker dazugeben, leicht karamalisieren lassen und mit dem Rotwein ablöschen. Die Preiselbeerkonfitüre unterheben, salzen und einkochen lassen.

Korianderschaumsauce:
Die Schalotte schälen, in feine Würfel schneiden und in der Butter andünsten. Den Koriander waschen, hacken und dazugeben, mit Noilly Prat ablöschen, dann den Fischfond, die Sahne und Crème fraîche aufgießen und etwas einkochen lassen. Mit Salz und Pfeffer würzen.
Zum Schluß die kalte Butter dazugeben und mit dem Pürierstab schaumig mixen. Möglichst sofort anrichten. Die Heilbuttsteaks würzen und im Butterschmalz braten.

Anrichten:
Das Zwiebelkonfit in die Mitte der Teller geben, die Sauce außenherum gießen und den Heilbutt auf dem Konfit anrichten. Mit frischem Koriander garnieren.

Gratinierter Heilbutt auf Paprikagemüse

Jens Kleiber
Berg- und Jagdhotel Gabelbach
Ilmenau

800 g Heilbuttfilet, Zitronensaft, Weißwein, Worcestersauce und 50 g Butter, Salz, 100 g gelbe Paprika, 100 g rote Paprika, 4 mittelgroße Tomaten, 200 g Mozzarella und 3 EL Olivenöl, 2 Knoblauchzehen, Basilikum, Pfeffer.

Aus dem Heilbuttfilet 4 gleich große Stücke schneiden und in Zitronensaft, Weißwein und Worcestersauce marinieren. Die Paprika häuten und in Streifen schneiden. Die Tomaten in kochendem Salzwasser blanchieren, in Eiswasser abschrecken und häuten.
Die Tomaten und den Mozzarella in Scheiben schneiden. Den Heilbutt gut abtropfen lassen, leicht salzen und in etwas Butter braten. Abwechselnd mit den Tomaten- und Mozzarellascheiben belegen und mit der pürierten Masse aus Knoblauch, Olivenöl und Basilikum bestreichen, danach im Grill überbacken.
Die Paprikastreifen in der restlichen Butter dünsten und auf vorgewärmte Teller geben. Das gratinierte Heilbuttfilet darauf anrichten. Mit rotem Reis oder violetten Kartoffeln servieren.

Merlan in der Mandelkruste auf Sauerampfersauce

Martin Schlösser
Landhaus zu den Rothen Forellen
Ilsenburg

4 Merlanfilets zu je 150 bis 200 g, Salz, Pfeffer, 1 Ei, 30 ml Mandelöl, 100 g Butter, 100 g feingemahlene Mandeln, 60 g Mie de pain (Weißbrotkrume), 60 g Schalotten, 8 cl Noilly Prat, 300 g Crème double, 100 ml Fischfond und 150 g Sauerampfer.

Die Filets würzen, das Ei glattrühren und die Merlanfilets damit auf beiden Seiten bestreichen. Danach in der Mandel-Mie-de-pain-Mischung panieren. Die Filets in der heißen Pfanne im Mandelöl anbraten, von der Flamme nehmen, 30 g Butter in kleine Würfel schneiden und über die Filets verteilen, dann warm stellen.
Den Fischfond mit den Sauerampferstengeln, Noilly Prat sowie den feingewürfelten Schalotten kochen und auf 1/3 reduzieren lassen. In einen Topf passieren und mit der Crème double auffüllen. Die Sauerampferblätter in Streifen schneiden und mit der restlichen Butter beifügen.
Die Sauce mit einem Pürierstab aufmixen und servieren.

Steinbeißer unter der Kräuterkruste

Lutz Kuhnert
Steigenberger Hotel Dessau
Dessau

1 Bd. Petersilie, 1 Bd. Schnittlauch, 1 Bd. Thymian, 3 Rosmarinzweige, 600 g Steinbeißerfilet (ohne Haut), 100 g Butter, 50 g Semmelbrösel, Salz, Pfeffer, Öl zum Braten, Mehl.

Die Kräuter putzen, dann kleinschneiden und leicht auspressen. Die Butter, die Kräuter und die Semmelbrösel gut verrühren. Mit Salz und Pfeffer leicht abschmekken. Den Steinbeißer portionieren, würzen, im Mehl wenden und dann im Öl braten.
Kurz vor dem Servieren mit der Kräuter-Butter-Mischung belegen und im Ofen überbacken.
Auf weißen Bandnudeln mit Karottenstreifen servieren, dazu eine Sahnesauce reichen.

Riesengarnelen auf Zucchinistreifen

Lutz Kuhnert
Steigenberger Hotel Dessau
Dessau

1 kg Kartoffeln, Salz, Kümmel, 500 g Zucchini, 100 g Butter, 4 cl Olivenöl, Pfeffer, 1 Bd. Thymian, 600 g Riesengarnelen (Black Tiger, ohne Schale), Öl zum Braten.

Die Kartoffeln, sie sollten nicht zu groß sein, schälen, waschen und mit Salz sowie etwas Kümmel kochen. Die Zucchini ebenfalls waschen und in feine Streifen, etwa 10 cm lang und 3 mm breit, schneiden. Wenn die Kartoffeln fast weich sind, abgießen und in der zerlassenen Butter goldgelb braten. Vorsichtig schwenken, damit sie nicht zerfallen.

Die Zucchinistreifen im Olivenöl anschwitzen und gar ziehen lassen. Mit Salz, Pfeffer und Thymian abschmecken. Die Garnelen kurz abspülen, mit Küchenkrepp abtrocknen, dann im Öl anbraten und jetzt erst würzen.

Anrichten:
Die Zucchinistreifen in die Mitte der Teller geben, darauf die Riesengarnelen legen, die gebratenen Kartoffeln ringsherum verteilen. Dazu paßt eine leichte Kräuter- oder Safransauce.

Gratinierte Flußkrebse auf Gemüsenudeln und Morcheln

Torsten Hache
Restaurant Pagenhaus
Schloß Friedenstein
Gotha

Krebse:
1 Stange Lauch, 2 Karotten, ¼ Sellerie, 1 Petersilienstengel, etwas Kümmel, Salz, Pfeffer, 28 Flußkrebse.

Gemüsenudeln:
1 Stange Lauch, 3 Karotten, 1 Kohlrabi, etwas Butter, 200 g Morcheln.

Sauce:
2 Schalotten (gewürfelt), etwas Öl, 1 cl Weißwein, ¼ l Fischfond, 2 EL Crème fraîche, 150 g Kartoffelpüree (frisch zubereitet), etwas Sahne.

Krebse:
In einen Topf den Lauch, die Karotten, den Sellerie, Petersilienstengel, Kümmel und Gewürze geben und alles aufkochen. Den Flußkrebsen den Darm ziehen und anschließend in den kochenden Sud geben. 2 bis 3 Min. ziehen lassen, herausnehmen und mit kaltem Wasser abschrecken. Die Flußkrebse ausbrechen.

Gemüsenudeln:
Das Gemüse putzen. Auf der Aufschnittmaschine längs dünn aufschneiden und in bandnudelgroße Stücke schneiden. Die Gemüsenudeln in Butter mit den geputzten Morcheln anschwenken.

Sauce:
Die Schalotten im Öl dünsten. Den Weißwein, den Fischfond und die Crème fraîche dazugeben und aufkochen. Mit der Sahne sowie dem frischen Kartoffelpüree abbinden und abschmecken.

Anrichten:
Die Gemüsenudeln in die Mitte der Teller geben, die Flußkrebse sternförmig anrichten, mit der Sauce übergießen und im Salamander gratinieren.

Flußkrebse in Weinbeerensauce

Reinhard Lämmel
Königliche Schloßküche
Weesenstein

48 Fluß- oder Bachkrebse, 1 Bd. Dill, ¼ l Weißwein, Salz sowie einige Kümmelkörner, 1 Glas Weißwein, Würfel von 2 Schalottenzwiebeln, 20 g Butter und 30 g Crème double, 50 ml süße geschlagene Sahne, 1 Spritzer Zitronensaft, 1 Prise Zucker, weißer gemahlener Pfeffer, 300 g blaue und helle entkernte halbierte Weinbeeren, 1 TL frische Majoranblätter.

Am besten verwendet man lebende Krebse, die, gründlich gebürstet, mit der Nase voran in einem Würzsud aus Wasser, Weißwein, Dill und Salz getötet werden. Die Krebse sollen 5 Min. im sprudelndem Fond kochen, dann noch 5 Min. ziehen.

Für die Sauce die Zwiebelwürfel in der Butter glasig anschwitzen, mit dem Weißwein ablöschen und mit 1 Kaffeetasse Krebsfond auffüllen. Alles stark reduzieren und danach die Crème double unterziehen. Mit einem Mixstab aufschlagen, die geschlagene Sahne und die Weinbeeren unterheben. Mit Salz, Zucker, Pfeffer und Zitronensaft abschmecken.
Beim Anrichten die Weinbeerensauce auf die Teller geben, darauf die ausgebrochenen Krebsschwänze legen und alles mit den Majoranblättern garnieren.

Jakobsmuscheln mit Tintenfischfrikassee in schwarzer Sauce

Rüdiger Kaufmann
Hotel Thüringer Hof
Eisenach

350 ml Fischsahnesauce, 40 g frischer Ingwer, 400 g Calamaris, Tinte der Calamaris, 8 Jakobsmuscheln, Salz, Pfeffer, 80 g Kräuterbutter, etwas Olivenöl.

In einem Topf die Fischsahnesauce mit etwas Ingwer aufkochen, den Ingwer herausnehmen und mit der Tinte der Calamaris glattrühren, die Jakobsmuscheln halbieren und die Nasen entfernen, kurz anbraten, dann mit Salz sowie Pfeffer würzen.
Die Calamaris in Stücke schneiden und in Kräuterbutter anschwenken, frische Ingwerstreifen kurz im Olivenöl anschwenken. Die schwarze Sauce auf die Teller als Spiegel gießen, in die Mitte Calamaris setzen, außenherum die Jakobsmuscheln im Wechsel mit den Nasen bzw. Calamarisarmen setzen und auf das Calamarisfrikassee die angebratenen Ingwerstreifen geben.

Rezept Seite 83: Thüringer Kartoffelsalat mit leicht gebratenen Lachstranchen
Jens Kleiber, Berg- und Jagdhotel Gabelbach, Ilmenau

Fleisch und Innereien

Das Rindfleisch ist der König der Küche, die immer frische Quelle für Entrées und Hors d'œuvres: unzählige Vorteile sind ohne dasselbe gar nicht möglich.

Eugen von Vaerst

„Gastrosophie oder Lehre von den Freuden der Tafel"

Einer der größten Rindfleischesser seiner Zeit war Max Reger, der zeitweilig auch Lehrer für Komposition am Konservatorium in Leipzig und Leiter der Hofkapelle in Meiningen war. Berühmt sein Zuruf an einen Kellner nach einem anstrengenden Konzert: „Herr Ober! Bringen Sie mir bitte 2 Stunden lang Beefsteak." Max Reger, der einen beachtlichen Leibesumfang hatte, wurde nur 43 Jahre alt. Ob sein früher Tod auf den übermäßigen Genuß von Rindfleisch zurückzuführen war, ist nicht bekannt.

Vor dem letzten Krieg gab es zwei unumstrittene Rindfleischhochburgen: Wien und London. Wien war berühmt für seinen Tafelspitz, genauer gesagt für die vielen Gusto-Stückerl gesottenen Rindfleischs, London für seine Roastbeefs und Beefsteaks. Hier wie dort gab es bemerkenswerte Kultstätten des Rindfleischs: das „Schadn" in Wien, „Simpson's on Strand" und „Rules" in London. Letztere gibt es heute noch, und heute noch wird dort wie eh und je – BSE-Krise hin, BSE-Krise her – von den „Carvers" das Roastbeef, mit Fettrand natürlich, in fingerdicken, saftigen tellergroßen Scheiben heruntergesäbelt. Rindfleisch von gutmütigen, wohlgenährten, in freier Natur aufgewachsenen Angusrindern, die, wie die Liebhaber ihres Fleisches, ob im insularen oder kontinentalen Europa, die Welt nicht mehr verstehen und die profitgierigen Verursacher dieser Krise in eine eigens für sie erfundene Hölle wünschen.

Gottlob haben die Rindfleischesser in Wien und auch hierzulande sich nicht ins Bockshorn jagen lassen, weswegen der Tafelspitz sich einer nie zuvor so breitflächig verteilten Beliebtheit erfreut. Neuerdings wird sogar Tafelspitz vom Kalb aufgetischt. Kenner ziehen jedoch den Tafelspitz eines ausgewachsenen Rindes, am besten den eines Ochsen natürlich, dem eines Kalbes vor.

In der sächsischen wie auch der thüringischen Küche gab es Rindfleisch vornehmlich in den Kreisen der besseren Bürgerschaft. Im bäuerlichen Lebensbereich wurde Rindfleisch nur selten aufgetischt. Frischfleisch wurde ohnehin, nach unseren heutigen Begriffen, nur in geringen Mengen gegessen. Sogar wenn geschlachtet wurde, was immer im Spätherbst und oft noch zu Weihnachten geschah, gab es kaum Frischfleisch, da fast so gut wie alles eingepökelt, geräuchert oder verwurstet wurde. Selbst die Wirte auf dem Lande hielten nur wenig Frischfleisch von der Schlachtung auf Vorrat, meist für durchreisende Geschäftsleute, da keiner der Dorfbewohner je ins Wirtshaus zum Essen gegangen wäre, sieht man einmal von Hochzeiten oder Beerdigungen ab. Auch in der bürgerlichen Küche dominierte das Schwein und nicht das Rind, von dem man zumeist die preiswerteren Stücke, wie mürber Schoß für den Schmorbraten oder Brustkern und hohe Rippe für das Siedfleisch, den teuren Stücken vorzog. Lende und Beefsteaks waren allenfalls in der Herrschaftsküche oder der Küche des gehobenen Bürgertums zu finden.

Allerdings durfte Rindfleisch auch im bäuerlichen Bereich bei keinem Festessen fehlen, schon weil man es für die Hochzeitssuppe brauchte. Bei den Hochzeiten wurde immer am meisten Fleisch verzehrt: Schweinefleisch, Rindfleisch, Hammel-(Schöpsen-)-fleisch und sehr viel Geflügel; dazu meist noch Bratwürste. So gut wie immer gab es auch noch ein Fischgericht. Es kam deshalb des öfteren zu Überschuldungen, was dazu führte, daß in manchen Gegenden, so in Südthüringen, auf sogenannten „Hochzeitszetteln" die Bürger dem Magistrat berichten mußten, wie viele Gäste sie bei ihrer Hochzeitsfeier oder ihrer Kindstaufe zu bewirten gedachten, und was sie diesen dabei vorsetzen würden.

In der neuen Küche teilen sich Rind und Schwein einträchtig die Plätze mit Lamm und Kaninchen, zu denen sich immer mehr auch das Zicklein gesellt. Bemerkenswert ist hierbei, daß das Schwein, vor allem das Spanferkel, seitdem die alten Landrassen wie das Schwäbisch-Hallische Schwein oder das Angler Sattelschwein wieder zurückgekehrt sind, verstärkt Einzug in die Küche der Gourmet-Gastronomie gehalten hat. Vielfach auch durch die Verknüpfungen mit wiedererwecktem regionalem Küchengut, wie dies auf den folgenden Seiten nachzulesen ist.

Rezept Seite 90: Rinderfilet in der Kräuterkruste, Mario Pattis, Romantik Hotel & Restaurant Pattis, Dresden

Ochsenfilet mit Kräuterkruste, Holundersauce und Pilz-Kartoffel-Plätzchen

Ute Herzog
Villa Herzog
Dresden

4 Ochsenfilets zu je 180 g, 2 EL gewiegte Kräuter, Öl, Salz, Pfeffer, 2 EL Tomatenmark, 2 EL Zucker, ¼ l Rotwein, 1 Mokkatasse Holundersaft und 2 EL Schalottenwürfel, 2 Lorbeerblätter, 1 gewürfelte Karotte, 2 EL Paniermehl, 500 g gekochte, geriebene Kartoffeln sowie 2 Eigelb, 150 g gehackte, mit Schalottenwürfeln kräftig geschmorte Pfifferlinge (auch Steinpilze sind geeignet), 1 EL Kartoffelmehl, 1 Ei, Paniermehl sowie etwas Butterschmalz zum Braten.

Die Parüren der Filets im Öl rösten, Zucker, Schalotten, Karotte und die Lorbeerblätter dazugeben, kräftig durchschmoren, mit Holundersaft und Tomatenmark ablöschen, den Rotwein zugießen, 30 Min. einkochen lassen.
Zu den Kartoffeln die Eigelbe, die Pilze und das Kartoffelmehl geben. Mit Salz, Pfeffer sowie Muskat abschmecken und kleine flache Plätzchen formen. Durch das verschlagene Ei ziehen, im Paniermehl wenden und im heißen Butterschmalz knusprig braun braten.
Die Filets von jeder Seite 3 Min. scharf anbraten, die Kräuter mit dem Paniermehl und etwas Öl mischen, oben auf die Filets geben und nochmals für 4 Min. in den 240 °C heißen Ofen schieben.

Anrichten:
Jeweils 1 Filet auf vorgewärmten Tellern einsetzen, 2 oder 3 (je nach Größe) Kartoffelplätzchen anlegen und mit der abgeseihten, warm gehaltenen Sauce umgießen.

Rinderfilet mit Schalotten-Senf-Kruste

Lutz Kuhnert
Steigenberger Hotel Dessau
Dessau

1 kg Schalotten und 500 g Butter, 100 g mittelscharfer Senf sowie 400 g Karotten, 400 g Sellerie, 400 g Petersilienwurzeln und 1 l Sahne, 700 g Rinderfilet (ohne Sehnen), 4 cl Rotwein, Semmelbrösel, Salz, Pfeffer, Öl, Muskat.

Die Schalotten schälen und in Streifen schneiden. Mit etwas Butter goldgelb anbraten und abkühlen lassen. ⅔ der Schalotten mit dem Senf und 200 g Butter verrühren, mit Salz und Pfeffer abschmecken. Etwas Semmelbrösel dazugeben, damit die Masse nicht zu feucht und damit zu flüssig wird. Kühl stellen.
Die Karotten, den Sellerie und die Petersilienwurzeln putzen, in Würfel schneiden, abkochen und abschrecken. Die Sahne aufkochen, dann langsam einkochen, bis eine sämige Bindung da ist. Jetzt das Gemüse dazugeben und abschmecken.
Das Rinderfilet in Scheiben schneiden, würzen und anbraten. Herausnehmen, den Rest der Schalotten in Butter anschwitzen, mit dem Rotwein ablöschen und einkochen lassen. Mit kalter Butter abbinden, abschmecken und durch ein Sieb gießen.
Die Rinderfiletscheiben mit der Schalotten-Senf-Kruste belegen und in der Röhre oder unter einem Grill überbacken.
Das Wurzelgemüse in die Mitte der Teller geben. Die überbackenen Filetscheiben darauf legen und die Sauce verteilen.
Dazu passen Salzkartoffeln oder Nudeln.

Rinderfilet in der Kräuterkruste

Bild Seite 88

Mario Pattis
Romantik Hotel &
Restaurant Pattis
Dresden

700 g pariertes Mittelstück vom Rinderfilet, 40 ml Erdnußöl, 80 g Butter, 2 Eigelb, ½ Bd. Petersilie, ½ Bd. Kerbel, 1 kleiner Rosmarinzweig, 1 kleiner Thymianzweig, 2 Toastbrotscheiben, 400 g Kalbskutteln, 1½ l heller Kalbsfond und ½ l Weißwein, 50 ml Sahne sowie 100 ml Champagner, 70 g Zwiebeln, 70 g Karotten, 50 g Sellerie, 250 g Kartoffeln, 1 EL Weißweinessig, 1 Schalotte, 60 g Butter sowie Salz und Pfeffer.

Das Rinderfilet in 4 Stücke portionieren, kurz anklopfen, wieder in Form bringen und mit Salz sowie Pfeffer würzen. Die Rinderfilets kurz auf jeder Seite im Erdnußöl scharf anbraten und auskühlen lassen.
Die Butter (Zimmertemperatur) schaumig schlagen und die Eigelbe langsam zugeben. Die Kräuter fein hacken und mit der Buttermischung vermengen. Das Toastbrot von der Rinde befreien, in ganz kleine Würfel schneiden, unter die Kräutermasse mischen und mit Salz sowie Pfeffer abschmecken. Die Rinderfilets gleichmäßig mit der Kräutermasse bestreichen.
Die gewässerten Kutteln im Kalbsfond mit dem Weißwein, Essig, Karotten, Zwiebeln und Sellerie etwa 1½ Std. weich kochen. Die Kutteln aus dem Fond nehmen, kurz abkühlen lassen und in kleine feine Streifen schneiden.
Die vorbereiteten Rinderfilets etwa 8 Min. im vorgeheizten Backofen bei 220 °C backen und dann das Fleisch ruhenlassen. In der Zwischenzeit die Schalotte in klei-

ne feine Würfel schneiden, in der Butter glasig schwitzen, mit etwa 200 ml vom Kalbsfond auffüllen und auf $^1/_3$ einkochen. Anschließend mit der Sahne auffüllen und abschmecken.
Die Kartoffeln in etwa 1,5 cm große Stücke schneiden, in Salzwasser kochen und mit den Kutteln, dem gehackten Kerbel sowie dem Kalbsfond vermischen.
Die Rinderfilets noch einmal kurz unter den Grill (Salamander) stellen, damit die Kräuterkruste richtig knusprig wird.
Die Kutteln kurz durchschwenken, den Champagner dazugießen und auf Tellern anrichen. Je 1 Rinderfilet auf die Kutteln geben und mit verschiedenen Kräutern garnieren.

Medaillons vom Rinderfilet aus dem Rauch in Meerrettichsauce auf Sialinsen, Rösti

Christian Heumader
Hotel Sächsischer Hof
Meiningen

Medaillons:
650 g Rinderfilet, Salz, Pfeffer, Fett zum Braten, $^1/_4$ l Rinderbouillon, $^1/_8$ l Sahne, 2 EL Crème fraîche, 2 EL Meerrettich, Zucker, Pfeffer aus der Mühle, 4 EL geschlagene Sahne.

Sialinsen:
200 g grüne Sialinsenplättchen und 8 Schalotten, 1 EL Butter, $^1/_4$ l Rinderbouillon, Salz, Pfeffer.

Rösti:
400 g Kartoffeln, 2 Eigelb, Salz und Pfeffer, Öl.

Gemüse als Beilage:
4 Karotten (mit Grün), 1 Kohlrabi, 4 Lauchzwiebeln sowie 4 Cocktailtomaten.

Medaillons:
Das Rinderfilet in etwa 160 g schwere Medaillons schneiden, würzen und im heißen Fett ganzseitig anbraten. Die Medaillons im Räucherofen bei einer Innentemperatur von 180 °C etwa 8 Min. räuchern. Anschließend 5 Min. bei 70 °C im Herd ruhenlassen.
Die Bouillon mit der Sahne einkochen lassen, würzen, mit Crème fraîche, Meerrettich und der geschlagenen Sahne mixen.

Sialinsen:
Die über Nacht eingeweichten Linsen abschütten. Die Schalotten in Würfel schneiden und in der Butter anschwitzen. Die Linsen dazugeben, mit der Bouillon auffüllen und gar kochen.

Rösti:
Die Kartoffeln raspeln und auspressen, würzen und mit den Eigelben mischen. Kleine Plätzchen im Öl braten.

Gemüse:
Das Gemüse blanchieren und im Eiswasser abschrecken. Den Kohlrabi vierteln.

Anrichten:
Die Linsen auf die Mitte der Teller geben, die Medaillons darauf geben, die Sauce und das Gemüse dekorativ verteilen.

Roastbeef mit Preiselbeer-Walnuß-Kruste

Detlef Lange
Hotel Villa Emma
Dresden

700 g Roastbeef, Salz, Pfeffer und Öl zum Braten.

Kruste:
100 g Walnüsse, 150 g frische Preiselbeeren sowie 5 EL Ahornsirup, 2 EL Dijon-Senf, 2 Eigelb, frischer Rosmarin, 4 EL Paniermehl.

Das Roastbeef in 4 Scheiben schneiden. Die Walnüsse kleinhacken und mit den anderen Zutaten zu einem Teig verarbeiten.
Die Roastbeefsteaks würzen und im heißen Öl anbraten, wenden, auf der angebratenen Seite den Preiselbeer-Walnuß-Teig gleichmäßig verteilen und im Backofen bei 225 °C 12 Min. fertiggaren.

Gedünstetes Kalbsfilet auf Basilikummaultaschen

Bild Seite 98

Wolfgang Riemhofer
Landhotel Baumwiese
Boxdorf

Kalbsfilets:
800 g Kalbsfilet, 100 ml Bouillon, 200 ml guter Weißwein, Salz, Pfeffer, 1 Prise Muskat, 100 g Crème fraîche, etwas gehacktes Basilikum.

Das Kalbsfilet in 4 Steaks schneiden, mit Salz und Pfeffer würzen. In einen Topf die Bouillon und den Weißwein geben. Die Prise Muskat zufügen und erhitzen. Die Kalbsfilets dazugeben, abdecken und dann 15 Min. ziehen lassen. Achtung: Die Flüssigkeit darf nicht kochen.
Anschließend die Filets herausheben und warm stellen. Die Crème fraîche dazugeben und reduzieren lassen. Zum Schluß das gehackte Basilikum hinzufügen.

Basilikummaultaschen:
100 g Mehl, 1 TL Grieß, 1 Eigelb, Salz, 1 EL Sauerrahm, 200 g Kalbfleisch, 1 Bd. frisches Basilikum sowie etwas Butter.

Alle Zutaten für den Teig gut verkneten und diesen etwa 1 Std. ruhenlassen. Aus dem Kalbfleisch eine Farce herstellen, das Basilikum hacken, dazugeben und würzen.
Den Teig dünn ausrollen und in Rechtecke von etwa 4 mal 6 cm schneiden. Auf eine Hälfte mit einem Löffel die Farce verteilen, die andere Hälfte mit Eigelb bestreichen und darauf legen. Mit einer Gabel die Enden festdrücken und die Maultaschen im Salzwasser kochen. Anschließend in Eiswasser abschrecken.

Anrichten:
Die Maultaschen kurz in etwas Butter anschwenken und auf den Tellern anrichten. Mit der Sauce nappieren und die Kalbsfilets darauf legen. Mit Tomatenwürfeln und je 1 Basilikumblatt garnieren.

Türmchen von Kalbslende und Kalbsleber

Für 6 Personen

Lutz Kuhnert
Steigenberger Hotel Dessau
Dessau

1 kg Kartoffeln, Salz, ½ l Milch, Pfeffer, Muskat, 500 g Zwiebeln, 4 Äpfel (z. B. Ida Red), 1 Zitrone, 500 g Kalbsfilet, Öl, 300 g Butterfett, 4 cl Rotwein, 400 g Kalbsleber (in Scheiben), Mehl.

Die Kartoffeln schälen, waschen und in Salzwasser kochen. Die Milch erwärmen und mit den weichen Kartoffeln pürieren, mit Salz, Pfeffer sowie Muskat abschmekken. Das Kartoffelpüree sollte nicht zu weich sein.
Die Zwiebeln schälen und in Streifen schneiden. Bei den Äpfeln die Kerngehäuse ausstechen, dann schälen und ebenfalls in Scheiben schneiden, anschließend in Zitronenwasser legen.
Das Kalbsfilet in 8 gleich starke Scheiben schneiden, würzen, im Öl braten und warm stellen. Die Zwiebeln in etwas Butterfett anbraten, bis sie leicht braun sind, mit dem Rotwein ablöschen und etwas einkochen lassen. Die Lebern leicht im Mehl wenden, dann anbraten und jetzt erst würzen, damit sie nicht fest und trocken werden. Die Apfelscheiben in etwas Butterfett gar ziehen lassen.
Das Kartoffelpüree in die Mitte der Teller spritzen oder mit einem Löffel hineingeben, die Kalbsfiletscheiben darauf legen. Jetzt wieder etwas Püree dazugeben, darauf je 1 Kalbsleber setzen und obenauf je 1 Apfelscheibe. Nun mit der Zwiebelreduktion leicht überziehen und den Rest um das Türmchen verteilen.

Kalbsroulade, gefüllt mit Riesengarnelen, Spinatgnocchi

Detlef Lange
Hotel Villa Emma
Dresden

4 Kalbsrouladen, Salz, Pfeffer, 4 Riesengarnelen, Zitronensaft.

Farce:
200 g mageres Schweinefleisch, Salz, Pfeffer, 50 ml Sahne, 2 EL Kräuter (Dill, Kerbel), Öl zum Braten.

Das magere Schweinefleisch mit der Sahne und den Kräutern zu einer Farce verarbeiten.
Von den Garnelen die Schalen entfernen, mit Zitronensaft würzen, etwas salzen und pfeffern, mit der Farce bestreichen, dann in die Mitte die Garnelen legen und zusammenrollen.
Die Rouladen im heißen Öl anbraten und im vorgeheizten Backofen bei 200 °C etwa 20 Min. garen lassen.

Spinatgnocchi:
150 g gekochte Kartoffeln, 60 g Mehl, 1 Eigelb, 4 bis 5 mittelgroße Blätter frischer Spinat (kleingehackt), 1 TL Butter zum Braten.

Die Kartoffeln reiben und mit den genannten Zutaten zu einem Teig verarbeiten. Den Teig auf einem bemehlten Brett zu einer 2 cm dicken Rolle formen.
Die Rolle in 1 cm breite Gnocchi portionieren, davon Kügelchen formen, in kochendem Salzwasser 3 bis 4 Min. gar ziehen lassen, dann in kaltem Wasser abschrekken und in der heißen Butter goldbraun braten.

Kalbsroulade, gefüllt mit geräuchertem Filet vom Stör

Helmut Streller
Restaurant Villa Posthof
Chemnitz

8 dünne Scheiben von der Kalbsoberschale, Salz, Pfeffer, ½ Bd. Estragon, 8 Cornichons, 8 Frühlingszwiebeln, 1 Limettenschale, 200 g Wurzelgemüse (Lauch, Sellerie, Möhren, Petersilienwurzeln, Dill), etwas Olivenöl, 1 bis 2 EL Mehl, 250 ml saure Sahne, 2 Tassen Fleischbrühe, 4 geräucherte Störfilets zu je 50 g sowie Estragonessig.

Die Scheiben der Oberschale dünn klopfen, mit Salz und Pfeffer bestreuen. Die Filets halbieren, auf das Kalbfleisch auflegen. Die geviertelten Cornichons und je 1 Frühlingszwiebel mit Lauch dazugeben. Die Blätter vom Estragon

und etwas Dill mit einrollen. Mit Küchengarn umwickeln.
Im heißen Olivenöl von allen Seiten mit dem gewürfelten Wurzelgemüse und Mehl rösten und mit der Fleischbrühe auffüllen. Die Limettenschale dazugeben und etwa 12 Min. schmoren lassen. Danach saure Sahne und nach Geschmack etwas Estragonessig hinzufügen.
Vor dem Anrichten das Küchengarn entfernen und die durchgeseihte, sehr würzig abgeschmeckte Sauce über die Rouladen geben.
Dazu paßt am besten ein Kartoffelpüree.

Gefüllte Kalbsbrust mit Rapunzelsalat in Kartoffeldressing

Bild Seite 94

Reinhard Lämmel
Königliche Schloßküche
Weesenstein

800 g schiere Kalbsbrust, 1 Zwiebel (in Scheiben geschnitten), 10 Wacholderbeeren, 1 Bd. frischer Thymian, ½ l Meißner Goldriesling, 4 EL Öl, 200 g Röstgemüse (Würfel von Möhren, Sellerie und Zwiebeln), 50 g Butter.

Füllung:
50 g Zwiebelwürfel, 100 g Entenleber, 50 g gehackte Champignons, 60 g Butter, je 50 g Hackfleisch von Kalb und Schwein, 50 g magerer Speck, 2 entrindete Weißbrotscheiben, 2 Eier, 40 ml süße Sahne und 20 g gehackte Pistazien, 20 g frischer gehackter Majoran sowie 100 g blanchierte Spinatblätter.

Das Fleisch zunächst mit den Zwiebelscheiben, den Wacholderbeeren und Thymian in dem Goldriesling 24 Std. marinieren lassen.
Für die Füllung die Zwiebelwürfel in Butter anschwitzen, die gehackten Champignons und die Entenleber dazugeben. Alles mit den restlichen Zutaten (bis auf die Spinatblätter) vermengen und zweimal durch den Fleischwolf drehen.
Das Fleisch aus der Marinade nehmen, abtrocknen und in die Brust eine Tasche schneiden. Die Tasche mit den Spinatblättern auslegen, mit der Fleischmasse füllen und zunähen. Das Öl erhitzen und darin die nicht zu prall gefüllte Kalbsbrust allseitig anbraten.
Anschließend das Röstgemüse hinzufügen und alles mit der Marinade ablöschen. Wenn die Kalbsbrust gar ist, diese beiseite stellen und etwas ruhenlassen. Mit einem Handmixgerät das Röstgemüse pürieren, wodurch der reduzierte Fond gleichzeitig gebunden wird. Diesen durch ein Sieb drücken und die süße Sahne einrühren.
Beim Anrichten aus der Kalbsbrust pro Portion 2 Scheiben schneiden.
Für den Rapunzelsalat 300 g mehligkochende Kartoffeln in Salzwasser kochen und heiß durch die Kartoffelpresse drücken. Abkühlen lassen und mit 3 EL Öl, ¼ l Kalbsbrühe sowie 3 EL mildem Essig zu einer Sauce verrühren.
Die Rapunzel büschelweise durch das Kartoffeldressing ziehen und anrichten.

Gebratenes Kalbsbries und Kalbshirn in der Eihülle mit Balsamico-Schaum

Torsten Hache
Restaurant Pagenhaus
Schloß Friedenstein
Gotha

4 Kalbsbries zu je 100 g und etwas Mehl, 400 g Kalbshirn, 2 Eier, 1 Lorbeerblatt, 3 Wacholderbeeren, 1 Knoblauchzehe, Thymian, Salz, Pfeffer.

Balsamico-Schaum:
50 g Butter, 100 ml Weißwein, 4 Eigelb, 1 Schuß Balsamico-Essig, Salz, Pfeffer.

Das Kalbsbries und das Kalbshirn 24 Std. wässern. Das Kalbsbries in einem Fond aus Lorbeerblatt, Thymian, Wacholderbeeren und der Knoblauchzehe blanchieren. Das Kalbshirn in Scheiben schneiden, würzen, im Mehl wenden und in den verrührten Eiern wälzen. Dann anbraten und im Backofen backen. Nun warm stellen.
Das Kalbsbries in Röschen zerteilen. Die Röschen gleichfalls anbraten, würzen und ebenfalls warm stellen. Die Eigelbe in eine Schüssel geben, mit dem Weißwein vermischen und im Wasserbad sämig aufschlagen. Die Butter zerlaufen lassen und unter den Schaum rühren. Dann mit Balsamico-Essig abschmecken.
Auf den Tellern Tomatenviertel verteilen, mit Balsamico-Schaum nappieren und die Innereien auf den Tomaten anrichten.

Gebackenes Bries auf Steckrüben

Lutz Kuhnert
Steigenberger Hotel Dessau
Dessau

800 g Bries, Salz, Lorbeer, Piment, 1 Zwiebel, Mehl, 1 Ei, Semmelbrösel, 1 kleine Kohlrübe (etwa 800 g), 200 g Butter, Pfeffer, Muskat sowie 200 g Butterfett.

Das Bries gut wässern. Wasser mit Salz, Lorbeer, Piment und der Zwiebel zum Kochen bringen, dann das Bries dazugeben. Kurz

aufkochen lassen, vom Feuer nehmen und etwa 30 Min. ziehen lassen. Das Bries herausnehmen und mit kaltem Wasser abschrecken. Die Haut vorsichtig abziehen, damit es nicht zerfällt. In Scheiben schneiden (etwa 2 cm dick), leicht bemehlen, dann in dem verrührten Ei wenden und mit den Semmelbröseln panieren.
Die Kohlrübe schälen und in kleine Blättchen schneiden. Die Blättchen in der Butter dünsten, mit Salz, Pfeffer und Muskat abschmecken. Die Briesscheiben in etwas Butterfett goldgelb braten.
Die Rübenblättchen in die Mitte der Teller setzen, die Briesscheiben leicht anlegen. Das Butterfett darüber verteilen.
Dazu passen gut Salzkartoffeln oder weiße Nudeln.

Kalbsleber, mit Mango gefüllt, im Speckmantel gebraten

Wolfgang Riemhofer
Landhotel Baumwiese
Boxdorf

1 Schweinenetz, 4 Kalbsleberscheiben zu je 120 bis 150 g, 1 vollreife Mango, 500 g grüner Speck, Salz, Pfeffer, 80 g Bratfett, 80 g Butterschmalz.

Das Schweinenetz gut wässern, die Kalbsleberscheiben unter einer Klarsichtfolie mit dem Nudelholz leicht plattieren, die Mango schälen, vom Kern lösen und in hauchdünne Scheiben schneiden. Den grünen Speck ebenfalls in dünne Scheiben schneiden.
Das Schweinenetz auslegen, in 4 gleich große Quadrate schneiden und mit dem Speck belegen. Die Kalbsleber in die Mitte geben und mit den Mangoscheiben bedecken. Zu einer Rolle formen und darauf achten, daß das Schweinenetz auch gut verschließt. Nur außen mit Salz und Pfeffer würzen.
Die Kalbsleberscheiben in einer Pfanne mit Fett anbraten und im Rohr bei 200 °C etwa 10 bis 15 Min. ziehen lassen. Herausnehmen, das Fett abschütten und im Butterschmalz kurz nachbraten.
Zum Anrichten die Kalbsleber einmal aufschneiden und auf einer kräftigen Sauce servieren (z. B. Portweinjus oder grüner Paprikaschaum).
Dazu paßt hervorragend ein gebratener Basmatireis.

Kalbsleber mit Rosinen und Äpfeln auf Zwiebelmus

Michael Seidel
Restaurant Hammerklause
Plauen

50 g Rosinen, 8 cl Calvados, 4 große Zwiebeln, Kalbsfond aus dem Glas, 200 g Reis (vorgekocht), 2 EL süße Sahne, 150 g Butter, 600 g Kalbsleber, Salz, Pfeffer.

Die Rosinen mit 4 cl Calvados übergießen und ziehen lassen. Die Zwiebeln in Stücke schneiden, in kochendem Wasser 2 Min. blanchieren, herausnehmen und zusammen mit dem Kalbsfond und dem vorgekochten Reis 30 Min. dünsten, durch ein Sieb streichen und mit der süßen Sahne und etwas Butter verfeinern.
Die portionierte Leber in der restlichen Butter von beiden Seiten kroß braten. Danach herausnehmen, mit Salz und Pfeffer würzen und warm stellen. Die Äpfel in Scheiben schneiden und in den Bratenfond legen, etwas Calvados angießen und kurz stark erhitzen.
Die Leber neben dem Zwiebelmus anrichten und mit Äpfeln sowie Bratenfond bedecken.
Dazu schmecken besonders 1 Scheibe Knoblauchbaguette oder ein hausgemachtes Kartoffelpüree mit viel Muskat.

Geschmorte Kalbsnierchen mit Apfel-Zucchini-Würfeln und Schwammerln

Helmut Streller
Restaurant Villa Posthof
Chemnitz

2 Kalbsnieren zu je etwa 400 bis 500 g, 2 EL Butterschmalz oder Olivenöl, Salz, Pfeffer, 2 Frühlingszwiebeln und 2 geschälte säuerliche Äpfel, 1 mittlere gelbe Zucchini, 250 g frische Schwammerln oder Egerlinge und etwas Butter zum Anschwitzen, 1/2 l Portwein, 1/8 l süße Sahne, 1 EL Zitronenmelisse.

Die Nierchen enthäuten, entfetten und in Scheiben schneiden, 5 Min. in Essigwasser legen und dann trockentupfen.
Das Butterschmalz oder Olivenöl stark erhitzen, die Nierchen unter Rühren anbraten. Mit Salz und Pfeffer würzen, nach etwa 5 Min. beiseite stellen. Die Zwiebeln, die in Würfel geschnittene Zucchini und die Äpfel mit den geputzten Schwammerln in Butter gelb anschwitzen. Den Portwein zugießen und etwa 10 Min. schmoren lassen. Die Sahne zugeben und etwas einkochen lassen. Die Pilze unter die Nierchen heben und noch einmal kurz erwärmen.
Auf vorgewärmten Tellern anrichten und mit gehackter Zitronenmelisse bestreuen.

Rezept Seite 93: Gefüllte Kalbsbrust mit Rapunzelsalat in Kartoffeldressing
Reinhard Lämmel, Königliche Schloßküche, Weesenstein

Gebratene Kalbsniere auf rotem Linsengemüse

Michael Nowak
Restaurant im Hotel Bellevue
Schmölln

600 g Kalbsnieren (geputzt), 100 g rote Linsen, 1 kleine Zwiebel und 1 Karotte, ½ Stange Lauch, 1 EL Olivenöl sowie 1 l Fleischbrühe, Salz, Pfeffer.

Die Kalbsniere kalt wässern (am besten 1 Tag vorher). Die Karotte, den Lauch und die Zwiebel in feine Würfel schneiden. Die Linsen waschen. Die Zwiebelwürfel und Linsen im Olivenöl anschwitzen, mit Fleischbrühe auffüllen und zum Köcheln bringen. Würzen mit Salz und Pfeffer.
Nach 10 bis 15 Min. die Gemüsewürfel dazugeben und einkochen lassen. Die aderförmigen Harnwege und die weißen Häute der Niere heraustrennen (damit der Harngeschmack verschwindet). Die Niere portionieren, mit Salz und Pfeffer würzen und im heißen Öl von beiden Seiten braten.

Anrichten:
Das Linsengemüse auf die Mitte der Teller geben. Die Nierenscheiben kreisförmig um das Linsengemüse legen. Mit gehackter Petersilie ausgarnieren.

Kalbsnieren auf Graupenrisotto

Torsten Hache
Restaurant Pagenhaus
Schloß Friedenstein
Gotha

80 g Graupen, 2 EL Lauchwürfel, 2 EL Karottenwürfel, 2 EL Selleriewürfel, 1 Schalotte (fein gehackt), 2 mittlere Kalbsnieren, ¼ l Kalbsjus, Estragon (fein geschnitten), Salz, Pfeffer.

Die Graupen etwa 20 Min. in Wasser kochen. Das Gemüse mit den Schalotten andünsten, die Graupen hinzufügen und abschmekken. Die Nieren in Röschen zerteilen und rosa braten. Das Bratfett abschütten, das Graupengemüse dazugeben und mit Kalbsjus ablöschen. Alles etwas einkochen lassen.
Den Estragon darüberstreuen und die warm gehaltenen Kalbsnieren auf dem Risotto anrichten.

Gedämpfte Kalbsnierchen im Wirsingmantel mit Portweinjus

Wolfgang Riemhofer
Landhotel Baumwiese
Boxdorf

2 Kalbsnieren, 500 ml Milch und 1 Wirsingkohl, 400 ml Bratensaft, 6 cl Portwein sowie 200 ml Weißwein, 200 ml Fleischbrühe, Salz, Pfeffer und 1 Thymianzweig.

Die Kalbsnieren gut waschen, von Fett sowie Sehnen befreien und 3 bis 4 Std. in Milch wässern. Den Wirsing blättern, den Strunk entfernen, die Blätter in Salzwasser blanchieren und anschließend in Eiswasser abschrecken.
Die Nieren in 4 Stücke schneiden, leicht würzen und in die Wirsingblätter einwickeln. Den Weißwein mit der Fleischbrühe und dem Thymianzweig zum Kochen bringen, die Nierchen in einem Dämpfereinsatz darüberhängen und gut verschließen.
Etwa 20 Min. köcheln lassen. In der Zwischenzeit den Bratensaft um 1/3 einreduzieren und kurz vor dem Anrichten den Portwein dazugießen.
Die Nierchen aus dem Einsatz nehmen, abtupfen und auf der Sauce anrichten.

Kalbsnieren in Essigsauce mit Ragout von Frühlingszwiebeln, Champignons und Tomaten

Rainer Behringer
Restaurant Stadtpfeiffer
im Gewandhaus
Leipzig

600 g geputzte Kalbsnieren (in Nüßchen geschnitten), 2 EL Öl, 0,3 l Kalbsjus, 1 feingehackte Zwiebel, 3 EL Balsamico-Essig, 40 g kalte Butterwürfel, 2 Bd. Frühlingszwiebeln und 200 g weiße Champignons, 2 Tomaten, 2 EL Butter, Salz, Pfeffer.

Das Gemüse putzen, waschen, dritteln, in Salzwasser abkochen, in Eiswasser abschrecken. Die Champignons vierteln, die Tomaten enthäuten, achteln, entkernen.
Die Nieren von allen Seiten im Öl anbraten, aus der Pfanne nehmen, im Ofen warm stellen. Das Öl abgießen, die Zwiebeln anschwitzen, mit Balsamico-Essig ablöschen und einkochen. Die Kalbsjus zugeben, ebenfalls ein wenig einkochen und mit der Butter mixen. Die Nieren in die Sauce einlegen und nicht mehr kochen lassen.
Die feingeschnittenen Frühlingszwiebeln und Champignons in Butter anschwitzen, zum Schluß die abgezogenen, in Würfel geschnittenen Tomaten zugeben und abschmecken.
Das Gemüse in der Mitte der Teller anrichten, die Nieren daneben-

legen und mit der Sauce leicht überziehen.
Auf vorgewärmten Tellern anrichten und servieren.

Gepökelte Kalbszunge, mit Apfel-Meerrettich-Kruste überbacken, an Madeirasauce

Ralf J. Kutzner
Hotel Bülow Residenz
Dresden

1 gepökelte Kalbszunge, 150 g Suppengemüse, 3 Äpfel, 15 g Meerrettich, 60 g Paniermehl, 1 Eigelb sowie 0,2 l Kalbsjus, 4 cl Madeira und 20 g Butter.

Die Kalbszunge in Wasser mit dem Suppengemüse und den Gewürzen (Lorbeerblatt, Wacholderbeeren, Thymianzweig, Pfeffer) ohne Salz (!) etwa 2 bis 2½ Std. kochen und dann die Haut abziehen. In kaltem Wasser abkühlen lassen. Die Äpfel schälen und grob reiben, sofort mit dem Meerrettich, Paniermehl und dem Eigelb vermischen.
Die abgekühlte Kalbszunge von Fett und sonstigen Verunreinigungen befreien. In Scheiben schneiden, etwa 60 g schwer, 3 pro Person. In der Fleischbrühe erwärmen, nicht kochen lassen. Den Fond entnehmen, mit der Meerrettichkruste dünn (0,5 cm) bestreichen und dann im Salamander goldbraun überbacken. Den Madeira im Topf um $^{1}/_{3}$ reduzieren, die Kalbsjus zugeben und kurz mitkochen, die Butter unterrühren und servieren. Die Kalbszunge auf einem Saucenspiegel anrichten.
Als Beilage eignen sich gut Schupfnudeln und Lauchgemüse.

Kalbszunge, süßsauer, auf Linsensalat

Peter Steffen
Rats-Keller Schönefeld
Leipzig

2 Kalbszungen, 1 l Fleischbrühe, 1 Gemüsesträußchen, Lorbeerblatt, Piment, 100 g Linsen (rot und schwarz), 2 EL Balsamico-Essig, 1 EL Zucker, 4 cl Olivenöl sowie 1 Bd. Schnittlauch und verschiedene Blattsalate.

Die Kalbszungen kalt abspülen. Die Brühe mit dem Gemüsesträußchen, Lorbeer und Piment zum Kochen bringen. Die Kalbszungen in die kochende Brühe geben und etwa 45 Min. garen (bis sich die Zungenspitzen durchdrücken lassen), anschließend in kaltem Wasser abschrecken und abziehen. Die Linsen einweichen, dann in etwas Brühe kochen.
Aus dem Balsamico-Essig, Zucker, Olivenöl und dem geschnittenen Schnittlauch eine Marinade herstellen. Die Zungen längs aufschneiden, in die Marinade einlegen und durchziehen lassen.
Die Blattsalate waschen und trokken auf Teller legen. Die Linsen einstreuen und die marinierten Zungen mit der Marinade über den Blattsalaten anrichten.

Kalbskutteln mit Gemüsen in Silvaner

Rainer Behringer
Restaurant Stadtpfeiffer
im Gewandhaus
Leipzig

1 Zwiebel (in feine Streifen geschnitten), 40 g Butter, 400 g gekochte, feingeschnittene Kalbskutteln, ¼ l trockener Silvaner, Salz, Pfeffer, ½ l Kalbsfond, 0,2 l Sahne, 1 Prise Muskat, je 50 g in feine Stäbchen geschnittene Karotten und Lauch, 1 EL Weißweinessig, Kerbel.

Die Zwiebeln in Butter farblos anschwitzen, die Kutteln dazugeben, ebenfalls farblos anschwitzen, mit Silvaner und Kalbsfond ablöschen, etwas einkochen, die Sahne hineingießen und nochmals einkochen. Das Gemüse einlegen und kochen, bis es gegart ist, und abschmecken.
Durch ein feines Sieb geben, die Kutteln in tiefen Tellern verteilen, Essig zur Suppe geben, aufmixen, über die Kutteln gießen und mit Kerbelblättchen garnieren.

Saure Lappen

Rüdiger Kaufmann
Hotel Thüringer Hof
Eisenach

1 kg Lappen, ($^{2}/_{3}$ Rinderpansen, $^{1}/_{3}$ Rinderherz), Pfeffer und Salz, 1 saure Gurke, 1 Zwiebel, Essig, Zucker, 1 Lorbeerblatt.

Den Pansen und das Herz getrennt kochen, die Pansenbrühe wegschütten und den Pansen in kleine Stücke schneiden. Das Herz mit der Zwiebel und dem Lorbeerblatt sowie etwas Pfeffer und Salz gar kochen. Das Herz würfeln und mit den Pansenstückchen in die Brühe vom Rinderherz geben. Mit Gurkenstückchen kurz aufkochen und süßsauer mit Essig, Zucker sowie eventuell mit Pfeffer und Salz abschmecken.
Will man die sauren Lappen verfeinern, am Schluß 100 bis 200 g kleingeschnittene Lebern in die Suppe geben und noch kurz aufkochen lassen.

Anmerkung:
Zu sauren Lappen serviert man am besten kräftiges Bauernbrot oder Bratkartoffeln.

1679

Schweinefilet im Kartoffelmantel mit Calvados-Rahm-Sauce

Ute Herzog
Villa Herzog
Dresden

Schweinefilets:
800 g Schweinefilet, 2 EL gehackte Kräuter (Rosmarin, Thymian, Liebstöckel, Salbei), Öl zum Einreiben und zum Anbraten, 1 bis 2 Mokkatassen Calvados.

Kartoffelmantel:
500 g gekochte Kartoffeln (durch die Kartoffelpresse gedrückt), 2 Eier, 1 mittlere Zwiebel (geschält und kleingewürfelt), Salz, Pfeffer, gemahlener Kümmel, Muskat, 3 EL Crème fraîche, ¼ l Fleischbrühe, etwas Öl.

Schweinefilets:
Das Schweinefilet parieren, mit den Kräutern, der Hälfte des Calvados und etwas Öl kräftig einreiben, fest in Alufolie einwickeln und für mindestens 24 Std. in den Kühlschrank legen. Danach gut abreiben und im heißen Öl hellbraun anbraten.

Kartoffelmantel:
Aus den oben angegebenen Zutaten einen Kartoffelteig herstellen. Sollte er an den Fingern kleben, etwas Mehl zugeben. In einer Springform etwas Öl erhitzen, die Kartoffeln darauf verteilen und bei 180 °C im Backofen garen. Das Filet darauf legen und mit dem restlichen Teig ummanteln. 10 Min. im Backofen bei 230 °C fertigbacken.

Calvados-Rahm-Sauce:
Etwas Öl erhitzen, die Parüren zugeben, mit den abgeriebenen Kräutern und mit dem Rest Calvados ablöschen, die Brühe zugeben, einreduzieren lassen, abseihen, nochmals aufkochen, die Crème fraîche darin auflösen, mit Salz, Pfeffer und etwas Kümmel abschmecken.
Dazu passen sehr gut geschmorte Apfelviertel, mit Muskat und Majoran fein abgeschmeckt.

Anrichten:
Die Schweinefilets in dicke Tranchen schneiden, auf vorgewärmten Tellern anrichten und die Calvados-Rahm-Sauce angießen.
Dazu Kartoffelpüree und Saisongemüse reichen.

Schweinefilet, mit Waldpilzen gefüllt

Michael Röder
Hotel Altdeutsche Weinstuben
Zum Künstlerkeller
Freyburg/Unstrut

1 Schweinefilet von etwa 800 g, 1 kleine Zwiebel, 300 g Waldpilze (je nach Jahreszeit), 50 g Fett, 30 g Mehl, 50 ml Sahne, je 1 kleiner Bd. Petersilie und Schnittlauch, Salz, Pfeffer, etwas Öl.

Das Schweinefilet von Sehnen und Fett befreien und der Länge nach einschneiden, aufklappen und leicht klopfen.
Die Zwiebel schälen, in feine Würfel hacken und im Fett glasig schwitzen. Die Waldpilze zugeben, kurz anbraten, mit Salz und Pfeffer würzen, mit Mehl anstäuben, mit der Sahne aufgießen und leicht aufkochen. Die Petersilie und den Schnittlauch, beides fein gehackt, untermischen.
Die Masse etwas auskühlen lassen, über das Schweinefilet verteilen, dieses dann zusammenrollen und mit Küchenfaden binden. Von außen mit Salz und Pfeffer würzen, mit Öl einstreichen und bei 150 °C etwa 30 Min. in der Backröhre garen. Der Bratenfond, welcher sich beim Garen bildet, kann, mit etwas Sahne gebunden und abgeschmeckt, als Sauce gereicht werden.
Vor dem Anrichten den Faden entfernen und das Fleisch in gleichmäßige Scheiben schneiden.
Zu dem Gericht passen gebackene Kartoffelbeilagen oder Kartoffelgratin und buntes Gemüse, leicht in Butter geschwenkt.

Schweinelendchen, mit Brokkoli und Hühnerfarce gefüllt

Rüdiger Kaufmann
Hotel Thüringer Hof
Eisenach

250 g Brokkoli, 600 g Schweinefilet, 250 g Hühnerbrust (ohne Haut und Knochen), ⅛ l Sahne, Salz, Pfeffer, 1 Spritzer Cognac.

Die Brokkoli putzen, die Röschen blanchieren, auf Eis abschrecken und auf einem Sieb abtropfen lassen. Das Schweinefilet der Länge nach aufschneiden und vorsichtig dünn klopfen. Das Hühnerfleisch durch den Wolf (feinste Scheibe) lassen. Anschließend in einer Küchenmaschine mit Sahne, Gewürzen und Cognac pürieren (kuttern), bis alles eine homogene Masse ist.
Das Schweinefilet mit Salz und Pfeffer würzen und mit etwas Hühnerfarce einmassieren. Die restliche Farce gleichmäßig darauf streichen und die Brokkoliröschen darauf setzen. Das Ganze einrollen und mit Bindfaden binden.
Das Filet anbraten und 15 bis 20 Min. im vorgeheizten Ofen bei 160 °C garen. Den Bindfaden entfernen, aufschneiden. Auf vorge-

Rezept Seite 91: Gedünstetes Kalbsfilet auf Basilikummaultaschen
Wolfgang Riemhofer, Landhotel Baumwiese, Boxdorf

wärmten Tellern anrichten, dazu gebackene Kartoffeln und Rahmsauce reichen.

Schweinelendchen im Rotkohlblatt

Michael Seidel
Restaurant Hammerklause
Plauen

2 Schweinefilets, 6 bis 8 große Rotkohlblätter und 50 g Räucherspeck, 1 gut gewässertes Schweinenetz, Butterschmalz zum Braten, ¼ l Fleischbrühe, etwas Rotwein, 1 EL Butter, 100 g Pfifferlinge, Salz, Pfeffer, Thymian, 1 EL Schlagsahne.

Die Schweinefilets waschen und trockentupfen. Den Kopf und Schwanz des Filets abschneiden, so daß eine gleichmäßige Rolle entsteht. Mit Salz, Pfeffer und Thymian würzen, mit den Speckstreifen spicken. Mit den blanchierten weichen Rotkohlblättern umhüllen und straff ins Schweinenetz wickeln.
Die Rollen im Butterschmalz etwa 15 Min. anbraten. Dabei öfters mit Bratfett übergießen. Die Lendchen herausnehmen, den Bratenfond mit etwas Rotwein ablöschen und mit der Fleischbrühe auffüllen. Etwas einkochen lassen, die in Butter gedünsteten Pfifferlinge dazugeben und vor dem Servieren die süße Sahne unterziehen.
Jede Rolle zweimal schräg aufschneiden und dann auf der Sauce servieren.
Als Beilage eignen sich Buttermilchbambes (das sind kleine Kartoffelpuffer).

Anmerkung:
Gargut in Kohlblätter einzuwickeln, das ist nicht erst in der neuen Küche populär geworden. Der Vorläufer ist das Krautwickerl Süddeutschlands.

Spieß „Plauener Spitze“

Michael Seidel
Restaurant Hammerklause
Plauen

200 g Kalbsleber, 250 g Schweinelende, 250 g Putenbrust, 100 g geräucherter Bauchspeck, 8 Apfelstücke mit Schale, 8 kleine Zwiebeln, Salz, Pfeffer, Knoblauchöl, 200 g Feldsalat, 20 g Räucherspeck, 1 Prise Zucker.

Die Kalbsleber, Schweinelende und die Putenbrust in etwa gleich große Stücke schneiden, den Bauchspeck in dünne Scheiben schneiden. Alles 1 Tag mit Knoblauchöl marinieren lassen.
Die Zutaten abwechselnd auf lange Holzspieße stecken und von allen Seiten je etwa 3 Min. braten. Zwischendurch mit dem Knoblauchöl bepinseln.
Den Feldsalat waschen, putzen und abtrocknen. Den Räucherspeck in winzige Würfel schneiden und vorsichtig ausbraten, ohne ihn zu bräunen.
Den Salat mit etwas Zucker bestreuen und den ausgelassenen Speck darübergießen. Sofort mit den Spießen servieren.
Dazu Bratkartoffeln mit Majoran reichen.

Zwiebelrostbraten mit Apfelrotkohl

Jens Kleiber
Berg- und Jagdhotel Gabelbach
Ilmenau

800 g Schweinenacken, 100 g Zwiebeln, Senf, Majoran, Salz, Zucker, Pfeffer aus der Mühle, Alufolie, 400 g Rotkohl, 2 Äpfel, 50 g Gänseschmalz, 3 Nelken, 2 Lorbeerblätter, Piment, 3 EL Kräuteressig, 2 Schalotten, 2 EL Öl.

In den Schweinenacken 4 gleich große Kammern schneiden und mit Zwiebelringen, Senf sowie Majoran füllen. Gut salzen sowie pfeffern und fest in die geölte Alufolie einschlagen. Bei 180 °C etwa 2 Std. im Ofen garen.
Den Rotkohl putzen und in Streifen schneiden. Das Gänseschmalz auslassen und die in Würfel geschnittenen Schalotten und Äpfel darin dünsten. Den Rotkohl, Essig und Zucker dazugeben und bei geschlossenem Topf schmoren lassen. Die Gewürze im Leinensäckchen 30 Min. mitkochen lassen.
Das Zwiebelfleisch portionsweise auf dem Rotkohl anrichten und mit Petersilienkartoffeln servieren.

Sächsisches Zwiebelfleisch vom Schweinenacken

Thomas Engelmann
Restaurant Apels Garten
Leipzig

800 g Schweinenacken (gepökelt, ohne Knochen), 300 g geschälte Zwiebeln, 30 g Senf, 50 g Butter und 30 g Mehl, 200 ml Fleischbrühe, ½ TL Senfsaat, Salz, Pfeffer, frischer Majoran.

Den Nacken in grobe Würfel schneiden (Gulaschgröße), in kaltem Wasser ansetzen und die Senfsaat sowie etwas Salz und Majoran untermischen.
Die Butter zerlassen und darin die feingeschnittenen Zwiebeln goldgelb anschwitzen, den Senf hinzufügen, mit dem Mehl anstäuben und mit etwas kalter Brühe abgießen, glattrühren, nun die restliche Brühe hineingießen und alles gut durchkochen lassen.
Den Kochfond vom Nacken abgießen, das Fleisch und die Senf-

saat zur Zwiebeltunke dazugeben, alles noch einmal aufkochen lassen. In einer Schüssel oder in tiefen Tellern servieren.
Als Beilage frisches Schwarzbrot und Salate reichen.

Bierbraten

Michael Seidel
Restaurant Hammerklause
Plauen

1 kg Schweinenacken, Senf (mittelscharf), 2 Zwiebeln, 3 Gewürzgurken, Salz, Pfeffer, Schweineschmalz, 0,3 l Bier.

Den Schweinenacken in Portionsscheiben teilen, aber nicht ganz durchschneiden. In die so entstandenen Spalten Senf streichen und die Zwiebel- und Gurkenscheiben einlegen.
Das Fleischstück mit einer Küchenschnur in Form binden, salzen sowie pfeffern und im heißen Schweineschmalz kräftig anbraten. Mit dem Bier ablöschen, mit Wasser auffüllen und 1 Std. bei mittlerer Hitze in der Röhre garen. Den Braten herausnehmen, die Schnur entfernen und die Scheiben ganz durchschneiden.
Mit Bratensauce anrichten und dazu Schwarzbrotknödel reichen.

Krostitzer Bierfleisch, gebacken

Thomas Engelmann
Restaurant Apels Garten
Leipzig

Bierfleisch:
1 große Zwiebel, 600 g ausgelöster Schweinehals, Salz, Pfeffer, 300 ml Krostitzer Premium Pils, 1 EL grobkörniger Senf.

Backteig:
100 g Mehl, ¼ l Krostitzer Pils, 1 Eigelb, 1 Eiweiß, Salz, etwas Öl, Öl für das Fettbad (Friteuse).

Bierfleisch:
Die Zwiebel schälen und in Scheiben schneiden. Den Schweinehals in etwa 30 g schwere Stücke schneiden, gut klopfen, mit Salz und Pfeffer würzen. Alles in eine Schüssel geben, das Bier mit dem Senf verrühren und auf das Fleisch gießen. Mit Folie abdecken und etwa 24 Std. im Kühlschrank marinieren lassen.

Backteig:
Das Mehl, Bier, Eigelb, Öl und Salz verrühren und zuletzt steifen Eischnee unterheben. Das Fleisch abtropfen lassen, durch den Backteig ziehen und in der Friteuse ausbacken. Die Zwiebeln können ebenfalls gebacken werden.
Mit Schwarzbrot und Meerrettichrahm servieren.

Backhausbirnen nach Apoldaer Art

Kay Hartmann
Weimar Hilton
Weimar

700 g Schweinekamm (ohne Knochen), 1 Karotte, 1 Zwiebel, Kümmel, Salz, 1½ kg mittelgroße Kartoffeln, 1½ kg mittelgroße Birnen, 1 Bd. frische Petersilie.

Den Schweinekamm im ganzen mit der geschälten, in Würfel geschnittenen Karotte und Zwiebel mit etwas Salz in Wasser etwa 30 Min. vorkochen.
Danach den Schweinekamm in etwa 1,5 cm dicke Scheiben schneiden und in die Mitte einer länglichen Pfanne oder Kasserolle setzen. Auf die eine Seite der Pfanne die geschälten Kartoffeln und auf die andere Seite der Pfanne die Birnen ohne Stiel und Blüte, aber mit Schale, geben.
Die Kartoffeln und Kammfleischscheiben mit Salz und Kümmel bestreuen. Das Ganze mit der Fleischbrühe vom Vorkochen des Schweinekammes angießen und für etwa 1 Std. zugedeckt in der Röhre garen lassen.

Anrichten:
Die Schweinekammscheiben, Kartoffeln und Birnen auf vorgewärmte Teller geben, mit dem Fond begießen und mit frischer Petersilie garnieren.

Spanferkelrücken in Senfkruste auf Spitzkohl mit Schwarzbier-Ingwer-Schaum

Uwe Belke
Schloßhotel
Bad Köstritz

1,2 kg Stielkotelett vom Spanferkel, Salz, Pfeffer, Öl, Senf, Semmelmehl, Kräuter (Petersilie, Thymian, Majoran), 50 g Butter, 500 g Spitzkohl, Kümmel, 2 Eigelb, 8 EL Köstritzer Schwarzbier, 10 g frischer Ingwer, 4 EL Grundsauce, 25 g geklärte Butter und etwas Zucker.

Den Rücken vom Spanferkel putzen, salzen, pfeffern und in wenig Öl anbraten. 10 Min. bei 180 °C in den Backofen geben, herausnehmen und mit dem Senf bestreichen. Das Semmelmehl, die Kräuter und Butterflocken auf der Kruste verteilen und langsam 5 Min. überbacken.
Den Spitzkohl in Streifen schneiden, in Salzwasser blanchieren, in

Butter dünsten und mit etwas Kümmel abschmecken.
Die Eigelbe, das Schwarzbier und den geriebenen Ingwer über einem Wasserbad bis zur Bindung aufschlagen, die geklärte Butter langsam zufügen, zum Schluß die Grundsauce unterheben, mit Salz, Pfeffer und Zucker abschmecken.
Den Spanferkelrücken auf dem Spitzkohl anrichten und etwas Sauce angießen. Den Rest der Sauce separat reichen.
Dazu passen kleine Kartoffelpuffer oder auch kleine rohe Klöße.

Filet vom Spanferkel mit Kümmelkraut und Schwarzbier-Sauce

Lothar Beck
Stadthotel Patrizier
Schmalkalden

500 g frisches Sauerkraut, 2 Schweinefilets (vom Ferkel), 500 bis 600 g, 1 TL Kümmel, ½ Flasche Schwarzbier, ½ l Weißwein, etwas Fleischbrühe, 2 Zwiebeln, 2 Lorbeerblätter, 1 Kartoffel, Piment- und Pfefferkörner, etwas Fett, 2 Zwiebeln für die Sauce, etwas Gänseschmalz für das Kraut, etwas Mehlbutter oder Kartoffelmehl, Salz, Pfeffer.

Vom Kraut ²/₃ kalt waschen, das andere so belassen. Das Gänseschmalz und die gehackten Zwiebeln anschwitzen, das Kraut darübergeben, mit dem Weißwein ablöschen und köcheln lassen. Nach ungefähr 10 Min. Kümmel, Lorbeerblatt und eventuell 2 bis 3 Wacholderbeeren hinzufügen. 40 Min. garen lassen, dann mit der geriebenen dicken Kartoffel abbinden.
Die Ferkelfilets vom Fett und den Häuten befreien. Von diesen Abgängen die Schwarzbier-Sauce zubereiten. Hierzu das Fett, die Häute und Sehnen in kleine Stükke schneiden und mit etwas Fett scharf anbraten. Die Zwiebeln in 1 cm große Stücke schneiden, Lorbeerblatt, Pimentkörner und die Pfefferkörner dazugeben und mit Schwarzbier ablöschen. Ungefähr 1 Std. köcheln lassen. Dann die Sauce mit etwas Brühe ablöschen, durch ein Sieb geben und mit etwas Mehlbutter oder Kartoffelmehl abbinden. Vorher noch mit Salz abschmecken.
Die enthäuteten und vom Fett befreiten Schweinefilets in 2 cm dikke Medaillons schneiden, leicht klopfen, salzen und pfeffern und in der Pfanne 2 bis 3 Min. braten.
Auf vorgewärmten Tellern mit dem Kümmelkraut und der Schwarzbier-Sauce anrichten.

Crépinettes vom Spanferkel mit Köstritzer Biersauce, glacierten Wurzelgemüsen und „Bambes“

Rainer Behringer
Restaurant Stadtpfeiffer
im Gewandhaus
Leipzig

12 Spanferkelkoteletts, 12 nicht zu kleine Spinatblätter (blanchiert), 300 g Waldpilze (je nach Saison), 1 EL Olivenöl, 1 Knoblauchzehe, 1 Schalotte, 1 Thymianzweig, 1 EL gehackte Petersilie, 100 g Schweinenetz, Salz, Pfeffer, 300 g rohe Kartoffeln, 150 g Pellkartoffeln, Salz, Pfeffer, 0,1 l Buttermilch, 1 kleiner Bd. Schnittlauch, 2 EL Öl sowie 0,2 l Spanferkeljus, 0,1 l Köstritzer Schwarzbier, 50 g kalte Butterwürfel, 300 g Wurzelgemüse (Karotten, Petersilienwurzeln, gewaschen, geschält und in kleine Stifte geschnitten), 1 EL Honig, 2 EL Butter.

Die Spanferkelkoteletts auf beiden Seiten kurz anbraten. Die Waldpilze putzen, waschen und in Würfel schneiden. Den feingeschnittenen Knoblauch und die gehackten Schalotten im Olivenöl anschwitzen, die Pilze und den Thymian zugeben, die Flüssigkeit verdunsten lassen, abkühlen, die Petersilie unterheben und dann abschmecken.
Die Spinatblätter ausbreiten. Die Hälfte der Pilze darauf setzen, die Koteletts darauf legen, mit den restlichen Pilzen bedecken und in die Blätter einwickeln. Das Schweinenetz ausbreiten, die Kotelett-Päckchen darin einwickeln.
Die rohen Kartoffeln schälen, fein reiben und ausdrücken. Die gekochten Kartoffeln schälen und ebenfalls fein reiben. Alle Zutaten vermengen. Die Kartoffeltaler formen und dann im Öl knusprig ausbraten.
Die Crépinettes etwa 10 Min. bei 180 °C im Ofen garen. Die Spanferkeljus mit dem Bier aufkochen, mit der Butter aufmixen, abschmecken und warm stellen. Die Butter und den Honig in einer Pfanne zerlassen, das Gemüse zugeben, durchschwenken und ebenfalls abschmecken.

Anrichten:
Das Gemüse in die Mitte der Teller geben, die Crépinettes im Dreieck darauf arrangieren, dazwischen die Kartoffeltaler plazieren und die Crépinettes leicht mit Sauce überziehen.

Anmerkung:
Früher bezeichnete man mit Crépinettes ausschließlich flache, runde Würstchen aus Farce oder Salpikon, heute so gut wie alles Gargut, das im Schweinenetz gebraten wird.

Rezept Seite 104: Finsterberger Spanferkelkotelett auf Weißkohl und dicken Bohnen mit Kartoffelpüree
Torsten Hache, Restaurant Pagenhaus, Schloß Friedenstein, Gotha

Milchferkelkeule mit Krostitzer Biersauce, Tomaten-Lauch-Auflauf und Kümmelspatzen

Peter Steffen
Rats-Keller Schönefeld
Leipzig

Keule:
1 Milchferkelkeule von etwa 1½ kg, 1 Knoblauchzehe, Salz, Majoran, Kümmel, Lorbeerblatt, 1 Möhre, ½ Sellerie, 1 Zwiebel, ¼ l Krostitzer Pils, 1 TL Senf, 1 EL Tomatenmark.

Die Schwarte von der Milchferkelkeule rautenförmig einschneiden, mit Senf, Knoblauch, Kümmel, Majoran und Salz einreiben. Bei mittlerer Hitze anbraten.
Die grobgewürfelte Möhre, den Sellerie und die Zwiebel dazugeben, ebenfalls anbraten, das Tomatenmark hineingeben und mitrösten lassen. Mit dem Bier den Braten ablöschen. Danach etwa 1 Std. bei 180 °C schmoren lassen.

Tomaten-Lauch-Auflauf:
100 g Tomaten, 100 g Lauch sowie 120 g Butter, 2 Eigelb, Salz und Pfeffer, ¼ l süße Sahne (ungeschlagen), etwas Muskat.

Die Tomaten in Scheiben schneiden, den Lauch gut waschen und in Ringe schneiden, beides schichtweise in eine gebutterte Form geben, würzen. Die Sahne mit den Eigelben verrühren und über das Gemüse geben, im Backofen bei 180 °C goldgelb ausbacken.

Kümmelspatzen:
400 g Pellkartoffeln, 2 Eigelb und 2 Volleier, Kümmel (gemahlen), 50 g Speck, 1 mittlere Zwiebel, etwas Speisestärke, Fett zum Braten.

Die noch heißen Pellkartoffeln schälen und durch eine Presse drücken. Den in Würfel geschnittenen Speck und die Zwiebel auslassen und zur Kartoffelmasse geben. Ebenso die Eigelbe, Eier und den gemahlenen Kümmel. Etwas Salz dazugeben und alles verkneten. Kleine eßlöffelförmige flache Kartoffelscheiben formen, in der Speisestärke wälzen und in dem Fett ausbacken.

Finsterberger Spanferkelkotelett auf Weißkohl und dicken Bohnen mit Kartoffelpüree

Bild Seite 103

Torsten Hache
Restaurant Pagenhaus
Schloß Friedenstein
Gotha

Spanferkelkoteletts:
1 Spanferkelrücken, 1 EL Tomatenmark, 1 Stange Lauch, 2 Karotten, ¼ Sellerie, 2 Wacholderbeeren, 1 Lorbeerblatt, etwas Thymian, etwas Rotwein, ¼ l Kalbsbrühe, etwas Balsamico-Essig, etwas Butter, Kümmel, Salz, Pfeffer, Paprika.

Den Spanferkelrücken auslösen und Koteletts daraus schneiden. Die Knochen kleinhacken, den Lauch, die Karotten, den Sellerie, das Tomatenmark und die Gewürze zugeben, durchrösten und mit Kalbsbrühe auffüllen. Alles einkochen lassen und passieren.
Die Sauce mit Balsamico-Essig, dem Rotwein und der Butter abschmecken. Die Koteletts mit Kümmel, Salz, Pfeffer und Paprika würzen, dann blutig braten.

Gemüse:
1 junger Kohlkopf, Salz, 200 g ausgelöste Saubohnen sowie 50 g Speck und etwas Butter.

Den Kohl in größere Rauten schneiden, in Salzwasser blanchieren. Die Saubohnen ebenfalls blanchieren und aus der äußeren Haut pellen. Den Speck in der Pfanne mit der Butter rösten, die Bohnen und den Kohl dazugeben und abschmecken.

Kartoffelpüree:
500 g Kartoffeln, 200 ml Sahne, 200 g Butter, Salz, Pfeffer, Muskat.

Die Kartoffeln schälen, in Salzwasser kochen und durch eine Kartoffelpresse drücken. Die Sahne aufkochen und in die Kartoffeln rühren. Ebenso die kalte Butter. Mit Salz, Pfeffer und Muskat abschmecken.
Den Kohl und die Bohnen auf Teller verteilen, je 2 Spanferkelkoteletts darauf legen und mit der Sauce begießen.
Das Püree extra reichen.

Topfsülze vom Milchferkel mit Bratkartoffeln

Matthias Böhler
art'otel dresden
Dresden

1½ kg Milchferkelbäckchen sowie 3 EL Öl, 1 Spanferkelzunge, ½ l Weißwein, Salz, Pfeffer, 2 große Bd. Suppengrün, 1 Zwiebel, 1 Lorbeerblatt, 1 Nelke, 1 Knoblauchzehe, 6 Blatt Gelatine, 3 EL Weißweinessig, 1 Bd. Schnittlauch, 1 l Wasser, 4 große Kartoffeln.

Die Milchferkelbäckchen würzen und in dem Öl anbraten. In einen Topf geben und mit der Zunge in dem Weißwein sowie 1 l Wasser zum Kochen bringen und abschäumen. Anschließend das grobzerteilte Suppengrün (1 Bund), Lorbeerblatt, Nelke, Zwiebel so-

wie die Knoblauchzehe dazugeben und das Ganze etwa 1½ Std. offen kochen lassen.
Wenn die Fleischteile gar sind, aus dem Kochsud nehmen, wenn sie etwas abgekühlt sind in etwa 1,5 mal 1,5 cm große Würfel schneiden. Den zweiten Bund Suppengrün waschen, putzen und ebenfalls in etwa 1,5 mal 1,5 cm große Würfel schneiden. Den Kochsud absieben und abfetten, wieder auf den Herd stellen und darin die Gemüsewürfel weich kochen. Nun die eingeweichte Gelatine sowie den Essig zugeben, aufkochen und danach abschmecken. Die Gemüse- und Fleischwürfel in eine Tonform füllen und den heißen Kochsud darübergeben. Anschließend kalt stellen und fest werden lassen.
Für die Bratkartoffeln die Kartoffeln in der Schale abkochen, danach pellen und auskühlen lassen. Nun die Kartoffeln in Scheiben schneiden und mit etwas Öl in der Pfanne braten. Abschmecken mit Salz und Pfeffer, dann zur Topfsülze reichen.

Gegrillte Schweinenieren auf Kräuterschaum und Löwenzahnsalat

Jens Kleiber
Berg- und Jagdhotel Gabelbach
Ilmenau

800 g Schweinenieren, 80 g Butter, 400 g Löwenzahn, 3 EL Balsamico-Essig, 2 EL Olivenöl, 2 EL Rinderbrühe, 2 Schalotten, 100 g Mangold, Thymian, Basilikum, Petersilie, Oregano und Kerbel, 200 ml Schlagsahne, 150 ml Weißwein, Salz, Pfeffer.

Die Schweinenieren putzen und gründlich wässern. Aus dem Balsamico-Essig, der Rinderbrühe, den gewürfelten Schalotten und dem Olivenöl ein Dressing herstellen. Damit den Löwenzahn marinieren. Die Schlagsahne sowie den Weißwein dann auf die Hälfte einkochen lassen.
Den Mangold sowie die gehackten Kräuter zugeben und pürieren. Die portionierten Schweinenieren gut abtropfen lassen, salzen und pfeffern. In einer gußeisernen Pfanne mit wenig Butter grillen. Den marinierten Löwenzahnsalat auf Tellern anrichten, die gegrillten Schweinenieren darauf setzen und zum Schluß mit dem Kräuterschaum übergießen.

Thüringer saure Nieren

Rüdiger Kaufmann
Hotel Thüringer Hof
Eisenach

1 kg Schweinenieren, 1 große Zwiebel (in Würfeln), Bratfett, Mehl, 1 EL Tomatenmark, 50 ml Weißwein, Essig, Salz, Pfeffer.

Die Nieren säubern und gut wässern, halbieren und in Scheiben schneiden, die Zwiebelwürfel mit den Nieren kurz im heißen Fett anschwenken, mit Mehl bestäuben, dann herausnehmen.
Das Tomatenmark in die Pfanne geben, kurz anbräunen, mit etwas Wasser und dem Weißwein ablöschen, kurz aufkochen lassen, mit dem Essig, Salz sowie Pfeffer abschmecken und die Nieren wieder dazugeben.

Anrichten:
Auf vorgewärmten Tellern anrichten und dazu Bratkartoffeln oder Salzkartoffeln und Salat reichen.

Thüringer Hirn

Rüdiger Kaufmann
Hotel Thüringer Hof
Eisenach

500 g Hirn (Kalbs- oder Schweinehirn), 250 g Gehacktes, 1 Zwiebel, etwas Fett, Salz, Pfeffer.

Das Hirn, Gehacktes und die kleingewürfelten Zwiebeln im Fett braten, ab und zu Fett nachgeben, das Ganze mit Salz und Pfeffer abschmecken.

Meißner Domherrenkotelett mit Gartengemüse

Jens Michel
Restaurant Schloßallee
Moritzburg

4 Kasseler Koteletts zu je 200 g, 4 mittelgroße Kartoffeln, 1 Ei, Muskat, 50 g Mehl, 60 g Butter, 400 g frische Möhren, 400 g Knollensellerie, 16 Frühlingszwiebeln, 50 g Butter, Salz, Pfeffer, 2 TL Zucker, 50 ml Öl, ¼ l Kalbsbrühe.

Die Koteletts leicht klopfen, die Kartoffeln fein reiben, leicht ausdrücken, mit Ei und 20 g Mehl, Salz sowie Muskat vermengen. Die Koteletts im Mehl wenden und von beiden Seiten mit der Kartoffelmasse bestreichen, in der Pfanne von beiden Seiten in Butter goldgelb braten, warm stellen. Für die Sauce den Bratensatz mit der Brühe ablöschen, auf ²/₃ reduzieren und die restliche Butter einmontieren.
Die Möhren und den Sellerie putzen, in Streifen schneiden. Die Zwiebeln putzen, auf 15 cm Länge schneiden. Das restliche Grün fein hacken. beiseite stellen. Nun 30 g Butter auslassen, die Möh-

ren- und Selleriestreifen darin anschwitzen, mit Salz, Pfeffer und 1 TL Zucker würzen, etwas Wasser angießen und bißfest garen.
20 g Butter auslassen, darin 1 TL Zucker leicht karamelisieren lassen, die Zwiebeln dazugeben, kurz anschwitzen, mit etwas Wasser ablöschen und fertiggaren.
Das Gemüse auf vorgewärmte Teller geben, mit dem Grün der Zwiebeln bestreuen und die Koteletts auf der Sauce anrichten.

Thüringer Schweißkuchen

Rüdiger Kaufmann
Hotel Thüringer Hof
Eisenach

1 kg Schweinebauch, ¼ l Fleischbrühe, 500 g Gehacktes, ¼ l Blut vom Schwein, 2 Brötchen, ½ Päckchen Majoran, 2 große Zwiebeln, Pfeffer und Salz.

Den Schweinebauch kochen und in kleine Würfel schneiden. Die in Fleischbrühe eingeweichten Brötchen, die kleingeschnittenen Zwiebeln sowie das Gehackte zupfen, Pfeffer, Salz, Blut und Majoran zugeben, alle Zutaten gut verrühren, in eine Pfanne geben und in der Röhre etwa 2 Std. garen lassen, dabei öfter umrühren.
Dazu Pellkartoffeln reichen.

Klump mit Kohl

Klaus Hinze
Hotel Schweizer Hof
Halle

Eisbein, Kasseler, Schweineschulter, (zusammen 800 g), 1 kg frischer Sauerkohl, Majoran, Salz sowie 1,2 kg rohe geschälte Kartoffeln.

Das Eisbein mit Salz und Majoran vorkochen (etwa 45 Min.). Danach das Fleisch vom Knochen lösen und zusammen mit dem restlichen Fleisch in große Stücke schneiden. Anschließend das Fleisch mit dem frischen Sauerkohl vermengen. Darauf die Kartoffeln reiben, möglichst per Hand, und so auf der Masse im Topf verteilen. Jetzt das Gericht etwa 30 Min. kochen lassen.
Wenn die Kartoffelmasse fest geworden ist, ist diese Spezialität fertig. Natürlich läßt sich die Prozedur verringern, indem man gekochtes Fleisch, Dosensauerkohl und fertige Kloßmasse nimmt – es ist aber kein Vergleich.
Das fertige Gericht wird einfach als Portion herausgestochen und serviert.

Magdeburger Bötel mit Sauerkraut und Erbsenpüree

Frank Wiedekind
Classik Hotel Magdeburg
Beyendorf

3,7 kg gepökeltes Eisbein, 50 g frische Möhren sowie 50 g Sellerie und 50 g Porree, 1 Zwiebel, Kümmel, Lorbeerlaub sowie Pimentkörner, 600 g Sauerkraut, 150 g Speck, 100 g Zwiebeln (in Würfeln), 200 g Kartoffeln, 25 g Zucker, 500 g geschälte Erbsen, 150 g magerer Speck und 150 g Zwiebeln, ½ l Rinderbrühe, 100 g Kartoffeln, 100 g frische Möhren, 50 g Sellerie, Salz, Lorbeerlaub, Pimentkörner.

Das Eisbein vom Knochen trennen, und zwar so, daß das Eisbein als ganzes erhalten bleibt. Dieses geschieht, indem man mit einem scharfen Messer den Knochen aus dem Fleisch heraustrennt, ohne es aufzuschneiden. Das so vorbereitete Eisbein in heißem Wasser ansetzen und mit Gewürzen und Salz gar kochen. Kurz vor Erreichen des Garpunktes das Wurzelgemüse, das zuvor in kleine Stücke geschnitten wurde, und die Zwiebel dazugeben.
Das Sauerkraut waschen und mit Salz und Zucker sowie den Gewürzen gar kochen. Sobald es gar ist, den kleingeschnittenen und ausgelassenen Speck sowie die Zwiebelwürfel dazugeben und mit den rohen, geriebenen Kartoffeln binden.
Die geschälten Erbsen kurz waschen und anschließend mit einer kräftigen Rinderbrühe gar kochen. Kurz vor dem Garpunkt die frischen Möhren, Zwiebeln, Sellerie und die geschälten Kartoffeln dazugeben und mit den Gewürzen abschmecken.
Wenn alle Gemüse weich sind, durch ein Haarsieb streichen und mit den ausgelassenen Speck- und Zwiebelwürfeln vollenden.

Leber- und Blutwurstravioli auf Rahmsauerkraut

Torsten Hache
Restaurant Pagenhaus
Schloß Friedenstein
Gotha

400 g Mehl, 5 Eier, 60 g Grieß, 200 g Blutwurst, 200 g Leberwurst, 300 g fertiggekochtes Sauerkraut, 150 ml Sahne, 1 Eigelb, Salz.

Aus dem Mehl, den Eiern und dem Grieß einen Nudelteig herstellen und anschließend ruhenlassen. Den Teig ausrollen. Die Blut- und Leberwurst pellen und häufchenweise auf dem Nudelteig

Rezept Seite 114: Gefüllte Schöpsenkeule in Knoblauch-Minze-Sauce, weiße Rübchen, Kartoffel-Schinken-Klößchen
Peter Steffen, Rats-Keller Schönefeld, Leipzig

verteilen. Dann mit dem Eigelb bestreichen.
Mit einer zweiten Nudelplatte belegen und andrücken.
Aus dem Teig etwa 5 cm große Quadrate ausstechen. Diese in Salzwasser garen. Das fertige Sauerkraut mit der Sahne vermischen und aufkochen.
Alles anrichten, eventuell mit fritierten Zwiebeln garnieren.

Thüringer Rotwurst auf Sauerkraut-Möhren-Salat und Meerrettichschaum

Uwe Belke
Schloßhotel
Bad Köstritz

100 g Sauerkraut, 25 g Möhren, Salz, Zucker, Pfeffer, Walnußöl, 320 g Thüringer Rotwurst, Mehl, etwas Butter, 4 EL Crème fraîche, 4 EL Sahne, Zitronensaft, Worcestersauce, weißer Pfeffer, etwas geriebener Meerrettich, etwas Butter sowie Feldsalat und Friséesalat als Garnitur.

Das Sauerkraut mit den in Streifen geschnittenen Möhren, etwas Salz, Zucker, Pfeffer und Walnußöl mischen. Die Rotwurst in Scheiben schneiden, mit Mehl bestäuben und in Butter braten. Für den Meerrettichschaum alle Zutaten im Mixer leicht aufschlagen.
Den Salat auf den Tellern verteilen, die Rotwurst auflegen, mit Feldsalat sowie Friséesalat garnieren und mit Meerrettichschaum umgießen.
Man kann anstelle des Sauerkraut-Möhren-Salats auch sehr gut einen Rotkohl-Sellerie-Salat, dem man zur Verfeinerung einige Apfelwürfel beimengt (säuerliche Sorte), servieren.

Warm geräuchertes Lammfilet in Thymianvinaigrette auf Ratatouillesalat, Kartoffelcroissants

Christian Heumader
Hotel Sächsischer Hof
Meiningen

Filets:
4 Lammfilets, 3 EL Olivenöl, 1 Thymianzweig, Salz, weißer Pfeffer, 2 Knoblauchzehen, Rauchmehl.

Thymianvinaigrette:
4 Thmyianzweige, 8 EL Olivenöl, 2 EL Kürbiskernöl, 4 EL Balsamico-Essig, 2 EL Sherry.

Ratatouillesalat:
1 Aubergine, 1 Zucchini, ½ rote Paprikaschote, ½ gelbe Paprikaschote, 8 blanchierte Schalotten, 4 blanchierte Tomaten (ohne Haut und Kerne), 4 EL Olivenöl.

Kartoffelcroissants:
500 g gekochte Kartoffeln, 50 g Butter, 50 g Weizengrieß, 1 Prise Salz, 1 Ei, 1 Eigelb, 100 g Mehl.

Filets:
Die Lammfilets würzen und im heißen Olivenöl von allen Seiten anbraten. Den Thymianzweig und die Knoblauchzehen dazugeben. Anschließend die Lammfilets bei einer Innentemperatur von 180 °C etwa 4 Min. räuchern.

Thymianvinaigrette:
Aus den genannten Zutaten eine Vinaigrette herstellen.

Ratatouillesalat:
Das Gemüse in Rauten schneiden und im Olivenöl anschwitzen. Mit der Thymianvinaigrette ablöschen.

Kartoffelcroissants:
Die Kartoffeln im Rohr etwa 45 Min. bei 180 °C backen. Die gebackenen Kartoffeln aus der Schale löffeln und mit der Kartoffelpresse durchdrücken. Mit den restlichen Zutaten einen geschmeidigen Teig, der sich von der Arbeitsfläche löst, kneten. Kleine, gleichseitige Dreiecke formen und einrollen. Die Teiglinge mit dem Eigelb bestreichen.
Auf ein mit Backpapier belegtes Blech legen und bei 180 °C etwa 10 Min. backen.

Anrichten:
Den Ratatouillesalat auf die Teller verteilen. Die Lammfilets zweimal schräg einschneiden und darauf legen. Mit je 2 Kartoffelcroissants vervollständigen und mit Sherry-Tomaten und Thymianzweigen ausgarnieren.

Lammrückenfilet im Mangold-Zwiebel-Mantel auf Rosmarinjus mit Teltower Rübchen und Kräuterkartoffeln

Martin Schlösser
Landhaus zu den Rothen Forellen
Ilsenburg

Filet:
600 g Lammrückenfilet, 100 g Zwiebeln, 80 g Butter, 80 g Toastbrot (ohne Rinde), 2 Eier, 2 bis 4 Mangoldblätter, Olivenöl, Schweinenetz (gut gewässert), Salbei, Rosmarin, Salz, Pfeffer, Thymian.

Den Lammrücken von Sehnen und Fett befreien, mit Salz, Pfeffer und Thymian würzen und im Olivenöl anbraten. Aus dem Fett nehmen und beiseite stellen. Die Zwiebelstreifen mit etwas Butter in das Bratfett geben und leicht

Farbe annehmen lassen, dann das würfelig geschnittene Toastbrot dazugeben.
Den Salbei, Thymian und Rosmarin hacken, unter die Zwiebelmasse mischen und von der Flamme nehmen. Nach kurzem Auskühlen die Eier untermischen.
Das gewässerte Schweinenetz auf der Arbeitsplatte ausbreiten, mit Butter bestreichen und mit Salz sowie Pfeffer würzen. Die blanchierten Mangoldblätter darauf legen und die Zwiebelmasse aufstreichen. Den Lammrücken in die Mitte legen und zuerst nur den Mangold zusammenlegen, dann mit dem gewässerten Schweinenetz dicht einrollen.
Den Lammrücken bei 180 °C im vorgeheizten Ofen etwa 15 bis 18 Min. backen, dabei hin und wieder mit etwas Fond übergießen. Kurz vor dem Servieren den Lammrücken in dünne Tranchen schneiden.

Sauce:
30 g Schalotten, 2 schwarze Pfefferkörner, 1 Rosmarinzweig, 50 ml Rotwein (Dornfelder), 100 ml Grundfond, etwas Butter.

Die Schalotten fein würfelig schneiden und mit den Gewürzen im Rotwein völlig einkochen. Dem Grundfond zugeben und auf die Hälfte reduzieren lassen. Die Sauce durch ein feines Sieb passieren und mit Butter verfeinern.

Teltower Rübchen:
100 ml Gemüsebrühe, Salz, Zucker, Muskat, 400 g Teltower Rübchen oder Navetten, 80 g Butter.

Die Gemüsebrühe sieden, mit Salz, Zucker und Muskat würzen. Die Rübchen waschen, putzen und zurechtschneiden. Die Rübchen in der Brühe sieden oder dämpfen. In der heißen Butter anschwenken und abschmecken.

Kräuterkartoffeln:
300 g geschälte Kartoffeln, 40 g Butter, 30 g Küchenkräuter, 1 Eigelb, 1 EL Weizenmehl, Salz, Muskat, Pfeffer, etwas Sonnenblumenöl.

Die Kartoffeln schälen, in gleich große Stücke schneiden, salzen und dämpfen. Gut ausdampfen lassen und noch heiß passieren.
Die Butter, das Eigelb, die gehackten Kräuter sowie die Gewürze in die noch warme Masse geben und zu einer runden Stange von etwa 3,5 cm Durchmesser rollen, dann auskühlen lassen. Nun in 1 cm dicke Scheiben schneiden und gitterförmig verzieren, leicht im Mehl wenden und im Sonnenblumenöl braten.

Lammfilet in Walnuß-Crêpes auf Lavendeljus mit Ingweräpfeln

Für 8 Personen

Martin Schlösser
Landhaus zu den Rothen Forellen
Ilsenburg

Filets:
8 Lammfilets, Salz, Pfeffer, Muskat, Bratfett.

Crêpes:
60 g feingeriebene Walnüsse, 50 g Mehl, 110 ml Milch, 50 g Walnußöl, 1 Ei, 1 Eigelb, Salz und Pfeffer, Muskat, Butter.

Farce:
200 g Lammfleisch, 4 cl Armagnac, 1 Eiweiß, ½ l Crème double, Salz, Pfeffer, Muskat.

Sauce:
500 g Knochen und Parüren, ½ l Lammfond, ½ l Rotwein, 100 ml Sherry, 150 g Zwiebeln (in der Schale), 80 g Karotten, 30 g Sellerie, 1 Lorbeerblatt, 1 Wacholderbeere, 5 Pfefferkörner, 2 Pimentkörner, 3 EL Olivenöl, 80 g Lavendelblätter, 60 g Butter.

Ingweräpfel:
24 Apfelkugeln, 100 ml trockener Riesling, 100 ml Wasser und 20 ml Himbeeressig, 30 g Zucker, Salz, 1 Sternanis, 5 Pfefferkörner, 1 Wacholderbeere und 80 g Ingwer sowie Korianderkörner.

Filets:
Die Lammfilets von den Sehnen befreien, würzen und in einer heißen Pfanne im Fett anbraten, so daß sich die Poren schließen.

Crêpes:
Aus den Zutaten einen glatten Teig anrühren und Crêpes von 12 cm Durchmesser ausbacken.

Farce:
Alle Zutaten gut kühlen. Das Lammfleisch zweimal durch die feinste Scheibe des Fleischwolfes treiben. Danach alle Zutaten zu einer feinen Farce kuttern und durch ein feines Sieb streichen.
Die Farce auf die Crêpes streichen und die Lammfilets darin einschlagen. Bei 190 °C 10 Min. im Ofen garen.

Sauce:
Die Knochen und Parüren im Öl anrösten. Das Gemüse in Würfel schneiden und mitrösten. Mit dem Rotwein ablöschen, ½ l Wasser zufügen und einkochen lassen. Den Lammfond, die Gewürze und den Sherry unterheben und auf 400 ml reduzieren lassen. Die Lavendelblätter hacken und in die Sauce geben. Zum Schluß mit der Butter montieren.

Ingweräpfel:
Wein, Wasser, Essig, Zucker, Salz und die Gewürze zu einer Reduktion auf 150 ml einkochen und

die Apfelkugeln in den heißen Fond legen und gar ziehen lassen.

Anrichten:
Die Lammfilets in Tranchen schneiden, auf vorgewärmten Tellern anrichten und mit der Lavendeljus nappieren. Die Ingweräpfel einsetzen und servieren.

Lammtörtchen mit Balsamico-Kräuter-Sauce und Rosmarinkartoffeln

Ute Herzog
Villa Herzog
Dresden

4 Lammfilets, 2 EL Balsamico-Essig, Kräutermischung „Provence" (getrocknet oder als Paste im Glas, wenn nicht frisch zu haben), 10 gekochte Kartoffeln, Saisongemüse (Bohnengemüse, Wirsing- oder Mischgemüse oder geschmorte Birnen- und Paprikawürfel), 1 EL gehackte Rosmarinnadeln, 2 EL Tomatenmark, ½ EL Zucker, 1½ Tassen Rotwein, etwas Fett zum Braten, Mehl, Salz, Pfeffer.

Die Lammfilets sauber parieren, die dünnen Endspitzen wegschneiden. Die Parüren im heißen Fett dunkelbraun anbraten, dabei leicht mit Mehl bestäuben. Mit dem Balsamico-Essig ablöschen, den Zucker und die Kräuter zugeben, durchschmoren lassen, das Tomatenmark unterrühren, mit Rotwein auffüllen und leicht einkochen lassen. Durch ein feines Sieb geben.
Die gekochten Kartoffeln in Scheiben schneiden und mit den Rosmarinnadeln im Fett rösten. Das vorbereitete Gemüse erwärmen. Die Filets von jeder Seite 3 Min. braten und in Alufolie nachziehen lassen.

Einen Ring mit 8 cm Durchmesser in die Mitte der warmen Teller stellen, den Boden mit Rosmarinkartoffeln bedecken, darüber eine Schicht Gemüse geben. Die Filets quer in Scheiben schneiden, wie bei einer Obsttorte das Gemüse damit belegen. Mit etwas Sauce beträufeln und den Rest der Sauce daneben verteilen.

Navarin vom Rhönlamm – ein klassisches Schmorgericht

Bild nebenstehend

Rüdiger Kaufmann
Hotel Thüringer Hof
Eisenach

1 bis 1½ kg Lammkeule (ohne Knochen), 2 EL Tomatenmark, 2 Zwiebeln, 12 eiergroße Kartoffeln, 2 EL Stärke, Gemüse: Karotten, Zucchini, Brokkoli, Bratfett, Salz, Pfeffer, 2 Knoblauchzehen, frische Kräuter, wie Thymian, Rosmarin, glatte Petersilie.

Das Lammfleisch in (etwa 2 cm Kantenlänge) Würfel schneiden, dabei das Fett entfernen. Die Zwiebeln würfeln. Das Fett erhitzen, das Lammfleisch anbraten und die Zwiebelwürfel dazugeben. Kurz mitbraten, das Tomatenmark hinzufügen und leicht bräunlich anbraten. Mit Salz sowie Pfeffer würzen.
Die Knoblauchzehen durchpressen und dazugeben. Mit Wasser oder Brühe aufgießen und zugedeckt gar schmoren lassen.
Die Kartoffeln schälen und kochen, das Gemüse putzen und blanchieren. Wenn das Fleisch gar ist, herausnehmen, die Sauce abschmecken und mit in Wasser gelöster Stärke binden.

Das Fleisch zurückgeben, kurz erhitzen und in tiefen Tellern anrichten. Die Kartoffeln und das Gemüse obenauf setzen und mit frisch gehackten Gartenkräutern (wichtig Thymian) bestreuen und servieren.

Geschmorte Milchlammschulter auf Karottengemüse mit Rosmarinkartoffeln

Für 6 Personen

Matthias Böhler
art'otel dresden
Dresden

Lammschulter:
2 Lammschultern zu je 1 kg und 3 Knoblauchzehen, 100 g Karotten, 100 g Sellerie, 200 g Zwiebeln, 100 g Tomatenmark, ½ l Rotwein, 3 Rosmarinzweige, 15 Pfefferkörner, 6 Wacholderbeeren, 2 Lorbeerblätter, etwas Öl zum Braten.

Karottengemüse:
400 g Karotten, 30 g Butter sowie 0,1 l Fleischbrühe, Salz, Pfeffer.

Rosmarinkartoffeln:
400 g geschälte Kartoffeln, 2 Rosmarinzweige, 3 EL Öl, 30 g Butter.

Lammschulter:
Das Gemüse waschen, in 2 mal 2 cm große Stücke schneiden und anschwitzen. Knoblauch, Rosmarin, Pfefferkörner und Wacholderbeeren mit anschwitzen. Das Tomatenmark zugeben und anbräunen. Mit etwas Rotwein ablöschen und einkochen lassen. Nochmals ablöschen und mit dem restlichen Rotwein aufgießen. Die Lammschultern in den Gelenken zerteilen und von beiden Seiten im heißen Öl anbraten.

Rezept obenstehend: Navarin vom Rhönlamm – ein klassisches Schmorgericht
Rüdiger Kaufmann, Hotel Thüringer Hof, Eisenach

Anschließend in den Saucenansatz geben und schmoren. Nach 1 bis 1½ Std. bei 200 °C, wenn das Fleisch weich ist, aus dem Bräter nehmen und die Knochen entfernen. Das Schmorgemüse absieben und die Sauce so lange einkochen lassen, bis eine Bindung entsteht.

Karottengemüse:
Die Karotten waschen und das Grün bis auf etwa 1 cm abschneiden. Die Karotten schälen und kernig abkochen, das Karottengrün kleinschneiden. Die Karotten mit der Butter und etwas Brühe anschwitzen, das Karottengrün zugeben und mit Salz sowie Pfeffer abschmecken. Das Karottengemüse mittig auf den Tellern anrichten und die geschmorte Lammschulter darauf legen.

Rosmarinkartoffeln:
Die geschälten Kartoffeln in etwa 2 mal 3 cm große Stangen schneiden und im heißen Öl anbraten, bis sie Farbe bekommen haben.
Mit Butter und Rosmarin nachbraten und dann mit der Milchlammschulter servieren.

Geschmorte Lammhaxe auf weißen Bohnen

Mario Pattis
Romantik Hotel &
Restaurant Pattis
Dresden

4 Lammhaxen, Röstgemüse (100 g Karotten, 100 g Zwiebeln, 80 g Sellerie), 2 Knoblauchzehen, 500 g reife Tomaten, 3 EL Olivenöl, 1 Rosmarinzweig und 1 Thymianzweig, 2 Wacholderbeeren, 250 ml Rotwein, 400 ml Lammfond, etwas Speisestärke, 200 g weiße Bohnen, 100 g Gewürzgurke, ½ l Fleischbrühe, 50 g Butter, 1 Zwiebel, 50 g Crème fraîche, 1 Bohnenkrautzweig, 1 kleiner Thymianzweig, ½ TL gehackter Kerbel, 1 Spritzer Weißweinessig, Salz, Pfeffer.

Die Lammhaxen mit Salz und Pfeffer einreiben und in dem Olivenöl von allen Seiten scharf anbraten. Das geputzte und grobgewürfelte Gemüse mit dem gehackten Knoblauch hinzugeben und alles kräftig anrösten (mehrmals umrühren). Die reifen Tomaten zugeben, mit dem Rotwein nach und nach ablöschen und den Fond immer wieder einkochen lassen.
Dann die Hälfte des Lammfonds angießen, die Kräuter unterheben und die Haxen zugedeckt etwa 90 Min. bei 200 °C schmoren lassen. Nach jeweils 30 Min. den restlichen Lammfond zugeben und darauf achten, daß die Haxen nicht anhängen. Die Haxen aus der Pfanne nehmen und warm stellen. Den Saucenfond passieren, mit ein wenig angerührter Stärke abbinden und abschmekken. Die Bohnen mindestens 8 Std. einweichen und anschließend mit dem Bohnenkraut bißfest garen.
Die Zwiebel in kleine feine Würfel schneiden und in der ausgelassenen Butter glasig schwitzen. Die in Würfel geschnittenen Gewürzgurken, die Bohnen und den Thymianzweig mit zugeben und durchschwenken. Die Crème fraîche mit unterziehen und mit Salz, Pfeffer sowie 1 Spritzer Weißweinessig abschmecken. Den Thymianzweig wieder entfernen und die Bohnen anrichten. Die Haxen auf den Bohnen einsetzen und mit der Sauce übergießen.
Als Beilage eignen sich sehr gut Semmelknödel.
Sehr gut schmecken zu diesem Gericht auch grüne Bohnen und Kartoffelnocken, ein Graupenrisotto oder geschmorter Knoblauch.

Ragout vom vogtländischen Weidelamm mit kleinen Gemüsen und Kartoffel-Crêpes

Steffen Jack
Landhotel Baumwiese
Boxdorf

Ragout:
900 g Lammrücken, 3 Knoblauchzehen, 1 Rosmarinzweig, Salz, Pfeffer, Olivenöl, je 100 g Karotten und Zucchini, 12 Schalotten, 1 rote und gelbe Paprikaschote, 8 Stangen Frühlingslauch, 80 g Bratfett, 0,1 l Rotwein, 0,1 l Lammfond.

Kartoffel-Crêpes:
200 g gekochte geschälte Kartoffeln, 0,1 l Milch, 1 EL Mehl, 0,2 l geschlagene Sahne, 3 Eier, Salz, Pfeffer, Muskat, 100 g Butterschmalz.

Ragout:
Den Lammrücken in Würfel von etwa 4 cm Kantenlänge schneiden, würzen und im Olivenöl mit dem Rosmarin und dem Knoblauch über Nacht einlegen.
Die Gemüse schälen, waschen, ebenfalls in Würfel schneiden und blanchieren. Das Fleisch in einem großen Topf scharf anbraten, herausnehmen und beiseite stellen. Die Gemüse in der Reihenfolge ihrer Festigkeit ebenfalls anbraten. Das Fleisch wieder dazugeben, mit dem Rotwein ablöschen, kurz einkochen lassen und mit dem Lammfond aufgießen. Etwa 5 Min. zugedeckt köcheln lassen.

Kartoffel-Crêpes:
Die Kartoffeln durch eine Presse drücken, die Milch heiß unterrühren und etwas erkalten lassen. Das gesiebte Mehl und die Sahne unterheben, nun nach und nach die Eier dazurühren. Mit Salz, Pfeffer und Muskat würzen. Eine kleine Pfanne erhitzen, das Schmalz zu-

geben und von dem Teig dünne Crêpes backen.
Das Ragout mit Salz sowie Pfeffer würzen und, falls notwendig, etwas abbinden.

Anrichten:
Das Lammragout in die Mitte der Teller geben, die Crêpes zu Rollen formen und seitlich anlegen. Mit frischem Rosmarin garnieren.

Wirsingwickel mit Lammfarce

Michael Röder
Hotel Altdeutsche Weinstuben
Zum Künstlerkeller
Freyburg/Unstrut

1 mittlerer Wirsingkohlkopf, 600 g Lammfleisch aus der Keule, 1 Zwiebel, 2 Eier, 1 altbackenes Brötchen, Salz, Pfeffer, Knoblauch, Kümmel, Thymian, 50 g Butter, 8 Scheiben geräucherter Speck, 250 ml Sahne, Muskat.

Die welken Blätter vom Wirsing entfernen. Dann 8 große Blätter abmachen und die Strünke ausschneiden. In einem großen Topf mit Salzwasser und Kümmel die Blätter blanchieren und anschließend in kaltem Wasser abschrekken. Danach den restlichen Wirsing in Streifen schneiden und ebenfalls blanchieren.
Das Brötchen in lauwarmem Wasser einweichen. Die Zwiebel und den Knoblauch schälen und in feine Würfel hacken. Das Lammfleisch von den größten Sehnen und Talgstücken befreien und durch einen Fleischwolf fein wolfen. Das ausgedrückte Brötchen, die Eier, Zwiebel- und Koblauchwürfel sowie Thymian zu dem Fleisch geben und dann alles gut vermengen.
Die Masse mit Salz, Pfeffer und etwas gemahlenem Kümmel abschmecken. Die 8 blanchierten Wirsingblätter ausbreiten und die Fleischmasse gleichmäßig darüber verteilen. Dann die Blätter um die Masse wickeln und gut andrükken. Alle Wirsingwickel auf ein gebuttertes Blech legen und jeweils 1 Scheibe Speck auflegen.
In einem vorgeheizten Ofen bei 145 °C etwa 40 Min. garen. Die restlichen blanchierten Wirsingstreifen mit der Sahne aufkochen, mit Salz, Pfeffer, etwas Knoblauch und Muskat würzen und als Gemüse reichen.
Das Lamm sollte möglichst heiß serviert werden. Als Beilage eignet sich Kartoffelgratin.

Geschmorte Schöpsenschulter mit getrockneten Tomaten, mildem Knoblauch und Selleriepüree

Rainer Behringer
Restaurant Stadtpfeiffer
im Gewandhaus
Leipzig

1 ausgelöste Lammschulter von etwa 900 g, 1 TL Thymianblättchen, 1 TL Rosmarinnadeln, 2 EL gehackte Petersilie, 1 gepreßte Knoblauchzehe, Salz, Pfeffer, Wurstgarn, 1 EL Öl, 2 Zwiebeln, 1 mittlere Karotte, 60 g Sellerie (alle Gemüse grob gewürfelt), 1 EL Tomatenmark, 0,5 l Rotwein, 0,5 l Lammfond, 1 Thymianzweig, 1 Rosmarinzweig, 2 Lorbeerblätter, 10 zerdrückte Pfefferkörner, 2 halbierte Knoblauchzehen, 6 getrocknete Tomaten, 16 geschälte Knoblauchzehen, 2 EL Olivenöl, Salz, Pfeffer, 1 mittlere Sellerieknolle (geschält und in kleine Würfel geschnitten), 0,2 l Sahne, Salz, Pfeffer, Muskat.

Die Lammschulter ausbreiten, Thymian, Rosmarin, Petersilie und Knoblauch miteinander vermischen, auf die Lammschulter verteilen und würzen. In einer passenden Kasserolle die mit dem Wurstgarn wie ein Rollbraten verschnürte Lammschulter von allen Seiten kräftig anbraten und herausnehmen. Das gewürfelte Gemüse zugeben und in der Kasserolle goldbraun braten. Das Tomatenmark zufügen und abrösten. 1/3 des Rotweins zugießen und vollständig einkochen lassen. Das Ganze zweimal wiederholen.
Die Lammschulter einlegen, mit Fond auffüllen, aufkochen, abschäumen lassen, die Gewürze zugeben und sanft köcheln lassen, bis die Lammschulter weich ist. Die Schulter herausnehmen, Sauce passieren, eventuell einkochen, abschmecken und, wenn nötig, leicht abbinden. Die getrockneten Tomaten in feine Streifen schneiden und in der Sauce kurz köcheln lassen.
Die 16 Knoblauchzehen dreimal in frischem Wasser kurz aufkochen, abgießen, im Olivenöl hellbraun braten und würzen. Die Selleriewürfel mit der Sahne und den Gewürzen verkochen, mixen, durch ein feines Haarsieb streichen und abschmecken.
Die Lammschulter in Scheiben schneiden. Das Selleriepüree mit einem Spritzsack auf die vorgewärmten Teller spritzen, dann die Lammscheiben anlegen, mit der Sauce leicht überziehen und pro Teller 4 Knoblauchzehen darauf verteilen.
Anstelle des Selleriepürees kann man zu diesem Gericht auch sehr gut Pastinaken- oder Petersilienpüree reichen. Auch Kartoffelnocken oder Polenta passen gut.

Gefüllte Schöpsenkeule in Knoblauch-Minze-Sauce, weiße Rübchen, Kartoffel-Schinken-Klößchen

Bild Seite 107

Peter Steffen
Rats-Keller Schönefeld
Leipzig

800 g Schöpsenkeule, 4 Knoblauchzehen, Salz, 180 g Weißbrot, Thymian, 2 Eier, 40 g Schinkenwürfel, 200 g Wurzelgemüse, ½ EL Minzgelee, 2 Bd. weiße Rübchen, 200 g Butter, 0,1 l Fleischbrühe, Zucker, Salz, Petersilie, 1 kg Pellkartoffeln, 100 g Mehl, 4 Eier, 40 g Kochschinken, Muskat, 4 Scheiben Weißbrot (für Würfel).

Die Schöpsenkeule ohne Knochen (am besten vom Metzger ausstoßen lassen) mit frischem Knoblauch und Salz einreiben.
Für die Füllung das Weißbrot mit Thymian, den Eiern und den Schinkenwürfeln verkneten. Mit Knoblauch und Salz abschmekken. Die Füllmasse in die Schöpsenkeule stopfen und mit einer Schnur binden. In einem Bräter die gefüllte Keule vorsichtig anbraten und das Wurzelgemüse zufügen. Den Braten etwa 1 Std. bei 180 bis 200 °C schmoren, dabei öfter mit dem austretenden Bratensaft begießen.
In der Zwischenzeit die weißen Rübchen schälen und vierteln. Die Butter zerlaufen lassen, den Zucker zugeben und die Rübchenviertel langsam anschwitzen. Anschließend mit Brühe begießen und weiterkochen lassen, bis sie bißfest sind. Gehackte Petersilie und Salz zugeben.
Für die Kartoffel-Schinken-Klößchen aus den angegebenen Zutaten eine Kloßmasse herstellen, die angeschwenkten Schinkenwürfel zugeben und gut vermengen. Kleine Klößchen formen, mit gerösteten Weißbrotwürfeln füllen und in kochendem Wasser gar ziehen lassen.
Die Schöpsenkeule in Scheiben schneiden. Den Bratenfond mit frischen Knoblauchscheiben und Minzgelee abschmecken, über das Fleisch geben. Zuletzt die glacierten Rübchen und die Schinkenklößchen dazugeben.

Kaninchenrücken mit Wirsing im Blätterteig

Detlef Lange
Hotel Villa Emma
Dresden

4 ausgelöste Kaninchenrücken mit Bauchlappen (etwa 100 g), 4 Platten Tiefkühlblätterteig (je etwa 15 mal 15 cm).

Füllung:
200 g Geflügelfleisch, 0,1 l Sahne, 2 EL Kräuter, 4 Wirsingblätter, Salz, Pfeffer, 2 Eigelb, Backpapier.

Aus dem Geflügelfleisch, der Sahne und den Kräutern eine Farce herstellen, mit Salz und Pfeffer würzen. Den Blätterteig auf eine Größe von etwa 25 mal 25 cm und 3 mm dick ausrollen.
Die blanchierten Wirsingblätter auf dem Blätterteig verteilen. Die Kaninchenrücken ausbreiten, mit Salz und Pfeffer würzen, darauf die Farce verteilen und mit den Bauchlappen zu einer Roulade zusammenrollen.
Die Rouladen auf den vorbereiteten Blätterteig mit dem Wirsing legen, zusammenrollen, die Enden einschlagen und den Blätterteig mit den Eigelben bestreichen.
Anschließend die Kaninchenrükken im Blätterteig auf dem Backpapier etwa 20 bis 25 Min. im vorgeheizten Backofen bei 225 °C backen.

Anrichten:
Die Kaninchenrouladen halbieren und auf vorgewärmten Tellern anrichten.
Dazu eine Thymian- oder Rosmarinjus und kleine tournierte Gemüse reichen.

Kaninchenrücken, mit Blattspinat und Entenleber gefüllt, Frühlingsgemüse

Jens Michel
Restaurant Schloßallee
Moritzburg

4 Kaninchenrückenfilets, 50 g blanchierter Blattspinat, 100 g Entenleber, 100 g Schweinenetz, 130 g Butter, 20 g feingehackte Zwiebeln, 80 ml Weißwein, 50 ml Sahne, Salz, Pfeffer, 400 g frische Möhren, 400 g Knollensellerie, 16 Frühlingszwiebeln, Salz und Pfeffer sowie 2 TL Zucker.

Die Kaninchenrückenfilets längs einschneiden (nicht durchschneiden), aufklappen, vorsichtig plattieren, würzen, den Spinat auflegen und die in 30 g Butter und den Zwiebelwürfeln angedünstete kleingeschnittene Entenleber ebenfalls auflegen. Die Kaninchenrükkenfilets zusammenschlagen, in das gewässerten Schweinenetz einschlagen, in 50 g Butter langsam braten, herausnehmen und warm stellen. Den Bratensatz mit dem Weißwein ablöschen, die Sahne dazugießen und auf ²/₃ reduzieren.

Gemüse:
Die Möhren und den Sellerie putzen, in Streifen schneiden, die

Rezept Seite 116: Kaninchenrücken mit Blutwurstfüllung, Sahnewirsing und Kümmelkartoffeln
Ute Herzog, Villa Herzog, Dresden

Zwiebeln putzen, auf 15 cm Länge schneiden, das restliche Grün fein hacken, beiseite stellen. 30 g Butter auslassen, die Möhren- und Selleriestreifen darin anschwitzen, mit Salz, Pfeffer und 1 TL Zucker würzen, etwas Wasser angießen und bißfest garen. 20 g Butter auslassen, darin 1 TL Zucker leicht karamelisieren lassen, die Zwiebeln dazugeben, kurz anschwitzen, mit etwas Wasser ablöschen und fertiggaren.
Das Gemüse auf Tellern anrichten, mit dem gehackten Grün der Frühlingszwiebeln bestreuen und die Kaninchenrückenfilets darauf anrichten.

Kaninchenrücken mit Blutwurstfüllung, Sahnewirsing und Kümmelkartoffeln

Bild Seite 115

Ute Herzog
Villa Herzog
Dresden

2 Kaninchenrücken (von der Unterseite her vorsichtig entbeinen, dabei aufpassen, daß die Außenhaut unverletzt bleibt), 4 dünne, geräucherte Blutwürste (in der Länge der Rükken mit dem Messer in regelmäßigen Abständen eingeritzt), etwas Bratfett, 2 EL Öl, Senf, 1 kleiner Wirsingkopf, 500 g Salatkartoffeln (gut gewaschen), Kräuteressig, Tomatenmark, 1/4 l Weißwein, 1/8 l Sahne, 1/2 Tasse Sahne, Kümmel, Salz, Pfeffer, Zucker, Majoran, etwas Butter.

Die Kaninchenrücken leicht mit Senf bestreichen, mit etwas frischem gezupftem Majoran bestreuen, jeweils 1 Blutwurst links und rechts neben die Rückenlinie legen, von der Längsseite jeweils zur Mitte hin einrollen. Mit Rouladennadeln feststecken und im heißen Fett von allen Seiten kräftig anbraten, in geölte Alufolie wickeln und bei 220 °C im Ofen in 40 Min. fertiggaren.
Den Satz in der Pfanne mit Kräuteressig loskochen, Zucker und Tomatenmark dazugeben, nochmals durchschmoren, den Weißwein ebenfalls dazugeben, 30 Min. köcheln lassen. Abseihen, mit den Gewürzen abschmecken, einreduzieren, die Sahne eingießen.
Den geputzten Wirsing in Streifen schneiden, mit Salz, Pfeffer und Kümmel in etwas Butter garen, die ½ Tasse Sahne zugeben, einreduzieren lassen. Die Kartoffeln längs halbieren, mit Kümmel und Salz bestreuen, auf ein geöltes Blech geben und 30 bis 40 Min. zum Kaninchen geben.
Den Kaninchenrücken auswickeln und in fingerbreite Scheiben schneiden. Den Sahnewirsing in einem breiten Streifen schräg in die Mitte der Teller setzen, die Kaninchenrückenscheiben schräg anlegen, mit der Sauce umgießen. Hinter dem Wirsinggemüse die Kümmelkartoffeln halbkreisförmig anordnen.

Kaninchenrückenfilets in Honigkruste mit frischem Gartengemüse

Günther Ulrich
Hotel Gothisches Haus
Wernigerode

2 Kaninchenrücken, 30 g Butter, 100 g Honig, 50 g Fleischglace, 100 g Mandeln (fein gehackt), Salz, Pfeffer, Weinbrand.

Die Kaninchenrücken portionieren, gut würzen und in der heißen Butter anbraten. Inzwischen den Honig mit etwas Fleischglace vermengen. Die Rückenstücke damit überziehen, mit einigen Mandeln überstreuen und in der Backröhre bei mittlerer Hitze fertigbraten. Dabei mehrmals mit Honig und Bratensatz übergießen und mit Mandeln bestreuen, bis sich eine schöne Kruste gebildet hat.
Die Rücken anrichten, den Bratensatz mit etwas Weinbrand ablöschen und angießen.
Dazu reicht man ein frisches Gartengemüse der entsprechenden Jahreszeit.

Stallhasenkeule, gefüllt mit Rauke

Rainer Frieden
Romantik Hotel &
Restaurant Pattis
Dresden

4 Kaninchenkeulen, 50 g entrindetes Weißbrot, 80 g Rauke, 1 Eigelb, Salz, gemahlener Pfeffer, Thymian und Lorbeer, 80 g geklärte Butter, 50 g Rauchspeck, 60 g Schalotten, 80 g Karotten, 60 g Staudensellerie, 0,2 l Spätburgunder, 1 l Kaninchenjus, 50 g kalte Butter.

Die Kaninchenkeulen hohl auslösen, die Haxenknochen an den Keulen lassen. In kleine Würfel geschnittenes Weißbrot mit der gehackten Rauke, dem Eigelb sowie den Gewürzen vermengen, in die Keulen füllen und mit Küchengarn binden.
Die Keulen würzen und in geklärter Butter von beiden Seiten anbraten. Die gehackten Knochen, den Rauchspeck und das Röstgemüse (Schalotten, Karotten und Staudensellerie) dazugeben, Farbe nehmen lassen, mit dem Rotwein ablöschen und mit der Kanin-

chenjus auffüllen. Dann abschmecken und etwa 1 Std. leicht schmoren. Die Keulen warm stellen, die Sauce passieren und einkochen lassen. Nun noch einmal abschmecken und mit der kalten Butter vor dem Anrichten aufmontieren.
Die Kaninchenkeulen auf Bandnudeln anrichten, mit Sauce überziehen und mit glacierten Gartengemüsen umlegen.

Gefüllter Kaninchenrücken und Kaninchenragout im Kohlrabi, Pfifferling-Crêpes-Torte

Christian Heumader
Hotel Sächsischer Hof
Meiningen

Gefüllter Kaninchenrücken:
4 Kaninchenrücken mit Bauchlappen.

Farce:
200 g Kaninchenfleisch (Schulter), 150 ml Sahne, 50 g kleine Gemüsewürfel (Sellerie, Karotten, Lauch), Salz, Pfeffer, 1 TL gehackter Estragon, 2 grüne Stangenspargel.

Kaninchenragout:
2 Kaninchenkeulen, 2 EL Öl, 1 EL Tomatenmark, 1/8 l roter Portwein, 2 Kohlrabi.

Kaninchensauce:
300 g Kaninchenknochen und 30 g Karotten, 30 g Sellerie, 30 g Lauch, 1 EL Tomatenmark, 2 EL Olivenöl, 1/4 l roter Portwein, 3 Lorbeerblätter, 1 Rosmarinzweig, 1 Estragonzweig und 1 Lavendelzweig sowie 2 EL Crème fraîche.

Pfifferling-Crêpes-Torte:
100 g Mehl, 1/4 l Milch, 1 Ei und 2 Eigelb, Salz, 200 g Pfifferlinge, 3 Eier, Pfeffer, Salz.

Gefüllter Kaninchenrücken:
Aus dem Kaninchenfleisch und der Sahne eine Farce herstellen, mit Salz und Pfeffer abschmecken und die Gemüsewürfel sowie den gehackten Estragon unterheben. Die Kaninchenrücken ausbreiten, würzen und mit der Farce einstreichen. Den Spargel der Länge des Rückens anpassen und anlegen. Vom Rücken her einrollen und in Klarsichtfolie wickeln. Die beiden Enden mit einer Schnur fixieren und etwa 12 Min. bei 80 °C im Wasserbad pochieren.

Kaninchenragout:
Die Kaninchenkeulen in etwa 0,5 cm mal 0,5 cm kleine Stücke schneiden und im heißen Öl anbraten. Das Tomatenmark unterrühren und mit Kaninchensauce und Portwein auffüllen. Die Kohlrabi schälen und quer durchschneiden, das Innere ausstechen. (Man nimmt dazu am besten einen Kugelausstecher.) Die ausgestochenen Kohlrabihälften in Salzwasser kochen. Nach 15 Min. Garzeit das Ragout vom Feuer nehmen und warm stellen.

Kaninchensauce:
Die Kaninchenknochen scharf anbraten, das Wurzelwerk dazugeben und das Tomatenmark einrühren. Mit Portwein und Wasser auffüllen, bis die Knochen bedeckt sind. Den Fond mit den Gewürzen und Kräutern vervollständigen und aufkochen. Den sich bildenden Schaum abschöpfen und etwa 45 Min. leicht kochen lassen. Den Fond durch ein Sieb passieren und mit Crème fraîche aufmontieren.

Pfifferling-Crêpes-Torte:
Aus dem Mehl, der Milch, dem Ei und den Eigelben kleine Crêpes backen (etwa 14 cm Durchmesser). Die Pfifferlinge im Mixer pürieren, mit den 3 Eiern und Gewürzen vermengen. Die Pfifferlingfarce schichtweise mit den Crêpes bestreichen, damit fortfahren, bis die Torte eine Höhe von 4 cm erreicht hat. Die Torte in Alu-Folie schlagen und etwa 25 Min. bei 170 °C backen.

Anrichten:
Die Sauce auf den Tellern verteilen. Den ausgestochenen Kohlrabi darauf legen und das Kaninchenragout in den Kohlrabi füllen. Den Kaninchenrücken tranchieren und anlegen. Aus der Crêpes-Torte kleine Stückchen schneiden und dazu reichen. Mit Borretschblüte ausgarnieren.

Wild

Die Rebhühner und Schnepfen fliegen einem gespickt und gebraten in den Mund.

Christoph Martin Wieland
„Die Abderiten"

Die Rebhühner wurden zu Zeiten Wielands noch „auf der Brust gespickt", ansonsten aber wie junge Hühner in steigender Butter goldgelb gebraten. Den Fasan hat man damals wie heute bardiert und mit Sauerkraut aufgetragen, die Krammetsvögel, Schnepfen, Drosseln, Zippen, Lerchen und Kiebitze unausgenommen, so wie sie waren, in reichlich Butter, mit der sie immer wieder begossen wurden, gegart, wobei man den Lerchen oft Weinbeeren zugegeben und sie mit Zucker und Zimt bestreut hat. Die Singvögel wurden dabei im ganzen mitsamt den Knöchelchen verzehrt. Heutigen Gourmets würde so ein kleines Vögelchen, selbst wenn die Jagd auf sie noch erlaubt wäre, wohl kaum mehr über die Lippen kommen, wenigstens hierzulande nicht. Der Gastrosoph und Gourmet Hans W. Fischer hat jedoch noch vor wenigen Jahrzehnten geschwärmt: „. . . dann lieber Krammetsvögel, deren dünne Knöchelchen und Hirnschalen unterm Zahn wie Glas splittern und winzige Ströme von Mark und Saft auf die saugende Zunge rieseln."

Allzu lange liegt diese Art des Feinschmeckertums nicht zurück. Dennoch hat sich bei der Zubereitung von Wild nicht allzuviel geändert. Hasen werden nach wie vor in Buttermilch eingelegt und Schwarzwild oder Rotwild immer noch in Beizen. Ursprünglich waren diese Beizen primär zur Konservierung gedacht, da in den wenigsten Fällen der Jäger in der Lage war, mit seiner Familie ein ganzes Wildschwein oder einen Hirsch in einem Stück aufzuessen. Hasen wurden deshalb meist in saurem Rahm, sonstiges Wildbret in einem Essig-Wasser-Gemisch an einem kühlen Ort aufbewahrt. Gewürze und Aromaten wie auch Rotwein hat man erst in späteren Jahrzehnten hinzugegeben. So entstanden die Marinaden, die sich bis heute gehalten haben, auch wenn sie in der neuen Küche nur selten verwendet werden.

Thüringen und Sachsen waren mit ihren großen Wäldern schon immer mit Wildbret gut versorgt, wenngleich es in der jüngeren Vergangenheit Wild für den nicht privilegierten Verbraucher oft nur zu Weihnachten gab. Weshalb Köche oft das Dreifache dessen, was sie eigentlich brauchten, bestellen mußten, um wenigstens so viel zugeteilt zu bekommen, daß sie zumindest ihre Stammkundschaft befriedigen konnten. Seltsame und für Außenstehende schwer erklärbare Engpässe und auch Auswüchse einer Zeit, in der für den höchsten Jagdherrn der Republik ein Jagdmaschinengewehr mit Fernrohr konstruiert wurde und für manche privilegierte Jagdgäste das Wild angebunden werden mußte, damit sie es trafen. Im Vergleich dazu waren selbst die sonderbarsten Jagdgebräuche der Feudalzeit und des Absolutismus noch weidgerecht. Auch da gab es seltsam anmutende Gepflogenheiten. Im ausgehenden 18. Jahrhundert waren überall in Deutschland, so auch in Sachsen und Thüringen, die französischen Parforce-Jagden populär geworden, Reitjagden zu Pferde, die als Krönung der Jagd galten und jeweils am 3. November, also am Hubertustag, wie dies auch heute noch der Fall ist, ihren Höhepunkt fanden. Die Parforce-Jagden waren recht kostspielig, so daß nur die Fürsten und der hohe Adel sich dieses Vergnügen leisten konnten. Neben den Pferden waren zahlreiche Hunde notwendig, für deren Haltung die Untertanen, besonders die Bauern, aufkommen mußten. Noch schlimmer waren die Flurschäden, die durch die Parforce-Jagden angerichtet wurden. Zu dieser Zeit herrschte in den Wäldern und Fluren Sachsens und Thüringens noch ein für heutige Verhältnisse fast unvorstellbarer Wildreichtum, der sich auch in den Kochbüchern jener Zeit widerspiegelt.

Die neue Küche ist durch den Rückgang der Artenvielfalt, besonders beim Wildgeflügel, um einiges bescheidener. Rebhühner dürfen mittlerweile nicht mehr gejagt werden, Schnepfen sind kaum mehr vorhanden und stehen ebenso unter Artenschutz, Wachteln kommen heutzutage so gut wie ausschließlich aus der Zucht, und die kleinen Singvögel zu jagen würde niemand, selbst wenn es ohnehin nicht verboten wäre, übers Herz bringen. So beschränkt sich denn die neue deutsche Wildküche auf Fasan, Rehwild, Damwild, Rotwild, Schwarzwild und Hasen. Aber auch hier lassen sich, wie die nachfolgenden Rezepte zeigen, Gerichte zubereiten, die einer Feinschmeckertafel würdig sind.

Rezept Seite 122: Hirschkalbshaxe auf geschmortem Gartengemüse, Uwe Belke, Schloßhotel, Bad Köstritz

Gefülltes Damhirschsteak mit glacierten Schattenmorellen

Bild Seite 123

Jens Kleiber
Berg- und Jagdhotel Gabelbach
Ilmenau

800 g ausgelöster Hirschrücken (Lachs), 200 g Pfifferlinge, 2 Schalotten, 100 g Butter, 400 g Schattenmorellen, Zucker, Salz, Pfeffer aus der Mühle.

Aus dem Hirschrücken 4 gleich große Steaks schneiden. Die in Würfel geschnittenen Pfifferlinge und Schalotten in Butter anschwenken und damit die Steaks füllen. Die entsteinten und gezuckerten Schattenmorellen ebenfalls in Butter anschwenken und mit dem Saft der Schattenmorellen einkochen lassen.
Die Steaks würzen, in Butter braten und auf den glacierten Schattenmorellen anrichten.

Kleine Nuß vom Hirsch auf geschmortem Spitzkohl

Torsten Hache
Restaurant Pagenhaus
Schloß Friedenstein
Gotha

600 g kleine Nuß vom Hirsch, etwas Butter zum Braten, 1 Karotte, 2 Zwiebeln, 1 mittlerer Spitzkohl, ½ Flasche Rotwein, ½ l Fleischbrühe, ½ Stange Lauch, ¼ Sellerie, 1 EL Tomatenmark, 1 Knoblauchzehe, 15 Pfefferkörner, 5 Wacholderbeeren, 1 Lorbeerblatt sowie etwas Thymian.

Die kleine Nuß würzen und anbraten. Das Röstgemüse waschen und in 3 cm große Stücke schneiden. Mit dem Tomatenmark zu der kleinen Nuß geben und angehen lassen. Alles mit Rotwein und Brühe ablöschen und etwa 1½ Std. schmoren lassen. 30 Min. vor Ende der Schmorzeit des Fleisches den Kohl schmoren.
Den Spitzkohl vierteln oder achteln, anbraten, würzen und mit etwas Brühe ablöschen. Die Gewürze dazugeben und 30 Min. schmoren lassen. Anschließend den Spitzkohl abtropfen lassen. Die Nuß warm stellen, die Sauce passieren und binden.
Zum Servieren die Scheiben von der Nuß auf dem geschmorten Spitzkohl anrichten.

Roulade vom Hirschrücken

Lothar Beck
Stadthotel Patrizier
Schmalkalden

500 bis 600 g ausgelöster Hirschrücken, 150 g Mett für die Füllung, 2 Zwiebeln, 2 Lorbeerblätter sowie ½ Muskatnuß, 2 Nelken, einige Pfefferkörner und Wacholderbeeren, Salz und Pfeffer (gemahlen), 1 Ei, ⅛ l Rotwein, ½ l Brühe (Kalb oder Huhn), 1 TL Tomatenmark, etwas Würzmittel und Mehlbutter.

Den Hirschrücken enthäuten, dann in 4 gleich große Stücke schneiden und mit einem Klopfer vorsichtig etwa 4 mm dick flach klopfen. Das Mett mit dem Ei und den Gewürzen abschmecken, die Rouladen damit bestreichen und einwickeln. Danach zusammen mit der abgezogenen Haut anbraten und gut braun werden lassen.
Nun mit den kleingeschnittenen Zwiebeln und den Gewürzen weiterbraten und mit dem Rotwein sowie der Brühe ablöschen. Dann 30 Min. schmoren lassen. Die Rouladen herausnehmen und die Sauce durch ein Sieb passieren. Anschließend die Sauce mit Mehlbutter binden und abschmecken. Die Rouladen wieder hineinlegen, damit sie bis zum Anrichten heiß bleiben.

Damhirschröllchen mit Torgauer Landschinken

Als Vorspeise für 8 Personen, als Hauptgang für 4 Personen

Thomas Engelmann
Restaurant Apels Garten
Leipzig

800 g Oberschale aus der Damhirschkeule, 100 g durchwachsener geräucherter Landschinken, 2 Schalotten, 1 EL grobkörniger Senf, Salz, weißer Pfeffer, gestoßener Wacholder, etwas Butterschmalz, ¼ l Wildfond zum Angießen.

Sauce:
1 EL Preiselbeeren und 1 EL saure Sahne oder Crème fraîche.

Das Fleisch in etwa 100 g schwere Stücke schneiden und gut klopfen. Mit dem in dünne Scheiben geschnittenen Landschinken belegen und mit den in Würfel geschnittenen und mit Senf vermengten Schalotten bestreichen. Mit Salz, Pfeffer und etwas gestoßenem Wacholder würzen.
Zu 8 kleinen Rouladen wickeln und mit Spießchen feststecken. Im heißen Butterschmalz anbraten, den Wildfond angießen und in der Röhre etwa 60 Min. bei mittlerer Hitze schmoren lassen. Den Bratenfond durchsieben, leicht binden. Die Sauce mit Preiselbee-

ren und saurer Sahne oder Crème fraîche verfeinern.
Serviert man dieses Gericht als Hauptgang, passen als Beilagen gut sächsische Reibekuchen und Apfelrotkohl.

Sauerbraten vom Hirsch in Wacholdersauce, Apfelwirsing, Semmelsoufflé

Christian Heumader
Hotel Sächsischer Hof
Meiningen

Sauerbraten in Wacholdersauce:
½ l Rotwein und ¼ l Sherry-Essig, 8 Wacholderbeeren, 5 Schalotten, 2 Karotten, 1 kg Hirschkeule, Fett zum Braten, 2 EL Tomatenmark, ¼ l Rotwein, Salz, Pfeffer, 1 Zimtstange, 5 Nelken, 5 Pfefferkörner, 1 EL Wacholderbeeren, 5 Lorbeerblätter, Stärkepuder.

Apfelwirsing:
1 Wirsingkopf, 2 Schalotten, 1 Apfel, 2 EL Crème fraîche, 2 EL Butter, ¼ l Sahne.

Semmelsoufflé:
8 Toastbrotscheiben, 3 Eier, Schnittlauch, Salz, Pfeffer, Butter für die Förmchen.

Sauerbraten in Wacholdersauce:
Für die Beize aus dem ½ l Rotwein, dem Sherry-Essig, den Gewürzen, Karotten und Schalotten einen Fond kochen und die Hirschkeule darin beizen. Nach 5 Tagen das Fleisch aus der Beize nehmen und trockenreiben.
Das Fett erhitzen, das Fleisch salzen und im Fett scharf anbraten. Die Karotten und Schalotten von der Beize dazugeben und mit anbraten. Das Tomatenmark einrühren, mit dem ¼ l Rotwein ablöschen. Die übrigen Gewürze dazugeben und etwa 1 Std. garen. Falls nötig, mit etwas Wasser auffüllen. Das fertige Fleisch aus der Sauce nehmen. Die Sauce durch ein feines Sieb passieren und einkochen, dann abschmecken und mit Stärke leicht sämig abbinden.

Apfelwirsing:
Den Wirsing waschen und in grobe Würfel schneiden. Die Butter zerlaufen lassen und die feingehackten Schalotten sowie den in Würfel geschnittenen Apfel glasig schwitzen. Den Wirsing dazugeben und mit Sahne auffüllen. Nach 10 Min. die Crème fraîche unterrühren.

Semmelsoufflé:
Die Toastbrotscheiben entrinden und in Würfel von 1 cm Seitenlänge schneiden. Die Eier trennen. Dann unter die Toastwürfel die Eigelbe mischen, salzen, pfeffern und den Schnittlauch dazugeben. Die Eiweiße steif schlagen und unterheben. Kleine Auflaufförmchen ausbuttern und mit der Masse füllen. Nun die gefüllten Förmchen in ein Wasserbad setzen und im Rohr bei 180 °C etwa 20 Min. pochieren.

Anrichten:
Den Hirschbraten aufschneiden, mit der Sauce überziehen und an den Apfelwirsing anlegen.
Die Förmchen mit dem Semmelsoufflé stürzen und auf die Teller geben.

Hirschragout in Wacholdersauce

Rüdiger Kaufmann
Hotel Thüringer Hof
Eisenach

1 kg Hirschgulasch, 100 g Wacholderbeeren, 2 Lorbeerblätter, 10 Pfefferkörner, ½ l Rotwein, Wildgewürz, etwas Fett, 1 große Zwiebel (in Würfel), Preiselbeersaft oder Preiselbeerkonfitüre, ⅛ l Sahne.

Das Hirschfleisch mit den gestoßenen Wacholderbeeren, Lorbeerblättern und Pfefferkörnern in Rotwein für 2 bis 3 Tage einlegen (Fleisch muß bedeckt sein), herausnehmen und gut abtropfen lassen. Den Rotwein auffangen, das Fleisch im heißen Fett anbraten, die Zwiebelwürfel dazugeben, mit Wildgewürz würzen, mit Wasser aufgießen und zugedeckt weich schmoren.
In der Zwischenzeit den Rotwein aufkochen, den Schaum, der sich bildet, abschöpfen. Den Rotwein zum Ragout dazugeben und vollends weich schmoren, das Fleisch herausnehmen, die Sauce mit Preiselbeersaft oder Preiselbeerkonfitüre verfeinern, dann abschmecken und mit aufgelöster Sahne andicken. Das Fleisch wieder hineingeben.
Auf vorgewärmten Tellern anrichten. Dazu Preiselbeerbirne, Apfelrotkohl und Thüringer Klöße servieren.

Medaillons vom Hirschkalb mit Walnußkruste, Wacholderjus, glacierten Honigmaronen und Selleriepüree

Rainer Behringer
Restaurant Stadtpfeiffer
im Gewandhaus
Leipzig

50 g trockenes Weißbrot, 50 g Walnußkerne, 30 g Butter, Salz, Pfeffer, 600 g parierter Hirschkalbsrücken, in Medaillons geschnitten (3 je Person), Bratbutter, 0,3 l Wildjus, 0,1 l Orangensaft, 2 Schalotten (fein gewürfelt), 1 EL zerdrückte Wacholderbeeren, 2 EL Butter, 4 cl Gin, 50 g kalte Butterwürfel, 12 Maronen (ohne Schale), 1 EL Honig, 0,1 l Wildfond, 400 g Sellerie sowie 0,3 l Sahne und 0,2 l Geflügelbrühe, Salz, Pfeffer, Muskat.

Das Weißbrot mit den Nüssen mixen und mit 30 g Butter sowie Gewürzen vermengen.
Den geputzten, kleingeschnittenen Sellerie mit Sahne und Brühe weich kochen, pürieren, passieren und abschmecken. Die Schalottenwürfel und Wacholderbeeren in Butter anschwitzen, mit Gin und Orangensaft ablöschen, reduzieren, Wildjus zugeben, einkochen, mit kalter Butter aufmontieren, abschmecken. Butter und Honig schmelzen, Maronen und Wildfond zugeben, vollständig einkochen, abschmecken.
Die Medaillons würzen, blutig braten, mit Nußkruste bestreichen, unter dem Grill bräunen, ruhenlassen. Das Selleriepüree mit einem Spritzbeutel in die Mitte der Teller spritzen, die Medaillons im Dreieck setzen, dazwischen Maronen legen, die Sauce um das Fleisch herum angießen.

Hirschkalbshaxe auf geschmortem Gartengemüse

Bild Seite 118

Uwe Belke
Schloßhotel
Bad Köstritz

1 parierte Hirschkalbshaxe, 500 g gehackte Wildknochen, Öl zum Anbraten, 3 geschälte und entkernte Tomaten, ¼ l trockener Rotwein, ¼ l Wildfond, 1 Knoblauchzehe, Thymian sowie Wacholderbeeren, 80 g Karotten, 60 g Staudensellerie, 60 g Frühlingszwiebeln, 30 g Bohnen und 8 grüne Mangoldblätter, etwas Butter.

Die Hirschkalbshaxe und Wildknochen in etwas Öl von allen Seiten anbraten. Die Tomaten hinzufügen, mit Rotwein und Wildfond angießen, die Gewürze und Knoblauchzehe dazugeben und etwa 3 Std. langsam im Ofen schmoren lassen. Die Sauce durch ein Sieb passieren. Das Gemüse zusammen mit der Hirschkalbshaxe etwa 20 Min. weiterschmoren. Die Mangoldblätter in Butter andünsten und dazugeben.
Die Hirschkalbshaxe mit dem Gemüse auf einer Platte anrichten, die Sauce extra reichen und mit Kartoffelpüree, Semmelknödeln oder Klößen servieren.

Rehrücken in der Haselnußkruste mit Preiselbeer-Rotkraut und Schupfnudeln

Gabriele Erdmann
Park-Restaurant Vogelherd
Zerbst

600 g Rehrücken (ausgelöst) sowie 50 g Pflanzenöl, Salz und Pfeffer.

Farce:
200 g Rehschulter, 40 g Speck, Salz, Pfeffer, Wildgewürz, ⅛ l Sahne.

Haselnußkruste:
150 g feingehackte Haselnüsse, 160 g Butter, Salz, Pfeffer, Semmelmehl.

Farce:
Das Rehfleisch und den Speck in Würfel schneiden, würzen und mit der kalten Sahne mischen. Kühl stellen, im Tiefkühler anfrieren lassen und anschließend im Kutter mixen. Den Rehrücken mit Salz und Pfeffer würzen und von allen Seiten nur kurz im heißen Öl anbraten.

Haselnußkruste:
Die Haselnüsse mit der zerlassenen Butter mischen und das Semmelmehl dazugeben. Mit Salz und Pfeffer abschmecken.
Den Rehrücken mit der Farce überziehen und im Ofen bei 200 °C 8 bis 10 Min. braten. Das Fleisch mit der Haselnußkruste bestreichen und unter dem Salamander bräunen.

Preiselbeer-Rotkraut:
800 g Rotkohl, 50 g Gänsefett oder Entenfett, 2 EL Essig, 2 Nelken und 2 Äpfel, 1 Zwiebel, Salz, Pfeffer, Zucker, 40 g Preiselbeeren.

Das gehobelte Rotkraut im Gänse- oder Entenfett anschwitzen. Dann die Apfelstücke, die feingehackten Zwiebeln, Essig, Gewürze sowie heißes Wasser dazugeben und das Kraut zugedeckt gar dünsten. Unter den fertigen Rotkohl die Preiselbeeren geben.

Sauce:
800 g gehackte Rehknochen, etwas Öl, ½ Zwiebel, ½ Karotte, 1 kleine Sellerie, ¼ Stange Lauch, 1 TL Tomatenmark, 10 Wacholderbeeren sowie 1 kleine Knoblauchzehe und 1 Glas Rotwein.

Die Knochen in einem Bräter mit ein wenig Öl bei mittlerer Hitze langsam bräunen. Das geschnittene Gemüse dazugeben und mitrösten. Die Knoblauchzehe, das Tomatenmark sowie die Wacholderbeeren hinzufügen und ebenfalls anbraten. Mit dem Rotwein ablöschen, mit Wasser bedecken und für 1 Std. leicht köcheln lassen. Dabei laufend abschäumen. Den Wildfond durch ein Sieb gießen und entfetten.

Rezept Seite 120: Gefülltes Damhirschsteak mit glacierten Schattenmorellen
Jens Kleiber, Berg- und Jagdhotel Gabelbach, Ilmenau

Schupfnudeln:
400 g mehligkochende Kartoffeln, 1 Ei, 3 EL Mehl, 3 EL Grieß, Salz, Muskat, etwas Butter.

Die pürierte Kartoffelmasse mit dem Ei, Mehl, Grieß und den Gewürzen zu einem Teig verkneten. 1 Std. im Kühlschrank ruhenlassen. Den Kartoffelteig mit bemehlten Händen walzen. Hieraus 5 cm lange fingerdicke Nudeln formen. Die Nudeln in heißes Salzwasser geben und kurz aufkochen lassen. Mit einer Schaumkelle herausheben und abtropfen lassen. Die Butter in einer Pfanne zerlassen, die Nudeln hineingeben und unter Schwenken etwas anbräunen lassen.
Den Rehrücken am besten mit dem elektrischen Messer in Scheiben schneiden, auf vorgewärmten Tellern anrichten, die Sauce getrennt dazu reichen.
Mit Preiselbeeren und Schupfnudeln servieren.

Rehnüßchen im Blätterteigsack mit Rosmarin

Helmut Streller
Restaurant Villa Posthof
Chemnitz

1 Rehrücken (Fleischanteil etwa 600 g), möglichst frisch, 1 Thymianzweig, 2 EL frische Rosmarinnadeln, 4 Lagen Blätterteig, 4 zerdrückte Wacholderbeeren, Olivenöl, Salz, Pfeffer.

Den ausgelösten und parierten Rehrücken in 8 gleich große Stükke schneiden, salzen, pfeffern und bei starker Hitze im Olivenöl und mit einem Teil des Rosmarins ganz kurz anbraten.

Den Blätterteig dünn ausrollen, 8 gleich große Vierecke schneiden und die Rehnüßchen (wie ein Taschentuch) einschlagen. Vor dem Einwickeln die restlichen gehackten Rosmarinnadeln, die Wacholderbeeren und den zerkleinerten Thymian dazugeben.
Das Ganze etwa 20 Min. im Backofen bei 200 °C backen. Dazu schmeckt eine Johannisbeer-Pilz-Sauce.

Rehrücken mit Pistazien auf Pilzragout und Portweinsauce

Uwe Belke
Schloßhotel
Bad Köstritz

Rehjus:
1 kg kleingehackte Rehknochen und 600 g ausgelöster Rehrücken, 100 g Zwiebeln, 50 g Lauch, 100 g Knollensellerie (gewürfelt), 2 Tomaten, 20 g Tomatenmark und 2 Thymianzweige, 2 Rosmarinzweige, Wacholderbeeren, ½ l Rotwein, 4 cl Portwein, 1 Knoblauchzehe, etwas Butter, Pistazien, Öl, Salz, Pfeffer.

Pilzragout:
400 g Pilze (z. B. Steinpilze, Maronen, Pfifferlinge, Birkenpilze, Butterpilze), etwas Butter, Salz und Pfeffer, Zitronensaft, 2 EL Crème double.

Rehjus:
Die Knochen im Öl anbraten, das Gemüse hineingeben und schön anrösten, die Tomaten sowie das Tomatenmark zufügen, mit Rotwein ablöschen, das Ganze dreimal wiederholen, dann mit dem restlichen Rotwein und Wasser auffüllen, die Wacholderbeeren und das Gemüse zugeben und 3 Std. langsam kochen lassen, durch ein Sieb passieren.
Den Rehrücken mit Salz und Pfeffer würzen, im Öl anbraten und mit den Thymian- und Rosmarinzweigen und der Knoblauchzehe etwa 12 Min. bei 180 °C im Ofen braten und danach etwa 5 Min. ruhenlassen.
Den Bratensatz in der Pfanne mit dem Lauch, Portwein sowie der Rehjus ablöschen, einkochen und passieren. Die Pistazien zugeben und mit kalter Butter binden.

Pilzragout:
Die Pilze putzen, in Scheiben schneiden, in Butter sautieren, mit Salz, Pfeffer sowie Zitronensaft würzen, die Crème double dazugeben und kurz aufkochen.

Anrichten:
Die Pilze auf der Mitte der Teller verteilen, den Rehrücken tranchieren, darauf setzen und die Sauce mit den Pistazien ringsherum verteilen.

Beilage:
Apfelgratin, Kartoffelplätzchen.

Rehnüßchen auf Quittenragout

Wolfgang Riemhofer
Landhotel Baumwiese
Boxdorf

Rehnüßchen:
1 Rehrücken am Knochen sowie 60 g Bratfett, 200 g Zwiebeln und je 100 g Karotten, Sellerie sowie Lauch, 1 EL Tomatenmark, 0,5 l Rotwein, Lorbeer, Wacholder, Pfefferkörner, 1 Thymianzweig, Salz, 0,2 l Sahne, 80 g Butterschmalz.

Quittenragout:
600 g reife Quitten, 60 g Zucker, 0,2 l Gewürztraminer, 100 g But-

ter, 1 Prise Salz, Pfeffer aus der Mühle.

Rehnüßchen:
Den Rehrücken auslösen, von Fett und Sehnen befreien und kühl stellen. Die Knochen in walnußgroße Stücke hacken und im Bratfett zusammen mit den Sehnen und dem Rückenfett anbraten. Die Zwiebeln, Karotten, den Sellerie und Lauch hineingeben und kräftig anrösten. Das Tomatenmark dazugeben und kurz anschwitzen lassen. Mit der Hälfte des Rotweins ablöschen. Die Gewürze hinzufügen und einkochen lassen. Mit dem restlichen Rotwein auffüllen und etwa 20 Min. kochen lassen. Danach durch ein Sieb passieren, mit der Sahne angießen und auf kleiner Flamme kochen lassen. Eventuell noch einmal nachwürzen.
Den Rehrücken in Medaillons schneiden, würzen und im Butterschmalz bei mittlerer Hitze von beiden Seiten anbraten. Die Rehnüßchen sollten nicht durchgebraten sein.

Quittenragout:
Die Quitten in kochendem Wasser blanchieren und in Eiswasser abschrecken. Danach die Haut abziehen, halbieren und das Kerngehäuse entfernen. In einem Topf den Zucker hellbraun karamelisieren, mit Gewürztraminer ablöschen und die Quitten hineingeben. Einkochen lassen und zum Schluß die Butter unterrühren. Mit der Prise Salz und frischem Pfeffer leicht würzen.

Anrichten:
Auf den Tellern einen Saucenspiegel ziehen, das Quittenragout in der Mitte anrichten und die Nüßchen außenherum legen.
Sehr gut passen hierzu auch Spätzle, in Butter geschwenkt, oder Kartoffelravioli mit einer Steinpilzfüllung.

Medaillons vom Maibock mit Preiselbeer-Birnen-Konfit und Kartoffelkrapfen

Bild Seite 126

Steffen Jack
Landhotel Baumwiese
Boxdorf

Medaillons:
750 g Rehrücken (geputzt), Salz, Pfeffer aus der Mühle, etwas Mehl, 100 g Bratfett.

Preiselbeer-Birnen-Konfit:
2 Schalotten, 100 g Butter, 4 Birnen, 250 g Preiselbeeren, 0,1 l Rotwein, Salz, Pfeffer, 2 cl Portwein, 10 g frischer Thymian.

Kartoffelkrapfen:
1/8 l Wasser, 10 g Butter, 1 Prise Salz, 75 g Mehl, 2 Eier, 500 g gekochte, geschälte Kartoffeln, 0,2 l Öl zum Ausbacken.

Medaillons:
Den Rehrücken in Medaillons zu je etwa 90 g schneiden. Salzen, pfeffern und im Mehl leicht wenden. Eine Pfanne erhitzen, das Bratfett dazugeben und die Medaillons von allen Seiten scharf anbraten. In einem vorgeheizten Backrohr bei 200 °C 8 Min. ziehen lassen.

Preiselbeer-Birnen-Konfit:
Die Schalotten schälen, halbieren und in Butter glasig dünsten. Die Birnen achteln, die Kerngehäuse und die Schalen entfernen, in dünne Scheibchen schneiden und zu den Schalotten geben. Kurz mit anschwitzen, die Preiselbeeren hineingeben und mit dem Rotwein ablöschen. Einkochen lassen, würzen, mit dem Portwein verfeinern und zum Schluß die Thymianblätter dazugeben.

Kartoffelkrapfen:
Das Wasser mit der Butter und der Prise Salz aufkochen lassen. Das gesiebte Mehl auf einmal in das Wasser schütten und so lange rühren, bis sich auf dem Boden des Topfes ein weißer Belag gebildet hat. Den Teigkloß in eine kalte Schüssel geben, dann nach und nach die Eier unterarbeiten. Die Kartoffeln durch eine Presse drükken und unter die Masse heben. Gut würzen und mit zwei Löffeln Nocken abstechen. Diese im heißen Öl goldgelb backen.

Rotkohlroulade mit Rehfüllsel

Herbert Frauenberger
Hotel Frauenberger
Tabarz

1 Kopf Rotkohl, 300 g Rehschulter, 100 g fetter Speck, 100 g Pfifferlinge oder andere Waldpilze, 1/4 l Demiglace oder Bratensauce, 1/4 l trokkener Rotwein, 2 Toastbrotscheiben, 0,1 l Milch, 1 mittelgroße Zwiebel, 1 Ei, 100 g Preiselbeeren (aus der Konserve), 4 cl Kirschlikör sowie 50 ml Speiseöl, Salz, Pfeffer, Thymian und Essig.

Den Rotkohl putzen, den Strunk entfernen und den Kopf wie für die Zubereitung von Kohlrouladen in sprudelndem Salzwasser garen, so daß sich die Blätter lösen. Dem durch den Wolf gedrehten Wildfleisch feine, in kochendem Wasser kurz überbrühte Speckwürfel dazugeben sowie die gehackten Pilze und das zuvor in lauwarmer Milch eingeweichte und wieder ausgedrückte Toastbrot.
Die Zwiebel in feine Würfel schneiden und ebenfalls der Fleischmasse beigeben. Gut vermengen, mit Salz, Pfeffer und etwas Thymian würzen. Gegebenenfalls nach Geschmack noch etwas Knoblauch dazugeben.

1679

Nun die Rotkohlblätter auf einem Küchentuch portionsweise von außen nach innen schichten – jeweils 2 bis 3 Blätter pro Roulade. Die Füllung vierteln und jeweils auf die Mitte der Blätter geben.
Die Blätter von den Seiten her überklappen, das Tuch wie einen Pilz zusammendrehen und fest verschließen. So wird der Rotkohlroulade die richtige Form gegeben. Die Rouladen im heißen Öl rundrum anbraten. Den Bratensatz mit dem Rotwein ablöschen und mit der Bratensauce auffüllen. Die Rouladen bei geschlossenem Deckel etwa 40 Min. garen, anschließend herausnehmen und warm stellen.
Die Sauce mit den Preiselbeeren sowie dem Kirschlikör verkochen und mit 1 Spritzer Essig abrunden. Nach Belieben kann die Sauce auch noch mit etwas angerührtem Stärkepulver gebunden werden.
Zur Rotkohlroulade paßt am besten Kartoffelpüree.

Wildschweinrücken mit Walnußkruste

Michael Seidel
Restaurant Hammerklause
Plauen

800 g Wildschweinrücken, Salz, Pfeffer, Rosmarin, Thymian, 2 Eier und 30 g gehackte Walnüsse sowie 150 g Räucherspeck, 1 gut gewässertes Schweinenetz, 60 g Schweineschmalz, 0,2 l Rotwein.

Den Wildschweinrücken enthäuten und entsehnen, mit Salz, Pfeffer, Rosmarin sowie Thymian würzen.
Die Eier schaumig schlagen, die gehackten Walnüsse zugeben und den Wildschweinrücken darin wälzen. Dünn geschnittene Speckscheiben um den Braten legen und alles straff in das Schweinenetz wickeln. Im Schweineschmalz etwa 15 bis 20 Min. braten. Dabei ständig mit Bratensaft begießen. Den Braten aus dem Bräter nehmen und warm stellen, den Fond mit dem Rotwein ablöschen, etwas Wasser angießen und aufkochen lassen.
Den Braten in Scheiben schneiden, auf den Tellern anrichten und mit der Sauce übergießen.
Dazu Rosenkohl und eingeschnittene Klöße (siehe S. 159) reichen.

Wildschweinkeule in Sauerkirschsauce

Für 6 bis 8 Personen

Rüdiger Kaufmann
Hotel Thüringer Hof
Eisenach

1 bis 1½ kg Wildschweinkeule (ohne Knochen), 1 Zwiebel, ¼ Sellerieknolle und 1 Karotte, ½ Stange Lauch, Wildgewürz sowie Bratfett, 1 Glas Sauerkirschen, 4 EL Stärke, ¼ l Rotwein.

Die Wildschweinkeule mit der Wildgewürzmischung (Feinkosthandel) einreiben und im heißen Fett anbraten. Die Zwiebeln, Sellerie und Karotten, alles geschnitten, unterheben, kurz mitrösten, mit Wasser aufgießen, den Lauch dazugeben und zugedeckt gar schmoren lassen.
Die Wildschweinkeule herausnehmen, die Sauce abschmecken, eventuell nochmals einkochen lassen, den Rotwein dazugießen und die Sauce mit der aufgelösten Stärke andicken. Die Sauerkirschen mit Saft in einen Topf geben, aufkochen und mit aufgelöster Stärke abbinden.
Die Wildschweinkeule aufschneiden, auf Teller legen, die Sauce darübergeben und obenauf die angedickten Sauerkirschen legen.
Dazu Mandelbällchen reichen.

Geschmorte Wildschweinkeule in Buttermilchsauce mit Backpflaumen und Blaukraut

Bild Seite 129

Günther Ulrich
Hotel Gothisches Haus
Wernigerode

Wildschweinkeule:
1 kg Wildschweinkeule, ½ l Buttermilch, ½ l Rotwein, 1 Lorbeerblatt, 5 Pfefferkörner, 5 Wacholderbeeren, 1 Wurzelwerk, Salz und Pfeffer, 30 g Majoran, Bratfett, 1 EL Tomatenmark, etwas Mehl, 150 g Backpflaumen.

Die vorbereitete Wildschweinkeule 2 bis 3 Tage in einer Marinade aus Buttermilch und Rotwein mit Lorbeerblatt, Pfefferkörnern, Wacholderbeeren, Majoran sowie geputztem Wurzelwerk ziehen lassen. Dann herausnehmen, abtrocknen, salzen und pfeffern.
Im heißen Fett im Backofen bei guter Mittelhitze kräftig anbraten, das Tomatenmark zugeben, mit anrösten und mit etwas Marinade ablöschen. Diesen Vorgang öfter wiederholen. Zuletzt die restliche Marinade zugießen und zugedeckt etwa 1½ Std. schmoren lassen. Nach Bedarf kann Fleischbrühe oder Rotwein zugefügt werden. Die Sauce passieren und mit Mehl binden. Die eingeweichten Backpflaumen in die Sauce geben und kurz durchkochen lassen.

Blaukraut mit Tannenhonig:
800 g Rotkraut, Salz, 4 EL Zucker,

Rezept Seite 125: Medaillons vom Maibock mit Preiselbeer-Birnen-Konfit und Kartoffelkrapfen
Steffen Jack, Landhotel Baumwiese, Boxdorf

6 EL Essig, 200 g Äpfel (in kleine Stücke geschnitten), 50 g Speck, 3 EL Waldhonig, 1 EL Stärkemehl, etwas Zimt.

Das feinstreifig geschnittene Rotkraut in ¼ l mit Salz, Zucker und Essig aufgekochtes Wasser geben und zugedeckt halbgar dünsten.
Die Apfelstückchen unterrühren, den gut ausgelassenen Speck und Waldhonig hinzugeben, fertiggaren und am Schluß mit Stärkemehl binden. Zuletzt mit Zimt abschmecken.

Geschnetzeltes vom Wildschwein mit Lauch und Trauben

Wolfgang Riemhofer
Landhotel Baumwiese
Boxdorf

600 g Wildschweinfleisch (Rücken oder Keule), 2 EL Gin, 4 Schalotten, 2 Stangen Lauch, 200 g blaue Weintrauben, 100 ml Sahne, 2 EL Crème fraîche, 200 ml Wildfond, Salz, Pfeffer, etwas Bratfett.

Das Fleisch von Fett und Sehnen befreien und in Streifen schneiden. Mit dem Gin marinieren und 1 Std. ziehen lassen. Die Schalotten schälen und in feine Würfel schneiden. Den Lauch der Länge nach halbieren, waschen und in Streifen schneiden. Dann die Weintrauben halbieren und die Kerne entfernen.
Das Fleisch mit Salz sowie Pfeffer würzen und in einer Pfanne im Fett scharf anbraten. Die Schalotten, den Lauch und die Weintrauben dazugeben und kurz mit anziehen. Mit dem Wildfond aufgießen und etwas einkochen lassen. Die Sahne und Crème fraîche hineinrühren und noch einmal abschmecken.
Mit Kräutern garnieren.

Moritzburger Frischlingskeule in Schwarzbier-Sauce mit Steinpilz-Rosenkohl-Gemüse und böhmischen Knödeln

Jens Michel
Restaurant Schloßallee
Moritzburg

Frischlingskeule:
1 Frischlingskeule von etwa 1,2 kg (mit Knochen), 1 TL Rosmarin (ganz), 8 Wacholderbeeren (leicht zerdrückt), 0,3 l Schwarzbier, Salz, Pfeffer, 50 ml Öl, 200 g Zwiebeln, 100 ml saure Sahne und 20 g Butter sowie 30 g Mehl, zu Mehlbutter verknetet.

Steinpilz-Rosenkohl-Gemüse:
600 g Rosenkohl, 200 g Steinpilze, 40 g Butter, 20 g gehackte Zwiebeln, Salz, Pfeffer, 1 TL Estragon (frisch), 1 TL Estragon (gehackt), 1 TL Zucker, 1 Msp. Muskatnuß.

Böhmische Knödel:
1 kg Weizenmehl sowie 35 g Hefe, 0,5 l Milch, Salz, 3 Eier, Muskat, 300 g Weißbrot.

Frischlingskeule:
Die Keule von den Knochen befreien. Die Knochen hacken und zusammen mit der Keule, dem Rosmarin und den Wacholderbeeren für 1 bis 2 Tage in das Schwarzbier legen. Anschließend die Keule würzen und mit den Knochen im Öl scharf anbraten. Die Zwiebeln anrösten, die Schwarzbiermarinade angießen und bei 160 °C im Rohr abgedeckt in etwa 1½ Std. fertiggaren. Dabei ab und zu wenden.
Die Keule herausnehmen, warm stellen, den Fond passieren, mit Mehlbutter binden und mit der sauren Sahne vollenden. Die Keule tranchieren, mit der Sauce übergießen und mit dem Rosenkohl-Steinpilz-Gemüse anrichten. Böhmische Knödel extra reichen.

Steinpilz-Rosenkohl-Gemüse:
Den Rosenkohl sorgfältig putzen, am Blattansatz leicht kreuzförmig einritzen, um ein gleichmäßiges Garen zu erzielen. In Salzwasser mit Zucker und Muskatnuß bißfest kochen. Die Butter in einer Sauteuse auslassen, die Zwiebelwürfel glasig anschwitzen, die geputzten, gewaschenen und in Stükke geschnittenen Steinpilze darin etwa 2 Min. garen, würzen, den Rosenkohl dazugeben, zusammen in 1 Min. fertiggaren. Mit Estragon vollenden.

Böhmische Knödel:
Aus Mehl, Hefe, Milch, Salz, Eiern und Muskat einen Hefeteig herstellen, die Weißbrotwürfel untermengen, gehen lassen. Knödel formen (möglichst mit glatter Oberfläche) und gehen lassen. Die Knödel dämpfen oder in siedendem Salzwasser gar ziehen.

Wildschweinragout mit Austernpilzen

Lutz Kuhnert
Steigenberger Hotel Dessau
Dessau

600 g Wildschweinrücken (ohne Knochen) und 500 g Austernpilze, 1 Zwiebel sowie 1 Knoblauchzehe, 200 g Butterfett, Salz und Pfeffer, 0,5 l Rotwein, 0,25 l Sahne sowie 4 Rosmarinzweige.

Rezept Seite 127: Geschmorte Wildschweinkeule in Buttermilchsauce mit Backpflaumen und Blaukraut
Günther Ulrich, Hotel Gothisches Haus, Wernigerode

Den Wildschweinrücken in Streifen schneiden (etwa 1 auf 5 cm). Die Austernpilze in große Stücke schneiden. Die Zwiebel schälen und in Ringe schneiden. Die Zwiebelringe und die feingehackte Knoblauchzehe goldgelb im Butterfett braten, die Wildschweinstreifen dazugeben und gut durchbraten. Mit Salz sowie Pfeffer würzen und mit dem Rotwein aufgießen. Etwas einkochen lassen. Die Austernpilzstücke und die Sahne dazugeben, einkochen lassen, bis die Sahne abbindet. Mit Salz und Pfeffer nachschmecken. Das Wildschweinragout mit Spätzle oder Reis servieren und mit je 1 Rosmarinzweig garnieren.

Wildhasenrücken mit Holundersauce und Kartoffelnudeln

Torsten Hache
Restaurant Pagenhaus
Schloß Friedenstein
Gotha

Wildhasenrücken
mit Holundersauce:
4 Wildhasenrücken, 100 g eingemachte Holunderbeeren, 100 ml Portwein sowie 100 ml Rotwein, 1 EL Tomatenmark, ½ Stange Lauch, ¼ Sellerie, 2 Karotten, 2 Zwiebeln, 4 Wacholderbeeren, 1 Lorbeerblatt, 1 Knoblauchzehe, etwas Rosmarin, Butter und etwas Bratfett.

Die Hasenrücken auslösen und die Karkassen (Knochen) kleinhacken. Die Knochen in einem Bräter anbraten, die gehackten Zwiebeln, Lauch, Sellerie, Möhren sowie das Tomatenmark hineingeben und alles durchrösten. Mit Portwein und Rotwein ablöschen, die Gewürze dazugeben und mehrmals einkochen. Danach mit Wasser auffüllen. Alles passieren und etwa 2 Std. kochen. Der reduzierten Jus die Holunderbeeren hinzugeben und mit Butter aufmontieren. Die Hasenrücken würzen, im Fett anbraten, die Hitze reduzieren und fertiggaren.

Kartoffelnudeln:
380 g weichgekochte Kartoffeln, 25 g braune Butter, 20 g Grieß, 50 g Mehl, 2 Eigelb, Salz, Muskat.

Die Kartoffeln durch ein Sieb streichen. Die restlichen Zutaten zu den Kartoffeln geben und mit Salz sowie Muskat abschmecken. Die Masse zwischen den Handflächen zu länglichen Nudeln formen. Diese in kochendes Wasser geben, bis sie oben schwimmen, und danach in Butter braten.
Mit den Kartoffelnudeln auf 4 Tellern anrichten.

Lausitzer Hasenrücken mit glacierten Kirschen und Wacholdersauce

Frank Bidlingmaier
Hotel Bülow Residenz
Dresden

2 Hasenrücken zu je etwa 550 bis 600 g, etwas Öl, ½ l Wildfond, 10 Wacholderbeeren, 1 Lorbeerblatt, 10 Pfefferkörner, 2 Zwiebeln, 1 Karotte sowie 50 g Sellerie und 1 TL Tomatenmark, ½ l Rotwein, 2 cl Gin, 50 g Butter, 250 g entsteinte Kirschen und 30 g Zucker, 2 cl Kirschwasser, Salz sowie Pfeffer aus der Mühle.

Die Hasenfilets auslösen, die Knochen in 5 cm große Stücke hakken, in einem Topf im Öl anbraten, bis eine dunkelbraune Farbe erreicht ist.
Die Zwiebeln, Karotte und den Sellerie in 2 cm große Würfel schneiden, zu den Knochen geben und mitanrösten, das Tomatenmark kurz mitrösten (etwa 2 bis 3 Min.), anschließend mit Rotwein ablöschen. Die Wacholderbeeren sowie die Pfefferkörner zerstoßen und dazugeben, ebenso das Lorbeerblatt. Mit dem Wildfond auffüllen und etwa 1 Std. köcheln lassen.
Die Hasenfilets mit Salz und Pfeffer würzen. In einer Pfanne in Butter etwa 2 Min. von jeder Seite braten und danach noch kurz ruhenlassen.
Die Kirschen in einem Topf mit der Butter und dem Zucker glacieren, mit Rotwein und Kirschwasser ablöschen und reduzieren. Mit Pfeffer aus der Mühle würzen.

Anrichten:
Die Hasenfilets aufschneiden, in der Mitte der Teller anrichten. Die Kirschen um die Hasenfilets verteilen. Passierte Sauce mit Gin sowie Butterflöckchen verfeinern und um die Hasenfilets geben.
Als Beilagen eignen sich Rosenkohl und Schupfnudeln oder Spätzle.

Roulade aus der Hasenkeule mit Nuß-Pilz-Füllung

Thomas Engelmann
Restaurant Apels Garten
Leipzig

4 Hasenkeulen zu je 200 g und 40 g fetter Speck, 80 g kleine Pfifferlinge sowie 40 g Schalotten, 80 g gehackte Nüsse (Hasel-/Walnuß), 1 Eigelb, 1 EL feines Semmelmehl, 2 EL Sahne (30 %), Salz, Pfeffer, gestoßener Wacholder, Butterschmalz zum Anbraten, brauner Fond zum Aufgießen.

Die Hasenkeulen komplett auslösen und flach klopfen. Mit Salz, Pfeffer und Wacholder würzen. Aus dem in Würfel geschnittenen Speck, den Schalotten, Pfifferlingen, Nüssen, Eigelb, Sahne und dem Semmelmehl eine Masse herstellen. Diese auf das Hasenkeulenfleisch auftragen. Die Keulen zu einer Roulade aufrollen und binden. Im heißen Butterschmalz anbraten, mit braunem Fond aufgießen und in der Röhre fertiggaren. Die Sauce durchseihen und leicht binden.
Die Roulade mit Ananasrotkohl und Kartoffelrosetten servieren.

Gefüllte Fasanenbrust im Parmaschinkenmantel mit Balsamico-Sauce und Gemüselinsen

Rainer Behringer
Restaurant Stadtpfeiffer
im Gewandhaus
Leipzig

4 Fasanenbrüste, Bratbutter, 4 schöne Scheiben Parmaschinken, 1 gut gewässertes Schweinenetz (vom Metzger), 8 schöne, blanchierte Spinatblätter, 300 g Waldpilze (je nach Saison), 1 EL Knoblauchöl, 1 EL gehackte Petersilie, Salz, Pfeffer, 0,1 l Orangensaft, 0,3 l Wildjus, 1 EL Zucker, 3 EL Balsamico-Essig, 50 g kalte Butterwürfel, 150 g Puy-Linsen, je 2 EL Karotten-, Sellerie- und Lauchwürfel (in der Größe der Linsen), 30 g Butter, Salz, Pfeffer, Muskat.

Die Fasanenbrüste kurz auf beiden Seiten anbraten, würzen, eine Tasche schneiden. Die Pilze putzen und waschen, grob schneiden, im Knoblauchöl anschwitzen, abschmecken, abkühlen, die Petersilie dazugeben. Die Spinatblätter in die Taschen einlegen, mit den Pilzen füllen, die Brüste in den Parmaschinken, anschließend in das Schweinenetz einwickeln. Etwa 10 Min. bei 180 °C im Ofen bakken, dann ruhenlassen.
Den Zucker karamelisieren lassen, mit Balsamico-Essig ablöschen, fast vollständig einkochen, den Orangensaft hineingießen, einkochen, die Wildjus zugeben, um 1/3 reduzieren, mit Butter aufmixen und abschmecken.
Die Linsen in Salzwasser kochen, abgießen, mit dem Gemüse in Butter anschwenken und dann abschmecken.
Die Linsen in die Mitte der Teller setzen, die Brüste in 3 Teilen darauf legen, die Sauce um die Linsen herum angießen.

Fasanenbrust, mit Gamiger Ziegenkäse gefüllt, Spinatsalat mit Orangenfilets

Reinhard Lämmel
Königliche Schloßküche
Weesenstein

4 Fasanenbrüste mit Flügelknochen, 200 g Ziegenfrischkäse, 8 Salbeiblätter, 3 EL Walnußöl, Pfeffer, Salz, 1 EL Butter, 200 ml dunkler Geflügelfond, 1 TL Weizenstärke, 160 g junger Blattspinat, die Filets von 2 mittelgroßen Orangen, 2 Weißbrotscheiben (ohne Rinde, in kleine Würfel geschnitten) und 2 EL Walnußöl, ½ zerdrückte Knoblauchzehe, 1 TL milder Himbeeressig sowie 1 TL Butter.

In die Fasanenbrüste jeweils eine Tasche schneiden, leicht pfeffern, salzen und mit dem Ziegenfrischkäse und den Salbeiblättern füllen. Die Taschen mit Holzstäbchen (Zahnstocher) verschließen.
Die Fasanenbrüste im heißen Walnußöl braten. Anschließend zur Geschmacksverbesserung in zerlassener Butter wenden. Für die Sauce den Fond auf 1/3 reduzieren und leicht mit der Weizenstärke binden.
Für den Spinatsalat die Spinatblätter waschen, entstielen und in grobe Stücke schneiden. Dann mit den Orangenfilets, dem Himbeeressig und 2 EL Walnußöl mischen. Die Butter in einer Pfanne auslassen, den Knoblauch dazugeben, die Weißbrotwürfel in der Butter goldgelb braten und danach auf Küchenkrepp abtrocknen. Die noch warmen Weißbrotwürfel auf den Spinatsalat geben.
Beim Servieren die Fasanenbrust anschneiden, mit der Sauce überziehen, den Salat extra reichen.

Gefüllte Fasanenbrust mit Gänsestopfleber und Portweinsauce

Bild Seite 132

Ralf J. Kutzner/
Frank Bidlingmaier
Hotel Bülow Residenz
Dresden

4 Fasanenbrüste zu je 150 bis 180 g, 80 g Geflügelfarce, 80 g Gänseleber, 1 Schweinenetz (gut gewässert) und ¼ l Geflügeljus sowie 0,1 l Portwein, 20 g Butter, Salz, Pfeffer.

In die Fasanenbrüste eine Tasche einschneiden und aufklappen. Die Brüste dünn mit Geflügelfarce bestreichen, je 1 Gänseleberstück (20 g) in die Mitte legen und

dann die Brust wieder zusammenklappen. In Klarsichtfolie einpakken und kühlen. Das Schweinenetz (24 Std. gewässert) auf einem Geschirrtuch auslegen, die Geflügelfarce dünn aufstreichen (in Größe eines Rechtecks von 10 mal 15 cm). Die Brust darauf legen und straff in das Schweinenetz einschlagen. Anschließend 1 bis 2 Std. kühlen. Dann im Ofen bei 180 °C von allen Seiten anbraten. 8 Min. garen und 10 Min. in der Nähe des Herdes ruhenlassen.
Den Portwein auf die Hälfte reduzieren, Geflügeljus zugeben, abschmecken, die Butter unterrühren. Die Brust mit dem Elektromesser in der Mitte schräg halbieren, auf Tellern anrichten, mit Sauce umgießen und servieren.
Als Beilagen empfehlen sich besonders junge Gartengemüse und Schupfnudeln.

Wildentenbrust auf Rosenkohlblättern mit Pilzravioli

Torsten Hache
Restaurant Pagenhaus
Schloß Friedenstein
Gotha

210 g Mehl, 120 g Grieß, 2 Eier, 100 g Champigons, 100 g Shiitakepilze, 100 g Austernpilze und 100 g Pfifferlinge, 1 EL Butter, etwas Thymian, 2 Eigelb, Salz, Muskat, 4 Wildentenbrüste, Rosmarin und Bratfett, 100 ml Jus, 50 g kalte Butter sowie 200 g Rosenkohl, etwas Nußöl, Salz und Pfeffer.

Aus dem Mehl, dem Grieß und den Eiern einen Nudelteig herstellen. Den Teig etwas ruhenlassen. Alle Pilze in Würfel schneiden und in Butter mit dem Thymian andünsten. Kühl stellen.
Den Nudelteig ausrollen und kleine Pilzhäufchen darauf verteilen. Den Teig mit den Eigelben bestreichen, ausstechen und in Salzwasser garen. Die Entenbrüste salzen, pfeffern und mit Rosmarin anbraten. Dann aus der Pfanne nehmen und warm stellen. Den Bratenfond mit Jus ablöschen und mit kalter Butter aufmontieren.
Den Rosenkohl zerpflücken und im Nußöl anschwenken, dann würzen. Die Brüste längs aufschneiden und zusammen mit den Pilzravioli auf dem Rosenkohl anrichten.

Salmi von der Wildente mit Steinpilzen

Mario Pattis
Romantik Hotel &
Restaurant Pattis
Dresden

200 ml Geflügelfond, 200 ml Wildfond und 10 ml Portwein sowie 400 g Wildentenbrüste, 20 ml Erdnußöl, 1 Schalotte, 30 g Butter, 150 g Weintrauben, 10 g Pistazien, 200 g Steinpilze, 50 g Champignons, 50 g Pfifferlinge, 40 ml Cognac, 1 EL Preiselbeergelee sowie ½ Bd. Kerbel, Salz und Pfeffer.

Den Geflügelfond mit dem Wildfond und dem Portwein auf ¼ reduzieren.
Die Entenbrüste mit Salz und frischem Pfeffer einreiben und bei kleiner Hitze in dem Erdnußöl auf der Hautseite etwa 12 Min. braten, die Pfanne vom Herd nehmen, wenden und das Fleisch ruhenlassen.
Die Pilze gründlich putzen und waschen, dann die Schalotte in kleine Würfel schneiden. Die Weintrauben vierteln, und den Kerbel fein hacken. Die Butter auslassen, die Schalottenwürfel anschwitzen und die Champignons mit den Pfifferlingen sowie den halbierten Steinpilzen anschwenken. Den gehackten Kerbel mit den Pistazien und den geviertelten Weintrauben dazugeben und mit dem Cognac flambieren.
Den reduzierten Saucenfond hinzufügen und das Preiselbeergelee einrühren. Die noch relativ rohen Entenbrüste in Tranchen schneiden, mit dem Pilzragout kurz durchschwenken, sofort anrichten und servieren.

Gebratene Wachtel auf Linsengemüse

Jens Kleiber
Berg- und Jagdhotel Gabelbach
Ilmenau

400 g Linsen, 4 Wachteln sowie 80 g Butter, 5 Wacholderbeeren, Salz und Pfeffer, 5 Lorbeerblätter, 2 Schalotten, 100 g Wurzelgemüse, ¼ l Rotwein, 80 g Frühstücksspeck, geriebene Muskatnuß.

Die Linsen in reichlich Wasser 1 Std. einweichen. Inzwischen die Wachteln auslösen. Die Keulen sollen vollständig erhalten bleiben. Die Wachtelkarkassen mit dem Wurzelgemüse in etwas Butter anbraten und mit dem Rotwein ablöschen.
Die Lorbeerblätter, Wacholderbeeren, Salz sowie Pfeffer dazugeben und etwa 2 Std. leicht kochen lassen. Die ausgelösten Wachteln mit dem Frühstücksspeck umwikkeln und würzen. Die Linsen in Salzwasser nicht ganz weich kochen und abschrecken. Die Schalotten in Würfel schneiden, in Butter andünsten, dann die Linsen hineingeben und mit Salz

Rezept Seite 131: Gefüllte Fasanenbrust mit Gänsestopfleber und Portweinsauce
Ralf J. Kutzner/Frank Bidlingmaier, Hotel Bülow Residenz, Dresden

sowie geriebener Muskatnuß abschmecken.
Die Wachteln in Butter langsam braten. Dabei öfters mit dem Fond übergießen. Die gebratenen Wachteln auf dem Linsengemüse anrichten und mit dem Wachtelfond servieren.

Mit Lebermousse gefüllte Wachtel auf Selleriepüree

Helmut Streller
Restaurant Villa Posthof
Chemnitz

60 g Kaninchenleber, 40 g Kalbfleisch, 5 dl Sahne, 4 cl trockener Sherry, Salz, Pfeffer, geröstete Pinienkerne, 8 küchenfertige Wachteln, 50 g Butterschmalz, 1 Rosmarinzweig, 1 Bd. Wurzelgemüse (Karotten, Schalotten, Bleichsellerie, Petersilienwurzeln, Liebstöckel), etwas Olivenöl, 1 Lorbeerblatt, 1 dl Dornfelder Rotwein, 1 l Geflügelbrühe, 2 Strauchtomaten und 20 g Butter.

Lebermousse:
Die Kaninchenleber und das Kalbfleisch durch den Wolf drehen. Dann mit der Sahne, dem Sherry, Salz und Pfeffer sowie den Pinienkernen pürieren und die Masse kühl stellen.

Wachteln:
Die Wachteln mit der Lebermousse füllen und mit Küchengarn zubinden, salzen und pfeffern. Die gefüllten Wachteln im Butterschmalz anbraten. Im Backofen bei 170 bis 190 °C etwa 25 Min. fertiggaren, den Rosmarinzweig dazugeben und öfters mit dem eigenen Saft übergießen.

Selleriepüree:
1,2 kg Sellerieknollen, 10 dl Sahne, Zitrone, Salz, 1 TL Wodka.

Die geputzten Knollen in Stücke schneiden und mit der Zitrone kochen, die Sahne unterrühren, pürieren, mit Salz abschmecken und den Wodka dazugießen.

Sauce:
Das Wurzelgemüse im Olivenöl scharf anbraten, die Kräuter dazugeben, mit Dornfelder ablöschen und einkochen lassen. Mit der Geflügelbrühe aufgießen und aufkochen lassen. Alle Kräuter mit einlegen. Auf kleiner Flamme köcheln lassen. Nach dem Passieren Salz und Pfeffer dazugeben.
Jetzt den Wachtelsaft angießen und nochmals aufkochen.

Anrichten:
Die Wachteln der Länge nach halbieren, auf dem Sellerie anrichten und mit etwas Sauce nappieren. Die restliche Sauce separat reichen.

Gebratene Wachtelbrüstchen auf Morchelrahm mit Pfefferkirschen

Günther Ulrich
Hotel Gothisches Haus
Wernigerode

300 g Wachtelbrüstchen, Salz, Pfeffer, 30 g Butter, 100 g Morcheln, 1/8 l Weißwein, 1/8 l Rahm sowie 30 g Mehlbutter und 400 g Sauerkirschen, 10 g roter Pfeffer.

Die Wachtelbrüstchen würzen und in etwas Butter rasch anbraten. Die gründlich gewaschenen Morcheln kurz mit Butter, Weißwein und Rahm dünsten, danach mit Mehlbutter binden. Die Wachtelbrüstchen auf die Morchelrahmsauce geben.

Die Sauerkirschen mit dem roten Pfeffer in der restlichen Butter anschwitzen und auf die Wachtelbrüstchen geben.

Wachtelbrust und Wachtelkeule auf Hirserisotto

Lutz Kuhnert
Steigenberger Hotel Dessau
Dessau

4 Wachteln, 300 g Schalotten und 100 g Butterfett, ¼ l Rotwein, 250 g Hirse, Salz, Pfeffer, 4 große Karotten, 4 Zucchini, 2 Stangen Lauch, 200 g Butter, ½ l Sahne.

Von den Wachteln die Brüste und die Keulen herausschneiden. Die restlichen Knochen mit der Hälfte der Schalotten im Butterfett anbraten, mit dem Rotwein aufgießen und langsam verkochen lassen. Die Hirse in Salzwasser weich kochen, danach abspülen. Das Gemüse putzen und in Nudeln (etwa 1 auf 20 cm) schneiden. Diese Nudeln in Butter anschwenken, mit etwas Wasser aufgießen und gar ziehen lassen. Den Knochenfond durch ein Sieb gießen, mit kalter Butter abziehen und abschmecken.
Die Wachtelbrüste und -keulen würzen und braten. Die restlichen Schalotten fein würfeln, in Butter anschwitzen, mit der Sahne aufgießen und dann die Hirse dazugeben. Das Ganze sollte schön sämig bleiben.

Anrichten:
Das Hirserisotto auf die Teller geben, die Wachtelbrüste und -keulen darauf anrichten und die Gemüsenudeln außenherum verteilen, zum Schluß mit dem Wachtelfond leicht überziehen.

Gebratene Wachtelbrust an Passionsfruchtsauce

Martin Schlösser
Landhaus zu den Rothen Forellen
Ilsenburg

8 Wachtelbrüste, 80 g Butter sowie 60 g Schalotten, 1 Rosmarinzweig und 5 Thymianzweige, 6 cl Cognac, 6 reife Passionsfrüchte, 100 ml Wachtelfond.

Die Wachtelbrüste salzen und pfeffern. 30 g Butter und die Kräuterzweige in eine heiße Pfanne geben. Danach die Brüste zuerst auf der Hautseite, dann gewendet, rosa braten und warm stellen.
Die feingewürfelten Schalotten in etwas Butter dünsten, mit dem Cognac flambieren und mit dem Wachtelfond ablöschen, in einen Topf passieren und auf die Hälfte einkochen lassen.
Das Mark der Früchte hinzufügen, den Topf von der Flamme nehmen und mit der eiskalten Butter montieren, sofort servieren. Als Beilage eignet sich Kartoffelschnee.

Wachtel mit Nierchen im Blätterteig

Mario Pattis
Romantik Hotel &
Restaurant Pattis
Dresden

200 g Kalbsnierchen, Salz, Pfeffer, 20 g Mehl, 40 g Butter, 20 ml Gin, 4 Wachteln, etwas Balsamico-Essig, 200 g Blätterteig, 1 Eigelb, 4 Salbeiblätter, 2 EL Erdnußöl, 100 g Zwiebeln, 100 g Karotten, 80 g Sellerie, 2 Tomaten, 1 Lorbeerblatt, 4 Wacholderbeeren und 4 Pimentkörner, 1 Thymianzweig, 1 Rosmarinzweig, 100 ml Rotwein, 100 ml Sherry, 50 ml Madeira, ½ l Geflügelfond, 40 g kalte Butter.

Die Kalbsnierchen gut wässern, mit Küchenkrepp trockentupfen und in 4 Tranchen schneiden. Dann mit Salz und Pfeffer würzen und im Mehl wenden. Die Butter auslassen, die Nierchen sautieren, mit dem Gin ablöschen und auskühlen lassen. Die Wachtelbrüste auslösen und die Haut entfernen. Die Brüste mit Salz sowie Pfeffer würzen und mit einigen Tropfen Balsamico-Essig beträufeln.
Den Blätterteig gleichmäßig zu einem Rechteck ausrollen. Der Reihe nach 4 Wachtelbrüstchen auflegen. Dann jeweils 1 Tranche Nierchen, 1 Salbeiblatt und obenauf noch 1 Wachtelbrust legen.
Den Blätterteig um die Wachtelbrust herum mit Eigelb bestreichen und die Wachtelbrüste einschlagen. Die Enden um jede Wachtelbrust herum andrücken und mit einem Teigrädchen (oder Messer) die einzelnen Wachteln portionieren. Die Wachtelbrüste kühlen, damit sich der Blätterteig entspannt.
Die Wachtelkarkassen in dem Erdnußöl anbraten, das geputzte und kleingewürfelte Gemüse dazugeben und alles kräftig anrösten. Die Tomaten hinzufügen, mit dem Rotwein einige Male ablöschen und mit dem Geflügelfond auffüllen. Die Gewürze und Kräuter zugeben und 1 Std. köcheln lassen. Den Fond durch ein Sieb seihen, den Sherry und Madeira hineingießen und auf ¼ reduzieren (leicht zähflüssige Konsistenz).
Die Wachteln im vorgeheizten Backofen bei 220 °C 12 bis 15 Min. backen. Die Wachteln halbieren und anrichten. Die Sauce mit der kalten Butter aufmontieren und um die Wachteln herum angießen.

Das Beste von der Wachtel

Lothar Beck
Stadthotel Patrizier
Schmalkalden

4 Wachteln, 2 Zwiebeln, 1 kleine Möhre, 1 Stange Lauch, 2 Lorbeerblätter, 10 Pfefferkörner und 5 Wacholderbeeren sowie 1 TL Tomatenmark, ⅛ l Portwein, ⅛ l Brühe (vom Kalb oder Huhn), Salz und Pfeffer, Mehlbutter (40 g Mehl, 40 g Butter verknetet).

Von den Wachteln die Brüste und die Keulchen vom Knochen auslösen. Von den Knochen eine Sauce wie folgt zubereiten: Die Knochen gut braun anbraten, dann die kleingeschnittenen Zwiebeln, die Möhre und den Lauch samt den Gewürzen unterheben und braun werden lassen. Nun das Tomatenmark hinzugeben und etwas anbraten. Den Portwein und die Brühe dazugießen und etwa 1 Std. köcheln lassen.
Dann durch ein Sieb passieren, die Sauce abschmecken und mit Mehlbutter binden.
Nun die Wachtelbrüstchen und Wachtelkeulchen in der Pfanne kroß anbraten (3 bis 4 Min.). Jeweils 2 Brüstchen und Keulchen auf die Teller geben und die Sauce darübergießen.

Geflügel

Junge Hähnchen von schweren Rassen sind die Bekrönung sommerlicher Genüsse.

Hans Kaiser

„Gesegnete Mahlzeit"

Im häufig zitierten Leipziger Brief, den Goethe 1765 an seinen Freund Riese schrieb, führt er ausgiebig die Genüsse auf, die dort auf seiner Tafel erschienen. An erster Stelle stehen dabei: „Hüner, Gänße, Truthahnen, Endten, Rebhüner . . .", die „täglich" aufgetragen wurden. „Und die Herrlichkeit gar nicht teuer", „Rind, Kalb, Hammel etc." bezeichnet er dabei als „grobes Fleisch", das nicht auf seinen Tisch käme. Geflügel galt, neben Wildbret, durch die Jahrhunderte als die feinere Art von Nahrung. Henri IV. verstieg sich sogar zu der Behauptung, daß jeder seiner Untertanen am Sonntag ein Huhn im Topf haben sollte. Später relativierte er dies allerdings und erklärte, daß er das mehr symbolisch gemeint habe. Leere Versprechungen waren damals schon ein gerne angewandtes Mittel der Politik. Dennoch stellte diese Aussage in gewisser Weise einen Markstein dar, denn mit ihr konzedierte man auch dem einfachen Bürger einen Zugang zu den feineren Genüssen. Eine geradezu staatserschütternde Aussage in der vorrevolutionären Zeit. Wenn derjenige, welcher diesen Ausspruch tat, nicht zufällig selber König gewesen wäre, hätte man ihn wahrscheinlich dafür geköpft.

Damals rangierte das Huhn in der Rangordnung leiblicher Genüsse noch vor der Hammelkeule oder dem Schinken. Inzwischen hat sich mit der Massenaufzucht und der Käfighaltung dieses einst so begehrten Tieres und dem dadurch entstandenen Überfluß an Brathähnchen und Broilern das Bild gründlich gewandelt. Allerdings gibt es zur Ehrenrettung der Spezies nach wie vor die berühmten Bresse-Poularden, die bei den Feinschmeckern auch heute noch vor Hammelkeulen und Hinterschinken rangieren. Aber im großen und ganzen gesehen, hat das Huhn doch einiges an Terrain verloren. Terrain gewonnen haben hingegen „Gänße" und „Endten". Noch in einer im Jahre 1912 vom Frauenverein Dresden unter dem Titel „Das muß ich haben" herausgebrachten Rezeptsammlung mit Beiträgen aus der Hofküche und der Dresdner Gesellschaft sind zwar Hühnerbrüste Ostender Art, Paprikahühner, junge Hühner in Estragonsauce, Tauben in einer Kruste, Taubenragouts und sogar Taubensteaks aufgeführt, aber keine Gänse oder Enten. Die finden sich nur im Vorspeisenkapitel als Entenpastete und als auf vielfache Weise verarbeitete Gänseleber wieder. Der Rest der Gans zählte für die feine Küche nicht.

Auch in der von Reinhard Lämmel unter dem Titel „Kulinarische Audienz beim Sächsischen Hof" herausgebrachten Menüsammlung der zweiten Hälfte des letzten Jahrhunderts fehlen Gerichte von Ente (Salmi ausgenommen) und Gans völlig. Bei letzterer ist dies durchaus verständlich. Denn wenn auch die Hofküche der letzten regierenden Wettiner nie in den Ruf allzugroßen Aufwands oder gar Luxuriosität geraten war, Gänse mußten nicht unbedingt auf dem Speiseplan erscheinen. Das Fleisch dieser weißgefiederten Tiere, die schon den alten Germanen als heilig galten, ist bekanntlich besonders schwer verdaulich. Die alten ägyptischen Priester, die sich angeblich so gut wie ausschließlich von Gänsefleisch ernährten, mußten außerordentlich kräftige Verdauungsorgane gehabt haben.

In der bäuerlichen und bürgerlichen Küche Sachsens hingegen war die Gans wie die Ente immer schon einer der begehrtesten Festtagsbraten. Die Verdauungstrakte des gemeinen Volkes sind eben immer noch stabiler als die der verweichlichten Höflinge und Feinschmecker. Gekochte Gans mit Meerrettich-Mandel-Sauce, Gänsebraten mit Grünkohl und Gänsebraten, gefüllt oder nicht gefüllt, mit Thüringer Klößen zählten seit jeher zu den Favoriten der Thüringer und Sachsen gleichermaßen. Wobei es unwichtig war, ob die Gans mit oder ohne Füllung aufgetragen wurde, hingegen viel, sehr viel „Brieh", also Sauce, unerläßlich war. Denn bei aller Liebe für die Gans, fast noch wichtiger waren die „Hütes", die Klöße, und daß man sie auch gut „aufditschen" konnte. Auch die Enten bereiteten viel Vergnügen. Teilweise gab es sogar höchst raffinierte Zubereitungen. So findet sich im „Magdeburgischen Kochbuch für angehende Hausmütter, Haushälterinnen und Köchinnen" aus dem Jahre 1795 immerhin ein Rezept für eine „Ente mit Pomeranzensaft", also die klassische „Canard à l'orange".

Rezept Seite 147: Gefülltes Stubenküken auf Linsengemüse, Rüdiger Kaufmann, Hotel Thüringer Hof, Eisenach

Gefüllte Martinsgans auf Thüringer Art

Herbert Frauenberger
Hotel Frauenberger
Tabarz

1 ausgenommene Gans (4 bis 5 kg), 400 g entkernte Äpfel, 200 g entsteinte Backpflaumen, 100 g geriebenes, getrocknetes Vollkornbrot, 1 EL Zucker, 4 cl Weinbrand, etwas Zimtpuder, 1 EL Weizenmehl sowie 1 EL Weizenpuder, 0,1 l Sahne, Salz, Pfeffer.

Die gewaschene und ausgetrocknete Gans nur von innen salzen und pfeffern. Aus den in grobe Stücke geschnittenen Apfelvierteln, den in etwa ebenso groß geschnittenen entsteinten Backpflaumen und der Vollkornkrume eine Masse herstellen, die mit dem Zucker, dem Weinbrand und nach Geschmack mit Zimtpuder abgeschmeckt wird. Das Ganze in die Gans füllen, dann mit Holzspeilen zustecken oder mit einem Faden zunähen.
Nun in einen Gansbräter ½ l Wasser und die Gans hineingeben. Bei zirka 200 °C die Gans im Backofen unter häufigem Begießen mit dem Bratensatz anbraten. Damit das Fett gut ausbraten kann, empfiehlt es sich, die Haut um die Keulen mit der Fleischgabel mehrfach einzustechen. Wenn sich die Keulen mit zwei Fingern mühelos und ohne spürbaren Widerstand eindrücken lassen, die Temperatur kurzzeitig auf etwa 250 °C Oberhitze erhöhen, um nach nochmaligem Übergießen die knusprige Bräune zu erzeugen.
Den Bratenfond mit Wasser auf die gewünschte Saucenmenge auffüllen. Das Fett vor dem Binden mit dem angerührten Mehl und Weizenpuder abschöpfen. Die Sauce gut durchkochen, anschließend durch ein Sieb passieren, mit der Sahne verfeinern und abschmecken. Die Gans erst am Tisch tranchieren.
Dazu passen am besten Thüringer Klöße.

Gefüllter Gänsebraten auf Honigjus

Michael Seidel
Restaurant Hammerklause
Plauen

1 frische Gans sowie etwas Bratfett, 200 g Hackfleisch (halb Rind, halb Schwein), Salz und Pfeffer, Beifuß, 1 Apfel, 1 Zwiebel, 1 Gänseleber, 1 EL Honig (flüssig).

Die Gans auslösen, die Knochen hacken, scharf im Fett anbraten, mit 1 l Wasser aufgießen und langsam auf ¾ l einkochen.
Die Hackmasse mit Salz, Pfeffer und entstieltem Beifuß würzen. Den Apfel reiben, die Zwiebel und die Gänseleber würfeln und in die Masse einarbeiten.
Die entbeinte Gans mit der Hautseite nach unten auflegen, die Hackmasse auftragen und alles zu einer Rolle wickeln. Nun mit Küchenschnur wie einen Rollschinken binden. Im großen Bräter mit ½ l Knochenbrühe ansetzen und etwa 1 Std. zugedeckt köcheln lassen. Zwischendurch zwei- bis dreimal wenden. Die Gänserolle nach dem Kochen abkühlen lassen, kräftig mit Honig einreiben und ruhenlassen.
In der Zwischenzeit die Bratensauce etwas entfetten, mit dem Rest der Knochenbrühe auffüllen und einkochen lassen.
Die Gänserolle im Ofen knusprig braten, die Schnur entfernen und die Rolle in Scheiben schneiden.

Anrichten:
Je Portion 2 Scheiben Rollbraten neben etwas Apfelrotkohl anrichten und mit der Sauce übergießen. Dazu Buttermilchbambes oder vogtländische Klöße reichen.

Gefüllter Gänsehals auf Linsengemüse

Matthias Böhler
art'otel dresden
Dresden

4 Gänsehälse, 1,2 kg Gänsefleisch, 40 g Gänseleber, 60 g Gänsemagen, 1 Gänseherz, 700 g Gänsehaut (mit Fett), 350 g Schweinefleisch, 2 Äpfel, 8 Majoranzweige, 2 g Ingwer, 1 Knoblauchzehe, 8 Schalotten.

Fond:
0,7 l Weißwein, 3 Zwiebeln, 2 Lorbeerblätter, 2 Stangen Staudensellerie, 1 Bd. Majoran, 3 Äpfel (nicht zu süß), Salz, Pfeffer.

Die Gänsehälse abziehen, dabei ist darauf zu achten, daß die Haut nicht verletzt wird. Die Haut aufbewahren und die Knochen in einen Topf geben. Die Gans ausbeinen, das Fleisch aufbewahren, die Knochen kleinhacken und zu den Hälsen geben. Auf die Knochen den Rieslingwein gießen und mit Wasser auffüllen, bis sie bedeckt sind. Nun die Zwiebeln, Äpfel, Staudensellerie sowie Gewürze dazugeben und einen kräftigen Fond kochen. Nach 2 bis 3 Std. den Fond durch ein Tuch passieren und zur Seite stellen.
Das Gänsefleisch sowie alle anderen Zutaten durch die grobe Scheibe (5 mm) des Fleischwolfes drehen. Das Ganze mit Salz sowie Pfeffer nachwürzen und gut durcharbeiten. Mit einem Spritzsack in die Gänsehälse füllen. Die Gänsehälse nun an beiden Seiten zubinden und in dem aufbewahrten Gänsefond bei 90 °C etwa 2 Std.

pochieren. Danach die Hälse im Fond erkalten lassen.

Süßsaures Linsengemüse:
200 g eingeweichte Linsen, 80 g Karottenwürfel, 80 g Selleriewürfel, 80 g Lauchwürfel, 50 ml Balsamico-Essig und 150 ml Fleischbrühe, 150 g Crème fraîche, 1 EL Butter, Salz, Pfeffer, Zucker, Schnittlauch.

Die Linsen in der Brühe gar kochen und abschmecken. Die Gemüsewürfel in etwas Butter anschwitzen und dann die gekochten Linsen zugeben, alles zusammen erhitzen und mit Essig ablöschen. Die Crème fraîche unterrühren und mit Salz, Pfeffer sowie dem Zucker abschmecken. Aufkochen lassen und kurz vor dem Anrichten kleine Schnittlauchröllchen unterrühren.
Auf Tellern anrichten und je 1 aufgeschnittenen Gänsehals darauf legen.

Rosa Gänsebrust auf Linsensalat

Michael Seidel
Restaurant Hammerklause
Plauen

200 g Linsen, 2 Gänsebrüste, Salz, Pfeffer, 2 Salbeiblätter, etwas Gänseschmalz, Essig, Olivenöl.

Die Linsen einen Tag vorher auslesen, waschen und in kaltem Wasser einweichen. Am Tag der Verwendung abgießen, mit 1 l kaltem Wasser wieder auffüllen und in etwa 1 bis 1½ Std. auf mittlerer hitze bißfest köcheln, abgießen und auskühlen lassen. Mit Salz, Pfeffer, Essig sowie Öl anmachen und auf Tellern anrichten.
Die Gänsebrüste mit Salz sowie Pfeffer würzen und auf jeder Seite 5 Min. im Gänseschmalz braten. Dabei öfters mit dem Bratfett begießen. Danach das Fleisch mit den Salbeiblättern fest in Aluminiumfolie packen und abkühlen lassen. Vor dem Servieren schräg in Scheiben schneiden.
Die aufgeschnittenen Brüste auf dem Linsensalat anrichten und mit Tomatenscheiben garnieren. Dazu eventuell ein leicht mit Knoblauch eingeriebenes Weißbrot reichen.

Gänseklein mit Wurzelwerk und Kerbel

Reinhard Lämmel
Königliche Schloßküche
Weesenstein

Hälse, Mägen, Herzen, Füße sowie Flügel von 4 Gänsen und 1 Stange Lauch, 2 große Möhren, ½ Sellerieknolle, 2 Lorbeerblätter, einige Pimentkörner, Würfel von 2 Zwiebeln, 120 g Butter (in kleine Würfel geschnitten und kalt gestellt), 50 ml süße Sahne, 0,2 l Weißwein, je 1 Bd. Petersilie und Kerbel (gehackt), etwas Zitronensaft, Pfeffer und Salz.

Die Teile des Gänsekleins in kochendem Wasser blanchieren und abspülen. Anschließend in kaltem Wasser mit den Lorbeerblättern und den Pimentkörnern ansetzen. Nach etwa 20 Min. Kochzeit zuerst den Sellerie und die Möhren hinzugeben, später den Lauch. Ist das Fleisch gar, wird es aus dem Fond genommen.
Für die Sauce in einer Kasserolle die Zwiebelwürfel mit dem Weißwein aufkochen, etwas von der Geflügelbrühe dazugießen und alles auf ⅓ reduzieren. Nun die Butterwürfel hinzufügen, kurz aufkochen und durch ein Sieb geben, die Sahne unterziehen. Mit etwas Zitronensaft, Pfeffer sowie Salz abschmecken und den gehackten Kerbel und die Petersilie unterheben.
Das Gänseklein anrichten, mit der Sauce überziehen und obenauf die in Streifen geschnittenen mitgekochten Gemüse geben.

Thüringer Gänseblut

Rüdiger Kaufmann
Hotel Thüringer Hof
Eisenach

2 Brötchen, ¼ l Milch, Blut von 1 frisch geschlachteten Gans sowie 150 g Butter, 150 g Zwiebeln, Salz, Pfeffer, Majoran.

Die Brötchen in Milch 2 bis 3 Std. einweichen, ausdrücken und zum Gänseblut geben. Mit Salz, Pfeffer sowie etwas Majoran würzen und gut vermengen.
Danach die Zwiebeln in der Butter bräunen. Das Brötchen-Blut-Gemisch beigeben und bei mittlerer Hitze im Ofen zugedeckt etwa 30 Min. stocken lassen.
Dazu paßt sehr gut ein einfacher grüner Salat.
Das Blut einer Gans reicht für 3 bis 4 Personen.

Knusprig gebratene Dresdner Heidemast-Ente mit Senfsaatsauce

Ralf J. Kutzner
Hotel Bülow Residenz
Dresden

2 Äpfel, 1 Orange, 80 g Trockenobst, 2 Enten zu je 1,4 bis 1,6 kg, 1 Majoranzweig, Salz und Pfeffer, 50 g Butter, ⅛ l Rotwein, 2 EL Senfsaatkörner.

Die Äpfel, Orange und das Trokkenobst in 2 bis 3 cm große Würfel schneiden (mit Schale), Majoran zugeben. Die Enten innen mit Salz und Pfeffer würzen, mit der Obstmischung füllen, dann auch außen würzen. Im Ofen bei 180 °C 80 Min. garen. Alle 20 Min. mit dem ausgetretenen Fett begießen.
Die Enten vom Knochen lösen, am besten in lauwarmem Zustand. Die Knochen verwenden, um eine Sauce anzusetzen. Die Enten kalt stellen (am besten über Nacht). Zur Fertigstellung die Enten mit Butter bestreichen und unter dem Grill bei 120 °C langsam etwa 15 Min. erwärmen. Die gesiebte Sauce mit Rotwein und Senfsaat versehen, mit Butter abschmecken und servieren.
Als Beilagen eignen sich Kartoffelklöße und Apfelrotkohl.

Radebeuler Bauernente, mit ihrer Leber gefüllt

Wolfgang Riemhofer
Landhotel Baumwiese
Boxdorf

1 Ente (etwa 2 kg), 150 g Entenleber, 200 g Weißbrot, 2 Eier, 1 TL gehackter Beifuß, 50 ml Milch, 1 Schalotte, Salz, Pfeffer, Paprika, 0,2 l Rotwein, Kartoffelstärke.

Die Ente säubern, eventuelle Kiele abflämmen, innen und außen mit Salz, Pfeffer und Paprika würzen. Die Leber kuttern, das Weißbrot in Würfel schneiden und mit der Milch angießen.
Die Schalotte schälen und in kleine Würfel schneiden. Mit der Leber, dem Weißbrot, den Eiern und dem Beifuß vermischen und salzen. Die Ente mit der Masse füllen und mit einer Bridiernadel und Küchengarn verschließen. In ein Bratgefäß setzen, etwas Wasser dazugeben und im Rohr bei 180 °C braten. Dabei immer wieder mit dem auslaufenden Fett und dem Rotwein angießen.
Nach etwa 2 bis 2½ Std. aus dem Rohr nehmen, die Bratflüssigkeit in einen Topf geben und aufkochen lassen. Etwas nachwürzen und mit Kartoffelstärke zu einer sämigen Sauce binden.
Mit Hütes (Thüringer Kartoffelklöße) und Salat oder auch mit Rotkohl servieren.

Entenrollbraten mit Backpflaumen

Bild nebenstehend

Michael Röder
Hotel Altdeutsche Weinstuben
Zum Künstlerkeller
Freyburg/Unstrut

1 Freilandente von etwa 1,8 kg und 2 Zwiebeln, 2 Äpfel, 100 g Backpflaumen (ohne Stein), Salz, Pfeffer, Lorbeer, Piment, Beifuß, 50 g Semmelbrösel, 100 g Möhren sowie 100 g Zwiebeln und 100 g Sellerie.

Die Ente waschen und trockentupfen. Mit einem scharfen Messer die Ente am Brustbein einschneiden und am Knochen entlang das Fleisch abtrennen. Die Gelenke der Flügel und Füße am Rumpf durchtrennen. Dies beidseitig tun und anschließend am Rücken die Karkasse vollständig ablösen. Beim Auslösen darauf achten, daß keine Löcher in die Haut der Ente geschnitten werden. Nun die Flügel und Füße von der Fleischseite eng am Knochen abschälen und dann nach innen durchziehen.
Die Zwiebeln sowie Äpfel schälen und in Würfel schneiden. Die Backpflaumen, Zwiebel- sowie Apfelwürfel, Beifuß und Semmelbrösel vermischen, mit Salz und Pfeffer würzen, über die Ente verteilen, diese zusammenrollen und mit Haushaltsfaden binden. Darauf achten, daß die Entenrolle gut zusammenhält und auch beim Garen nicht die Form verliert. Die Rolle mit Salzwasser überbrühen und bei 150 °C etwa 1½ bis 2 Std. auf einem Rost garen. Dabei in einer Pfanne unter dem Rost den Bratenfond auffangen und den Entenrollbraten mehrfach damit übergießen.
Die Knochen in einer Kasserolle scharf anbraten, das Bratgemüse zugeben und ebenfalls anbraten, mit Wasser ablöschen und reduzieren lassen. Nochmals ablöschen und einkochen, danach mit Wasser auffüllen, mit Salz, Pfeffer, Lorbeer, Piment und Beifuß würzen. Etwa 2 Std. auskochen, binden und dann durch ein Haarsieb passieren.
Beim Anrichten den Faden entfernen und den Braten in Scheiben schneiden. Servieren mit Apfelrotkohl, Semmelknödeln und der Sauce.

Entenbrust mit Spargel-Pilz-Ragout

Lutz Kuhnert
Steigenberger Hotel Dessau
Dessau

1 kg Kartoffeln, ¼ l Milch und 1 Ei, 800 g Spargel, Salz, Pfeffer, Muskat, Öl, 1 Zitrone, 250 g Champignons, 250 g Austernpilze sowie 250 g Shiitakepilze und 1 Zwiebel, 4 Entenbrüste (oder Erpelbrüste), 125 g Butter, ¼ l Sahne.

Die Kartoffeln schälen, kochen und mit der Milch zu einem festen Püree verarbeiten. Abschmecken. Mit einem Spritzsack auf ein ge-

Rezept obenstehend: Entenrollbraten mit Backpflaumen
Michael Röder, Hotel Altdeutsche Weinstuben, Zum Künstlerkeller, Freyburg/Unstrut

fettetes Blech Rosetten spritzen und mit dem verrührten Ei bestreichen. Backen, bis sie leicht braun werden.
Den Spargel schälen, mit Salz und Zitronensaft bißfest abkochen. Kalt abschrecken und in 5 cm lange Stücke schneiden. Die Spitzen etwas länger lassen und zur Seite stellen. Die Pilze putzen und in Scheiben schneiden, die Zwiebel würfeln. Bei den Entenbrüsten die Haut einschneiden (im Gittermuster), anbraten und in den vorgeheizten Ofen (Mittelhitze) zu den Kartoffelrosetten schieben. Die Zwiebelwürfel in Butter anschwitzen, die Pilze unterheben, mit der Sahne ablöschen, kurz aufkochen lassen, danach die Spargelstücke dazugeben und abschmecken.

Anrichten:
Die Spargelspitzen als Stern auf den Tellern verteilen, das Spargel-Pilz-Ragout in die Mitte geben. Je ½ aufgeschnittene Entenbrust darauf setzen. Die Kartoffelrosetten zwischen den Spargelspitzen verteilen.
Zur Garnierung eventuell einige Schnittlauchhalme anlegen.

Rosa gebratene Barbarie-Entenbrust unter der Honig-Sesam-Kruste auf Buttermilch-Orangen-Sauce

Jens Michel
Restaurant Schloßallee
Moritzburg

1 kg Barbarie-Entenbrust, 2 unbehandelte Orangen und 1 TL Thymian, 0,1 l Rotwein, 4 EL Honig, 20 g Vollkornsesam, Salz, Pfeffer, 0,1 l Buttermilch, 20 g kalte Butter.

Die Haut der Entenbrust vorsichtig kreuzförmig einritzen, die Orangenschale ziselieren. Mit dem Ziselierer oder einem kleinen scharfen Messer nur die Schale (ohne die weiße Haut) in feine Streifen schneiden. Die Filets aus den Orangen lösen, die Entenbrust mit Thymian, Orangenschale, Orangenfilets und Rotwein 1 Tag marinieren lassen.
Die Entenbrust auf der Hautseite zuerst in der Pfanne scharf anbraten, wenden, anbraten und anschließend etwa 10 Min. bei mäßiger Hitze rosa braten. Die Hautseite mit dem Honig bestreichen, den Sesam darauf streuen, unter dem Grill 1 Min. krustieren und dann warm stellen.
Den Bratensatz in der Pfanne mit der Marinade ablöschen, auf $^1/_3$ reduzieren, die Buttermilch angießen, erwärmen (nicht kochen) und mit der kalten Butter die Sauce montieren.
Die Entenbrust auf der Sauce anrichten.

Entenbrust mit Weintrauben und Ingwer

Frank Scharf
Romantik Hotel &
Restaurant Pattis
Dresden

4 Entenbrüste, 1 TL Zucker, 4 cl trockener Weißwein, 1 dl brauner Geflügelfond und 1 cl Zitronensaft, 1 TL gehackter Ingwer, 2 EL Portwein, 20 g Butter, 40 g geschälte und entkernte Weintrauben, Salz, Pfeffer, etwas Olivenöl.

Die Entenbrüste säubern und die Sehnen entfernen. Den Zucker karamelisieren und mit Weißwein ablöschen, den Geflügelfond, Zitronensaft sowie den gehackten Ingwer dazugeben und einkochen lassen. Den Portwein sowie die Butter hinzufügen und mit dem Schneebesen aufschlagen. Zum Schluß die Trauben einlegen.
Die Entenbrüste salzen, pfeffern, und im heißen Öl mit der Hautseite nach unten anbraten und etwa 10 Min. im Ofen bei 180 °C weitergaren.
Die fertigen Entenbrüste schräg zur Faser in dünne Tranchen aufschneiden und auf der Sauce anrichten. Abwechselnd blaue und grüne karamelisierte Trauben um die Entenbrüste legen.

Sauerbraten von der Entenbrust mit Pflaumensauce und sächsischem Wickelkloß

Ute Herzog
Villa Herzog
Dresden

4 Entenbrüste (mariniert), 300 g über Nacht in Rotwein eingeweichte Backpflaumen.

Wickelkloß:
500 g gekochte sowie geriebene Kartoffeln, 1 Ei und etwas Milch, 4 gehäufte EL gesiebtes Mehl mit 1 TL Backpulver gemischt.

Füllung:
100 g kleingewürfelter ausgelassener Schinkenspeck mit 4 EL Semmelbröseln in der gleichen Pfanne mitgeröstet.

Marinade:
Die Entenbrüste mit ausreichend Rotwein bedecken. Nachdem das Fleisch bedeckt wurde, 2 Rosmarinzweige, 2 Bd. Basilikum, 1 EL

Majoranblätter, ½ Thymianzweig, 2 Knoblauchzehen und 5 Wacholderbeeren, jeweils zerdrückt, 2 Lorbeerblätter und 2 EL Balsamico-Essig dazugeben. Vorsichtig über den Rotwein eine Schicht Olivenöl gießen. Für mindestens 3 Tage in den Kühlschrank stellen, am besten aber 1 Woche.

Wickelkloß:
Aus den angegebenen Zutaten einen glatten Teig rühren, mit Salz, Pfeffer und Muskat abschmecken. Vorsichtig mit der Milch umgehen. Der Teig sollte eine festere Konsistenz haben. Auf einer bemehlten Serviette fingerdick ausrollen, mit der Füllung bestreuen, mit Hilfe des Tuches zusammenrollen und die Enden wie bei der Wurst zu Zipfeln drehen und mit Garn fest zubinden. Diese Rolle in heißem Salzwasser 30 Min. ziehen lassen.
Die Entenbrüste aus der Marinade nehmen, trockentupfen, salzen, pfeffern, auf der Hautseite kräftig anbraten und 12 Min bei 220 °C im Ofen fertiggaren (auf der Fleischseite).
Das ausgetretene Fett abgießen, die Röststoffe mit der abgeseihten Marinade loskochen, einreduzieren lassen, die abgetropften Backpflaumen darin erwärmen.
Die Entenbrüste nach 5 Min. Ruhezeit in dicke Scheiben schneiden, auf den warmen Tellern nett arrangieren, mit den Pflaumen und der Sauce umgeben.
Den Wickelkloß aus der Brühe nehmen, unter kaltem Wasser abschrecken, vorsichtig auswickeln, in Scheiben schneiden und zu den Entenbrüsten legen.

Anmerkung:
Wickelklöße passen natürlich auch sehr gut zu einer im ganzen gebratenen Landente. Wichtig ist, wie bei allen Gerichten, zu denen Klöße gereicht werden, daß genügend Sauce vorhanden ist.

Gebratene Entenleber auf Kartoffelpuffern

Reinhard Seydel
Thüringer Hof zu Leipzig
Leipzig

Entenleber:
200 g Zwiebeln, 480 g Entenleber, 200 g Champignons, 80 g Butter, 50 g Mehl, 1 Bd. Schnittlauch, Salz und Pfeffer.

Kartoffelpuffer:
400 g geriebene Kartoffeln, 1 geriebene Zwiebel, 3 Eier, 100 g Mehl, 100 g Butter zum Braten, Salz.

Entenleber:
Die Zwiebeln für die Leber in Streifen schneiden und mit den geschnittenen Champignons in der Butter anschwitzen, mit Salz und Pfeffer würzen. Die Entenleber waschen, abtrocknen, im Mehl wenden und langsam in Butter braten, anschließend mit Salz und Pfeffer würzen.

Kartoffelpuffer:
Aus den angegebenen Zutaten kleine Kartoffelpuffer herausbakken und auf Küchenkrepp abtrocknen lassen.
Die Leber auf den goldgelben Puffern anrichten, die angeschwenkten Zwiebeln und Champignons darübergeben, mit Schnittlauch bestreuen und servieren.

Putensteak auf Lauch-Dinkel-Gemüse

Lutz Kuhnert
Steigenberger Hotel Dessau
Dessau

1 kg Lauch (Porree), 250 g Dinkelkorn, Salz, 100 g Butterfett, 0,5 l Sahne, 4 Putensteaks zu je 180 g, grober schwarzer Pfeffer, Öl sowie 4 Thymianzweige.

Den Lauch putzen und in feine Streifen schneiden. Das Dinkelkorn mit Salz abkochen (wie Reis). Den Lauch im Butterfett anschwenken, mit der Sahne aufgießen, den Dinkel dazugeben und etwas einkochen lassen.
Abschmecken. Die Putensteaks mit Pfeffer und Salz würzen, anschließend im Öl braten.
Das Lauch-Dinkel-Gemüse in die Mitte der Teller geben, je 1 Putensteak darauf legen und mit je 1 Thymianzweig garnieren.

Putenbrust mit Karotten-Pilz-Füllung

Thomas Engelmann
Restaurant Apels Garten
Leipzig

1 Baby-Putenbrust von etwa 700 g, 4 junge Karotten (geschält), 200 g frische Champignons, 3 Eigelb, 50 ml Sahne (30 %), 1 Bd. gehackte Petersilie, 2 EL feines Semmelmehl, Salz, weißer Pfeffer, etwas gemahlener Ingwer, Butterschmalz.

In die Putenbrust eine Tasche schneiden, ohne die Haut durchzuschneiden.
Aus den gehobelten Karotten, geschnittenen Champignons, der gehackten Petersilie, den Eigelben, dem Semmelmehl sowie der Sahne eine Masse bereiten und diese mit Salz, Pfeffer sowie Ingwer würzen.
Diese Masse in die Putenbrust füllen, zubinden und im heißen Butterschmalz anbraten. In der Röhre bei mittlerer Hitze fertiggaren.
In Tranchen schneiden, mit Rahmsauce und Wildreis servieren.

Anmerkung:
Anstelle von Wildreis kann man auch einen Grünkernrisotto oder Graupenrisotto hierzu reichen.

Putenröllchen, mit Bauernschinken und Altenburger Ziegenkäse gefüllt

Jens Kleiber
Berg- und Jagdhotel Gabelbach
Ilmenau

800 g Putenbrust, 200 g Rollschinken, 200 g Altenburger Ziegenkäse, Salz, Pfeffer aus der Mühle, etwas Butter, ½ l Geflügelfond.

Aus der Putenbrust etwa 100 g schwere Rouladen schneiden und leicht klopfen. Würzen und den in Scheiben geschnittenen Rollschinken mit dem Ziegenkäse auf die vorbereiteten Rouladen geben und wickeln.
Die Rouladen in einer gebutterten Pfanne anbraten und mit dem Geflügelfond aufgießen. Dann in etwa 30 Min. bei 180 °C im Ofen fertiggaren.
Mit Spinatnudeln und frischen Kräutern anrichten.

Poulardenbrust mit Senf-Sesam-Kruste

Lutz Kuhnert
Steigenberger Hotel Dessau
Dessau

400 g grüne Bandnudeln, Olivenöl, 4 Poulardenbrüste mit Flügelknochen, 100 g Butterfett, 100 g Dijon-Senf, 50 g schwarzer Sesam sowie 50 g weißer Sesam, 1 Blumenkohl, 0,5 l Sahne, Salz und Pfeffer.

Die Nudeln in Salzwasser mit Olivenöl bißfest kochen. Die Poulardenbrüste würzen und im Butterfett anbraten. Mit Senf bestreichen und im gemischten Sesam wälzen. Auf einem Blech im Ofen fertigbacken.
Den Blumenkohl in Röschen teilen und in Salzwasser kochen. In den Bratenfond der Poulardenbrüste die Sahne gießen und einkochen lassen. Abschmecken.
Die Nudeln in die Mitte der Teller geben, darüber im Halbkreis den Blumenkohl und davor die einmal durchgeschnittene Poulardenbrust setzen. Die Sahnesauce leicht um die Poulardenbrust verteilen.

Gegrillte Poulardenbrust auf roten Bohnen, mit Bambus und Mozzarella überbacken

Jens Michel
Restaurant Schloßallee
Moritzburg

4 ausgelöste Poulardenbrüste, etwas Fett, 200 g Mozzarella, Salz, Pfeffer aus der Mühle, 300 g rote Kidney-Bohnen, 200 g Bambusschößlinge (aus dem Reformhaus), 10 ml Öl, 20 g Butter, 10 g gehackte Zwiebeln, 1 Spritzer Tabasco und 12 bis 15 frische Basilikumblätter.

Die Poulardenbrüste auf leicht gefettetem Blech unter den Grill schieben, jede Seite 2 Min. grillen, mit Salz und Pfeffer würzen, die Basilikumblätter auflegen. Den Mozzarella in Scheiben schneiden und auf die Brüste legen, im Grill etwa 1 Min. überbacken.
Die roten Bohnen in Butter mit den glasigen Zwiebeln anschwitzen. Die kleingeschnittenen Bambusschößlinge dazugeben und etwa 1 Min. zusammen garen. Mit Salz, Pfeffer und Tabasco (vorsichtig dosieren!) würzen.
Die Poulardenbrüste auf dem Gemüse anrichten.
Dazu schmeckt gut kanadischer Wildreis.

Gegrillte Poulardenbrust auf kanadischem Wildreis, Sellerie-Tomaten-Gemüse, Basilikum-Rahm-Sauce

Bild nebenstehend

Jens Michel
Restaurant Schloßallee
Moritzburg

Poulardenbrüste:
4 ausgelöste Poulardenbrüste zu je 150 g, Salz, Pfeffer aus der Mühle, 10 ml Öl.

Wildreis:
300 g kanadischer Wildreis, Wasser, Salz, 30 g Butter, 20 g feingehackte Zwiebeln.

Sellerie-Tomaten-Gemüse:
4 mittelgroße Strauchtomaten, 1 große Sellerieknolle, 20 g Butter, Salz, 4 Basilikumblätter.

Basilikum-Rahm-Sauce:
Karkassen von den Poulardenbrüsten, 10 ml Öl, 30 g Butter, Salz, weißer Pfeffer aus der Mühle, 1 Karotte sowie 1 Zwiebel und die gewaschene Schale von der Sellerieknolle, 0,1 l Weißwein (trocken), ½ l Wasser, 0,2 l Crème double sowie 10 bis 15 Basilikumblätter.

Basilikum-Rahm-Sauce:
Die Karkassen kleinhacken, im Öl zusammen mit den grobgewürfelten Gemüsen anschwitzen, ohne beides Farbe nehmen zu lassen, leicht salzen und mit dem Weißwein ablöschen. Mit dem kalten Wasser auffüllen und zum Kochen bringen. 1 Std. kochen, abpassie-

Rezept obenstehend: Gegrillte Poulardenbrust auf kanadischem Wildreis, Sellerie-Tomaten-Gemüse, Basilikum-Rahm-Sauce Jens Michel, Restaurant Schloßallee, Moritzburg ren, die Crème double unterrühren, nochmals aufkochen lassen und abschmecken. Die Basilikumblätter hinzufügen und dann im Mixer aufschlagen.

Wildreis:
Den Reis in reichlich Salzwasser etwa 30 Min. leise kochen und durch ein Sieb abgießen. Die feingehackten Zwiebeln in der Butter glasig schwitzen, den Reis dazugeben und kurz anschwenken.

Sellerie-Tomaten-Gemüse:
Den Sellerie kräftig waschen, schälen, in gleichmäßige Stücke schneiden (4 cm lang, 1,5 cm breit) und mit einem kleinen Küchenmesser tournieren. In wenig Salzwasser pochieren. Die Tomaten brühen und abschrecken. Die Haut abziehen, vierteln, das Kerngehäuse entfernen. Den Sellerie und die Tomaten in der Butter anschwenken und abschmecken.
Die Basilikumblätter in feine Streifen schneiden und kurz vor dem Anrichten dazugeben.

Poulardenbrüste:
Die Poulardenbrüste auf leicht geöltem Blech unter den Grill schieben, jede Seite 2 Min. grillen, mit Salz und Pfeffer würzen.

Anrichten:
Die Poulardenbrüste auf dem Wildreis anrichten, das Gemüse anlegen, mit der Sauce ergänzen.

Gefüllte Poulardenkeule auf geschmortem Paprika

Wolfgang Riemhofer
Landhotel Baumwiese
Boxdorf

1 Schweinenetz, 4 Poulardenkeulen zu je etwa 170 g, 160 g Truthahnbrust, je 1 EL gehackte Pistazien und Pinienkerne, 1 rote Chilischote, 80 ml Sahne, Salz, Pfeffer, Paprikapulver, Bratfett und 100 g Butterschmalz, 4 Paprikaschoten (rot, gelb, grün), 2 Schalotten sowie 1 Bd. Thymian, 0,1 l Rinderbrühe, 2 EL feingeschnittener Schnittlauch.

Das Schweinenetz 1 Std. in kaltes Wasser legen. Die Keulen von der Unterseite her aufschneiden und den Knochen vorsichtig herauslösen. Die Truthahnbrust farcieren und die Pistazien sowie die Pinienkerne unterheben. Die Chilischote aufschneiden, die Kerne entfernen und fein hacken. Mit der Sahne zu der Farce geben und mit Pfeffer sowie Salz würzen.
Die Masse in die Poulardenkeule geben und formen. Das gewässerte Schweinenetz ausdrücken und auslegen. In 4 gleich große Teile schneiden und jeweils 1 Keule fest darin einwickeln. Die Außenseite mit Salz, Pfeffer und Paprika würzen und im heißen Fett von allen Seiten gut anbraten. Dann im Ofen bei 180 °C etwa 10 Min. gar ziehen lassen.
Die Paprikaschoten halbieren, die Kerne entfernen und in grobe Würfel schneiden. Die Schalotten schälen und ebenfalls in Würfel schneiden. Das Butterschmalz in einem Topf erhitzen und die Zwiebel- und Paprikawürfel anschwitzen. Den gehackten Thymian dazugeben und mit der Rinderbrühe angießen. Zugedeckt etwa 10 Min. schmoren lassen. Nun würzen und den Schnittlauch dazugeben.
Die Poulardenkeulen aus dem Rohr nehmen und in einer Pfanne mit Butterschmalz kurz nachbraten. Den geschmorten Paprika auf Tellern anrichten, die Poulardenkeulen einmal aufschneiden und auf das Gemüse geben. Mit frischen Kräutern garnieren.
Dazu paßt Polenta oder ein würziger Risotto.

Hähnchenbrust, mit Lauch und Pilzen gefüllt

Detlef Lange
Hotel Villa Emma
Dresden

4 Hähnchenbrüste mit Flügeln, 150 g Champignons, 1 Stange Lauch, 2 Toastbrotscheiben (in wenig Milch eingeweicht), 2 Eigelb, 2 EL Kräuter, Kerbel, Estragon, 2 EL Sahne, Pfeffer und Salz, 20 g Butter sowie 2 EL Öl zum Braten.

Die Hähnchenbrüste seitlich einschneiden. Die Pilze sowie den Lauch waschen und kleinschneiden. Den Lauch blanchieren und anschließend mit dem in Milch eingeweichten Brot, den Eigelben und den Kräutern zu einer Farce verarbeiten und diese mit Pfeffer sowie Salz würzen.
Die eingeschnittenen Hähnchenbrüste mit der Farce füllen, eventuell mit kleinen Spießen zusammenhalten. Dann im vorgeheizten Backofen bei 200 °C 25 Min. in Butter und Öl braten.
Die fertiggegarten Hähnchenbrüste aus der Pfanne nehmen und warm stellen. Aus dem Bratenfond und etwas Sahne eine Sauce bereiten und mit Pfeffer sowie Salz abschmecken.

Hähnchenkeule im Speckmantel in Buttermilch

Helmut Streller
Restaurant Villa Posthof
Chemnitz

4 frische Hähnchenkeulen, 1 l Buttermilch, 4 dünne Scheiben grüner Speck, Salz, Pfeffer, Majoranpulver, 2 EL Olivenöl, 1 TL Speisestärke.

Die Hähnchenkeulen mit Salz und Pfeffer einreiben, 12 Std. in Buttermilch einlegen, dann kalt stellen.
Das Öl erhitzen, die abgetropften und mit grünem Speck umlegten Keulen dazugeben, von allen Seiten anbraten und mit Majoranpulver bestreuen.
Nach etwa 10 Min. die Buttermilch hineingießen und langsam weitere 8 Min. ziehen lassen. Dann mit Stärke abziehen. Eventuell noch mit Salz und Pfeffer abschmecken.

Gefülltes Stubenküken auf gebratenem Radicchio

Wolfgang Riemhofer
Landhotel Baumwiese
Boxdorf

4 Stubenküken, 1 Schalotte sowie 50 g Morcheln, etwas Butter, 1 EL Tomatenwürfel, 100 g Poulardenbrust, 1 EL gehackter Salbei und 50 ml Sahne, Salz, Pfeffer, Olivenöl, 1 Kopf Radicchio, 60 g Butterschmalz, 1 TL Honig.

Die Stubenküken waschen und mit Salz sowie Pfeffer würzen. Die Schalotte schälen, mit den Morcheln in Würfel schneiden und in etwas Butter anschwitzen. Den Salbei und die Tomatenwürfel dazugeben und leicht mitschwitzen lassen. Aus der Poulardenbrust eine Farce herstellen, mit der Sahne und den angeschwitzten Zutaten vermischen, gut würzen.
Die Stubenküken mit der Farce füllen und binden. Im Olivenöl von allen Seiten hellbraun anbraten und im Rohr bei etwa 180 °C 10 bis 15 Min. gar ziehen lassen.
Den Radicchio vierteln, in leicht warmem Wasser waschen und den Strunk entfernen.
Das Butterschmalz mit Honig in einer Pfanne erhitzen, den Radicchio hinzufügen, dann kurz durchschwenken, wenig salzen und auf den Tellern fächerförmig anrichten. Die Stubenküken der Länge nach halbieren und auf dem Radicchio anrichten.

Gefülltes Stubenküken auf Linsengemüse

Bild Seite 136

Rüdiger Kaufmann
Hotel Thüringer Hof
Eisenach

Stubenküken:
2 Stubenküken, 200 g Hackfleisch, 1 Brötchen, 100 g Geflügel- oder Kalbsleber, 50 ml Sahne, 1 Ei, Salz und Pfeffer, frischer Salbei, Rosmarin, Thymian, etwas Bratbutter.

Die Stubenküken vom Rücken her auslösen. Nur die Bein- und Flügelknochen am Stubenküken lassen. Das Brötchen in kleine Würfel schneiden, mit Sahne und Ei einweichen. Die Leber in kleine Würfel schneiden und das Ganze unter das Hackfleisch mischen, mit Salz und Pfeffer abschmecken. Die Stubenküken von innen mit den frisch gehackten Kräutern bestreuen, mit Hackmasse füllen und vorsichtig zunähen. Die ganzen Küken auf ein leicht gefettetes Blech setzen und im vorgeheizten Ofen bei 160 °C 40 bis 45 Min. braten. In der Zwischenzeit das Linsengemüse zubereiten.
Das Linsengemüse auf Teller geben und jeweils ½ Stubenküken anlegen, dazu reicht man Kartoffeln in Nußbutter.

Linsengemüse:
220 g Linsen und 1 Thymianzweig, ½ Lorbeerblatt, 1 Knoblauchzehe, 1 EL Butter, 1 TL feine Karotten-, Sellerie- und Zwiebelwürfel.

Die Linsen mit dem Thymianzweig, Lorbeerblatt und der Knoblauchzehe mit kaltem Wasser bedeckt zum Kochen bringen und 25 Min. köcheln, abgießen, die Kräuter und den Knoblauch herausnehmen und abkühlen lassen. Zum Anrichten die Butter in einer großen Pfanne mäßig erhitzen, bis sie schäumt. Dann die Gemüsewürfel darin anschwenken (2 bis 3 Min.), bis sie weich sind, die Linsen dazugeben und sanft erhitzen.

Gebinde vom Stubenküken in Salbeisauce, Blattspinat, Maisplätzchen

Christian Heumader
Hotel Sächsischer Hof
Meiningen

Stubenküken:
100 g Putenbrust, 4 Stubenküken, 100 ml Sahne, Salz und Pfeffer sowie 1 Karotte, 1 Bd. Schnittlauch, Öl zum Braten.

Salbeisauce:
1 Gemüsebündel (Karotte, Lauch, Sellerie, 1 Bd. Salbei), 1 Prise Salz, 100 ml Sahne sowie 2 EL Butter, 1 Bd. Salbei, Pfeffer.

Blattspinat:
400 g Blattspinat, 4 Schalotten, 2 EL Butter, Salz, Muskat.

Maisplätzchen:
400 g Maiskörner sowie 4 Eier und 4 EL Mehl, Salz, Pfeffer.

Stubenküken:
Die Brüste und die Keulen von

der Karkasse lösen. Den Oberschenkelknochen der Keule mit einem kleinen Messer vorsichtig vom Fleisch trennen. Die Putenbrust durch die feinste Scheibe des Wolfes drehen, dann kalt stellen. Das Fleisch mit der Sahne zu einer homogenen Farce verarbeiten. Die Karotte in kleine Würfel schneiden, in Salzwasser blanchieren und in Eiswasser abschrecken.
Mit dem kleingeschnittenem Schnittlauch zur Farce geben und unterarbeiten. Die Putenfarce gleichmäßig auf die Keule verteilen, die Brust auf die Keule legen und leicht andrücken. Das Gebinde im Rohr etwa 10 Min. bei 210 °C braten.

Salbeisauce:
Die Stubenkükenkarkassen mit dem Gemüsebündel in kaltem Wasser aufsetzen. Den Fond salzen sowie Pfeffer und etwas Salbei dazugeben.
Nach 30 Min. durch ein feines Sieb passieren und einkochen lassen. Mit der Sahne auffüllen und nochmals einkochen lassen. Zum Schluß die Butter einmontieren und den restlichen gehackten Salbei vorsichtig unterheben.

Blattspinat:
Den Blattspinat gründlich waschen, von den Stielen befreien und in einer Salatschleuder trokkenschleudern. Die Schalotten in Würfel schneiden und in Butter glasig anschwitzen.
Den geputzten Spinat dazugeben und bei geschlossenem Topf etwa 3 Min. dünsten. Mit Salz und Muskat würzen.

Maisplätzchen:
Die Maiskörner salzen, pfeffern und mit den aufgeschlagenen Eiern fein mixen. Das Mehl unterarbeiten und in einer Pfanne etwa 5-Mark-Stück große Taler formen und backen.

Anrichten:
Das Stubenküken auf den Blattspinat setzen, mit der Salbeisauce nappieren, die Maisplätzchen anlegen und servieren.

Perlhuhn in der Wachtel mit Champagnerschaum

Wolfgang Riemhofer
Landhotel Baumwiese
Boxdorf

2 Perlhuhnbrüste, 12 cl Madeira, Salz, Pfeffer, 50 ml Sahne, 4 Wachteln zu je etwa 120 g, 50 g Butter, Alufolie, 100 ml Hühnerbrühe, 100 ml Sahne, 1 EL Crème fraîche, 100 ml Champagner, 80 g kalte Butter.

1 Perlhuhnbrust mit Madeira marinieren und über Nacht ziehen lassen. Die andere Brust farcieren, mit Salz sowie Pfeffer würzen und mit den 50 ml Sahne zu einer glatten Masse verrühren.
Die Wachteln waschen, vom Rükken her aufschneiden und vorsichtig die Brustkarkasse herauslösen. (Dabei die Haut nicht verletzen.) Die Perlhuhnbrust in 4 gleich große Stücke schneiden, würzen, mit der Farce beidseitig bestreichen und anstelle der Brustkarkassen in die Wachteln füllen. 4 große Stükke Alufolie vorbereiten, doppelt legen und ein „Schiffchen" formen. Die Folie mit Butter bestreichen und die Wachteln mit der Brustseite nach oben auf die Folie legen. Nun der Länge nach die Folie so eindrehen, daß die Wachtel fest fixiert ist und sich die Brust wölbt.
In eine Pfanne legen und bei 200 °C Heißluft 15 Min. im Rohr backen. Dabei immer wieder mit Butter bepinseln. In der Zwischenzeit die Hühnerbrühe mit Sahne und Crème fraîche aufkochen und mit Salz nachwürzen.
Kurz vor dem Anrichten den Champagner dazugießen. Nicht mehr kochen lassen. Dann die kalte Butter dazugeben und aufmontieren.
Die Wachteln aus dem Rohr nehmen, die Alufolie entfernen und auf die Sauce setzen. Mit frischen Kräutern garnieren.

Gebratene Perlhuhnbrust auf Leipziger Allerlei mit magerer Hollandaise

Peter Mauberger
Steigenberger Parkhotel
Radebeul

8 Stangen Spargel und 1 Zitrone, 12 Flußkrebse, 2 Karotten sowie 1 Kohlrabi, 100 g Kaiserschoten, 4 Brokkoliröschen, 150 g Butter, 200 ml Weißwein, 1 Rosmarinzweig, 1 Thymianzweig, 1 Kerbelzweig, 1 Estragonzweig, Kümmel, 3 Eigelb, eine Reduktion von Kerbel, 1 Bd. Suppengrün, Estragon und 100 ml Weißwein, etwas Olivenöl, 4 Perlhuhnbrüste, Salz, Zucker.

Den Spargel schälen, in gut mit Salz, Zucker und Zitronensaft gewürztem Wasser 7 Min. kochen und in Eiswasser kurz abschrekken. Die Flußkrebse mit reichlich gewürztem (mit Salz, Kümmel und dem Suppengrün) Wasser überbrühen, abschrecken und die Schwänze ausbrechen.
Das Gemüse in eine schöne Form bringen und im Flußkrebsfond blanchieren, danach mit den Flußkrebsschwänzen mischen und etwas nachwürzen. Die Butter zu

Rezept Seite 150: Täubchen mit Stachelbeersauce, Michael Seidel, Restaurant Hammerklause, Plauen

Butterschmalz auskochen und abkühlen lassen. Den Weißwein mit den Kräutern auf 1/3 einkochen. Die Eigelbe mit der passierten Reduktion vermengen und im Wasserbad aufschlagen. Nach und nach die abgekühlte Butter in die Eiermasse rühren und mit Salz abschmecken.
Das Olivenöl in der Pfanne erhitzen und die Perlhuhnbrüste auf beiden Seiten etwa 4 Min. braten und für 5 Min. bei 180 °C in den Ofen geben.
Das Gemüse in der Mitte der Teller anrichten, die aufgeschnittene Perlhuhnbrust auf das Gemüse legen, mit der Hollandaise zur Hälfte nappieren und mit 1 Minzeblatt garnieren.

Täubchen mit Stachelbeersauce

Bild Seite 149

Michael Seidel
Restaurant Hammerklause
Plauen

4 Täubchen, 100 g Hackfleisch (vom Schwein), Salz, Pfeffer, 1 frisches Salbeiblatt und 100 g Mischpilze, 4 Speckscheiben, 1 gut gewässertes Schweinenetz, etwas Butterschmalz, 1/8 l Weißwein, 1/8 l Geflügeljus sowie 100 g Stachelbeeren.

Die Täubchen waschen, trocknen, leicht salzen. Das Hackfleisch mit Salz, Pfeffer und dem zerkleinerten Salbeiblatt würzen. Die blanchierten, gewürfelten Mischpilze zugeben, die Täubchen füllen, die Öffnung zunähen oder zustecken. Die Täubchen mit großen dünnen Speckscheiben umlegen und in das Schweinenetz wickeln. Im Butterschmalz etwa 30 Min. bei 160 °C goldgelb braten. Nach dem Braten warm stellen.

Den Fond mit dem halbtrockenem Weißwein ablöschen, mit Geflügeljus auffüllen, dann die Stachelbeeren dazugeben und etwa 15 Min. köcheln lassen. Die Beeren dürfen nicht zerkochen.
Die halbierten Täubchen anrichten und mit der Sauce übergießen. Dazu frisches Sauerkraut und Bambes (Kartoffelpuffer) servieren.

Junges Täubchen, mit Kalbsbries gefüllt

Mario Pattis
Romantik Hotel &
Restaurant Pattis
Dresden

4 junge Täubchen, 100 g Putenfleisch, 80 g Entenstopfleber, 1 Eiweiß, 40 ml Portwein, 40 ml Sherry, 40 ml Madeira, 4 Salbeiblätter, 50 ml halbfette Sahne, 100 g frische Morcheln, 30 g Butter, 20 g Zwiebeln (gewürfelt), 200 g Kalbsbries, ½ l Geflügelfond, 60 ml Olivenöl, 60 ml Erdnußöl, Röstgemüse (100 g Karotten, 100 g Zwiebeln, 80 g Sellerie), ½ Knoblauchzehe, 2 Tomaten und 1 kleiner Rosmarinzweig, 1 kleiner Thymianzweig, 2 Wacholderbeeren, 100 ml Rotwein, 100 ml Madeira, Salz, Pfeffer.

Die Täubchen auf die Brustseite legen, am Rückgrat vorsichtig einschneiden, die Gelenke von Keule und Flügel vorsichtig durchtrennen und ganz sachte am Knochen entlang schneiden, aber aufpassen, daß man nicht die Haut verletzt. Auf der anderen Seite mit derselben Sorgfalt auslösen, am Brustmittelgrad vorsichtig die Karkasse abtrennen, ohne die Haut zu beschädigen.
Die Flügel sowie die Keulchen abschneiden, die Täubchen abwaschen und mit Küchenkrepp trockentupfen.

Das Putenfleisch mit der Entenstopfleber zweimal durch die feine Scheibe des Fleischwolfes drehen, mit Salz sowie Eiweiß vermengen und in den Tiefkühler stellen.

Den Salbei mit dem Portwein, Sherry und Madeira vermengen, bis zur zähflüssigen Konsistenz reduzieren und dem Putenfleisch zugeben. Das gut gekühlte Fleisch kuttern, die Sahne nach und nach unterrühren und die Farce nochmals abschmecken (wenn diese zu faserig ist, durch ein feines Sieb streichen).

Das Kalbsbries mindestens 4 Std. wässern und alle Häutchen und Äderchen entfernen. Das Bries mit Salz und Pfeffer würzen, in dem Olivenöl kräftig anbraten und mit Wasser auffüllen. Dieses zum Kochen bringen, etwa 5 Min. ganz leicht köcheln, dann vom Herd nehmen und ziehen bzw. auskühlen lassen.

Die Taubenkarkassen noch etwas zerkleinern und in dem Erdnußöl kräftig anrösten. Das Röstgemüse dazugeben, nach kurzer Zeit die Tomaten hinzufügen und alles eine kräftige Farbe nehmen lassen. Mit dem Rotwein und dem Madeira einige Male ablöschen, dann mit dem Geflügelfond auffüllen, den kleingehackten Knoblauch und die Kräuter zugeben und den Fond etwa 1 Std. leicht köcheln lassen. Den Fond durch ein Sieb seihen (passieren) und bis zur zähflüssigen Konsistenz reduzieren.

Die Täubchen auf der Hautseite nacheinander ausbreiten, mit Salz und Pfeffer würzen, mit etwas Farce einstreichen und jeweils 1 Kalbsbries in die Mitte legen. Dieses mit der restlichen Farce bestreichen, die Täubchen einschlagen und mit Nadel und Küchenzwirn zunähen. Die Täubchen auf der zugenähten Seite in eine heiße Pfanne geben und bei 220 °C etwa 15 Min. im vorgeheizten Backofen garen. Die Täubchen einige Male mit etwas Salzwasser übergießen und nach den 15 Min. aus dem Ofen nehmen sowie noch 5 Min. entspannen lassen.

In der Zwischenzeit die gründlich gewaschenen Morcheln mit den Zwiebelwürfeln in der Butter sautieren, mit Salz sowie Pfeffer würzen und auf der Mitte der Teller anrichten. Die Täubchen in Tranchen schneiden und auf den Morcheln plazieren. Die Sauce mit der Butter aufmontieren und über das Täubchen geben.
Dazu passen hervorragend Serviettenknödel.

Täubchen aus der Pfanne

Constance Petzoldt
Restaurant Hammerklause
Plauen

4 junge Täubchen, Knoblauch, 150 g Butter, 150 g frische Waldpilze, 1 EL feingehackte Zwiebeln, 1 EL gewürfelter Schinken, 4 Salbeiblätter, 1 Tomate (geschält und gewürfelt), 1 Glas Meißner Weißwein, Salz, Pfeffer, Petersilie.

Die Täubchen längs halbieren, mit Knoblauch einreiben und in der heißen Butter auf jeder Seite etwa 15 Min. braten. Salzen, pfeffern, aus der Pfanne nehmen und warm stellen.
Im Bratenfond die Pilze mit den Zwiebeln, dem Schinken, Salbei und den gewürfelten Tomaten (zuletzt zugeben) garen. Mit Weißwein auffüllen und die Täubchen 10 Min. darin ziehen lassen.

Anrichten:
Mit Kartoffelstampf und jungem Gemüse der Saison servieren. Den Stampf zu einem Ring formen und den Fond hineingeben. Mit Petersilie garnieren.

Taubenbrust mit Gänsestopfleber im Strudelblatt, Erbsen à la crème

Torsten Hache
Restaurant Pagenhaus
Schloß Friedenstein
Gotha

2 Tauben, ausgelöst (Brüste und Keulen), 4 Scheiben Gänsestopfleber zu je 30 g sowie einige große Spinatblätter.

Farce:
die ausgelösten Keulen der Tauben, 120 g Geflügelfleisch (ohne Haut und Sehnen), 1 Scheibe Toastbrot, 1 Ei, 150 ml Sahne, 2 cl Sherry und 2 cl Portwein, Salz, Pfeffer.

Strudelteig:
300 g Mehl, 50 g Butter, 1 Ei und 1 Prise Salz, etwas lauwarmes Wasser sowie Öl zum Bestreichen.

Erbsen à la crème:
200 g ausgepulte Erbsen, Salz, 25 g Butter, ½ TL Zucker, 4 kleine feingehackte Schalotten, 100 ml Sahne.

Für die Herstellung der Farce zunächst die ausgelösten Keulen und das Geflügelfleisch mit dem Toastbrot durch die feine Scheibe des Fleischwolfes drehen. Das Ei hinzugeben und kühl stellen. Anschließend in einem Küchenkutter oder einer Küchenmaschine die Masse mit der Sahne aufmixen und mit Salz, Pfeffer, Sherry und Portwein abschmecken. Bis zur Verwendung beiseite stellen.
Für den Strudelteig die angegebenen Zutaten zu einem zähen, glatten Teig verarbeiten, zu einer Kugel formen, mit Öl bestreichen und 30 Min. ruhenlassen.
In der Zwischenzeit die Erbsen in Salzwasser blanchieren und kalt abschrecken. Die Butter zergehen lassen, Zucker hinzufügen und die feingehackten Schalotten darin glasig dünsten. Die Erbsen zugeben, mit der Sahne ablöschen und auf kleiner Flamme langsam einkochen lassen.
Zur Fertigstellung die Taubenbrüste anbraten und etwas ruhenlassen. Die Spinatblätter blanchieren und trockentupfen. Die Gänsestopfleberscheiben würzen, mit der Hälfte der Farce bestreichen, jeweils mit 1 Taubenbrust belegen, mit der restlichen Farce abdecken und mit den entstielten Spinatblättern umwickeln.
Den Strudelteig auf einer bemehlten Arbeitsplatte wie üblich ausziehen und die Taubenbrüste jeweils einzeln darin einschlagen. Im vorgeheizten Backofen bei 200 °C in etwa 6 bis 8 Min. herausbacken. Im offenen, aber abgeschalteten Herd noch etwas ruhenlassen.

Anrichten:
Die Erbsen à la crème auf vorgewärmten Tellern anrichten und in der Mitte die einmal schräg durchgeschnittenen Taubenbrüste einsetzen.
Man kann die Erbsen noch mit ein paar Spritzern Taubenjus, die aus den Karkassen gezogen wurde, beträufeln.

Gemüse und Beilagen

Morgens rund, mittags gestampft, abends in Scheiben, dabei soll's bleiben. Es ist gesund.

Johann Wolfgang von Goethe
„Die Kartoffel"

Der deutsche Kartoffelgürtel reicht vom Saarland bis nach Schlesien. Am dichtesten ist er im Westrich, Westerwald, Odenwald, Thüringer Wald und im Vogtland. Markiert von Dibbelabbes, Döbbekuchen, Schales, Diepchen, Schäpperlingen, Dätschen, Zammete, Bambes und der allgegenwärtigen Kartoffelsuppe. Flankiert von Rievkooke, Kastenpickert, Lappenpickert und Pothucke auf der einen, Reiberdatschi, Hansgirgeln, Zwuller, Fingernudeln und Bubaspitzle auf der anderen Seite. Nicht zu vergessen die gute alte Bratkartoffel, Bleinfeesche im Ruhrpott, Brägelte im Badischen und „German fried" in der internationalen Gastronomiesprache genannt. Vor allem aber die geniale, Deutsche von Süd bis Nord und von Ost bis West einende und vereinende, alles überragende Gestalt des Kartoffelkloßes. Dieses kugelähnliche Gebilde, Knödel im Süden, Kloß im übrigen Deutschland genannt, ist unter den weit farbigeren Bezeichnungen Hoorige und Schneebällsche, Hütes, Seidene, Halbseidene und griene Klese in den Regionalküchen der Pfalz, Hessens, Thüringens und des Vogtlandes fest verankert.

Über die Erfindung der rohen Klöße streiten sich heute noch die Südthüringer mit den Vogtländern. Die einen sagen, sie wären in Meiningen im Wirtshaus „zur Gans" erfunden worden (wobei anzumerken ist, daß Meiningen einstmals sächsische Residenzstadt war), die anderen behaupten, der Ursprung läge im Vogtländischen. Es gibt sogar eine literarische Verarbeitung des Themas, das Lied vom Hütes des Meininger Dichters Rudolf Baumbach. Etwas nüchterner ist die Feststellung des Museums für Regionalgeschichte und Volkskunde in Gotha, wonach die Entstehung der Thüringer Klöße reiner Zufall war: „Man wollte Stärke aus gepreßten Kartoffeln gewinnen, war aber aus Sparsamkeit nicht gewillt, die übriggebliebene Kartoffelmasse wegzuwerfen." Unerläßliche Begleiter der Kartoffelklöße, ob Thüringer Hütes oder sächsische griene Klese, sind ein guter Braten und möglichst viel Sauce. Wobei die Sauce fast noch wichtiger ist als der Braten. Denn mit dem Klößeessen hört man in der Regel erst dann auf, wenn keine „Brieh", also keine Sauce, mehr vorhanden ist. Der Welt größter „grüner Kloß" wurde übrigens 1993 in Themar, im fränkischen Teil Thüringens, gekocht. Er reichte für 500 hungrige Esser.

Die Kartoffel wurde in Thüringen auf Befehl von Herzog Ernst August von Weimar bereits 1738 – allerdings zunächst nur zur Fütterung der Wildschweine – angebaut. Erst ab 1787 entdeckte man, daß sie auch als Nahrung für den Menschen geeignet war. Wie überall in Deutschland wurde sie auch in Thüringen und Sachsen sehr bald zum wichtigsten Nahrungsmittel. Klöße waren dabei nicht das alleinige Küchenprodukt. Beliebt waren und sind im Vogtland die Bambes, kleine goldbraun herausgebackene Puffer, in Thüringen die „saura Schnietla", ein suppiges Kartoffelgemüse, „Geschockte", kleine mit Speck und Zwiebeln gebratene Kartoffelwürfel, und die vielen Varianten des Kartoffelbreis, ob „Flockzammet" oder „Babshüllerle" im Südthüringischen.

Bekannt ist die Thüringer Küche für ihre vielen Gemüsegerichte in Verbindung mit Mehlspeisen. In Themar schätzte man den „Wiersching mit Tiegelkuche" (Wirsing mit einer Art Rohrnudel), in Steinheid „Quakser mit überschichte Ruwe" (kleine Hefeklöße mit Kohlrabi). In Riet, im Heldburger Unterland, waren „Fasälich und Schinkenöhr" (grüne Bohnen mit Schinken) besonders beliebt. Gemüse wurde in Thüringen gern zu Brei verkocht und spielte eine wichtige Rolle als Sattmacher. Die Neigung, Gemüse zu Brei zu verkochen, war auch in Sachsen verbreitet. In den besseren Haushalten wurde Gemüse dabei oft als Pudding oder Auflauf aufgetragen. Spargelpudding, Morchelpudding, Blumenkohlpudding, gefüllter Weißkohlpudding, Blumenkohlauflauf oder Champignonauflauf wurden meist als Zwischengerichte gereicht.

Insgesamt gesehen kam Gemüse weniger als Beilage, sieht man einmal von Zuckererbsen oder anderen zarten jungen Gemüsen ab, auf den Tisch, sondern meist als separates Gericht. Die Krönung dieser eigenständigen Gemüsegerichte war zweifellos und ist heute noch das auf der nebenstehenden Seite abgebildete Leipziger Allerlei.

Rezept Seite 154: Leipziger Allerlei, Peter Steffen, Rats-Keller Schönefeld, Leipzig

Leipziger Allerlei

Bild Seite 152

Peter Steffen
Rats-Keller Schönefeld
Leipzig

15 g Spitzmorcheln, 320 g Blumenkohlröschen, Salz, Zitronensaft, 200 g Karotten, je 200 g weißer und grüner Spargel, 150 g Erbsen oder Zuckerschoten, 30 g Butter, ½ l Kalbsfond, Mehl, 30 g Krebsbutter (fertig gekauft), ⅛ l Sahne, 1 Bd. Kerbel.

Die Morcheln lauwarm einweichen, die Blumenkohlröschen in Wasser mit Salz und Zitronensaft 15 Min. garen. Die gestiftelten Karotten, Spargelstücke sowie die Erbsen bzw. Zuckerschoten in 20 g Butter andünsten und mit 4 EL Kalbsfond ablöschen.
Zugedeckt 10 Min. garen lassen. Mehl in heißer Krebsbutter anschwitzen und langsam unter Rühren mit dem Kalbsfond ablöschen. 15 Min. sanft garen. Die Morcheln tropfnaß in der restlichen Butter und etwas Sahne 5 Min. andünsten. Das Gemüse in die Krebsbuttersauce geben.

Anrichten:
Die restliche Sahne dazugeben, alles erwärmen, abschmecken und mit dem gehackten Kerbel bestreut servieren.

Gebratene und gefüllte Blumenkohlscheiben

Klaus Hinze
Hotel Schweizer Hof
Halle

1 großer Blumenkohl, 500 g Hackepeter (gewürztes Gehacktes), 2 Eier, geriebene Semmel und Muskat, etwas Butterfett.

Den Blumenkohl kurz aufkochen (nicht vollends garen), abkühlen lassen und in etwa 2 cm dicke Scheiben schneiden. In die Zwischenräume des Blumenkohls die Hackmasse drücken.
Anschließend die Scheiben panieren und auf kleiner Flamme im Butterfett goldgelb braten.

Schwarzwurzelsoufflé

Wolfgang Riemhofer
Landhotel Baumwiese
Boxdorf

400 g Schwarzwurzeln, 50 g Salz, 30 g Zucker, 1 Zitrone, 30 g Butter, 0,2 l spritziger Weißwein, ¼ l Milch und 0,1 l Sahne, 1 Spritzer Pernod, Salz, Pfeffer aus der Mühle, 4 Eier, 4 große oder 8 kleine Napfförmchen sowie Butter zum Ausstreichen.

Die Schwarzwurzeln mit einer Bürste unter fließendem Wasser reinigen. Schälen und in kleine Stücke schneiden. ¼ l Wasser mit Salz, Zucker, etwas Zitronensaft, Butter und Weißwein zum Kochen bringen, die Schwarzwurzelstücke dazugeben und 10 Min. leise kochen lassen. Abpassieren und zur Seite stellen.
Die Milch mit der Sahne aufkochen, mit Pernod, Salz sowie Pfeffer würzen und die Schwarzwurzeln hineingeben. Noch einmal aufkochen lassen und im Mixer pürieren. Die Eier in einer Schüssel verquirlen, den Mixerinhalt durch ein feines Sieb passieren und dazugeben. Gut verrühren und in die gebutterten Napfförmchen füllen. 1 cm Rand lassen.
In eine tiefe Backofenform kochendes Wasser geben und die Förmchen hineinstellen. Das Wasser soll bis kurz unter den Rand gehen. Im Backofen bei 180 bis 200 °C etwa 35 Min. pochieren. Nach der Hälfte der Zeit die Napfförmchen mit Alufolie belegen, damit die Masse keine Farbe nimmt. Am Ende der Garzeit aus dem Rohr nehmen, abkühlen lassen und auf die Teller stürzen.

Anmerkung:
Wenn keine Napfförmchen im Haus sind, tun es auch Kaffeetassen oder kleine Suppentassen.

Linsen-Gemüse-Plätzchen

Detlef Lange
Hotel Villa Emma
Dresden

250 g Linsen und 1 kleine Zwiebel, 2 kleine Möhren, 100 g Stangensellerie, Salz und Pfeffer, 1 Ei sowie 2 EL Weizenmehl, 2 EL Balsamico-Essig, 2 EL Vollkornbrösel und etwas Öl zum Braten.

Die Linsen waschen und über Nacht zugedeckt in Wasser quellen lassen. Die Linsen in Einweichwasser zum Kochen bringen und 15 Min. bei schwacher Hitze köcheln lassen.
Inzwischen die Zwiebel schälen, fein hacken, die Möhren schälen und auf der Rohkostreibe grob reiben. Den Sellerie in kleine Würfel schneiden (etwa 0,4 cm). Nun die Linsen abkühlen lassen und die restlichen Zutaten untermischen, so daß ein formbarer Teig entsteht. Dann mit Salz und Pfeffer abschmecken.
Nun kleine Plätzchen daraus formen und diese bei schwacher Hitze goldbraun in Butter braten.
Die Linsen-Gemüse-Plätzchen eignen sich als Beilage zu allen Fleischgerichten, können aber mit einem kleinen Salat und einer Sauerrahmsauce auch als vegetarisches Gericht gereicht werden.

Linsensprossen und Weizenkeime in Walnußdressing

Jens Michel
Restaurant Schloßallee
Moritzburg

50 ml Kalbsbrühe, Saft von 1 Zitrone, 50 ml Walnußöl, 1 Prise Salz, 1 TL Zucker, 100 g Linsensprossen, 100 g Weizenkeime, 1 frische Mango, 40 g in 1 EL Öl geröstete Mandelblättchen.

Aus der Kalbsbrühe, dem Zitronensaft, Walnußöl, Salz und Zukker das Dressing herstellen (mit dem Stabmixer hoch ziehen).
Die Linsensprossen und Weizenkeime auf der Mitte der Teller anrichten, die Mango schälen und in Spalten schneiden. Die Mangospalten auf den Keimen sternförmig anlegen, nun das Dressing und zuletzt die gerösteten Mandelblättchen darübergeben.

Gratinierte Selleriescheiben

Thomas Engelmann
Restaurant Apels Garten
Leipzig

100 g gekochte, gepökelte Zunge, 100 g geschälte Schalotten und 50 g Schnittlauch, 100 g Champignonköpfe, 4 Knollensellerie (geschält, gekocht, etwa 1 cm stark), 100 g geraspelter Emmentaler, Salz, weißer Pfeffer, etwas Zitronensaft.

Die Zunge, Schalotten, den Schnittlauch sowie die Champignonköpfe in kleine Würfel bzw. Röllchen schneiden. Alle Zutaten zu einer Masse vermengen, mit Salz, Pfeffer und etwas Zitronensaft würzen.
Die fertige Masse auf die Sellerieschеiben verteilen und im Grill oder Backofen gratinieren.
Mit Baguette servieren.

Fenchelstroh

Lutz Kuhnert
Steigenberger Hotel Dessau
Dessau

4 Fenchelknollen, Öl, Salz, Muskat.

Die Fenchelknollen auseinanderbrechen, den Stielansatz abschneiden und in der Schale die dicken Fäden oder Rippen herausziehen. Die Schale längs zur Rippung in Streifen schneiden und im Öl fritieren, dann mit Salz und Muskat abwürzen.
Schmeckt sehr gut zu Fisch.

Sellerie-Karotten-Gemüse

Jens Kleiber
Berg- und Jagdhotel Gabelbach
Ilmenau

2 Bd. Frühlingskarotten, 100 g Staudensellerie, 2 mittelgroße Selleriekӧpfe, 50 g Schalotten, 50 g Butter, Salz, weißer Pfeffer, Muskat.

Die Karotten und den Sellerie waschen und putzen. Nach Möglichkeit etwas Grün an den Karotten lassen.
Den Sellerie in Streifen schneiden, die Karotten nicht zerkleinern. Die Schalotten in Würfel schneiden und in Butter anschwenken. Den Staudensellerie und die Karotten dazugeben, mit Salz und Pfeffer würzen und 5 Min. im geschlossenen Topf dünsten. Den in Streifen geschnittenen Sellerie hineingeben und nochmals 5 Min. im offenen Topf dünsten lassen.
Mit gehackten Blättern vom Staudensellerie und geriebener Muskatnuß vollenden.

Sächsisches Schmorkraut

Jens Michel
Restaurant Schloßallee
Moritzburg

1 kleiner Kopf Weißkraut, 100 g Bauchspeck, 80 g feingehackte Zwiebeln, 1 EL Paprika (edelsüß), Salz, weißer Pfeffer, 20 g Butter.

Das Weißkraut vom Strunk befreien, in feine Streifen schneiden. Den Speck auslassen, die Zwiebeln mitanschwitzen, das Weißkraut dazugeben und etwa 10 Min. schmoren. Mit Salz und Pfeffer würzen, mit Paprika anstäuben und kurz mitschmoren. Zuletzt die Butter unterheben.

Beyendorfer Speckkraut

Frank Wiedekind
Classik Hotel Magdeburg
Beyendorf

100 g magerer Speck, 50 g Zwiebeln, 800 g Weißkohl, Salz, weißer Pfeffer und Kümmel, ½ l kräftige Fleischbrühe, etwas Kartoffelstärke sowie feingeschnittene Petersilie.

Den Speck und die Zwiebeln in feine Würfel schneiden. Zuerst die Speckwürfel glasig braten, dann die Zwiebelwürfel dazugeben und ebenfalls glasig schwitzen.
Jetzt den geputzten und in Streifen geschnittenen Weißkohl und die Gewürze hinzufügen. Das Ganze kurz durchschwitzen und mit der Fleischbrühe auffüllen.

Nun den Weißkohl etwa 15 Min. schmoren. Wenn der Kohl bißfest ist, mit etwas Kartoffelstärke binden und mit frischer Petersilie bestreuen.
Das Beyendorfer Speckkraut wird gern zu frischem Krustenbraten mit Kartoffeln oder mit Knödeln gereicht.

Wirsingflan

Martin Schlösser
Landhaus zu den Rothen Forellen
Ilsenburg

340 g Wirsing, 30 g Butter, 60 g Schalotten, 80 g Crème double und 2 Eier, Salz, Pfeffer, Muskat.

Den Wirsing grob blättrig schneiden und in siedendem Wasser blanchieren. Die Butter in einem Topf erhitzen und die feingewürfelten Schalotten darin dünsten. Den Wirsing hinzufügen und weich dünsten. Mit Crème double aufgießen. Die Masse in einem Mixer mit den Eiern pürieren, mit Salz, Pfeffer und Muskat würzen. Die Masse in gebutterte Formen füllen und im Wasserbad 25 Min. pochieren.

Speckrosenkohl in Trüffelöl

Michael Nowak
Restaurant im Hotel Bellevue
Schmölln

250 g Rosenkohl und 100 g Speck, ½ Zwiebel, etwas Butter sowie 3 EL Trüffelöl, Pfeffer, Salz.

Den Rosenkohl putzen und am Strunk über Kreuz einschneiden, dann waschen und abbrühen. Den Speck und die Zwiebel in feine Würfel schneiden und mit Butter anschwitzen. Den Rosenkohl dazugeben und durchschwenken. Das Trüffelöl hineingießen und wiederum öfters durchschwenken. Abschließend mit Pfeffer und Salz abwürzen.
Dieses Gericht in einer Schüssel als Beilage reichen.

Rotkohl mit Edel-Ebereschebeeren

Herbert Frauenberger
Hotel Frauenberger
Tabarz

800 g Rotkraut, 100 g Zwiebeln, 1 EL Schweineschmalz, 100 g Zukker, etwas Essig, 1 Zwiebel, Lorbeerblatt, Nelken, Wacholder, 100 g Edel-Ebereschebeeren, 50 ml Wermut, 20 g Mais- oder Weizenstärke, 20 g Butter, 1 Apfel.

Das geputzte und gewaschene Rotkraut in Streifen schneiden. Die Zwiebeln glasig dünsten, dann das Kraut sowie Zucker, Essig, Salz, wenig Pfeffer und die mit Lorbeer und Nelken gespickte Zwiebel, nach Belieben etwas Wacholder und 1/8 l Wasser zugeben.
Nun das Kraut im Topf mit verschlossenem Deckel bißfest schmoren. Mit der in Wasser angerührten Stärke eine leichte Bindung geben. Die gespickte Zwiebel vorher entnehmen.
Nun den geriebenen oder geraspelten Apfel unterrühren. Mit dem Wermut das Kraut abschmecken.
Die Edel-Ebereschebeeren in etwas zerlassener Butter schwenken und über das Kraut geben.

Anmerkung:
Rotkohl mit Edel-Ebereschebeeren paßt besonders gut zu allen Wildgerichten, vor allem natürlich zu Wildschwein und Rotwild. Den Rotkohl kann man auch lauwarm als Salat reichen.

Apfel-Zwiebel-Gemüse

Lutz Kuhnert
Steigenberger Hotel Dessau
Dessau

3 große Zwiebeln und 4 große Äpfel (leicht säuerlich), 100 g Butter, Salz, Pfeffer, Muskat, 1 Bd. Majoran.

Die Zwiebeln schälen und in große Würfel (2 auf 2 cm) schneiden. Bei den Äpfeln die Kerngehäuse entfernen und ebenfalls in Würfel schneiden. Nicht schälen.
Die Zwiebelwürfel in der Butter glasig schwitzen, dann die Apfelwürfel dazugeben, mit Salz, Pfeffer, Muskat sowie Majoran abschmecken. Die Äpfel sollten noch bißfest sein.
Paßt sehr gut zu Lamm und Rind.

Thüringer Dämpfzwiebeln

Rüdiger Kaufmann
Hotel Thüringer Hof
Eisenach

70 g Butter, 1 kg Zwiebeln sowie 40 g Mehl, 2 EL Rahm und 1 Eigelb, Salz, Pfeffer.

In einer Kasserolle 30 g Butter erhitzen, die in Scheiben geschnittenen Zwiebeln zugedeckt glasig dämpfen und am Schluß mit etwas Mehlbutter (40 g Butter mit 40 g Mehl verknetet) binden.
Kurz vor dem Servieren den Rahm mit dem Eigelb verrühren, unterrühren und mit Salz sowie Pfeffer abschmecken.
Dazu reicht man Pellkartoffeln.

Anmerkung:
Wichtig ist es, daß man die Zwiebeln auf kleinster Flamme dämpft. Sie sollen goldgelb, aber nicht braun werden, daher öfters nachsehen.

Kürbisgemüse I

Lutz Kuhnert
Steigenberger Hotel Dessau
Dessau

1 kg Kürbis, 200 g Butter, Salz und Pfeffer.

Den Kürbis schälen und die Kerne entfernen. Dann in feine Streifen (etwa 1 mm auf 5 cm) schneiden. Die Streifen in der Butter anschwenken. Etwas Wasser dazugeben, mit Salz sowie Pfeffer abschmecken und gar ziehen lassen. Man kann den Kürbis auch in Blättchen schneiden.
Paßt gut zu Poularde und Pute oder Zander und Steinbeißer.

Kürbisgemüse II

Michael Seidel
Restaurant Hammerklause
Plauen

600 g Kürbis, 25 g Butter, 100 g geräucherter Bauchspeck, 125 g Zwiebeln, 1 Knoblauchzehe, 2 TL Essig, Zucker, 1/8 l Fleischbrühe, Salz, Pfeffer, Dill, 1/4 l saure Sahne.

Den Kürbis von Kernen und Futter befreien, aber nicht schälen. Das Fruchtfleisch zu Kugeln ausstechen. Die Butter erhitzen, die Speckwürfel kräftig anbraten, die gehackten Zwiebeln, den zerdrückten Knoblauch und Essig dazugeben.
Die Kürbiskugeln mit Zucker überstreuen, hineingeben, kurz anschwenken. Nun die Brühe angießen und bei schwacher Hitze etwa 5 Min. schmoren lassen. Der Kürbis darf nicht zerfallen.
Das Gericht mit Salz und Pfeffer abschmecken.
Vor dem Servieren den gehackten Dill und die saure Sahne zufügen.

Kürbispfanne

Klaus Hinze
Hotel Schweizer Hof
Halle

150 g gekochte Kartoffeln, 150 g Mehl, 4 EL Milch, Salz, 60 g Butter, 4 kg Kürbis, 100 g Zucker, Vanillezucker, 5 Eigelb, 5 Eiweiß sowie 2 bis 3 Äpfel.

Die gekochten Kartoffeln zerdrükken, mit etwas Mehl, Milch sowie Salz vermischen und in eine Springform drücken. Die Butterflöckchen darauf setzen.
Den Kürbis schälen, entkernen, in Würfel schneiden und kochen. Die Masse durch ein Sieb ablaufen lassen, dann passieren. Den Zukker, das Mehl, Salz, den Vanillezucker sowie die Eigelbe unterheben und verrühren.
Die Eiweiße schlagen und unter die Masse heben. Auf den Teig geschälte und gewürfelte Äpfel streuen, darüber die Kürbismasse geben. Mindestens 60 Min. bei Mittelhitze backen.

Kürbisschnitzel auf Hagebuttensauce

Jens Kleiber
Berg- und Jagdhotel Gabelbach
Ilmenau

800 g Kürbis, Salz, Pfeffer, 2 Eier, 200 g Semmelmehl, Fett, 1/4 l Kalbsjus, 50 ml Schlagsahne, 100 ml Hagebuttensaft sowie 50 g Hagebuttenkonfitüre.

Den Kürbis in Scheiben schneiden, mit Salz und Pfeffer würzen, in verquirlte Eier tauchen und im Semmelmehl panieren. In siedendem heißem Fett schwimmend ausbacken.
Für die Hagebuttensauce die Kalbsjus, den Hagebuttensaft und die Hagebuttenkonfitüre kurz aufkochen lassen. Die Schlagsahne unterrühren und aufmixen.
Die Sauce auf vorgewärmte Teller geben und die Kürbisschnitzel darauf anrichten.

Grünkernrisotto

Rainer Behringer
Restaurant Stadtpfeiffer
im Gewandhaus
Leipzig

300 g Grünkern, 300 g Gemüse der Saison (geputzt, gewaschen, zurechtgeschnitten), 0,3 l Brühe, 1 EL Olivenöl, 1 Zwiebel, 2 Knoblauchzehen, 1 Chilischote, 100 g frisch geriebener Parmesan, 100 g Crème fraîche, Salz, Pfeffer.

Den Grünkern 10 Min. in Salzwasser kochen und abgießen. Die Zwiebel und Knoblauchzehen in feine Würfel schneiden. Mit der Chilischote im Olivenöl anschwitzen. Die Chilischote entfernen, das Gemüse hineingeben und ebenfalls kurz anschwitzen. Den Grünkern dazugeben, mit der Brühe aufgießen und leise köcheln lassen, bis das Gemüse und der Grünkern gar sind.
Zum Schluß den Parmesan und die Crème fraîche zufügen und abschmecken.

Sauerampfersalat mit Speckstippe

Michael Seidel
Restaurant Hammerklause
Plauen

200 g Sauerampfer, Salz, Pfeffer, Essig, Öl, 1 Prise Zucker, 100 g geräucherter Bauchspeck sowie 4 bis 6 Schalotten.

Den Sauerampfer auslesen, vorsichtig waschen, abtropfen lassen.

Mit den Gewürzen abschmecken und auf Tellern anrichten.
Den Speck ausbraten und die gewürfelten Schalotten darin glasig dünsten.
Die Stippe über den Salat gießen und sofort servieren.
Als Garnierung eignen sich, schon der Farbe wegen, Kirschtomaten.

Dresdner Kartoffelklöße

Helmut Streller
Restaurant Villa Posthof
Chemnitz

400 g Pellkartoffeln, 1 Ei, Muskat, Salz, Pfeffer, je 2 EL geröstete Zwiebelwürfel, geröstete Speckwürfel und geröstete Weißbrotwürfel.

Die erkalteten Pellkartoffeln schälen, durch eine Kartoffelpresse geben, danach mit dem Ei, geriebenem Muskat, Salz und Pfeffer mengen. Die Masse etwa 4 Std. stehenlassen, sie kann auch am Tag vorher vorbereitet werden.
Die Kloßmasse zu kleinen Kugeln formen, wobei die Weißbrot-, Speck- und Zwiebelwürfel jeweils in die Mitte der Kugel eingerollt werden. Etwa 10 bis 12 Min. in Salzwasser leise kochen lassen, bis die Klöße oben schwimmen.
Vor dem Servieren noch etwas ziehen lassen.

Thüringer Klöße I

Jens Kleiber
Berg- und Jagdhotel Gabelbach
Ilmenau

1 1/2 kg rohe, geschälte, große Kartoffeln, Salz, 2 EL Kartoffelstärke, 150 g Weißbrotwürfel, 80 g Butter.

Etwa 2/3 der rohen Kartoffeln reiben und gründlich auspressen. Die restlichen Kartoffeln in Salzwasser zu einem Brei kochen. Die ausgepreßten Kartoffeln mit der Kartoffelstärke und etwas Salz in eine Schüssel geben und mit dem kochenden Brei übergießen. Alles gut durcharbeiten, bis eine geschmeidige Masse entsteht.
Die Weißbrotwürfel in Butter goldbraun rösten. Aus der Masse Klöße formen und in jeden Kloß einige Weißbrotwürfel geben. In mäßig kochendem Salzwasser etwa 15 Min. gar ziehen lassen.

Thüringer Klöße II

Herbert Frauenberger
Hotel Frauenberger
Tabarz

1½ kg geschälte Kartoffeln, etwas Essig, 2 kleine entrindete Weißbrotscheiben, 50 g Butter, Salz, reichlich Wasser zum Kochen.

Von den Kartoffeln 2/3 fein reiben und im Kartoffelpreßsack trockenpressen. Die sich im Preßwasser absetzende Stärke wird der Masse später wieder zugesetzt. Wenige Essigtropfen sichern nach dem Reibevorgang den Erhalt der schönen hellen Farbe. Die restlichen Kartoffeln mit reichlich Kochwasser und angemessener Salzmenge ansetzen. Die Kartoffeln zerkochen lassen und pürieren, am besten mit dem Passierstab im Kochwasser.
Aus dem entrindeten Weißbrot Würfel (etwa 0,5 mal 0,5 cm) schneiden und in zerlassener Butter goldgelb braten. Die trockene Kartoffelmasse salzen, die Stärke dazugeben und unter kräftigem Rühren mit der passierten gekochten Kartoffelmasse brühen, bis die Masse verkleistert, kräftig bindet und nicht mehr nach rohen Kartoffeln riecht. An der vorher ins kalte Wasser getauchten Hand sollte die Masse nicht mehr kleben. Die Klöße dann mit den Händen, die man immer vorher in kaltes Wasser taucht, formen. In die Kloßmitte einige knusprige Weißbrotwürel setzen und die Klöße in heißem Salzwasser garen. Nach dem Einbringen der Klöße darf das Wasser aber nicht mehr kochen.
Die Klöße sind servierfertig, wenn sie an die Oberfläche steigen.

Thüringer Klöße III

Rüdiger Kaufmann
Hotel Thüringer Hof
Eisenach

2 kg Kartoffeln, Salz und geröstete Semmelstückchen.

Etwa 1/3 der Kartoffeln schälen und mit 2 TL Salz kochen. Die restlichen Kartoffeln schälen, reiben und auspressen. Die ausgepreßte trockene Masse auflockern.
Die gekochten Kartoffeln im Kochwasser zu einem dickflüssigen Brei zerstampfen, nochmals kräftig aufkochen, dann mit diesem Brei die rohe Kloßmasse brühen, tüchtig mit einem Quirl schlagen und danach mit Salz abschmecken.
Nun Klöße formen und in die Mitte geröstete Semmelstückchen geben, die Klöße in kochendes Wasser geben und 10 bis 15 Min. ziehen lassen.

Meininger Klöße

Christian Heumader
Hotel Sächsischer Hof
Meiningen

4 kg Kartoffeln, 1 TL Essig, Salz, Wasser, Weißbrotwürfel, Butter.

Etwa 3 kg Kartoffeln in ein Gefäß mit kaltem Essigwasser reiben. In ein Tuch schütten und fest ausdrücken. Wenn sich die Stärke abgesetzt hat, das Wasser abgießen und die Stärke mit den Kartoffeln mischen.
Die restlichen Kartoffeln zu einem dünnen Kartoffelbrei kochen und salzen. Die roh geriebenen Kartoffeln in einen breiten Topf geben und mit dem Kartoffelbrei auf großer Flamme abbrennen und kräftig schlagen, bis sich der Teig vom Boden leicht abhebt.
Die Weißbrotwürfel in Butter braun rösten und leicht salzen. Aus dem Teig Klöße formen und 2 bis 3 Weißbrotwürfel in die Mitte des Teiges geben.
Die Klöße in heißem Wasser etwa 10 Min. gar ziehen lassen.

Tip:
Wichtig ist, daß die Kloßmasse sehr heiß abgedreht wird, um sie in eine schöne, runde Form zu bringen. Die Klöße sind dann gelungen, wenn sie auf dem Teller fast zerlaufen.

Anmerkung:
Meiningen gilt als Geburtsstätte der Thüringer Klöße.

Vogtländische Klöße

Michael Seidel
Restaurant Hammerklause
Plauen

1½ bis 2 kg Kartoffeln, 1 EL Salz.

Die Kartoffeln durch eine feine Reibe geben und in einem Kloßsack das Wasser auspressen. Der Kartoffelteig soll so trocken wie möglich sein. Den trockenen Teig in eine Schüssel geben, mit einem Holzlöffel zerteilen und salzen.
Den Kloßteig mit reichlich kochendem Wasser unter ständigem Rühren stark brühen. Einen großen Schöpflöffel mit Kloßteig füllen, abstreifen und den Teig in sprudelndes Wasser gleiten lassen (Löffel vor jedem Kloß in kaltes Wasser tauchen). Nach dem letzten Kloß die Temperatur stark zurücknehmen und die Klöße etwa 20 Min. ziehen lassen.

Die thüringische Variante:
Unter den ausgepreßten Kloßteig 1/3 gekochte Kartoffeln mischen und geröstete Semmelwürfel in die Klöße stecken. Um ein starkes Abkochen der Klöße zu vermeiden, kann man 1 EL Öl in das Kochwasser geben.

Anrichten:
Die Klöße werden mit einem Schaumlöffel aus dem Wasser genommen und auf den Tellern neben dem Braten angerichtet.

„Eigeschnietne" (gebratene Klöße)

Michael Seidel
Restaurant Hammerklause
Plauen

Die vogtländischen Klöße in Scheiben schneiden und in Butter knusprig braten.
Paßt hervorragend zum Rest des Sonntagsbratens.

Hütes

Rüdiger Kaufmann
Hotel Thüringer Hof
Eisenach

2 kg Kartoffeln (3/4 rohe und 1/4 gekochte), Salz, 1/8 l saure Milch, Semmelbröckchen (geröstet).

Die rohen und gekochten Kartoffeln reiben, mit Salz abschmecken und mit der Sauermilch vermengen. Nun Klöße formen, in die Mitte geröstete Semmelbröckchen geben. Die Klöße etwa 20 Min. kochen.

Aprikosenklöße (als Beilage zu Wild)

Klaus Hinze
Hotel Schweizer Hof
Halle

1,2 kg Kloßmasse (siehe Thüringer Klöße I, S. 158), 4 große Aprikosen oder Trockenfrüchte (nicht ganz reif).

In die fertige Kloßmasse für rohe Klöße die nicht ganz reifen Aprikosen oder Trockenfrüchte einbetten und gut verschließen.
Danach wie üblich aufkochen und gar ziehen lassen.
Die Klöße sind besonders geeignet für Wildbraten oder Kaßler und können mit etwas Aprikosenkonfitüre ein Häubchen erhalten.

Stampf

Rüdiger Kaufmann
Hotel Thüringer Hof
Eisenach

1 kg Salzkartoffeln, etwas Wasser, 1 EL Kartoffelstärke.

Die heißen Salzkartoffeln sofort stampfen, die in Wasser angerührte Kartoffelstärke auf die Kartoffeln geben und zu einem zähen, glatten Brei verrühren.
Stampf schmeckt zu Kaßler-, Schweine- und Rinderbraten mit Sellerie-, Möhren- oder Bohnensalat.

Thüringer Kartoffelzammete

Rüdiger Kaufmann
Hotel Thüringer Hof
Eisenach

50 g Speck und 1 bis 2 Zwiebeln, 1 kg gekochte Salzkartoffeln, Salz.

Den Speck würfeln und auslassen. Die kleingeschnittenen Zwiebeln in der Pfanne anbräunen, die Kartoffeln in Scheiben schneiden und mit dem Speck sowie den Zwiebeln verrühren. Dann mit Salz abschmecken und das Ganze warm werden lassen.
Dazu grünen Salat und Spiegeleier servieren.

Rosmarinkartoffeln im Crêpesäckchen

Mario Pattis
Romantik Hotel & Restaurant Pattis
Dresden

200 g Kartoffeln, 1 Zwiebel und 40 g Speck sowie 1 Msp. Kartoffelstärke, 50 g Crème double, 1 kleiner Rosmarinzweig und ½ TL gehackte Petersilie.

Crêpesteig:
80 ml Milch, 30 g Mehl, 1 Ei und 20 g Butter, Salz, Pfeffer, Muskat, Sesamöl zum Ausbacken, 4 Lauchstreifen.

Die Zutaten für den Crêpesteig vermengen, mit Salz, Pfeffer und Muskat würzen, kühl stellen.
Die geschälten Kartoffeln in 1 cm große Würfel schneiden und bißfest in Salzwasser garen. Den Speck und die Zwiebel in kleine Würfel schneiden und den Rosmarin fein hacken. Den Speck auslassen, die Zwiebeln glasig dünsten, die Kartoffelwürfel mit dem Rosmarin dazugeben und durchschwenken. Die Crème double unterziehen und mit der angerührten Kartoffelstärke binden. Die gehackte Petersilie unterheben und mit etwas Salz, Pfeffer sowie Muskat abschmecken.
4 dünne Crêpes in dem Sesamöl ausbacken, die Kartoffelmasse darauf verteilen, zusammenschlagen und mit dem Lauch zubinden.
Die Kartoffelcrêpes bei 180 °C 5 Min. im Backofen backen und sofort anrichten.

Gefüllte Kartoffeln

Thomas Engelmann
Restaurant Apels Garten
Leipzig

4 Kartoffeln, 1 große rote Zwiebel, 50 g Butter, 500 g Kochschinken oder Pökelzunge, 100 g gehackte frische Kräuter (Schnittlauch, Majoran, Kerbel, Blattpetersilie), 2 EL flüssige Sahne, 2 Eigelb, 40 g feines Semmelmehl, Salz, Pfeffer.

Die Kartoffeln schälen und längs halbieren. Mit einem Ausstecher (Pariser) die Kartoffeln aushöhlen und in Salzwasser bißfest kochen.
Für die Füllung die geschälte Zwiebel in feine Würfel schneiden, ebenso den Schinken bzw. die Zunge. Die Kräuter waschen und fein hacken. Die Eigelbe mit dem Semmelmehl vermischen.
Die Butter in einem Topf zerlassen, die Zwiebelwürfel darin anschwitzen, den Schinken zugeben und mit der Sahne ablöschen. Die gehackten Kräuter sowie die Eigelb-Semmelmehl-Mischung dazugeben, nicht mehr kochen.
Die fertige Masse nunmehr in die ausgehöhlten Kartoffeln füllen und im Ofen bei 150 °C 5 bis 8 Min. fertiggaren.
Mit Käse-Rahm-Sauce servieren.

Kartoffelrouladen mit Waldpilzen

Günther Ulrich
Hotel Gothisches Haus
Wernigerode

10 gekochte Kartoffeln und 100 g Grieß, 150 g Mehl, 2 Eier, Salz sowie 1/8 l saure Sahne.

Füllung:
300 g frische Pilze, 80 g Butter, 1 Zwiebel, Salz, Pfeffer.

Die Kartoffeln reiben, den Grieß, das Mehl, die Eier und das Salz dazugeben. Alles zu einem Teig verarbeiten.
Für die Füllung die geputzten Pilze kleinschneiden und in etwas Butter mit den feingehackten Zwiebeln rösten. Salz und Pfeffer untermischen.
Den Kartoffelteig ausrollen, die Füllung darauf streichen und zu einer festen Roulade rollen. Auf ein gebuttertes Blech legen, mit saurer Sahne bestreichen und in der Röhre backen.

Harzer Knieste

Günther Ulrich
Hotel Gothisches Haus
Wernigerode

1½ kg neue Kartoffeln, etwas Fett, 300 ml Öl, Salz, Pfeffer, 1 Zwiebel, Kümmel, Rosmarin.

Harzer Knieste, das sind neue frische Kartoffeln.
Die Kartoffeln gut bürsten, abpellen, halbieren und mit der Schnittfläche auf ein gefettetes Blech setzen. Mit Öl bestreichen und mit Salz, Pfeffer sowie etwas Kümmel bestreuen.
Im Ofen goldgelb und knusprig backen, dann in der Schale heiß

auftragen. Dazu serviert man 1 faustgroßen Kloß „Hackus" (Gehacktes). Mit gehackten Zwiebeln, Pfeffer und Rosmarin würzen.

Schwarzer Kartoffelsalat

Rüdiger Kaufmann
Hotel Thüringer Hof
Eisenach

1½ kg gekochte Kartoffeln, 125 g Speck, 1 Zwiebel, 1 TL Mehl, etwas Milch oder Fleischbrühe, Gewürzessig, Salz und Pfeffer.

Die Kartoffeln schälen und in Scheiben schneiden, den Speck würfeln und auslassen. Die gehackten Zwiebeln dazugeben und schön braun rösten. Das Mehl ebenfalls mitbräunen.
Das Ganze mit etwas Milch oder Fleischbrühe auffüllen, damit eine sämige Flüssigkeit entsteht. Mit Gewürzessig, Salz sowie Pfeffer abschmecken und über die Kartoffeln geben. Gut vermischen und servieren.

Buttermilchgetzen

Wolfgang Riemhofer
Landhotel Baumwiesen
Boxdorf

400 g Pellkartoffeln, 2 bis 3 Eier, Salz, Muskat, 100 ml Buttermilch, 120 g Butterschmalz.

Die Kartoffeln waschen, kochen und schälen. Durchpressen und mit den restlichen Zutaten vermischen. In einer kleinen Pfanne mit reichlich Schmalz die Getzen von beiden Seiten goldgelb braten.
Paßt als Beilage besonders zu deftigen Fleischgerichten.

Kartoffelreibekuchen, mit Tomaten und Mozzarella gratiniert

Lutz Kuhnert
Steigenberger Hotel Dessau
Dessau

500 g Kartoffeln, 200 g Zwiebeln, 2 Eier, 100 g Mehl, Salz, weißer Pfeffer, Muskat, ½ l Speiseöl sowie 600 g Tomaten und 1 Bd. Basilikum, 300 g Mozzarella.

Die Kartoffeln und Zwiebeln schälen, danach reiben. In die Masse die Eier und das Mehl rühren, mit Salz, Pfeffer und 1 Msp. Muskat abschmecken. Dann etwa 10 cm große und etwa 0,5 cm dicke Reibekuchen im Öl ausbacken.
Nun mit Tomatenscheiben und 1 bis 2 Basilikumblättchen belegen. Den in Scheiben geschnittenen Mozzarella darauf verteilen und dann im Ofen oder unter einem Grill überbacken.
Pro Person sollten 3 Reibekuchen auf den Tellern verteilt werden, mit etwas Basilikum garnieren.

Thüringer Kartoffelpuffer

Rüdiger Kaufmann
Hotel Thüringer Hof
Eisenach

8 große Kartoffeln, 1 Zwiebel, 2 Eier, 100 ml saure Sahne, Salz, Pfeffer, Öl, Zucker.

Die Kartoffeln und die Zwiebel schälen und reiben. Dann mit den Eiern und der sauren Sahne vermischen, mit etwas Salz und Pfeffer abschmecken und im heißen Öl ausbacken.
Mit Zucker bestreut servieren. Dazu Apfelmus reichen.

Sächsische Kartoffelpuffer mit Quark, Ei und Kümmel

Helmut Streller
Restaurant Villa Posthof
Chemnitz

800 g rohe, geschälte Kartoffeln, ½ kg Quark, 2 gehackte Zwiebeln, 1 TL Salz, 1 Eigelb, 1 EL ganzer Kümmel, ⅛ l Buttermilch, Olivenöl zum Braten, etwas Butter.

Die Kartoffeln reiben und die Flüssigkeit abtropfen lassen. Den Quark, die Zwiebeln, das Salz, Eigelb, den Kümmel und die Buttermilch dazugeben. Nun alles gut verrühren.
Die handtellergroßen Puffer im heißen Olivenöl und etwas Butter in einem Tiegel von beiden Seiten schön kroß backen.
Auf vorgewärmten Tellern traditionell mit Apfelmus servieren.

Kartoffelroulade mit Kräutern

Detlef Lange
Hotel Villa Emma
Dresden

200 g mehligkochende Kartoffeln, 60 g Weizenmehl, 2 Eigelb, Salz, weißer Pfeffer, Muskat, 2 EL Kerbel, 2 EL Petersilie, 2 EL Dill und etwas Mehl sowie Butter.

Die Kartoffeln waschen und mit der Schale kochen, pellen und abkühlen lassen. Die Kartoffeln reiben und mit Mehl, den Eigelben sowie Gewürzen zu einem Teig verarbeiten.
Den Teig auf einem bemehlten Küchentuch etwa 0,5 cm dick ausrollen, die Kräuter darauf verteilen. Mit Hilfe des Tuches die

Roulade zusammenrollen und diese auf ein mit flüssiger Butter bestrichenes Küchentuch legen.
Die Roulade in dem gebutterten Tuch einpacken, die Enden zusammenbinden und in leicht kochendem Wasser 25 Min. gar ziehen lassen.
Die Kartoffelroulade dann in 1 cm dicke Scheiben schneiden und kurz in Butter anbraten.

Salbeignocchi

Detlef Lange
Hotel Villa Emma
Dresden

150 g gekochte Kartoffeln, 60 g Mehl, 1 Eigelb, Salz, Pfeffer, 1 TL Butter, 8 bis 10 frische Salbeiblätter.

Die Kartoffeln reiben, mit dem Mehl, Pfeffer, Salz und Eigelb zu einem Teig verarbeiten. Dann den Teig auf einem bemehlten Brett zu einer etwa 2 cm dicken Rolle formen.
Die Rolle in 1 cm breite Gnocchi portionieren und daraus kleine Kügelchen formen, in Salzwasser 3 bis 4 Min. kochen, in kaltem Wasser abschrecken und in heißer Butter mit dem frischen Salbei goldbraun braten.
Den Salbei und die fertigen Gnocchi zusammen anrichten.

Thüringer Mehlzammete

Rüdiger Kaufmann
Hotel Thüringer Hof
Eisenach

1 kg Salzkartoffeln und 1 Päckchen Kartoffelmehl, Schmergrieben, Öl.

Die abgeschütteten heißen Salzkartoffeln mit dem Kartoffelmehl stampfen, bis sich ein Kloß bildet. Davon Kügelchen (etwa 2 cm Durchmesser) formen und in einer Pfanne mit den Schmergrieben und dem Öl braun braten.
Dazu rohes Sauerkraut oder dicke saure Milch servieren.

Thüringer Biergebrocktes

Rüdiger Kaufmann
Hotel Thüringer Hof
Eisenach

1 l Milch sowie 2 Brötchen (frisch und gewürfelt), 3 EL Zucker, 1 Glas Bier.

Die eiskalte Milch über die gewürfelten Brötchen geben. Zucker darüberstreuen und über alles das Glas Bier gießen.
Schmeckt köstlich an heißen Sommertagen.

Schwarzbrotknödel

Torsten Hache
Restaurant Pagenhaus
Schloß Friedenstein
Gotha

50 g Butter, 200 g Misch- oder Schwarzbrot, 100 g gehackte Walnüsse, ½ l Milch, 8 gehäufte EL geriebene Haselnüsse, 8 EL gehackte Mandeln, 4 EL geschnittene Speckwürfel, 2 Schalotten (gewürfelt), Salz, Pfeffer.

Die Butter auslassen, das Brot würfeln und beides mit den anderen Zutaten vermischen. Mit Salz und Pfeffer abschmecken. Danach 1 Std. ruhenlassen.
Die gesamte Masse in Alu- oder Klarsichtfolie einrollen und im Wasserbad etwa 20 Min. gar ziehen lassen. Dann in Scheiben schneiden und in Butter braten.

Dessauer Speckkuchen

Lutz Kuhnert
Steigenberger Hotel Dessau
Dessau

350 g Bauchspeck (durchwachsen), 200 g Speck (fett), 1 kg Zwiebeln, 1 Bd. Schnittlauch und 1 Bd. Dill, 500 g Magerquark, 50 g Kümmelkörner, 3 Eier, 200 g Mehl, Salz, Pfeffer, 500 g Brotteig (Graubrot).

Den Speck und die Zwiebeln in Würfel schneiden. Den Schnittlauch und Dill fein schneiden. Die Speck- und Zwiebelwürfel in einem Topf goldgelb dünsten. Anschließend den Quark, die Kümmelkörner, Eier und die Hälfte des Mehls zu einer Masse verrühren, mit Salz und Pfeffer abschmecken.
Den Brotteig auf einem bemehlten Blech ausrollen. Jetzt den Schnittlauch und Dill in die Masse rühren, in gleichmäßiger Stärke auf dem Brotteig verteilen. Im Ofen bei 180 °C den Kuchen bakken, bis er goldgelb ist.
Den Speckkuchen in gleich große Stücke teilen und warm servieren.
Paßt ideal zu einem guten Bier.

Gemüsetorte

Torsten Hache
Restaurant Pagenhaus
Schloß Friedenstein
Gotha

Teig:
120 ml Sahne, 50 g Mehl, 6 Eier, Salz, Pfeffer, Muskat.

Aus allen Zutaten einen Teig rühren. Dünne Pfannkuchen (etwa 14 cm Durchmesser) backen.

Füllung:
3 mittelgroße Karotten, 2 mittelgroße Auberginen und 5 Tomaten, 500 g Blattspinat, 400 g Champignons, 2 Schalotten, 100 g Speck, 4 Eigelb, 100 g flüssige Butter, Salz, Pfeffer.

Die Karotten schälen, in Scheiben schneiden und „mit Biß" kochen. Die Auberginen ebenfalls in dünne Scheiben schneiden. Die Tomaten abziehen, vierteln und entkernen. Den Blattspinat putzen, die Champignons in Scheiben schneiden. Die Tomaten, den Blattspinat sowie die Champignons mit den Schalottenwürfeln und dem kleingewürfelten Speck anschwenken und abschmecken. Danach die Eigelbe mit der Butter verrühren.
Eine kleine Kuchenform ausfetten, 1 Pfannkuchen hineinlegen und schichtweise Gemüse und Pfannkuchen einsetzen. Jede Schicht mit der Butter-Eigelb-Mischung bestreichen. Im Ofen bei 140 °C etwa 20 Min. backen.

Spinatküchlein

Detlef Lange
Hotel Villa Emma
Dresden

500 g frischer Spinat, 1 Ei, 2 EL Mehl, Pfeffer, Salz, Muskat, 1 kleine Zwiebel sowie ½ Knoblauchzehe, 1 TL Butter.

Den frischen Spinat waschen, putzen und in kochendem Wasser kurz blanchieren. Danach in kaltem Wasser abschrecken. Die gehackten Zwiebeln und den Knoblauch in der zerlassenen Butter glasig dünsten.

Den blanchierten Spinat mit den restlichen Zutaten, Zwiebeln und Knoblauch vermischen und in gebutterte, kleine feuerfeste Förmchen füllen.
Diese im Backofen bei 200 °C 15 Min. gar ziehen lassen.

Walnußnudeln

Wolfgang Riemhofer
Landhotel Baumwiese
Boxdorf

50 g Grieß, 3 Eier, Muskat, Salz, 1 EL Wasser, 300 g Mehl sowie 1 EL Walnußmark, 1 TL gehackte Walnüsse, etwas Walnußöl.

Den Grieß mit den Eiern, 1 Prise Muskat, Salz sowie Wasser mischen und etwa 1 Std. quellen lassen. Das gesiebte Mehl auf die Tischplatte geben und eine Mulde formen. Den Grieß, das Walnußmark und die Walnüsse dazugeben. Alles zu einem geschmeidigen Teig verarbeiten. Der Teig darf nicht mehr kleben. Dann 1 Std. an einem warmen Ort zugedeckt ruhenlassen.
Anschließend mit dem Nudelholz dünn ausrollen, in feine Streifen schneiden. In reichlich Salzwasser bißfest kochen und mit kaltem Wasser abschrecken. In etwas Walnußöl noch einmal anschwenken. Anschließend servieren.
Paßt gut zu Wild- und Geflügelgerichten.
Eingelegte grüne Walnüsse – die im Lauf der Zeit schwarz werden – sind in der neuen deutschen Küche zu einer beliebten Garnitur für Vorspeisen und Wildgerichte geworden. Im Juni geerntet und in einem Sud aus Zuckerwasser, Zitronen- und Orangenschalen, Ingwer sowie Rosmarin in Weckgläsern eingemacht, halten sie sich nicht nur lange, sondern sind auch eine delikate Beilage.

Frischkäse-Ravioli in Waldpilzrahm

Jens Budde
Hotel-Restaurant Schloß Eckberg
Dresden

Frischkäse-Ravioli:
220 g Mehl, 30 g Grieß, 3 Eier, 250 g Frischkäse, 3 Eigelb, 2 Eiweiß, 50 g Weißbrotbrösel, 2 EL Spinatpüree, 2 EL Olivenöl, Salz, Muskat.

Aus Mehl, Grieß, Eiern, Spinat, Öl, Salz und Muskat einen festen Teig herstellen (kneten). In Folie einpacken und etwa 3 Std. im Kühlschrank ruhenlassen. Dann in etwa 10 cm breite und 1 mm starke Streifen ausrollen. Eine Ravioliform mit Mehl auslegen.
Die aus Frischkäse, den Eigelben und Weißbrotbröseln hergestellte Masse einspritzen. Mit Eiweiß bestreichen und mit einem Nudeldeckel bedecken. Nun die Form stürzen und die Ravioli auseinanderschneiden. In kochendem Salzwasser 5 Min. ziehen lassen.

Waldpilzrahm:
300 g Waldpilze der Saison, 200 g Crème double, 50 g Schalotten und 50 g Speck, Salz, Pfeffer, Kräuter (nach Geschmack).

Die Pilze waschen und putzen, die Schalotten in feine Würfel schneiden und mit dem Speck in einem Topf anschwitzen. Die Pilze dazugeben und mit der Crème double ablöschen, etwas reduzieren lassen. Mit Salz und Pfeffer aus der Mühle sowie mit den Kräutern abwürzen.
Frischkäse-Ravioli in Waldpilzrahm können sowohl als eigenständiges vegetarisches Gericht, aber auch als Beilage zu Wild- oder Geflügelgerichten serviert werden. Sehr gut paßt dieses Gericht zu Fasan oder Wachtel und natürlich zu allen feineren Geflügelarten wie Poularden oder Perlhuhn.

Desserts

Die Schleckerei ist eine unregelmäßige Begierde nach allerlei zufälligen Reizen des Gaumens.
Carl Friedrich von Rumohr
„Geist der Kochkunst"

Carl Friedrich von Ruhmor, der im Jahre 1785 auf dem Gut Reinhardsgrimma in der Nähe von Dresden zur Welt kam und auf dem Friedhof der Dresdner Neustadt auch seine letzte Ruhe fand, meint hier mit Schleckerei nicht das Süße an sich, sondern ganz allgemein jene Gelüste, die man einer momentanen Laune nachgebend oder zur bloßen Zerstreuung außerhalb der Mahlzeiten befriedigt. Was er als eine verdammenswerte Untugend ansah, die ihn mit der gleichen Abscheu erfüllte wie „jegliche Schlemmerei", unter der er eine „gewisse vergeudende Gefräßigkeit oder gefräßige Vergeudung" verstand, die „vorzüglich solchen Reichen eigen zu sein pflege, welche ihre Glücksgüter einer kalten, berechnenden Selbstliebe verdanken".

Nach heutigem Sprachgebrauch ist das Wort „Schleckerei" hauptsächlich dem Bereich des Süßen, gemeinhin dem Zuckerwerk, zuzuordnen, also den Desserts, die ein Essen abschließen. In der sächsischen und thüringischen Herrschaftsküche und auch bei Hofe galt bei Diners die Reihenfolge: Süßspeise, Käse, Eiscreme, Dessert. Genaugenommen bestand das, was man heute Nachtisch nennt, aus vier, manchmal sogar aus fünf Gängen, rechnet man das Obst, das meist zudem noch gereicht wurde, hinzu. Ein Aufwand, der nur zu Zeiten niedriger Personalkosten möglich war.

Die Süßspeisen selbst waren dabei keineswegs besonders raffiniert, eher von einer gewissen Schlichtheit: Savarins, Puddings, Windbeutel, Cremes, Soufflés, Charlottes und dergleichen mehr. Damit konnten mitunter sogar die Süßspeisen mancher Bürgerhaushalte konkurrieren. Auch dort wußte man Mandelspeisen, Schnee-Eier, den einen oder anderen Pudding und natürlich auch süßen Milchreis zu schätzen. Letzterer war im übrigen besonders bei bäuerlichen Festessen ein beliebter Nachtisch. In manchen Dörfern Thüringens trug man auch süßen Hirsebrei bei Festen auf. Der beliebteste Nachtisch bei Bauer und Bürger gleichermaßen war jedoch der Kuchen. Sachsen wie Thüringen war und ist immer noch Kuchenland. Der alte Kurfürst August drohte bekanntlich, jeden Bäcker köpfen zu lassen, der für seine Kuchen zu wenig Eier und schlechtes Mehl verwendete. Die Fülle der Kuchen ist überwältigend. Allein über die Blechkuchen könnten sich Dutzende von Doktoranden der Ernährungswissenschaften habilitieren. Grundsätzlich unterscheidet man zwischen trockenen und nassen Blechkuchen. Für letztere gilt in Thüringen noch die Unterteilung in „naß, dreischnaß und fucht". Für erstere in „trocken und pfurztrocken". Die Beläge reichen von Kirschen, Äpfeln, Pflaumen über Rhabarber und den verschiedenen Beerensorten bis hin zu Quark und Kartoffeln. Quark und Kartoffeln sind auch die Grundlage der legendären Quarkkeulchen, so wie Kartoffeln und Grieß die Grundmasse für die Pflaumenknödel liefern.

Bedeutendster der Beläge ist die Eierschecke, sie ist unter den Kuchenbelägen Mitteldeutschlands das, was die Weißwurst unter den Würsten Bayerns ist. Und wie man von einem Weißwurstäquator spricht, kann man auch von einer Eierscheckenlinie reden. Angeblich soll die Eierscheckengrenze auf der Linie Haldensleben–Doberlug–Kirchhain–Görlitz verlaufen. Nördlich davon soll die Eierschecke nicht mehr anzutreffen sein, oder wenn, dann jedenfalls nicht in der Qualität, wie man sie in Leipzig oder Dresden findet. Natürlich gibt es nicht nur Blechkuchen, aber hier findet sich die größte Vielfalt.

Andere Glanzstücke sächsischer und Thüringer Backkunst sind der Dresdner Sahnekuchen, der Streuselkuchen, der Napfkuchen, Rotweinkuchen, Kirschkuchen, der Hirschhornkuchen, die Meißner Fummel, der Quarkstollen und als Krönung sächsischer Kuchenherrlichkeit der Dresdner Christstollen, mit dem schon im 16. Jahrhundert die sächsischen Fürsten ihre Freunde in nah und fern zur Weihnachtszeit bedachten.

Rezept Seite 182: Sächsische Quarkkeulchen mit eingelegten Backpflaumen und Sauerrahmeis
Rainer Behringer, Restaurant Stadtpfeiffer im Gewandhaus, Leipzig

Mohnparfait auf Beerenkompott

Michael Nowak
Restaurant im Hotel Bellevue
Schmölln

Parfait:
3 Eier, 70 g Zucker, 100 g Mohn, ¼ l geschlagene Sahne.

Beerenkompott:
200 g frische gemischte Beeren und 80 g Zucker.

Parfait:
Die Eier in einen Schlagkessel geben, den Zucker unterrühren und im heißen Wasserbad schaumig schlagen. Anschließend im kalten Wasserbad kalt schlagen. Den Mohn hinzufügen und die geschlagene Sahne mit einem Schneebesen unterheben.
Eine Parfaitform mit Frischhaltefolie auslegen und die Parfaitmasse einfüllen. Im Tiefkühlfach etwa 5 Std. gefrieren lassen.

Beerenkompott:
Die Beeren waschen, mit dem Zucker in einen Topf geben, kurz aufkochen und anschließend erkalten lassen.

Anrichten:
Das Beerenkompott auf die Mitte der Teller geben. 2 bis 3 cm dicke Parfaitscheiben schneiden und um das Beerenkompott legen. Mit frischer Minze ausgarnieren.

Lavendel-Parfait im Schokoladen-Minze-Mantel

Mickey Buchholz
Stadthotel Patrizier
Schmalkalden

250 ml Milch und 6 Eigelb sowie 200 g Zucker und 250 ml Sahne (10 ml für die Schokolade), 30 g Honig, 200 g Vollmilchschokolade, 2 bis 3 TL Lavendelblüten (getrocknet) und 2 Vanilleschoten, Pfefferminz-Essenz (aus der Apotheke).

Die Milch mit den Vanilleschoten, dem Honig und den Lavendelblüten aufkochen und dann etwa 5 Min. ziehen lassen. Danach durch ein feines Sieb geben und etwas abkühlen lassen.
In der Zwischenzeit die Eigelbe mit dem Zucker schaumig rühren. Die abgekühlte Milch in die Eigelbmasse geben und bei mittlerer Hitze so lange aufschlagen, bis sie dickflüssig wird. (Der Fachausdruck: zur Rose abziehen.) Wenn die Masse dickflüssig geworden ist, in kaltes Wasser stellen und mehrmals durchrühren. Nun die Sahne steif schlagen und unter die kalte Masse geben. Das Ganze in eine mit PVC ausgelegte Form geben und dann etwa 5 bis 6 Std. gefrieren lassen.
Einige Tropfen Pfefferminze, die Sahne und die Schokolade erhitzen, so daß sich die Schokolade ganz auflöst. Dann auf Zimmertemperatur abkühlen. Das gefrorene Parfait aus der Form nehmen, auf eine Unterlage geben und die Schokolade darübergießen. Nun wieder ins Eisfach geben.
Zum Service portionieren und mit je 1 Minzeblatt garnieren.

Parfait von Lindenblütenhonig

Peter Steffen
Rats-Keller Schönefeld
Leipzig

6 Eigelb, 1/8 l Lindenblütenhonig, 1/4 l süße Sahne, 4 cl Kirschwasser.

Die Eigelbe mit dem Lindenblütenhonig in eine Metallschüssel geben und im Wasserbad (etwa 80 °C) schaumig schlagen, bis sich große Blasen bilden und das Ganze sämig wird. Nun kalt rühren. Die Sahne steif schlagen und vorsichtig unter die abgekühlte Masse heben, mit dem Kirschwasser abschmecken. In Förmchen füllen und mindestens 1 1/2 Std. in der Tiefkühltruhe gefrieren lassen.

Schokoladenterrine auf Minzesauce mit Waldbeeren

Claus Alboth
Alboth's Restaurant im Kaisersaal
Erfurt

Terrine:
200 g bittere Kuvertüre, 3 Eigelb, 2 cl Rum, 3 Eiweiß, 50 g Zucker, 175 ml geschlagene Sahne.

Die Kuvertüre über einem Wasserbad auflösen. Die Eigelbe sowie den Rum hinzugeben und vom Wasserbad nehmen. Die Eiweiße mit dem Zucker aufschlagen und mit der geschlagenen Sahne unter die Kuvertüre heben. In eine Terrinenform füllen und kalt stellen.

Minzesauce:
200 g Crème fraîche, 50 g Zucker, 1 TL Zitronensaft, 2 cl Pfefferminzlikör, 1 Bd. Minze.

Die Crème fraîche erwärmen, den Zucker, Zitronensaft, Likör und gehackte Minzeblätter dazugeben. Danach kalt stellen.

Garnitur:
einige Minzeblätter, verschiedene Beeren (je nach Saison).

Anrichten:
Die Terrine in Scheiben schneiden, auf einem Saucenspiegel anrichten und mit Beeren sowie Minze dekorieren.

Joghurt-Rhabarber-Terrine mit Champagnersuppe

Bild Seite 168

Uwe Belke
Schloßhotel
Bad Köstritz

1 kleine Terrinenform, 800 g Rhabarber, ½ l Weißwein, 300 g Zukker, 6 Blatt Gelatine.

Den Rhabarber schälen, grob würfeln, mit Zucker und Weißwein ansetzen. Aufkochen und in eine mit Folie ausgekleidete Terrine geben. Mit der Gelatine verrühren, mit Weißwein auffüllen und im Kühlschrank stocken lassen.

1 große Terrinenform, 200 g Joghurt, 100 g Zucker, 2 EL Milch, 6 Blatt Gelatine, 150 ml geschlagene Sahne, etwas Minze.

Den Joghurt, Zucker und die Milch mit der aufgeschlagenen Sahne verrühren. Die Schlagsahne sowie die gehackte Minze vorsichtig unterheben. In die Terrinenform 1 cm hoch eingießen und stocken lassen, danach die Rhabarbersülze einsetzen, mit der Joghurtcreme halbvoll füllen und erneut stocken lassen.
Anschließend die Form vollständig füllen.

Champagnersuppe:
4 Blatt Gelatine, ½ l Weißwein, 3 EL Zucker, 1 TL Zitronensaft, 0,3 l Champagner.

Die Gelatine im Weißwein auflösen. Den Zucker und den Zitronensaft zugeben, in Eiswasser geben. Wenn die Masse zu gelieren beginnt, langsam den Champagner dazugießen. Kalt stellen.

Anrichten:
Die Champagnersuppe in geeiste, tiefe Teller füllen. Die Terrine in Scheiben schneiden und darauf anrichten, mit frischer Minze und Fruchtmark verzieren.

Quark-Joghurt-Terrine

Rüdiger Kaufmann
Hotel Thüringer Hof
Eisenach

150 g Joghurt, 150 g Quark (ausgedrückt), 100 g Zucker, 5 Blatt Gelatine, 250 ml geschlagene Sahne, Saft und Schalenabrieb von ½ Zitrone sowie ½ Orange.

Den Joghurt, Quark sowie den Zucker mit dem Saft und der abgeriebenen Zitronen- und Orangenschale verrühren, die eingeweichte Gelatine ausdrücken und unter die Masse rühren.
Die geschlagene Sahne unterheben, in eine Form füllen und kalt stellen.
Kann mit Obst variiert werden. Man kann zum Beispiel Mandarinenspalten unter die Masse geben.

Variationen von der Marille mit kleinem Quark-Soufflé

Bild Seite 180

Torsten Hache
Restaurant Pagenhaus
Schloß Friedenstein
Gotha

Marillenparfait:
400 g Marillen, 100 ml Weißwein, 250 g Zucker, 50 ml Wasser, 10 Eigelb, 600 ml geschlagene Sahne.

Die Marillen entkernen und in dem Weißwein gar kochen. Alles pürieren und passieren. Den Zukker und das Wasser aufkochen. Die Eigelbe, das Marillenpüree und das Zuckerwasser im Wasserbad schaumig schlagen.
Diese Masse abkühlen lassen und anschließend die steif geschlagene Sahne unterheben. In ein Gefäß abfüllen und tiefkühlen.

Marillensülze:
300 ml Weißwein, 100 g Zucker, 7 Blatt Gelatine, 250 g entsteinte Marillen und 1 Terrinenform von 500 ml, 2 cl Marillengeist.

Den Weißwein mit dem Zucker aufkochen. Die eingeweichte Gelatine in die Weißwein-Zucker-Mischung geben und verrühren. Die entsteinten, abgezogenen Marillen im heißen Fond gar ziehen lassen. Die Form mit Klarsichtfolie auslegen. Die Marillensülze mit dem Marillengeist abschmecken, in die Terrine einfüllen und kalt stellen.

Marillenragout:
180 g Marillen, 100 ml Weißwein, 70 g Zucker, Stärke.

Die Marillen entsteinen und vierteln. Den Weißwein mit Zucker aufkochen und mit Stärke abbinden. Die Marillen in die Sauce geben und gut durchziehen lassen.

Marillensorbet:
300 g Marillen und 3 EL Zucker, 1 Zimtstange, Zitronensaft.

Die Marillen waschen, entsteinen und 1 Std. ziehen lassen. Anschließend mit 100 ml Wasser aufkochen und mit allen Zutaten mixen. Die Masse durch ein feines Sieb streichen und abkühlen lassen. Dann in der Eismaschine gefrieren.

Marillenmousse:
3 Eigelb, 100 g Zucker, 500 g Marillenpüree, 4 bis 6 Blatt Gelatine, 2 cl Marillengeist und 200 ml geschlagene Sahne.

Die Eigelbe mit dem Zucker schaumig schlagen. Das Marillenpüree aufkochen und in die Eigelb-Zukker-Mischung rühren. Die Masse im Wasserbad schaumig schlagen. Die Gelatine dazugeben und anschließend kühl stellen. Den Marillengeist und die geschlagene Sahne unterheben, dann in Förmchen füllen und noch 2 bis 3 Std. ruhenlassen.

Quark-Soufflé:
2 Eigelb, 30 g Zucker, 80 g Quark, 1 EL weißer Rum, abgeriebene Zitronenschale, 2 Eiweiß, 2 EL Zucker.

Die Eigelbe mit dem Zucker schaumig schlagen. Den Quark zur Eigelb-Zucker-Masse geben, den Rum und die abgeriebene Zitronenschale ebenso zufügen. Die Eiweiße mit den 2 EL Zucker steif schlagen und unter die Quarkmasse heben. Eine Souffléform ausbuttern, auszuckern und mit der Masse zu 3/4 füllen. Im Wasserbad im Ofen bei 180 °C etwa 15 Min. backen.

Quarkkeulchenterrine auf Barolokirschen

Peter Mauberger
Steigenberger Parkhotel
Radebeul

Quarkkeulchen:
150 g Quark, 80 g Zucker, 2 Eigelb, 100 g gekochte Kartoffeln, 50 g Mehl, 100 g Rosinen, etwas Butter.

Creme:
150 ml Milch, 3 Blatt Gelatine, 1 Vanilleschote sowie 3 Eigelb und 80 g Zucker, 100 ml Sahne.

Barolokirschen:
250 g Kirschen und 100 g Zucker, 200 ml Barolo.

Den Quark in ein Tuch geben und über Nacht abtropfen lassen. Nun die Kartoffeln durch eine Presse drücken und mit den restlichen Zutaten rasch zu einer Masse verarbeiten, diese mit einem Löffel abstechen, Laibchen formen und in etwas Butter braten.
Die Milch mit dem Zucker und der Vanilleschote aufkochen. Die Kirschen waschen und entsteinen. Den Zucker karamelisieren und mit dem Barolo ablöschen, die Kirschen dazugeben und 1 Min. köcheln lassen. Die Kirschen herausnehmen und den Fond auf die Hälfte einreduzieren lassen.
Für die Creme die Milch einmal kurz aufkochen lassen und in der Zwischenzeit die Blattgelatine in Wasser einweichen. Die Eigelbe mit dem Zucker über dem Wasserbad aufschlagen, die Milch und die gut ausgedrückte Blattgelatine in die Eiermasse rühren. Wenn diese lauwarm ist, die geschlagene Sahne unterheben.
Eine Terrinenform mit Frischhaltefolie auslegen und die Quarkkeulchen mit der Creme schichtweise einfüllen. Die Form mindestens für 3 bis 4 Std. in den Kühlschrank stellen.
Den Kirschfond auf den Tellern gleichmäßig verteilen, 1 Scheibe Terrine in die Mitte setzen und die Kirschen um die Terrinenscheibe verteilen. Den Tellerrand leicht mit Puderzucker bestreuen und mit 1 Minzezweig dekorieren.

Quarkmousse auf Beerensüppchen

Christian Heumader
Hotel Sächsischer Hof
Meiningen

Quarkmousse:
200 g Quark, 4 Vanillestangen, 180 ml geschlagene Sahne, 80 g Zukker, 2 Eiweiß, Zitronensaft.

Beerensüppchen:
100 g Erdbeeren und 100 g Himbeeren für das Fruchtmark, 50 g Puderzucker, 125 ml trockener Weißwein, 2 Blatt Gelatine, 100 ml Champagner, 50 g Blaubeeren sowie 50 g Walderdbeeren, 100 g Erdbeeren, 50 g Brombeeren, 50 g Himbeeren, etwas Pfefferminze.

Quarkmousse:
Den Quark in einem Tuch ausdrücken und in eine Schüssel geben. Den Zitronensaft und das Vanillemark dazugeben. Den Zukker und die Eiweiße steif schlagen. Die geschlagene Sahne und die Zucker-Eiweiß-Mischung vorsichtig unter den Quark heben. Nun 1 bis 2 Std. kühlen lassen.

Beerensüppchen:
Die eingeweichte Gelatine und den Puderzucker mit dem erwärmten Wein auflösen. Je 100 g der Erdbeeren und Himbeeren hinzufügen, mit dem Zauberstab pürieren und durch ein Sieb streichen. Das Fruchtmark leicht gelieren lassen und den Champagner dazugießen. Alle restlichen Beeren, bis auf die Erdbeeren, dazugeben. Die übriggebliebenen Erdbeeren in Scheiben schneiden.

Anrichten:
Die Erdbeerscheiben auf den Tellern rosettenförmig auslegen. Das gelierte Beerensüppchen in die Mitte geben.
Aus der Quarkmousse Nocken stechen und 1 bis 2 Nocken hineinlegen. Dann mit der Minze ausgarnieren.

Anmerkung:
In der neuen deutschen Regionalküche spielt Quark bei den Desserts, ob wie hier zu Mousse verarbeitet, aber auch als Terrine, Parfait oder Soufflé, eine immer wichtigere Rolle.

Rezept Seite 167: Joghurt-Rhabarber-Terrine mit Champagnersuppe, Uwe Belke, Schloßhotel, Bad Köstritz

Baumkuchen mit weißer Schokoladenmousse

Lutz Kuhnert
Steigenberger Hotel Dessau
Dessau

2 Eigelb, 100 Zucker, 100 g weiße Kuvertüre und 2 cl Kirschwasser, 1 Baumkuchenring von etwa 250 g (vom Konditor), 1 Karambole, 4 große Erdbeeren, 4 Physalis, 4 Minzeblätter, Puderzucker.

Die Eigelbe mit dem Zucker in einem Wasserbad warm aufschlagen. Die Kuvertüre auflösen und die Sahne aufschlagen. Die flüssige Kuvertüre und das Kirschwasser in die Eimasse geben, danach die geschlagene Sahne.
Diese Masse in eine Schüssel füllen und kalt stellen. Die Karambole in Scheiben schneiden, die Erdbeeren putzen und vierteln, die Physalis aufdrehen. Den Baumkuchen in mundgerechte Stücke schneiden.
Die Früchtegarnitur in der oberen Hälfte der Teller plazieren, mittig davor je 1 Kugel oder 1 Nocke Schokoladenmousse setzen. Rechts und links davon je 1 oder 2 Baumkuchenecken darauf geben. An die Früchtegarnitur je 1 Minzeblatt legen und das Obst mit dem Puderzucker bestäuben.

Himbeermousse in Orangen-Crêpes

Christian Heumader
Hotel Sächsischer Hof
Meiningen

Himbeermousse:
500 g Himbeeren, 4 Blätter Gelatine, 2 Eiweiß, 80 g Zucker sowie 1/4 l geschlagene Sahne, 36 Himbeeren, etwas Puderzucker, 4 Minzeblätter.

Crêpes:
125 g Mehl, 1 Prise Salz, 1/4 l Milch, 1/8 l Sahne, 3 Eier, 2 Eigelb, 2 EL Zucker, Abrieb von 1 Orange und 1 Orange, 2 cl Grand Marnier.

Himbeermousse:
Das Himbeermark mit der aufgelösten Gelatine verrühren. Die Eiweiße mit dem Zucker steif schlagen und unterheben. Zum Schluß die geschlagene Sahne dazugeben. Die Crêpes auslegen, mit der noch nicht festen Himbeermousse füllen und aufrollen. Anschließend kalt stellen.

Crêpes:
Das Mehl mit der Milch und der Sahne glattrühren. Alle Zutaten einrühren und in einer Pfanne kleine, dünne Orangencrêpes bakken und auskühlen lassen.

Anrichten:
Die erkalteten Crêpes diagonal aufschneiden und versetzt auf den Tellern anrichten. Mit den Himbeeren, dem Puderzucker und den Minzeblättern ausgarnieren.

Holundermousse

Michael Seidel
Restaurant Hammerklause
Plauen

4 Eier, 150 g Zucker, ¼ l Holundersaft, 20 g Gelatine, 1 Prise Salz, ¼ l Schlagsahne, Minze.

Die Eier trennen. Die Eigelbe mit Zucker schaumig schlagen. Im Wasserbad zusammen mit dem Holundersaft unter ständigem Schlagen erhitzen, die eingeweichte Gelatine zugeben und dann abkühlen lassen.
Die Eiweiße mit 1 Prise Salz steif schlagen und mit der geschlagenen Sahne unter die Holundermasse heben. Dann 2 bis 3 Std. ruhenlassen.
Mit Minze anrichten.

Mousse von Blaumohn an warmer Vanillesauce

Jens Kleiber
Berg- und Jagdhotel Gabelbach
Ilmenau

Mousse:
250 g Mohn, 300 ml Sahne, 150 g Puderzucker, 1 unbehandelte Zitrone, 3 Eigelb und 5 Blatt Gelatine, 100 ml Milch.

Vanillesauce:
¼ l Milch, ¼ l Sahne, 3 Vanilleschoten, 80 g Zucker, 20 g Stärke.

Mousse:
Den Mohn gründlich waschen und mehrmals pürieren, dann mit der Milch aufkochen. Die Gelatine in kaltem Wasser einweichen. Die Eigelbe, den Puderzucker, die abgeriebene Zitronenschale, die Mohnmasse und ausgedrückte Gelatine im warmen Wasserbad aufschlagen. Unter die abgekühlte Masse die steif geschlagene Sahne unterheben. 2 Std. kalt stellen.

Vanillesauce:
Die Vanilleschoten halbieren, das Mark auskratzen und mit der Sahne, Milch und dem Zucker aufkochen. Die Stärke mit etwas Wasser anrühren, unter die Sauce geben und dann noch einmal aufkochen lassen.

Anrichten:
Warme Vanillesauce auf die Teller geben. Mit einem angewärmten Eßlöffel Nocken aus der Mousse stechen und auf der Sauce anrichten. Mit gezuckerten Waldbeeren umlegen.

Kaffeemousse mit Mandelblättchen und Schwarzbier-Sauce

Rainer Behringer
Restaurant Stadtpfeiffer
im Gewandhaus
Leipzig

250 ml Espresso, 25 g Zucker, je 1 Gewürznelke, Vanilleschote (halbiert und ausgekratzt), 1 kleine Zimtstange, 15 Korianderkörner, 1 Sternanis, 80 g weiße Kuvertüre, 2 Blatt Gelatine, 2 Eigelb, 10 ml Cognac, 10 ml Kaffeelikör, 300 ml geschlagene Sahne, 100 g grobgehackte Mandeln, 100 g Zucker, je ½ Orange und Zitrone, 35 g Mehl, 50 g flüssige Butter, 70 ml Köstritzer Schwarzbier, 10 g Zucker, 1 Prise Zimtpulver, 2 Eigelb, 1 Spritzer Orangen- und Zitronensaft, Mangospalten, Minze.

Den Espresso mit dem Zucker und den Gewürzen auf 60 ml einkochen, abpassieren, abkühlen. Die Kuvertüre im Wasserbad schmelzen, die Gelatine in kaltem Wasser einweichen. Die Eigelbe mit einem Schneebesen in einer Schüssel über Wasserdampf schaumig schlagen, die ausgedrückte Gelatine einrühren, die Kuvertüre, Spirituosen und den Espresso dazugeben, kalt rühren, die geschlagene Sahne vorsichtig unterheben, dann kalt stellen.
Die Mandeln mit den restlichen Bestandteilen gut durchrühren, 2 Std. kalt stellen. Die Masse in 12 kleine Kugeln aufteilen, auf Backpapier setzen und mit einem nassen Löffel rund auseinanderdrücken. Dann bei 140 °C etwa 15 Min. backen.
Die Zutaten für die Sauce in einer Metallschüssel über einem Wasserbad aufschlagen, bis die Masse cremig und luftig ist. Auf Eis kalt rühren.
Die Mandelblättchen mit Mousse schichten, Sauce, Mango sowie Minze als Garnitur anlegen.

Apfelmousse mit Schokoladenschaum

Bild Seite 172

Jens Budde
Hotel-Restaurant Schloß Eckberg
Dresden

Apfelmousse:
400 g fruchtige Äpfel (z. B. Boskop), 150 ml Weißwein, 150 g Zucker, 3 Eigelb und 5 Blatt Gelatine, 250 ml geschlagene Sahne sowie 10 cl Calvados.

Die Äpfel schälen, die Kerngehäuse entfernen und mit der Hälfte des Zuckers und dem Weißwein zu Püree kochen. Die Gelatine einweichen und im Apfelpüree auflösen. Die Eigelbe und den restlichen Zucker schaumig rühren, zusammen mit der Apfelmasse kalt schlagen.
Wenn die Masse kühl genug ist, Schlagsahne unterheben und mit Calvados abschmecken. Gut durchkühlen lassen.

Schokoladenschaum:
5 Eigelb, 100 g Zucker, 1 EL Kakao, 150 ml Milch, 6 cl Kalua (Kaffeelikör).

Die Eigelbe, den Zucker, Kakao und die Milch gut verrühren, in einem Wasserbad aufschlagen. Mit Kalua parfümieren und noch einmal richtig aufschlagen.
Mit einem nassen Löffel von der Apfelmousse Nocken abstechen und mit dem Schokoladenschaum anrichten.

Anmerkung:
Als Garnitur können Apfelspalten und Schokoladenspäne oder -blätter verwendet werden.

Variation von Mango und Erdbeere

Bild Seite 189

Lutz Kuhnert
Steigenberger Hotel Dessau
Dessau

50 g Butterfett, 50 g Zucker, 50 g Mehl, 1 Ei, 100 g Mandelblätter, ½ l Milch, 80 g Zucker, 3 Eigelb, 2 Mangos, ½ l Sahne, 4 Blatt Gelatine, 500 g Erdbeeren und einige Minzeblätter.

Das Butterfett, den Zucker, das Mehl und das Ei zu einem geschmeidigen Teig verarbeiten, die Mandelblätter dazugeben. Backpapier auf ein Backblech legen, die Masse dünn aufstreichen, Taler von 10 cm Durchmesser ausstechen und bei 180 °C backen, bis sie goldgelb sind.
Die Milch erhitzen, den Zucker mit den Eigelben schaumig schlagen und, kurz bevor die Milch kocht, mit der Eimasse abziehen, nicht aufkochen, sonst gerinnt das Ei.
Die Mangos schälen und vom Kern trennen. Das Fruchtfleisch kurz überbrühen und pürieren. In die kühle Milchcreme das Mangopüree und die geschlagene Sahne geben, dann die aufgeweichte Gelatine unterziehen und kalt stellen.
Die Erdbeeren waschen, putzen und in Viertel schneiden.
Die Mangocreme in einen Spritzsack geben. In die Mitte der Teller je 1 Klecks setzen, darauf 1 Mandelhippenblatt legen. 2 Ringe auf das Blatt spritzen und reichlich Erdbeerviertel in die Creme stellen. Das Ganze wiederholen. Zum Schluß auf das oberste Hippenblatt eine kleine Rosette spritzen.
Garnieren mit Erdbeeren und Minzeblättchen.
Wichtig ist, daß Mangos wie Erdbeeren von optimaler Reife sind.

Pochierter Pfirsich mit Amaretto-Halbgefrorenem und Himbeersauce

Gabriele Erdmann
Park-Restaurant Vogelherd
Zerbst

Pochierte Pfirsiche:
4 große vollreife Pfirsiche, etwas Zucker, 1 dl Weißwein.

Die Pfirsiche waschen, halbieren und entkernen. Eine feuerfeste Schüssel mit Zucker bestreuen. Die Pfirsiche mit der Schnittfläche nach oben darauf setzen und mit Weißwein auffüllen. Im Backofen etwa 20 Min. weich dünsten. Herausnehmen und kalt stellen.

Amaretto-Halbgefrorenes:
2 Eigelb, 60 g Zucker, Mark von 1 Vanilleschote, 0,2 cl Amarettolikör, 1 Eiweiß, 200 ml geschlagene Sahne.

Die Eigelbe mit dem Zucker schaumig schlagen. Das Vanillemark und den Amaretto unterrühren. Das Eiweiß zu Schnee schlagen. Die geschlagene Sahne und das Eiweiß vorsichtig vermengen und unter die Eigelbmasse heben. Eine Terrinenform mit Klarsichtfolie auskleiden, die Parfaitmasse einfüllen und etwa 6 Std. im Tiefkühler gefrieren lassen.

Himbeersauce:
200 g Himbeeren, 50 g Zucker und 2 cl Himbeergeist.

Die gewaschenen Himbeeren mit dem Stabmixer pürieren und passieren. Mit Zucker und Himbeergeist abschmecken.
Die Sauce auf 4 Desserttellern verteilen. Das Parfait in Scheiben aufschneiden und mit je 2 Pfirsichhälften anrichten.
Mit Minze- oder Mandelblättchen garnieren.

Aprikosen-Mohn-Torte

Klaus Hinze
Hotel Schweizer Hof
Halle

125 g Butter, 120 g Zucker, 1 Päckchen Vanillezucker, 2 Eier, 200 g Mehl, 25 g Stärke, 2 TL Backpulver, 5 EL Milch, 75 g Mandelblättchen, 1 Dose (850 ml) Aprikosen, 250 g Mohnback, 100 g Marzipanrohmasse, 2 bis 3 Tropfen Bittermandelöl, 500 ml Schlagsahne.

Die Butter, 100 g Zucker und den Vanillezucker schaumig rühren. Die Eier unterrühren. Das Mehl, die Stärke und das Backpulver vermischen und ebenfalls wie die Milch unterrühren. Den Teig in eine gefettete Springform streichen. Bei 175 °C etwa 30 Min. backen.
Die Mandeln rösten, die Aprikosen abtropfen lassen, Mohnback, Marzipan und Mandelöl verrühren. 100 ml Sahne steif schlagen und unter den Mohn heben. Den Boden halbieren, mit Aprikosen belegen (einige zum Verzieren aufheben), den Mohn darauf streichen und etwa 1 Std. kühl stellen. Die restliche Sahne und den übrigen Zucker steif schlagen, die Torte mit der Sahne bis auf 3 EL einstreichen. Mit der Sahne, den gerösteten Mandeln und dem Rest der Aprikosen verzieren.

Grüne Grütze mit Vanilleeis

Günther Ulrich
Hotel Gothisches Haus
Wernigerode

100 g Stachelbeeren sowie 1 Apfel (100 g), 100 g Rhabarber, 20 g Zukker, etwas Stärke, 200 g Vanilleeiscreme.

Die Früchte gleichmäßig in Würfel schneiden, kurz aufkochen lassen, mit Zucker und Stärke binden. Danach kühl stellen und in einer vorgekühlten Schale mit 1 Kugel Vanilleeiscreme servieren. Als Dekoration 1 Kapuzinerblüte und 1 Schokoröllchen verwenden.

Himbeersülze auf Mandelsauce mit Vanilleeis

Gabriele Erdmann
Park-Restaurant Vogelherd
Zerbst

Himbeersülze:
650 g Himbeeren, 100 g Zucker, 2 cl Himbeergeist, 10 cl stilles Wasser, 6 Blatt Gelatine, 4 Melissenzweige.

250 g Himbeeren mit Zucker, dem Himbeergeist und Wasser gut vermischen, zudecken und über Nacht ziehen lassen. Auf ein Passiertuch gießen und abtropfen lassen, bis man etwa 0,4 l klaren Saft hat. In einen Topf geben, langsam erhitzen und noch 20 Min. köcheln lassen.
In dem noch lauwarmen Himbeersaft die eingeweichte Gelatine auflösen. Glasschalen zur Hälfte mit Himbeeren und feingehackten Melisseblättern füllen und mit Gelee bedecken. 4 bis 5 Std. kühlen lassen.

Mandelsauce:
1 Ei, 1 EL Orangenlikör, 30 g Zukker, 15 cl Milch, 30 g gemahlene Mandeln.

In einem kleinen Topf das Ei, den Likör, Zucker, die Milch und die Mandeln vermischen. Bei schwacher Hitze aufsetzen und die Mischung mit einem Schneebesen so

Rezept Seite 171: Apfelmousse mit Schokoladenschaum, Jens Budde, Hotel-Restaurant Schloß Eckberg, Dresden

lange rühren, bis sie cremig wird, aber nicht kocht.
Das Himbeergelee aus der Form stürzen. Diese zusammen mit der kalten Mandelsauce und 1 Kugel Vanilleeis servieren.

Waldmeistercreme auf Orangensauce

Gabriele Erdmann
Park-Restaurant Vogelherd
Zerbst

Waldmeistercreme:
30 g frische Waldmeisterblätter, 2 Blatt Gelatine, 60 ml Milch und 40 g Zucker, 1 Ei, 1 Eigelb sowie 1/8 l geschlagene Sahne.

Orangensauce:
2 Eigelb, 50 g Zucker, 1/8 l Schlagsahne, 2 cl Orangenlikör.

Waldmeistercreme:
Den Waldmeister mit der Milch 3 Min. aufkochen, durch ein Sieb gießen. Die eingeweichte Gelatine in der Milch auflösen. Den Zukker mit dem Ei und Eigelb cremig schlagen. Die heiße Milch in dünnem Strahl unter Rühren mit dem Schneebesen so lange in die Eimasse rühren, bis sie kalt ist.
Den gehackten Waldmeister mit der geschlagenen Sahne unterheben. In Portionsförmchen füllen und für 3 bis 4 Std. kalt stellen.

Orangensauce:
Die Eigelbe und den Zucker mit dem Schneebesen verrühren. Die Sahne in einem kleinen Topf zum Kochen bringen. Die Eigelb-Zukker-Mischung vorsichtig in die kochende Sahne schlagen, bis eine dicklich-cremige Sahne entsteht. Abkühlen lassen und den Orangenlikör unterrühren.
Vor dem Servieren die Förmchen kurz in heißes Wasser tauchen. Die Sauce auf die Teller verteilen, die Creme stürzen und mit Waldmeister sowie einigen Orangenfilets ausgarnieren.

Maronencreme mit Kirschragout aus den Fahner Höhen

Torsten Hache
Restaurant Pagenhaus
Schloß Friedenstein
Gotha

Maronencreme:
250 g Maronen und 250 ml Milch, 2½ Blatt Gelatine, 30 ml Kirschwasser, 130 g Vanillecreme, 200 g Eiweiß, 30 g Zucker, 50 ml Sahne.

Die Maronen in Milch weich kochen, durch ein Sieb streichen und danach auf 250 g abwiegen. Die Gelatine einweichen und unterrühren. Nun die restlichen Zutaten zum Püree geben. Das Eiweiß, den Zucker und die Sahne steif schlagen, unterheben und dann in Förmchen füllen.

Vanillecreme:
250 ml Milch, 60 g Zucker, 1 Vanilleschote, 12 g Puddingpulver, 40 g Eigelb, 50 ml Sahne, 420 g Orangen- und Zitronenschalen.

Die Milch, den Zucker und die aufgeschnittene Vanilleschote kurz aufkochen. Das Puddingpulver, das Eigelb und die Sahne verrühren und die Milchmischung damit abbinden. Alles gut durchkochen. Die Zitronen- und Orangenschalen unter die Creme rühren, in Förmchen füllen und danach abkühlen lassen.

Kirschragout:
400 g Kirschen, 100 ml Wasser, etwas Kirschschnaps, 1½ TL Zitronensaft, 80 g Zucker sowie etwas Speisestärke.

Die Kirschen entsteinen, 200 g der Kirschen mit dem Wasser, dem Kirschschnaps, Zitronensaft und dem Zucker aufkochen, mixen, durch ein Sieb streichen und mit Speisestärke abbinden. Jetzt die andere Hälfte der Kirschen in die heiße Sauce geben und alles gut durchziehen lassen.

Anrichten:
Nach dem Auskühlen die beiden Cremes aus ihren Förmchen stürzen und mit dem Kirschragout umgießen.

Holunderblütencreme mit kleinem Erdbeersalat

Matthias Böhler
art'otel dresen
Dresden

Holunderblütencreme:
250 g Holunderblüten, ¼ l Weißwein, 3 Eigelb, 15 g Zucker, 3 Blatt Gelatine, 3 Eiweiß, 65 g Zucker, 150 ml Sahne.

Erdbeersalat:
1/8 l Rot- oder Roséwein, 20 schöne Erdbeeren und 1/2 Vanillestange sowie 65 g Gelierzucker (1:2).

Holunderblütencreme:
Die Holunderblüten im Weißwein einlegen und etwa 4 Std. bei Raumtemperatur ziehen lassen. Anschließend absieben. Die Eigelbe, Zucker und den Holunderblütensaft heiß aufschlagen. Die eingeweichte Gelatine zugeben, unterrühren und auf Eiswasser schnell abkühlen. Die Eiweiße mit dem Zucker zu einem festen Eischnee aufschlagen, die Sahne ebenfalls steif schlagen und beides nacheinander (den Eischnee zuerst) unter die zähflüssige Masse

heben und in Timbalen oder in anderen passenden Förmchen (Kaffeetassen) kalt stellen.

Erdbeersalat:
Den Rot- oder Roséwein zusammen mit etwa 10 Erdbeeren und der Vanillestange aufkochen und etwas ziehen lassen. Gelierzucker dazugeben und etwa 1 Min. aufkochen. Absieben, jedoch nicht pürieren, und auskühlen lassen. Die restlichen Erdbeeren in Scheiben schneiden und auf Tellern anrichten. Die Holunderblütencreme darauf stürzen, mit Sauce überziehen und mit Holunderblüten dekorieren.

Vanille-Auflauf – am sächsischen Hof so zubereitet

Reinhard Lämmel
Königliche Schloßküche
Weesenstein

120 g gesiebtes Mehl sowie 6 und 4 Eidotter, 1 Vanillestange (in 0,9 l Milch gekocht), 120 g Zucker, 1 Prise Salz, 100 g Butter, 10 Eiweiß (zu Schnee geschlagen), etwas Zucker zum Bestreuen.

Das Mehl mit 6 Eidottern und der Vanillemilch glatt verrühren. Dann den Zucker, die Prise Salz und die Butter hinzufügen. Nun am heißen Herd so weit erhitzen, daß es beinahe zu kochen beginnt. Jetzt die 4 Eidotter unterrühren. Der rohe Auflauf hat nunmehr die Konsistenz einer Creme.
Nun zunächst 2/3, dann den restlichen Eischnee unter die Masse ziehen. Eine Porzellankasserolle mit Butter ausstreichen und den Teig bis einen Fingerbreit unter den Rand füllen. Bei mäßiger Hitze den Auflauf 35 bis 40 Min. in der Röhre backen.
Hernach herausnehmen, mit Zukker bestreuen und sofort servieren.

Anmerkung:
Den Auflauf lieber zuwenig als zu lange backen, weil er dann angenehm cremig in der Mitte bleibt.

Maronenauflauf auf Brombeersauce

Mario Pattis
Romantik Hotel &
Restaurant Pattis
Dresden

80 ml Milch und ½ Vanilleschote, 250 g geschälte und gekochte Maronen, 30 g Mehl, 20 g Butter, 2 Eigelb, 2 Eiweiß, 30 g Puderzucker, 20 g Stärkemehl, 20 ml Rum, Butter und Zucker zum Wattieren, 200 g frische Brombeeren sowie 70 g Zucker und 40 ml Rotwein, Saft von ½ Zitrone, 1 Spritzer Cassislikör sowie 30 g Puderzucker zum Bepudern.

Die Milch mit dem Mark der Vanilleschote und 150 g der gekochten Maronen aufkochen. Etwas ziehen lassen und pürieren. Das Mehl mit der Butter verkneten, der Maronenmilch zugeben und wie eine Brandmasse abbrennen. Die Masse etwas abkühlen lassen, nach und nach die Eigelbe unterrühren. 1 Eiweiß steif schlagen und 1/3 davon mit dem Puderzukker, den restlichen Maronen, der Stärke sowie dem Rum vermischen. Das Ganze unter die etwas abgekühlte Brandmasse arbeiten und dann vorsichtig das restliche Eiweiß unter die Soufflémasse heben. Die Kokotten mit Butter und Zucker auskleiden (wattieren). Die Soufflés nun etwa 30 bis 35 Min. im Wasserbad bei 180 °C pochieren.
Inzwischen die Brombeeren mit dem Zucker und dem Rotwein pürieren. Mit dem Zitronensaft und dem Spritzer Cassislikör abschmecken und passieren.
Die Brombeersauce anrichten, das Soufflé stürzen, mit etwas Puderzucker bestäuben und dann sofort servieren.

Pfirsich-Soufflé mit Sauerrahmeis und Pêcher-Mignon-Schaum

Martin Schlösser
Landhaus zu den Rothen Forellen
Ilsenburg

Soufflé:
240 g Pfirsiche, 90 ml Milch, Mark von ½ Vanilleschote, 20 g Butter, 15 g Mehl, 15 g geriebene Mandeln, 35 g Zucker, 2 Eigelb, 2 Eiweiß, 1 cl Pêcher Mignon sowie etwas Staubzucker.

Eis:
90 ml Sauerrahm, 30 ml Sahne, 30 g Zucker, 10 g Honig, Saft von 1 Zitrone und 1 Orange.

Sauce:
120 g Joghurt natur, 25 g Zucker, 1 cl Zitronensaft und 3 cl Pêcher Mignon.

Soufflé:
Die Pfirsiche blanchieren, enthäuten, entkernen und in Würfel schneiden. In die zuvor ausgebutterten und ausgezuckerten Portionskokotten geben. Die Butter und das Mehl verkneten, die Milch mit dem Mark aufkochen, mit der Butter-Mehl-Mischung aufkochen und abrösten.
Die Mandeln und den Pêcher Mignon zugeben und etwas abkühlen lassen. Die Eigelbe nach

und nach unterrühren. Die Eiweiße und den Zucker zu einem festen Schnee schlagen, diesen vorsichtig unter die Masse heben und dann in die vorbereiteten Kokotten füllen.
Bei 180 °C etwa 35 bis 40 Min. im Wasserbad pochieren. Die Soufflés zum Schluß mit Staubzucker überstreuen.

Eis:
Alle Zutaten verrühren und in einer Eismaschine gefrieren.

Sauce:
Alle Zutaten mit einem Pürierstab aufschäumen.

Soufflierter Delicious-Apfel auf Preiselbeerschaum

Frank Scharf
Romantik Hotel &
Restaurant Pattis
Dresden

4 kleine Golden Delicious, 30 g gehobelte Mandeln, 80 g Preiselbeerkompott, 250 ml Sahne.

Soufflémasse:
100 g Topfen (trockener Quark), 1 Eigelb, 10 g Puderzucker sowie 15 g Cremepulver, 50 ml Sauerrahm, 30 ml Milch, Salz, Vanillezucker, Saft von 1 Zitrone, 1 Eiweiß und 10 g Zucker.

Hippenmasse:
50 g Puderzucker und 50 g Mehl, 20 g flüssige Butter, 60 g Eiweiß.

Die Äpfel schälen und bis auf 1 cm Wanddicke aushöhlen. Die Zutaten für die Hippenmasse vermengen und um die Äpfel streichen. In den gehobelten Mandeln wälzen und kalt stellen.
Den Topfen, das Eigelb, den Puderzucker und das Cremepulver schaumig rühren. Den Sauerrahm, die Milch, etwas Salz, den Vanillezucker und den Zitronensaft untermengen. Das Eiweiß aufschlagen, den Zucker zugeben und unterheben. Die Masse mit einem Spritzbeutel in die Äpfel einfüllen und bei 220 °C 15 Min. backen.
Das Preiselbeerkompott mit geschlagener Sahne vermengen und auf die Teller einen Spiegel streichen. Danach mit etwas Sahne dünne Streifen gitterförmig darauf spritzen. Jeweils 1 Apfel in die Mitte setzen und 1 Melisseblatt aufsetzen.

Rhabarbercharlotte auf Vanillesauce

Torsten Hache
Restaurant Pagenhaus
Schloß Friedenstein
Gotha

Rhabarbermousse:
1½ kg Rhabarber, 350 g Orangensaft, 240 ml Weißwein, 120 g Zucker, ¼ Zimtstange, ½ Vanillestange, 6 Blatt Gelatine, 225 ml Sahne, 3 cl Cointreau.

Den Rhabarber schälen. Die Schalen mit dem Orangensaft und dem Weißwein aufkochen und 5 Min. ziehen lassen, dann absieben. Den Fond von den Schalen mit dem Rhabarber aufkochen und den Zucker, den Zimt sowie die Vanille hinzugeben. Wenn der Rhabarber gar ist, durchmixen und passieren. 750 g Rhabarberpüree abwiegen. Die Gelatine einweichen und auf dem Herd mit dem Weißwein auflösen, das Rhabarberpüree dazugeben und kalt stellen. Die Sahne steif schlagen und unter die Masse heben. Mit dem Cointreau abschmecken.

Vanillesauce:
400 ml Sahne, 90 g Zucker, 2 angeschnittene Vanilleschoten, 4 Eigelb.

Die Sahne, den Zucker und die ausgekratzte Vanilleschote aufkochen. Die Eigelbe schaumig schlagen und die heiße Vanillesahne darin einrühren. Alles im Wasserbad schaumig schlagen und kühl stellen.

Biskuit:
75 g Zucker, 4 Eigelb, 3 Eiweiß, 75 g Mehl.

Den Zucker mit den Eigelben schaumig verrühren. Die Eiweiße steif schlagen und zusammen mit dem durchgesiebten Mehl locker unter die Zucker-Eigelb-Masse ziehen. Nun die gesamte Masse in einen Spritzbeutel füllen und dünn auf ein Backblech geben. Löffelbiskuits backen.

Anrichten:
Kleine Förmchen mit Löffelbiskuits auslegen, die Rhabarbermousse einfüllen und kalt stellen. Zum Service die Charlotten aus den Förmchen stürzen und mit der Vanillesauce umgießen.

Birnencharlotte

Martin Schlösser
Landhaus zu den Rothen Forellen
Ilsenburg

2 Eigelb, 2 Eiweiß, 70 g Zucker, 30 g Mehl, 50 g Johannisbeergelee.

Hierzu eine Biskuitroulade zum Auslegen der Formen vorbereiten. Die Eigelbe mit der Hälfte des Zuckers verrühren. Die Eiweiße und den restlichen Zucker zu einem festen Schnee schlagen. Beide Massen miteinander vermengen und dann das Mehl einarbeiten.
Auf Pergamentpapier die Masse etwa 5 bis 7 mm stark ausstrei-

Rezept Seite 178: Geeister Dresdner Stollen mit pochierten Feigen, Matthias Böhler, art'otel dresden, Dresden

chen und bei 240 °C backen. Den Biskuitboden zum Schluß mit Johannisbeergelee bestreichen und zu einer Roulade aufrollen.
Die vorbereiteten Formen mit dünnen Scheiben der Biskuitroulade auslegen.

Einlage:
100 g Williams Christbirnen sowie 10 g Sultaninen und 15 g Zucker, 50 ml Weißwein, 200 ml Sahne, 2 Eigelb, 100 ml Milch, ½ Vanilleschote, 2 Blatt Gelatine.

Die Birnen schälen, sorgfältig von den Kerngehäusen befreien und in feine Würfel schneiden. Die Sultaninen und Birnenwürfel im Weißwein weich dünsten.
Die Eigelbe mit dem Zucker schaumig rühren. Die Milch und das Mark der Vanilleschote kochen, mit der Eiermasse verrühren und zur Rose abziehen. Die eingeweichte Gelatine in der heißen Masse auflösen.
Die Masse so weit abkühlen lassen, bis sie zu gelieren beginnt. Danach die geschlagene Sahne unterziehen und die Creme in die ausgelegten Formen füllen.

Geeister Dresdner Stollen mit pochierten Feigen

Bild Seite 177

Matthias Böhler
art'otel dresden
Dresden

Parfaitmasse:
1 Dresdner Stollen, 4 Eigelb, 90 g Puderzucker, 50 ml Grand Marnier, 370 ml Sahne, 20 g Orangeat, 20 g Zitronat, 30 g Rosinen (in Rum eingelegt).

Pochierte Feigen:
4 cl rote Grenadine, 200 ml Rotwein, 50 g Honig, ½ Zimtstange, ½ Vanillestange, 16 Feigen.

Parfaitmasse:
Den Dresdner Stollen auf der Brotmaschine in dünne Scheiben schneiden und eine Stollen- oder Terrinenform damit am Rand auslegen. Die Eigelbe und den Puderzucker aufschlagen, bis eine fast weiße Masse entsteht. Den Grand Marnier zugeben und weiter aufschlagen. Die Sahne ebenfalls aufschlagen und unter die Ei-Zucker-Masse geben, Orangeat, Zitronat sowie Rosinen unterheben und in die ausgelegte Form abfüllen. Im Gefrierschrank bei minus 18 °C etwa 10 Std. gefrieren lassen.

Pochierte Feigen:
Die Grenadine, den Rotwein, Honig, Zimt und die Vanille aufkochen. Die Feigen schälen, in ein Gefäß setzen und mit dem heißen Sud übergießen. 24 Std. ziehen lassen. Die Feigen schräg halbieren und auf den Tellern anrichten. Das Stollenparfait aufschneiden und anlegen, mit Zucker sowie Zimt bestäuben.

Leipziger Lebkuchengefrorenes mit Sauerkirschen

Peter Steffen
Rats-Keller Schönefeld
Leipzig

200 g Zucker, 5 cl Milch, 3 Eier, 3 Eigelb, je 50 g Korinthen, Rosinen, gewürfeltes Orangeat und Zitronat sowie gehobelte Mandeln, ³/₄ l süße Sahne, 1 TL Lebkuchengewürz, 400 g Sauerkirschen, 4 cl Sauerkirschlikör, 20 g Speisestärke, Zitronensaft, etwas Puderzucker zum Bestäuben.

Den Zucker in einem Topf bei mittlerer Hitze schmelzen. Unter Rühren mit einem Löffel goldbraun karamelisieren. Den Topf vom Herd nehmen und etwas abkühlen lassen. Dann die Milch dazugeben und bei geringer Hitze so lange kochen, bis der Zucker völlig aufgelöst ist. Die Eier und die Eigelbe in ein wasserbadgeeignetes Gefäß geben. Nach und nach die Karamelflüssigkeit zugießen und dann im Wasserbad zu einer dicklich-schaumigen Masse aufschlagen.
Anschließend in Eiswasser kalt rühren. Die Sahne steif schlagen. Das Lebkuchengewürz zur kalten Eischaummasse geben und verrühren. Die steif geschlagene Sahne unterheben. Die Korinthen, Rosinen und die restlichen Aromen dazugeben, alles gut verrühren. Die Masse in eine Alu-Kasten-Backform geben und durchfrieren lassen.
Die Sauerkirschen entsteinen und in etwas Sauerkirschlikör aufkochen. Leicht mit der Speisestärke binden. Mit etwas Zitronensaft abschmecken.
Das Lebkuchengefrorene aus der Kastenform stürzen, in Scheiben schneiden, mit etwas Puderzucker bestäuben und die warmen Sauerkirschen dazugeben.

Hausgemachter Eisstollen

Michael Seidel
Restaurant Hammerklause
Plauen

4 Eigelb, 100 g Zucker, 2 Vanillestangen, ¼ l Milch, Stollengewürze (vom Bäcker), ½ l Schlagsahne.

Die Eigelbe mit dem Zucker schaumig schlagen. Die Vanille-

stangen auskratzen und in der Milch auskochen. Die Vanillemilch erkalten lassen.
Die Vanillemilch mit dem Eigelb im Wasserbad schaumig schlagen. Die Stollengewürze zugeben und erkalten lassen. Zum Schluß die Schlagsahne unterheben. Die gesamte Masse in eine Blechform füllen und bei etwa –8 °C einfrieren lassen.
Den Eisstollen aufschneiden, mit Vanillesauce und Minze servieren.

Holunder-Krokant-Eis-Terrine an Holundertarte

Ute Herzog
Villa Herzog
Dresden

1 Glas Holundergelee, 100 g gemahlene Mandeln, 1 EL Butter, 2 EL Zucker, Saft von ½ Zitrone, 6 Eigelb, 6 steif geschlagene Eiweiß, 250 ml steif geschlagene Sahne.

Den Zucker in der Butter in der Pfanne schmelzen, die Mandeln dazugeben und unter Rühren hellbraun rösten, auskühlen lassen.
Die Eigelbe mit dem Holundergelee und dem Zitronensaft im Wasserbad dicklich aufschlagen, auf Eiswasser unter ständigem Rühren auskühlen, nacheinander die steife Sahne und den Eischnee vorsichtig unterheben.
Eine Kranzform mit nasser Klarsichtfolie auskleiden, die Hälfte der Masse einfüllen, den Krokant zerbröseln und gleichmäßig darüberstreuen, die restliche Masse einfüllen. Mit nasser Folie abdekken und über Nacht durchfrieren lassen.
Auf flachen Tellern Kreise mit einer Fruchtsauce und Vanillesauce zeichnen, 1 Scheibe Holundereis darauf setzen und durch die Saucenkreise mit einem Holzstäbchen sternenförmig Linien nach außen zum Tellerrand ziehen.

Pflaumen-Halbgefrorenes

Lutz Kuhnert
Steigenberger Hotel Dessau
Dessau

600 g Pflaumen, 150 g Zucker, 1 Ei, 1 Eigelb, 400 ml Sahne sowie 4 Erdbeeren, 4 Physalis, Puderzucker, Minzeblätter.

2 bis 3 der Pflaumen entsteinen, brühen und pürieren. Den Zucker mit dem Ei und Eigelb schaumig schlagen, unter das Pflaumenpüree ziehen, danach die geschlagene Sahne unterheben. Die Masse in Formen füllen und einfrieren. Die Erdbeeren waschen, die Physalisblüte aufziehen und die Blütenblätter nach hinten drücken, den Rest Pflaumen entsteinen.
Ein Muster aus Pflaumen, Erdbeeren und Physalis im oberen Drittel der Teller legen, davor das aufgeschnittene Halbgefrorene.
Alles mit Puderzucker abpudern und mit Minze garnieren.

Gebackene Eiskrapfen „Gräfin Cosel" auf Vanillesauce und frischen Früchten

Wolfgang Riemhofer
Landhotel Baumwiese
Boxdorf

Biskuit:
5 Eigelb, 50 g Zucker, 1 Zitrone, 5 Eiweiß, 50 g Zucker, 125 g Mehl, etwas Rum.

Eis:
200 g Pistazieneis, frische Beerenfrüchte zum Garnieren.

Panade:
100 g Mehl, 2 Eier, 100 g geraspelte Mandeln, 100 g Kokosraspeln.

Vanillesauce:
0,2 l Milch, 1 Vanillestange, 3 Eigelb, 50 g Zucker.

Biskuit:
Die Eigelbe mit Zucker und dem Geriebenen der Zitronenschale schaumig rühren. Die Eiweiße mit Zucker steif schlagen und mit der Eigelbmasse verrühren. Das Mehl unterheben und auf ein mit Backpapier ausgelegtes Backblech streichen. Im vorgeheizten Rohr bei 150 °C etwa 15 Min. backen. Dann auskühlen lassen.
Den Biskuit in 4 gleich große Quadrate schneiden und mit dem Rum marinieren. Jeweils 1 Kugel Pistazieneis darauf legen und mit dem Teig fest umschließen.

Panade:
Die Krapfen erst durch Mehl, dann durch Ei und die Mandeln ziehen. Kurz anfrieren und noch einmal durch Mehl, Ei und schließlich durch Kokos ziehen. Wieder einfrieren.

Vanillesauce:
Die Milch mit dem Zucker und der ausgekratzten Vanillestange aufkochen. Zu den Eigelben gießen und in einem Wasserbad zu einer dickflüssigen Masse abziehen. Durch ein feines Sieb passieren und kalt stellen.
Die Eiskrapfen im Fett schwimmend herausbacken, halbieren und auf der Vanillesauce anrichten. Kurz vor dem Servieren mit frischen Früchten garnieren.
Falls keine frischen Früchte zur Hand sind, kann man den Teller auch mit Pistazienkernen und Minze garnieren.

Holundersorbet mit Hollermus und Quarkknödeln

Detlef Lange
Hotel Villa Emma
Dresden

Hollermus:
250 g Holunderbeeren und 250 g Zwetschen sowie 150 g reife Birnen, 60 g Zucker, 1 EL Essig und ½ TL Stärke.

Die Holunderbeeren, Zwetschen und die Birnen waschen. Die Zwetschen entkernen, vierteln. Die Birnen ebenfalls entkernen und in Würfel schneiden.
Die Früchte ohne Wasser mit Essig und Zucker aufkochen lassen, die Stärke mit Wasser verrühren und das Hollermus damit binden, nochmals kurz aufkochen und dann abkühlen lassen.

Holundersorbet:
250 g reife Holunderbeeren sowie 100 g Zucker.

Die gewaschenen Holunderbeeren mit dem Zucker pürieren und passieren. Das Püree kurz aufkochen und dann abkühlen lassen.
Das erkaltete Püree etwa 40 Min. in einer Sorbetmaschine kühlen, bis es eine cremige, nicht zu feste Masse wird.
Das Sorbet anschließend in ein Gefäß füllen und im Froster aufbewahren.

Quarkknödel:
250 g Quark, 2 Eigelb, 100 g Hartweizengrieß und 100 g Mehl sowie 1½ TL Backpulver.

Den Quark und die Eigelbe verrühren. Den Hartweizengrieß, das Mehl und das Backpulver unter den Quark kneten. Es muß ein fester Teig entstehen.
Aus dem Teig 2 kleine Brote formen und diese in leicht kochendem Wasser 20 Min. gar ziehen lassen.
Die Quarkknödel in Scheiben schneiden und mit dem Hollermus und dem Sorbet servieren.

Granité von Pfefferminze

Mickey Buchholz
Stadthotel Patrizier
Schmalkalden

60 g Puderzucker, 1 Flasche trockener Sekt, Saft und Schale von 1 Zitrone, 1 EL gehackte Pfefferminze (Blätter), 2 Tropfen Pfefferminzöl, etwas Pfefferminzlikör.

Ein flaches Gefäß, welches für 1 l reicht, mit dem Puderzucker bestreuen. Den Sekt mit den gehackten Minzeblättern und den anderen Zutaten in das Gefäß geben. Nun zugedeckt ins Gefrierfach geben und nach 2 bis 3 Std. mit einem Löffel durchrühren, damit es sich ein wenig auflockert, so wie gestoßenes Eis.
In Glasschälchen servieren.

Melonenkaltschale mit Portwein

Lutz Kuhnert
Steigenberger Hotel Dessau
Dessau

4 Galia- oder Netzmelonen sowie 4 cl Portwein, 1 l Sprudel.

Die Melonen halbieren. Die Kerngehäuse entfernen, dann mit einem Kugelausstecher 16 Kugeln ausstechen. Den Rest der Melonen schälen und kleinschneiden. Die Stücke in einem Rotormixer oder mit einem Stabmixer pürieren und mit dem Sprudel aufgießen. Jetzt mindestens 2 Std. kalt stellen.
Servieren in Suppentellern, jeweils 4 Kugeln pro Person in den Tellern mit dem Portwein leicht marinieren. Zum Schluß die Kaltschale darübergießen.

Sächsischer Pudding mit Vanillesauce und frischen Beeren

Für 10 Personen

Rainer Behringer
Restaurant Stadtpfeiffer
im Gewandhaus
Leipzig

Pudding:
130 g Butter, 130 g Mehl, 1 Vanilleschote, ¼ l Milch, 8 Eiweiß, 3 Eigelb, 100 g Zucker, Butter zum Einfetten der Portionsförmchen, Zucker zum Ausstreuen.

Vanillesauce:
½ l Milch, 90 g Zucker, 1 Vanilleschote, 5 Eigelb, 0,2 l Himbeermark, Beeren der Saison.

Pudding:
In einem Töpfchen die Butter erhitzen, das Mehl vorsichtig einrühren und eine helle Mehlschwitze bereiten. Die Milch mit ausgekratzter Vanilleschote aufkochen, etwas ziehen lassen, die Schote entfernen. Die Vanillemilch unter Rühren zur Mehlschwitze geben, auf der Flamme abrühren. Alles in eine Schüssel geben, 3 Eiweiße unterheben. Nach und nach die Eigelbe unterrühren.
Die restlichen Eiweiße mit Zucker zu Schnee schlagen, dann vorsichtig unter die Masse heben. Mit Spritzbeutel in Förmchen füllen (nur zu ²/₃), im Wasserbad etwa 25 Min. bei 180 °C backen.

*Rezept Seite 167: Variationen von der Marille mit kleinem Quark-Soufflé
Torsten Hache, Restaurant Pagenhaus, Schloß Friedenstein, Gotha*

Vanillesauce:
Die Milch mit dem Zucker und der Vanilleschote aufkochen. Die Eigelbe in eine Metallschüssel geben, gut verrühren und die heiße Vanillemilch langsam unter ständigem Rühren dazugeben. Über Dampf abziehen, bis die Sauce abdickt, und abpassieren.
Den Pudding in die Mitte der Teller stürzen, die Vanillesauce angießen und mit dem Himbeermark, den Beeren sowie etwas Minze garnieren.

Grießpudding mit Rosinen

Michael Röder
Hotel Altdeutsche Weinstuben
Zum Künstlerkeller
Freyburg/Unstrut

250 ml Milch, 50 g Butter, 70 g Zucker, 60 g Grieß, 30 g gehackte Pistazien, 50 g Rosinen, abgeriebene Zitronenschale, 4 Eier, etwas Zucker und Zimt, Butter.

Die Milch mit der Butter und dem Zucker aufkochen. Den Grieß einstreuen und auskochen. Kurz abkühlen lassen, die Rosinen, Pistazien und Zitronenschale einrühren. Wenn die Masse noch etwa handwarm ist, die Eier trennen, die Eigelbe unterrühren, die Eiweiße steif schlagen und vorsichtig unterheben.
Nun 4 bis 5 hitzebeständige Förmchen mit Butter ausstreichen und mit Zimt sowie Zucker ausstreuen. Die Grießmasse gleichmäßig auf die Förmchen verteilen und in einer Kasserolle oder einem tiefen Blech mit heißem Wasser bei etwa 140 °C im Backofen zirka 25 Min. garen.
Nach dem Auskühlen die Puddingförmchen stürzen und mit etwas Sahne anrichten.

Original sächsische Quarkkeulchen mit Zimtschmant

Peter Steffen
Rats-Keller Schönefeld
Leipzig

800 g Pellkartoffeln, 400 g Magerquark, 2 Eigelb, 2 Vollei, 40 g Zukker, Salz, 40 g Vanillezucker, abgeriebene Schale von 1 Zitrone und 80 g Rosinen, Backfett, Speisestärke.

Die Kartoffeln noch heiß pellen und durch eine Kartoffelpresse drücken. Die Rosinen überbrühen und 5 Min. quellen lassen. In die Kartoffelmasse die Rosinen, den ausgedrückten, trockenen Quark, die Eigelbe, Eier sowie Gewürze geben und alles gut verkneten. Nun im heißen Pflanzenfett oder Butterschmalz ausbacken.

Zimtschmant:
100 ml Sauerrahm, 100 ml süße Sahne und 1 TL Zimtpulver sowie 20 g Zucker.

Den Sauerrahm mit ungeschlagener Sahne und Zimt sowie Zucker verrühren.
Die ausgebackenen Quarkkeulchen heiß servieren und den Zimtschmant dazu reichen.

Sächsische Quarkkeulchen auf Pflaumensauce

Martin Schlösser
Landhaus zu den Rothen Forellen
Ilsenburg

Quarkkeulchen:
200 g Quark, 60 g Pellkartoffeln 1 Ei, 30 g Rosinen, 15 g gehackte Mandeln, 75 g Zucker, etwas Mehl, Abrieb von ½ Zitrone, 20 ml Haselnußöl zum Backen.

Den Quark in ein Tuch geben und auspressen. Die Rosinen in lauwarmem Wasser einweichen und aufquellen lassen. Die Pellkartoffeln schälen und stampfen.
Das Ganze miteinander zu einem glatten Teig verarbeiten. Das Ei mit Zucker aufschlagen und unter die Quarkmasse geben. Die Zitronenschale, die Mandeln und das gesiebte Mehl einarbeiten und den Teig im Kühlschrank einige Zeit durchziehen lassen. Das Haselnußöl in einer Pfanne erhitzen, den Teig in Nocken abstechen und darin hellbraun ausbacken.

Pflaumensauce:
150 g vollreife Pflaumen, 50 ml Wasser, 50 ml Dornfelder sowie 35 g Zucker, 1 Prise Kardamom, ½ Zimtstange, 1 cl Pflaumenlikör.

Die entkernten Pflaumen in Wasser mit Rotwein, Zucker und Gewürzen weich dünsten, pürieren, durch ein Sieb streichen und auskühlen lassen. Mit dem Likör abschmecken.

Sächsische Quarkkeulchen mit eingelegten Backpflaumen und Sauerrahmeis

Bild Seite 164

Für 8 Personen

Rainer Behringer
Restaurant Stadtpfeiffer
im Gewandhaus
Leipzig

Quarkkeulchen:
1 kg Kartoffeln (gekocht, vom Vortag), 500 g Quark, 80 g Zucker, 20 g Vanillezucker und 80 g grobgehackte Rosinen (in etwas Rum eingelegt), 50 bis 100 g Mehl, feingehackte Schale von 1 Orange und ½ Zitrone, Butter zum Braten.

Eingelegte Backpflaumen:
500 ml Rotwein, 400 ml Portwein, 500 g Backpflaumen und 150 ml Schwarztee, 100 g Honig sowie 60 g Zucker, 2 Vanilleschoten und 1 Zimtstange, feine Streifen von der Schale von 1 unbehandelten Orange sowie 1 Zitrone.

Sauerrahmeis:
500 ml Sauerrahm, 300 g Zucker, 2 Zitronen (Saft und feingehackte Schale), 100 ml flüssige Sahne sowie 4 cl Grand Marnier.

Quarkkeulchen:
Die Kartoffeln durch die Presse drücken, alle anderen Zutaten zugeben, gut durchkneten, so viel Mehl zufügen, bis der Teig nicht mehr an den Händen klebt, und pro Portion 3 kleine Keulchen formen und abbraten.

Eingelegte Backpflaumen:
Den Rotwein und Portwein um 1/3 einkochen, alle anderen Zutaten dazugeben, einmal gut aufkochen, abkühlen lassen.

Sauerrahmeis:
Alle Zutaten für das Eis miteinander glattrühren, dann in einer Sorbetiere gefrieren lassen.

Anrichten:
Die Backpflaumen in tiefen Tellern auslegen, die Quarkkeulchen darauf verteilen und das Eis in die Mitte setzen.

Quarkkeulchen auf Zimtschaum

Michael Röder
Hotel Altdeutsche Weinstuben
Zum Künstlerkeller
Freyburg/Unstrut

400 g gekochte Kartoffeln (Pellkartoffeln), 250 g Quark, 2 Eier, 100 g Zucker und 50 g Rosinen, Saft von ½ Zitrone, 50 g Mehl, 1 Prise Salz, etwas Mehl, Margarine oder Butter zum Braten, 250 ml Sahne, Zucker, Zimt, Puderzucker zum Bestäuben.

Die Kartoffeln schälen und durch eine Kartoffelpresse quetschen. Den Quark, Zucker, die Eier, die 50 g Mehl, Salz, den Zitronensaft sowie die gewaschenen Rosinen dazugeben und dann alles zu einer glatten Masse verrühren.
Mit einem Eßlöffel eiförmige Stücke abstechen und diese leicht im Mehl wenden. In einer Pfanne Butter oder Margarine erhitzen und die Keulchen einlegen. Mit einer Palette leicht platt drücken und beidseitig goldbraun braten.
Für den Schaum die Sahne halb steif schlagen und mit Zimt sowie Zucker verrühren.
Zum Anrichten den Zimtschaum in die Mitte der Teller geben und mit 2 bis 3 Quarkkeulchen umlegen. Mit Puderzucker bestäuben.

Sächsische Quarkkeulchen auf Apfelmus mit Rhabarber-Apfel-Creme und getrüffeltem Champagner-Erdbeer-Eis

Mario Pattis
Romantik Hotel &
Restaurant Pattis
Dresden

Quarkkeulchen:
50 g Pellkartoffeln, 200 g Quark, 30 g Rosinen, 1 Ei, 100 g Zucker, Abrieb von 1 Zitrone, ½ Vanilleschote, 50 g Mehl, etwas neutrales Öl zum Backen.

Die Pellkartoffeln schälen und durchpressen. Den Quark in einem Tuch auspressen und die Rosinen mindestens 30 Min. einweichen. Das Ganze miteinander verrühren. Das Ei mit dem Zucker aufschlagen und mit der Zitronenschale sowie dem Mark der Vanille in die Quarkmasse geben. Dann das Mehl hineinsieben, gut vermengen und mindestens 1 Std. ruhenlassen.
Das Öl in der Pfanne leicht erhitzen und die Quarknocken abstechen. Bei kleiner Hitze etwa 10 Min. auf jeder Seite backen.

Apfelmus:
1 Apfel (150 g), 40 g Zucker, 150 ml Apfelsaft, 1 Prise Zimt, Saft von ½ Zitrone, 4 cl Calvados sowie 1 EL geschlagene Sahne.

Den Apfel schälen und das Kerngehäuse entfernen, in kleine Stücke schneiden und mit dem Zucker im Apfelsaft weich kochen. Danach die Äpfel pürieren und mit Zimt, Zitronensaft, Calvados und geschlagener Sahne abschmecken.

Rhabarber-Apfel-Creme:
1 Apfel (100 g), 100 g Rhabarber, 50 ml Weißwein, 10 g eingelegter Ingwer, 3 Eigelb, 50 g Zucker, 3 Blatt Gelatine, 4 cl Obstbrand, Saft von ½ Zitrone, 100 ml geschlagene Sahne.

Den Apfel schälen, das Kerngehäuse entfernen und mit dem geschälten zerkleinerten Rhabarber in dem Weißwein weich kochen. Den Ingwer dazugeben und alles pürieren. Die Eigelbe mit dem Zucker über Dampf cremig rühren und die eingeweichte Gelatine darin auflösen.
Das Püree mit dem Obstbrand und dem Zitronensaft zur Eigelbmasse geben. Die geschlagene Sahne vorsichtig unterheben und in Förmchen abfüllen.

Getrüffeltes Champagner-Erdbeer-Eis (etwa 1 l):
100 ml Milch und 100 ml Sahne,

10 g Sommertrüffel, 8 Eigelb sowie 200 g Zucker, 300 g frische Erdbeeren, 6 cl Erdbeergeist und 250 ml Champagner/Sekt.

Die Milch mit der Sahne und den gehackten Trüffeln aufkochen und die Eigelbe mit dem Zucker cremig rühren. Die Trüffelmilch nach und nach zu den Eigelben geben und die Masse unter Dampf zur Rose abziehen (etwa 75 °C). Die Erdbeeren pürieren und mit dem Erdbeergeist unter die abgezogene Masse rühren. Den Champagner oder Sekt unterheben und die Mischung in der Eismaschine aufschlagen. Mit einem erhitzten Löffel Nocken abstechen.

Hefeplinsen an Vanillecreme

Michael Röder
Hotel Altdeutsche Weinstuben
Zum Künstlerkeller
Freyburg/Unstrut

Plinsen:
200 g Mehl, 25 g Hefe oder 1 Päckchen Trockenhefe, 250 ml Milch, 100 g Zucker, 100 g Rosinen, 1 Prise Salz, 50 g Butter, Margarine oder Butter zum Braten.

Vanillecreme:
250 ml Milch, 30 g Zucker, 10 g Vanillepuddingpulver und 1 Vanilleschote, 250 ml Sahne, 50 g Butter.

Plinsen:
Bei frischer Hefe das Mehl in eine Schüssel sieben, eine Mulde eindrücken und darin die Hefe mit etwas Milch und Zucker etwa 25 Min. zugedeckt gehen lassen.
Bei Trockenhefe Mehl, Hefe, Zukker, Rosinen, 1 Prise Salz, Butter und Milch in dieser Reihenfolge gut verrühren und zu einem zähflüssigen Teig verarbeiten. Diesen etwa 20 Min. zugedeckt an einem warmen Ort gehen lassen.
In einer Pfanne Butter oder Margarine erhitzen und den Teig, löffelweise abgestochen, hineingeben. Mit einer Palette leicht platt drücken und bei mittlerer Hitze beidseitig goldbraun braten.

Vanillecreme:
2 EL Milch mit dem Puddingpulver und etwas Zucker anrühren. Die restliche Milch mit der der Länge nach aufgeschnittenen Vanilleschote und dem restlichen Zucker aufkochen.
Das angerührte Puddingpulver in die kochende Milch einrühren und einmal aufkochen. Zum Abkühlen in eine Schüssel füllen und mit Butterflöckchen bestreuen, um eine Hautbildung zu verhindern. Nach dem Erkalten den Pudding mit einem Mixer glattrühren und die geschlagene Sahne unterheben.
Zum Anrichten die Vanillecreme mit einem Löffel nockenförmig abstechen und auf Tellern mit den warmen Hefeplinsen anrichten. Mit Puderzucker bestreuen.

Überbackene Quarkplinsen

Jens Budde
Hotel-Restaurant Schloß Eckberg
Dresden

Plinsen:
250 g Mehl, 2 Eier, 2 Eigelb, 1 Prise Salz, 100 ml Sahne, 20 g Öl sowie 50 g Zucker.

Aus diesen Zutaten einen dickflüssigen Plinsenteig herstellen und daraus Plinsen backen.

Füllung:
3 Eiweiß, 100 g Raffinadezucker, 50 g Butter, 50 g Puderzucker, 50 g Rosinen, 1 Prise Salz, 150 ml Sahne, 3 Eigelb, 3 Eiweiß, 400 g abgetropfter Speisequark sowie 1 unbehandelte Zitronenschale und das Mark von 1 Vanilleschote.

Die Eiweiße mit Raffinadezucker zu Schnee schlagen. Alle anderen Zutaten zu einer glatten Masse verarbeiten und den Eischnee unterheben.

Backmasse:
4 Eier, 250 ml Sahne, 50 g Zucker, 100 ml Milch.

Alle Zutaten verrühren. Die Plinsen mit Quarkfüllung gut bestreichen, zusammenrollen, in eine gebutterte Auflaufform geben, mit der Backmasse übergießen und im Backofen bei 200 °C etwa 30 Min. backen, bis der Guß gebunden ist. Zum Servieren mit Puderzucker bestäuben und heiß genießen.

Waldbeergetzen

Helmut Streller
Restaurant Villa Posthof
Chemnitz

200 g Mehl, 250 ml Milch, 2 Eier, 3 EL Quark, 2 EL Selterswasser, 300 g Waldbeeren (Brombeeren, Himbeeren, Heidelbeeren), 80 bis 100 g Zucker, Salz, Bratfett.

Aus dem Mehl, der Milch, den Eiern sowie dem Quark unter Zugabe von 1 Prise Salz und Selterswasser einen dicken Eierkuchenteig zubereiten. In einer Pfanne Bratfett erhitzen, vom Herd nehmen und den Teig etwa 1 cm dick einfüllen. Danach sofort die Waldbeeren auf den Teig legen. Die Getzen bei 200 °C in der Röhre backen.
Mit Zucker bestreuen sowie mit Minzeblättchen garnieren und warm auftragen. 1 Spritzer Obstler erhöht den Geschmack.

*Rezept Seite 187: Erdbeer-Pfirsich-Gratin mit Sallgaster Spargel-Rahm-Eis
Wolfgang Riemhofer, Landhotel Baumwiese, Boxdorf*

Rahmküchlein mit frischen Waldbeeren

Kay Hartmann
Weimar Hilton
Weimar

Rahmküchlein:
50 g Quark, 50 g Crème double, 20 g Butter, 1 Ei, 50 g Mehl, 1 Prise Salz, 20 g Vanillezucker, 100 g Pflaumenmus für die Füllung, Butterschmalz, 300 g Puderzucker.

Den Quark, die Crème double, Butter, das Ei, Mehl, die Prise Salz und den Vanillezucker zu einem zähen Teig verarbeiten. Den Teig in einer Schüssel etwa 30 Min. im Kühlschrank ruhenlassen.
Anschließend ausrollen und mit einem runden Ausstecher (5 cm Durchmesser) 3 Küchlein pro Portion ausstechen. Mit einem Kaffeelöffel etwas Pflaumenmus in die Mitte geben und die Rahmküchlein zusammenfalten. Die Ränder mit einer Gabel andrükken. Die Rahmküchlein im heißen Butterschmalz (180 °C) goldgelb ausbacken, auf Küchenkrepp abtropfen lassen, mit Puderzucker bestreuen und je 3 Küchlein sternförmig auf den Tellern anrichten.

Vanillesauce:
125 ml Milch, 30 g Zucker, 1 Vanilleschote, 4 Eigelb.

Die Milch mit dem Zucker und der halbierten Vanilleschote zum Kochen bringen, vom Feuer nehmen und die Vanilleschote herausnehmen. Etwas heiße Milch mit den Eigelben verrühren und zu der restlichen heißen Milch geben. Unter ständigem Rühren kurz aufkochen lassen und kalt stellen.

Waldbeeren:
200 g frische Waldbeeren (Himbeeren, Brombeeren, Heidelbeeren), 2 cl Himbeergeist, einige frische Minzeblätter.

Die frischen Waldbeeren verlesen, waschen und auf Küchenkrepp abtropfen lassen.

Anrichten:
Die Waldbeeren zwischen den Rahmküchlein verteilen und mit Himbeergeist beträufeln.
Die Vanillesauce in die Mitte geben und mit etwas frischer Minze garnieren.

Schmantschnittchen mit Mandarinengelee

Jens Kleiber
Berg- und Jagdhotel Gabelbach
Ilmenau

Teig:
125 g Margarine, 125 g Zucker, 1 Ei, 250 g Mehl, 2 TL Backpulver.

Belag:
2 Vanilleschoten, ½ l Milch und 80 g Zucker, 10 g Vanillezucker sowie 80 g Stärke, 300 ml Schmant, 200 g Mandarinen.

Mandarinengelee:
3 Blatt Gelatine und 200 ml Mandarinensaft.

Teig:
Die Margarine, den Zucker, das Ei, Mehl und Backpulver zu einem glatten Teig kneten und dünn auf ein Backblech ausrollen.

Belag:
Die Vanilleschoten halbieren, das Mark auskratzen und mit der Milch aufkochen. Den Zucker, Vanillezucker und die Stärke hinzufügen und nochmals aufkochen lassen. Kurz abkühlen, den Schmant und die Mandarinen unterheben. Gleichmäßig auf dem Teig verteilen und etwa 45 Min. bei 150 °C backen.

Mandarinengelee:
Die Gelatine in kaltem Wasser einweichen, den Mandarinensaft erhitzen und die ausgedrückte Gelatine darin auflösen. Das Mandarinengelee über den erkalteten Kuchen geben und mindestens 2 Std. kalt stellen.

Anrichten:
Aus dem Kuchen Rechtecke schneiden, mit Mandarinenfilets und Schlagsahne anrichten.

Tabarzer Hefekloß mit Waldfruchtsauce

Herbert Frauenberger
Hotel Frauenberger
Tabarz

Hefeklöße:
10 g Hefe, 1/8 l Vollmilch und 200 g Weizenmehl, 1 Ei, 1 1/2 EL Zucker, Muskat, Salz, 80 g Pflaumenmus, 50 g Butter.

Waldfruchtsauce:
100 g Brombeeren, 100 g Himbeeren, 100 g Heidelbeeren, 2 EL Zukker, etwas Weizen- oder Maisstärke.

Hefeklöße:
Die Hefe in wenig Milch auflösen. Die restliche Milch leicht erwärmen, das Mehl einrühren, das Ei, die Hefe und den Zucker dazugeben und alles gut verrühren. Den Teig an einem warmen, zugfreien Ort etwa 30 Min. zugedeckt gehen lassen.
Dann den Teig mit wenig Muskat und Salz kräftig durchkneten, 4 gleich große Klöße formen und diese auf ein bemehltes Küchenbrett setzen. Noch einmal etwa 30 Min. gehen lassen. Mit einer Pfannkuchenspritze das Pflaumenmus in die Klöße spritzen.
Die Klöße in einem flachen Topf in leicht gesalzenem Wasser 8 bis 10 Min. bei milder Hitze kochen lassen. Wenn sie hochsteigen, einmal wenden, wenig später können

sie aus dem Wasser genommen werden. Die Butter zerlassen.

Waldfruchtsauce:
Während die Klöße garen die Früchte waschen und in wenig Wasser zusammen mit dem Zukker kurz erhitzen. Den Saft abgießen, mit der Stärke zu einer dickflüssigen Sauce binden und die Früchte hineinrühren.
Die Klöße aus dem Wasser nehmen, kurz abtropfen lassen, dann sofort auf die Teller geben und mit Hilfe zweier Gabeln oben aufreißen. Die zerlassene Butter darübergeben und die Fruchtsauce angießen.

Erdbeerklößchen auf Rhabarberragout

Christian Heumader
Hotel Sächsischer Hof
Meiningen

Erdbeerklößchen:
500 g Kartoffeln, 50 g Butter, 50 g Grieß, 10 g Salz, 1 Ei, 1 Eigelb, 100 g Mehl, 12 Erdbeeren, Salzwasser, 100 g Semmelbrösel, Puderzucker.

Rhabarberragout:
400 g Rhabarber, 100 g Zucker, ¼ l trockener Sekt, Minze.

Erdbeerklößchen:
Die gebackenen, warmen Kartoffeln aufbrechen und auslöffeln. Durch eine Presse drücken und mit den übrigen Zutaten zu einem geschmeidigen Teig verarbeiten. Den Teig zu einer etwa 5 mm starken Fläche ausrollen. Aus diesem Teig etwa 7 auf 7 cm große Quadrate schneiden. Je 1 Erdbeere darauf legen und zu einem Klößchen formen. Die Klößchen etwa 12 Min. in Salzwasser gar ziehen lassen und mit einem Schaumlöffel herausnehmen. Die Klößchen im Puderzuckergemisch und den Semmelbröseln wälzen.

Rhabarberragout:
Den Rhabarber schälen und in Rauten schneiden. Den Zucker karamelisieren lassen, mit Sekt ablöschen und den Rhabarber dazugeben. Darauf achten, daß es nur einmal leicht aufkocht, dann gleich vom Feuer nehmen und erkalten lassen.

Anrichten:
Das Rhabarberragout in die Mitte der Teller geben, die im Puderzuckergemisch und Semmelbröseln gewälzten Erdbeerklößchen darauf legen und mit der Minze ausgarnieren.

Karthäuser Klöße mit heißen Sauerkirschen

Rüdiger Kaufmann
Hotel Thüringer Hof
Eisenach

10 Brötchen, 1 TL Zimt, 1 Zitrone, 1 Orange (oder Aromen), 100 ml Milch, 2 Eier, 1 EL Butterschmalz, 1 Glas Sauerkirschen, 2 EL Stärke, etwas Zimt- und Zuckermischung.

Die Brötchen in Würfel schneiden, mit Zimt, Zitronensaft und Orangensaft (Aromen) mischen, mit heißer Milch übergießen und kurz zugedeckt stehenlassen.
Mit den Eiern vermengen, mit zwei Eßlöffeln Klöße abstechen und in die leicht gefettete Pfanne setzen. Bei 160 °C im vorgeheizten Ofen etwa 15 Min. im Butterschmalz backen.
In der Zwischenzeit die Kirschen aufkochen und mit der aufgelösten Stärke abbinden, die fertiggebackenen Klöße in Zimt und Zucker wälzen. Auf vorgewärmten Tellern anrichten und mit heißen Sauerkirschen garnieren.
Als Dessert kann man zu diesem Gericht Vanilleeis reichen.

Erdbeer-Pfirsich-Gratin mit Sallgaster Spargel-Rahm-Eis

Bild Seite 185

Wolfgang Riemhofer
Landhotel Baumwiese
Boxdorf

Erdbeer-Pfirsich-Gratin:
250 g Erdbeeren, 4 Pfirsiche, 1 TL Honig, 4 cl Grand Marnier, 4 Eigelb, 80 g Zucker, 100 ml Weißwein, 2 TL Amaretto.

Spargel-Rahm-Eis:
½ l Milch sowie 250 g Zucker und 200 g Spargelabschnitte, 5 Eigelb, 100 ml Sahne.

Erdbeer-Pfirsich-Gratin:
Die Erdbeeren waschen, putzen und vierteln. Die Pfirsiche kurz blanchieren und in Spalten schneiden. Mit dem Honig und dem Grand Marnier marinieren. Die Eigelbe zusammen mit dem Zucker, dem Weißwein und dem Amaretto über einem Wasserbad schaumig schlagen. Die Erdbeeren und die Pfirsichspalten in 4 Teller verteilen und mit dem Sabayon übergießen. Im Backofen oder im Salamander kurz gratinieren.

Spargel-Rahm-Eis:
Die Milch mit dem Zucker und den Spargelabschnitten etwa 20 Min. kochen. Anschließend den Sud auf die Eigelbe gießen und über einem Wasserbad cremig rühren. Die flüssige Sahne dazugeben und in einer Sorbetiere zu Rahmeis gefrieren lassen. Nocken abstechen und auf dem Erdbeer-Pfirsich-Gratin anrichten.

Gefüllte Schokoladenblätter auf grünem Apfelpüree

Claus Alboth
Alboth's Restaurant im Kaisersaal
Erfurt

Blätter:
50 g bittere Kuvertüre und 24 große Minzeblätter.

Die Kuvertüre im Wasserbad auflösen. Die Minzeblätter durch die Kuvertüre ziehen und zum Abkühlen auf ein Backpapier legen.

Füllung:
50 g bittere Kuvertüre, 10 ml Milch und 1 Eigelb, 1 Eiweiß, 10 g Zukker, 60 ml geschlagene Sahne.

Die Kuvertüre im Wasserbad auflösen, die Milch und das Eigelb unterrühren und vom Wasserbad nehmen. Das Eiweiß mit Zucker steif schlagen und mit der Schlagsahne unter die Kuvertüre heben. Etwa 3 Std. kalt stellen.

Püree:
4 grüne Äpfel, 50 g Zucker, 2 EL Zitronensaft, 2 cl Calvados.

Die Äpfel schälen und mit einem Kugelausstecher 24 Kugeln ausstechen. Den Rest kleinschneiden und mit den Schalen, Zucker, Zitronensaft und Calvados weich kochen, anschließend durch ein Sieb streichen und kalt stellen.

Garnitur:
150 ml Weißwein, 150 ml Rotwein, 1 Zimtstange, 50 g Zucker, 2 Nelken, 24 Apfelkugeln.

Den Weißwein und Rotwein getrennt mit je ½ Zimtstange, 25 g Zucker und 1 Nelke aufkochen. Je 12 Apfelkugeln dazugeben und 3 Std. ziehen lassen.

Anrichten:
Das Apfelpüree in die Mitte der Teller verteilen, 2 Schokoladenblätter in die Mitte legen und die Schokoladenfüllung mit einem Spritzbeutel auf die Blätter spritzen, darauf die nächsten Blätter legen und nochmals Schokoladenfüllung darauf spritzen. Diesen Vorgang wiederholen, bis die Blätter verbraucht sind. Die roten und die weißen Apfelkugeln kreisförmig auf die Apfelsauce setzen.

Birne im Blätterteig auf Nugatsauce

Claus Alboth
Alboth's Restaurant im Kaisersaal
Erfurt

Nugatsauce:
200 ml Milch, 80 g Nugat sowie 20 g Honig, 10 g Cremepulver.

3/4 der Milch mit Nugat und Honig aufkochen. 1/4 der Milch mit dem Cremepulver glattrühren und in die kochende Milch geben. Das Ganze kurz aufkochen lassen und kalt stellen.

Birnen:
2 Birnen, 200 ml Weißwein, 2 Nelken und 4 Blätterteigplatten (TK-Ware).

Die Birnen schälen, halbieren und von den Kerngehäusen befreien. Den Weißwein und die Nelken aufkochen und die Birnen darin bißfest garen. Danach abkühlen lassen.

Vorbereitung zum Backen:
60 g Vanillepudding, 1 Eigelb und 50 g Aprikosenkonfitüre.

Die Birnen auf Küchenkrepp abtropfen lassen. In die Mitte einer Blätterteigplatte etwas Vanillepudding setzen und die Birnen darauf drücken. Den Blätterteig im Umriß der Birne mit 2 cm Abstand abschneiden und mit dem Eigelb sowie der Aprikosenkonfitüre bestreichen. Nun bei 220 °C 10 bis 12 Min. backen.

Garnitur:
8 große Minzeblätter sowie einige gehackte Pistazien.

Anrichten:
Die Nugatsauce auf den Tellern verteilen. Jetzt die gebackenen Birnen darauf legen und mit Minze und Pistazie dekorieren.

Fritierte Süßkirschen auf Pistazienschaum

Jens Michel
Restaurant Schloßallee
Moritzburg

Kirschen:
150 g Mehl, 75 g Zucker, 1 TL Zimt, 3 Eigelb, 3 Eiweiß, 1 Prise Salz, 3 EL Milch, 3 EL Weißwein, 1 l Öl zum Fritieren, 750 g Süßkirschen (mit Stiel), 75 g Puderzucker.

Pistazienschaum:
2 Eigelb sowie 1 Ei, 80 g Zucker, 50 ml Weißwein, 20 g Pistazien.

Kirschen:
Das Mehl, die Milch, den Weißwein, Zimt, Zucker, das Salz und die Eigelbe zu einem Teig verarbeiten. Die Eiweiße steif schlagen und unter den Teig heben. Zugedeckt 30 Min. quellen lassen. Inzwischen die Kirschen waschen und trockentupfen. Das Öl in einem großen Topf auf 180 °C erhitzen. Jeweils 5 Kirschen an den Stielen zusammenbinden, in den Teig tauchen und 2 Min. im heißen Öl fritieren. Auf ein Kuchengitter legen und dick mit Puderzucker bestäuben.

Pistazienschaum:
Die Eigelbe, das Ei und den Zukker in einem Schlagkessel im Was-

Rezept Seite 171: Variation von Mango und Erdbeere, Lutz Kuhnert, Steigenberger Hotel Dessau, Dessau

serbad aufschlagen, bis es dick wird. Den Weißwein dazugeben und schaumig schlagen. Die Pistazien im Mixer kleinhacken.
Die Teller mit Puderzucker überstäuben, Schaum in die Mitte der Teller geben, die gehackten Pistazien darüberstreuen und die fritierten Kirschen obenauf geben.

Kirsch-Klump

Frank Wiedekind
Classik Hotel Magdeburg
Beyendorf

500 g Mehl, Salz, ¼ l Milch, 30 g Hefe, 1 EL Zucker, 50 g Margarine, Salzwasser, 600 g entsteinte Sauerkirschen, 2 EL Butter, 2 EL Stärke.

Das Mehl durch ein Haarsieb sieben und das Salz hinzufügen. Dann in lauwarmer Milch die Hefe sowie den Zucker verquirlen und mit der zerlassenen Margarine zum Mehl geben.
Den Teig kräftig schlagen und für 1 Std. warm stellen, anschließend nochmals gut durchkneten. Danach Klöße formen und noch einmal gehen lassen, bis die Oberfläche glatt ist. Dann in siedendes Salzwasser geben und gar ziehen lassen.
Beim Anrichten werden die Klöße aufgerissen und etwas braune Butter darübergegossen. Dazu reicht man die mit Stärke gebundenen heißen Sauerkirschen.

Kirschpfanne

Klaus Hinze
Hotel Schweizer Hof
Halle

8 Brötchen, 3/4 l Milch, 600 g entsteinte Sauerkirschen, 1 Prise Salz, 100 g Zucker, 5 Eigelb, 1 Päckchen Vanillezucker, 5 Eiweiß.

Die Brötchen in Scheiben schneiden, die abgekochte Milch darüber gießen. Die übrigen Zutaten hinzufügen, alles verrühren. Aus den Eiweißen Schnee schlagen, diesen unter die Masse heben.
Dann 50 bis 60 Min. bei Mittelhitze backen.

Zwetschpitsch

Rüdiger Kaufmann
Hotel Thüringer Hof
Eisenach

1 kg rohe Zwetschen, 1 kg gekochte Kartoffeln, 100 g Butter, ½ l Pudding, 1 Ei und 1 bis 2 EL Zucker, ½ l Schmant, ¼ l Rahm, Salz, 1 Päckchen Kartoffelstärke.

Die Kartoffeln quetschen und mit der Kartoffelstärke und Salz vermengen. Dann auf einem Blech ausrollen. Den vorbereiteten Pudding zur Hälfte ganz dünn darauf streichen und die geviertelten Zwetschen auf die Masse legen, obenauf den Schmant, den restlichen Pudding, Rahm, Butter, Ei und Zucker dazugeben und alles im auf 220 °C vorgeheizten Ofen herausbacken.

Moritzburger Schlosserbuben

Wolfgang Riemhofer
Landhotel Baumwiese
Boxdorf

12 vollreife Pflaumen, 100 g Marzipan, 1 Prise Zimt, 100 g Mehl, 30 g Zucker, 2 Eigelb, 0,1 l Weißwein, 2 Eischnee, etwas Bratfett.

Die Pflaumen waschen, einschneiden und den Kern entfernen. Das Marzipan kneten, bis es weich ist. Mit dem Zimt vermischen und anstelle des Kerns in die Pflaumen pressen, dann die Pflaumen gut zudrücken.
Das Mehl sieben und mit dem Zucker und den Eigelben vermengen. Den Wein dazugeben und zu einem glatten Teig verrühren. Durch ein feines Sieb passieren und den Eischnee vorsichtig unterrühren. Die Pflaumen auf einen Holzspieß stecken, durch den Teig ziehen und im heißen Fett schwimmend goldbraun backen.
Mit Rahmeis oder Vanillesauce servieren.

Apfelschnitzel in Honigsauce mit Sanddorneis

Claus Alboth
Alboth's Restaurant im Kaisersaal
Erfurt

Apfelschnitzel:
2 grüne Äpfel, 50 g Mehl, 1 Ei und 80 g Semmelmehl sowie Butter zum Ausbacken.

Die Äpfel schälen und mit einem Ausstecher die Kerngehäuse entfernen. Anschließend die Äpfel in 8 Spalten schneiden und mit Mehl, Ei und Semmelmehl in der Butter goldgelb ausbacken.

Honigsauce:
200 ml Vollmilch, 50 g Honig und 10 g Cremepulver.

3/4 der Milch mit dem Honig aufkochen, 1/4 l der Milch mit dem Cremepulver glattrühren und in die kochende Milch gießen. Das Ganze kurz aufkochen lassen und kalt stellen.

Sanddorneis:
5 Eigelb, 100 g Zucker, 150 ml Vollmilch, 100 ml Sahne, 100 ml Sanddornsaft, 1 EL Hagebuttenmark.

Die Eigelbe und den Zucker in einer Schüssel glattrühren, die Milch und Sahne zum Kochen bringen und unter Rühren auf die Eigelbe gießen. Die Schüssel auf ein simmerndes Wasserbad stellen, langsam und gleichmäßig rühren, bis die Eismasse sahnig ist.
Danach die Schüssel vom Wasserbad nehmen und abkühlen lassen. Nun die Eismasse mit dem Sanddorn- und Hagebuttenmark in einer Eismaschine gefrieren.

Garnitur:
Minzeblätter, eingeweichte Rosinen, Walnüsse und Hagebuttenmark sowie 4 kleine Kekse.

Anrichten:
Die Honigsauce als Spiegel auf den Tellern anrichten und am Rand kleine Hagebuttenmarkpunkte setzen. Diese dann mit einem Zahnstocher verziehen. Je 2 Apfelspalten auf die Sauce legen. Das Sanddorneis auf 1 Keks abstechen und mit anrichten.
Garniert wird mit der Minze, den Rosinen und den Walnüssen.

Crêpes, mit Früchten aus der Dresdner Heide gefüllt, und mit Amarettoschaum überbacken

Wolfgang Riemhofer
Landhotel Baumwiese
Boxdorf

Crêpes:
100 g gesiebtes Mehl, 30 g Zucker, 1 Prise Salz, 2 Eier, 100 ml Milch, Butter zum Backen.

Früchte:
50 g Zucker, 100 ml Rotwein, 30 g Butter, 400 g Beerenfrüchte (Johannisbeeren, Himbeeren, Stachelbeeren, Blaubeeren).

Amarettoschaum:
4 Eigelb und 60 ml Rotwein sowie 60 ml Amaretto, 50 g Zucker.

Crêpes:
Das Mehl, den Zucker, das Salz, die Eier und Milch zu einem glatten Teig verrühren und durch ein feines Sieb passieren. In einer kleinen Pfanne mit geklärter Butter 8 dünne Pfannkuchen backen.

Früchte:
Den Zucker in einem Topf hellbraun karamelisieren, mit Rotwein ablöschen und sirupartig einkochen lassen. Die Butter und die gezupften und gewaschenen Beeren dazugeben und dann zur Seite stellen.

Amarettoschaum:
Die Eigelbe mit dem Wein, Amaretto sowie Zucker verrühren und im Wasserbad schaumig schlagen.

Anrichten:
Die Crêpes mit den Beeren füllen und mit dem Amarettoschaum überziehen. Im Backofen oder im Salamander gratinieren.

Eierkuchen mit Birnenmus

Michael Seidel
Restaurant Hammerklause
Plauen

4 Eier, ¼ l Milch, 150 g Mehl, Zucker, Salz, Butter zum Backen, 6 Birnen, 2 Nelken, 1 Zimtstange, 1 geschälte Zitrone und 1 EL Staubzucker.

Die Eier, Milch, das Mehl, den Zucker und das Salz zu einem Teig verarbeiten. In geklärter Butter die Eierkuchen goldgelb ausbacken.
Die Birnen schälen, in Würfel schneiden, dabei die Kerngehäuse entfernen.
Wenig Wasser mit den Nelken, der Zimtstange, Zucker und den Zitronenspalten aufkochen. Die Birnenwürfel dazugeben und etwa 5 Min. mitkochen lassen.
Danach alles mit dem Pürierstab zu einem glatten Mus verarbeiten (jedoch die Zimtstange vorher entfernen).
Das lauwarme Birnenmus auf die Eierkuchen geben, alles zu einer Rolle formen und mit Staubzukker überstäuben.

Überbackener Apfelpfannkuchen mit Mohneis

Uwe Belke
Schloßhotel
Bad Köstritz

2 Äpfel, 3 Eier, 60 g Mehl sowie 10 g Zucker, 20 g Mohn, 1 Vanilleschote, 2 EL Milch, etwas Butter.

Die Äpfel schälen, entkernen, vierteln und in kleine Scheiben schneiden. Die Eier trennen, die Eiweiße zu Eischnee schlagen. Das Mehl, die Eigelbe, den Zucker, Mohn, das Ausgekratzte der Vanilleschote und die Milch zu einem Teig verrühren, den Eischnee vorsichtig unterheben und die Masse in kleine gebutterte Pfännchen geben. Die Apfelscheiben ziegelförmig auf die Masse geben und im Backofen bei 200 °C ausbacken.

Sabayon:
2 Eigelb, 100 g Zucker, 4 EL Weißwein, etwas Calvados.

Alle Zutaten über einem Wasserbad schaumig schlagen, auf die fertiggebackenen Apfelpfannkuchen geben und kurz überbacken.

Mohneis:
50 g Mohn, ½ l Milch, 4 Eigelb, 80 g Zucker.

Den Mohn mahlen, in der Milch quellen lassen und aufkochen. Die Eigelbe mit dem Zucker verrühren, darauf die heiße Mohnmilch geben, im Wasserbad auf dem Herd zur Rose abziehen und nach dem Abkühlen in der Eismaschine gefrieren.

Anrichten:
Die Pfannkuchen mit dem Eis auf die Teller geben und mit einigen Früchten garnieren.

Apfelbeignets auf Champagnerschaum

Jens Kleiber
Berg- und Jagdhotel Gabelbach
Ilmenau

Beignets:
4 Äpfel, Saft von 1 Zitrone, 3 Eigelb, 2 cl Calvados, 100 ml Milch, 50 g Zucker, 150 g Mehl, 3 Eiweiß, Öl zum Ausbacken.

Champagnerschaum:
3 Eigelb, 200 ml Champagner und 50 g Zucker.

Beignets:
Die Äpfel schälen, die Kerngehäuse ausstechen, in 1 cm dicke Scheiben schneiden und in Zitronensaft marinieren. Die Eigelbe mit dem Calvados, der Milch, dem Zucker und Mehl zu einem glatten Teig verarbeiten. Die steif geschlagenen Eiweiße langsam unterheben und 30 Min. ruhenlassen. Die abgetropften Apfelscheiben mehrmals im Teig wenden und im heißen Öl ausbacken.

Champagnerschaum:
Die Eigelbe, den Champagner und Zucker im heißen Wasserbad aufschlagen.

Anrichten:
Den Champagnerschaum auf vorgewärmte Teller geben. Jeweils 3 ausgebackene Apfelscheiben auf dem Schaum anrichten, mit Puderzucker bestäuben und mit frischer Minze garnieren.

Gebackene Reisbirne mit Aprikosen-Himbeer-Sauce

Rainer Frieden
Romantik Hotel &
Restaurant Pattis
Dresden

90 g Rundkornreis, 0,3 l Milch, 40 g Butter, geriebene Zitronenschale, 50 g Zucker, Salz, 1 Zimtrinde, 3 Eigelb, 1 Vollei, Semmelbrösel, 150 g Aprikosen, 150 g Himbeeren, 150 g Läuterzucker (75 ml Wasser, 75 g Zucker), 2 cl Aprikosenbrand, 2 cl Himbeergeist, etwas Fett, 4 Nelken, Minze.

Den Reis mit der Milch, Butter, geriebenen Zitronenschale, Zukker, 1 Prise Salz sowie Zimtrinde zum Kochen bringen und 1 Std. zugedeckt bei milder Hitze ausquellen lassen. Die Masse etwas abkühlen, dann nach und nach die aufgeschlagenen Eigelbe unterheben und erkalten lassen. Den Reis portionieren, zu einer Birne formen und mit dem Vollei sowie den Semmelbröseln panieren.
Die geschälten Aprikosen und die Himbeeren jeweils getrennt mit dem Läuterzucker aufkochen, pürieren, durch ein Sieb geben und mit der entsprechenden Spirituose vollenden.
Die Reisbirne im Fettbad kurz backen, 1 Zimtrinde als Stiel und 1 Nelke am unteren Ende als Blüte einstecken.
Die Fruchtsaucen zu einem Spiegel gießen, mit einem Holzspieß ein Muster ziehen, die Birne in der Mitte auflegen und mit frischer Minze garnieren.

Birnenstrudel auf Amarettosauce mit Pralineneis

Frank Bidlingmaier
Hotel Bülow Residenz
Dresden

Birnenstrudel:
800 g Birnen, 1 Zitrone, 50 g Butter, 40 g Zucker, 40 g Mandelblättchen, 3 cl Birnengeist, 1 EL Rosinen, 75 g Quark, 30 g geriebener Zwieback, 4 Spring-Roll-Teigblätter (können im Fachhandel oder Asia-Laden gekauft werden), 1 Ei.

Die Birnen schälen, vierteln, von den Kerngehäusen befreien und in Stücke schneiden. Die Birnenstücke mit Zitronensaft beträufeln. Die Butter und den Zucker in einem Topf karamelisieren und die Mandeln dazugeben. Die Birnen zufügen und kurz im Karamel schwenken. Die Birnen in ein Abtropfsieb geben. Den abgetropften Fond wieder in den Topf geben und zusammen mit dem Birnengeist reduzieren lassen.
In der Zwischenzeit die Birnenstücke mit den Rosinen, dem Quark und dem Zwieback vermengen. Zum Schluß den eingedickten Fond zugeben.
Die abgekühlte Masse auf das erste Drittel eines Teigblattes geben. Das Ei trennen. Die Ränder mit Eiweiß bestreichen, danach zur Mitte schlagen und von vorn aufrollen. Die eingeschlagenen Stru-

del mit Eigelb bestreichen. Bei 180 °C etwa 15 Min. goldbraun backen.

Amarettosauce:
¼ l Milch, 4 cl Amaretto, 3 Eigelb, 50 g Zucker.

Alle Zutaten in einer Schüssel gut verrühren und im Wasserbad schaumig schlagen, bis die Sauce dickflüssig wird. Die Saucenschüssel aus dem Wasserbad nehmen und kalt rühren.

Pralineneis:
3 Eigelb, 50 g Zucker, 2 cl Amaretto, 2 cl Cassis-Likör, 2 cl Baileys, 50 g gehackte Kuvertüre (weiß), 50 g gehackte Kuvertüre (dunkel), 300 ml Schlagsahne.

Die Eigelbe, den Zucker und die Spirituosen im Wasserbad schaumig zu einer dickflüssigen Masse schlagen. Danach kalt rühren, die gehackte Kuvertüre und Pistazien dazugeben.
Die Schlagsahne steif schlagen und unter die gut gekühlte Eiermasse heben. Das Eis in kleine Förmchen abfüllen und für etwa 4 Std. einfrieren.

Minzbirne mit Zimt-Vanille-Sauce

Thomas Engelmann
Restaurant Apels Garten
Leipzig

4 große Birnen (Williams Christ), 100 ml grüner Pfefferminzlikör, 100 ml Pfefferminzsirup, 100 ml Wasser, 50 g Zucker, 200 ml fertige Vanillesauce, ½ TL gemahlener Zimt und etwas frische Minze zur Garnitur.

Die Birnen schälen und halbieren, die Kerngehäuse entfernen und im Wasser mit den Spirituosen und dem Zucker 5 Min. leicht köcheln lassen. Die Birnen im Fond erkalten lassen, damit sie den Minzegeschmack und die grüne Farbe annehmen. Im Kühlschrank aufbewahren.
Die fertige Vanillesauce (siehe Seite 170) mit dem Zimt vermengen und gegebenenfalls mit etwas geschlagener Sahne verfeinern.
Die Birnenhälften abtropfen lassen, fächerförmig einschneiden und auf der Vanille-Zimt-Sauce anrichten. Mit Sahnetupfern und frischer Minze garnieren.
Der Fond kann mehrmals verwendet werden.

Ziegenfrischkäse mit Bouillongrießhaube und Emmentaler Creme mit weißen Albatrüffeln

Ute Herzog
Villa Herzog
Dresden

50 g Grieß, Salz und Pfeffer, ¼ l Gemüsebrühe, 300 ml Sahne, 150 g geriebener Emmentaler sowie 250 g Ziegenfrischkäse, ½ Albatrüffel.

Den Grieß in die heiße, kräftig abgeschmeckte Gemüsebrühe einrieseln lassen und auf einem Wasserbad am Herdrand 20 Min. quellen lassen.
Den Emmentaler in der Sahne schmelzen. Um zu verhindern, daß noch Restklümpchen vorhanden sind, mit dem Pürierstab kurz aufschlagen.
Den Ziegenfrischkäse behutsam vierteln und auf 4 kalte Teller in die Mitte setzen. Mit dem Löffel vorsichtig den heißen Grieß darübergeben, so daß der Käse ganz eingehüllt ist. Jetzt mit einem anderen Löffel vorsichtig so viel Käsecreme darüberfließen lassen, daß eine weitere Hülle entsteht. Etwas Trüffel darauf hobeln und sofort servieren.
Dieses Käsedessert lebt von dem Heiß-Kalt-Kontrast.

Frischkäseterrine mit Tomatenvinaigrette

Frank Scharf
Romantik Hotel &
Restaurant Pattis
Dresden

Frischkäseterrine:
300 g Hüttenkäse, 400 g Quark, 200 ml flüssige Sahne, Salz, Pfeffer, 100 g Tomaten, Kerbel, 50 g gehackte Zwiebeln, 9 Blatt Gelatine (groß), 50 ml Sherry, 100 ml geschlagene Sahne.

Frischkäseterrine:
Den Hüttenkäse, Quark sowie die flüssige Sahne vermengen und dabei mit Salz und Pfeffer würzen. Die Tomaten in heißem Wasser 1 Min. garen, abschrecken und die Haut entfernen. Das Kerngehäuse herauslösen und das Fruchtfleisch in Würfel schneiden. Den gehackten Kerbel und die Tomatenwürfel unter die Masse heben, ebenso die gehackten Zwiebeln. Die Gelatine im Sherry auflösen und einarbeiten. Die Sahne steif schlagen und vorsichtig unterheben. Eine Form mit Folie auskleiden und dann mit der Terrinenmasse füllen. Kühl stellen.

Anrichten:
Einige Frühlingszwiebeln der Länge nach vierteln und fächerförmig anrichten. Die Käseterrine in Scheiben schneiden, schräg anlegen und mit einer Tomatenvinaigrette (Tomate concassée mit Balsamico-Essig-/Olivenölvinaigrette) nappieren.

Restaurants der Köche

07586 Bad Köstritz
Schloßhotel Bad Köstritz
Restaurant Hubertus
Günter Dunkel
Julius-Sturm-Platz 9, Tel. (03 66 05) 3 30
Fax (03 66 05) 3 30
Küchenchef: Uwe Belke
Plätze: 200
Ruhetag: –
Ferien: –
Geöffnet: 6.30–24.00
Warme Küche: 12.00–14.30; 18.00–23.00

39171 Beyendorf
Restaurant Classik
Classik Hotel Touristik GmbH
Leipziger Chaussee 13, Tel. (03 91) 6 29 00
Fax (03 91) 6 29 05 19
Küchenchef: Frank Wiedekind
Plätze: 70/70
Ruhetag: –
Ferien: –
Geöffnet: 12.00–23.00
Warme Küche: 12.00–23.00

01468 Boxdorf – Dresden Land
Landhotel Baumwiese
Schneider & Schneider
Gaststätten GmbH
Dresdner Straße 2, Tel (03 51) 83 25-0
Fax (03 51) 83 25-2 52
Küchenchef: Wolfgang Riemhofer
Plätze: 10/30/50, Biergarten 120
Ruhetag: –
Ferien: –
Geöffnet: 11.00–14.00; 17.00–22.00
Warme Küche: 11.00–14.00; 17.00–22.00

09116 Chemnitz
Restaurant Villa Posthof
Helmut und Marion Streller
Zwickauer Straße 154, Tel. (03 71) 30 61 46
Privat: Am Hain 14, 09648 Mittweida
Tel. (0 37 27) 9 44 90
Fax (0 37 27) 94 49 28
Küchenchef: Helmut Streller
Plätze: 96
Ruhetag: Sonntag
Ferien: 14 Tage im August
Geöffnet: 11.00– 1.00
Warme Küche: 11.00– 1.00

06844 Dessau
Restaurant Fürst Leopold
Steigenberger Hotel Dessau
Am Friedensplatz, Tel. (03 40) 25 15-0
Fax (03 40) 25 15-1 51
Küchenchef: Lutz Kuhnert
Plätze: 92
Ruhetag: –
Ferien: –
Geöffnet: 12.00–15.00; 19.00–24.00
Warme Küche: 12.00–15.00; 19.00–24.00

01067 Dresden
art'otel dresden
art'otel Marketing und
Hotelbetriebs GmbH
Ostra-Allee 33, Tel. (03 51) 49 22-0
Fax (03 51) 49 22-7 77
Küchenchef: Matthias Böhler
Plätze: 100
Ruhetag: –
Ferien: –
Geöffnet: 6.30– 2.00
Warme Küche: 11.30–23.00

01097 Dresden
Hotel Bülow Residenz Dresden
Das Caroussel
Horst und Monika Bülow
Rähnitzgasse 19, Tel. (03 51) 8 00 30
Fax (03 51) 8 00 31 00
Küchenchef: Ralf J. Kutzner,
Frank Bidlingmaier
Plätze: 15/22/30
Ruhetag: –
Ferien: 2 Wochen Anfang Januar
Geöffnet: 18.30–24.00
Warme Küche: 18.30–22.30

01099 Dresden
Hotel und Restaurant Schloß Eckberg
Schloß Eckberg Hotel und Restaurant
Betriebsgesellschaft mbH
Bautzner Straße 134, Tel. (03 51) 80 99-0
Fax (03 51) 80 99-1 99
Küchenchef: Jens Budde
Plätze: 25/40/70
Ruhetag: –
Ferien: die ersten 3 Wochen
im Januar
Geöffnet: 12.00–14.30; 18.00–23.00
Warme Küche: 12.00–14.30; 18.00–23.00

01324 Dresden
Hotel Villa Emma
Angelika M. Bettenhausen
Stechgrundstraße 2, Tel. (03 51) 2 64 81-0
Fax (03 51) 2 64 81-18
Küchenchef: Detlef Lange
Plätze: 32/20 Terrasse
Ruhetag: –
Ferien: –
Geöffnet: 18.00–24.00
Warme Küche: 18.00–24.00
auf Anfrage auch mittags
geöffnet

01157 Dresden
Romantik Hotel & Restaurant Pattis
Familie Pattis
Merbitzer Straße 53, Tel. (03 51) 42 55-0
Fax (03 51) 42 55-2 55
Küchenchef: Mario Pattis
Plätze: 20/45/55
Ruhetag: –
Ferien: –
Geöffnet: 11.00–24.00
Warme Küche: 11.00–24.00

01324 Dresden
Villa Herzog
Ute und Ulrich Herzog
Bautzner Landstr. 41, Tel. (03 51) 26 98 80
Fax (03 51) 2 69 88 17
Küchenchef: Ute Herzog
Plätze: 10/25
Ruhetag: Sonntag und Montag
Ferien: je 2 Wochen im Januar
und Juli
Geöffnet: 18.00–24.00
Warme Küche: 18.00–22.30

99817 Eisenach
Wintergarten – Hotel Thüringer Hof GbR
Karlsplatz 11, Tel. (0 36 91) 2 80
Fax (0 36 91) 2 81 90
Küchenchef: Rüdiger Kaufmann
Plätze: 40/54/54/Bankett ca. 200
Ruhetag: –
Ferien: –
Geöffnet: 9.00– 1.00
Warme Küche: 11.00–23.00

99084 Erfurt
Alboth's Restaurant im Kaisersaal
Claus Alboth
Futterstraße 15/16, Tel. (03 61) 5 68 82 07
Küchenchef: Claus Alboth
Plätze: 45
Ruhetag: Sonntagabend/Montag
Ferien: –
Geöffnet: 11.30–14.00 und ab 18.30
Warme Küche: 11.30–13.30 und ab 18.30

06632 Freyburg/Unstrut
Hotel Altdeutsche Weinstuben
Zum Künstlerkeller
Familie Peter Kannetzky
Breite Straße 14, Tel. (03 44 64) 7 07 50
Fax (03 44 64) 7 07 99
Küchenchef: Michael Röder
Plätze: 20/40/40/60/80
Ruhetag: –
Ferien: –
Geöffnet: 10.00–24.00;
samstags 10.00– 1.00
Warme Küche: 11.00–22.00

99867 Gotha
Restaurant Pagenhaus, Schloß Friedenstein
HWT Gaststätten Betriebs GmbH
Schloß Friedenstein
Tel. (0 36 21) 40 36 12
Küchenchef: Torsten Hache
Plätze: 30
Ruhetag: Dienstag
Ferien: ganzer Monat Januar
Geöffnet: 10.00– 1.00
Warme Küche: 12.00–14.00; 18.00–21.30

06108 Halle/Saale
Hotel Schweizer Hof
Schweizer Hof GmbH
Geschäftsführer Helga und Klaus Hinze
Waisenhausring 15, Tel. (0345) 2026392
Fax (0345) 2026392
Küchenchef: Klaus Hinze
Plätze: 10/30/40
Ruhetag: –
Ferien: –
Geöffnet: Mo 15.00–23.00; Di–Sa 11.00–23.00; So 11.00–15.00
Warme Küche: 11.00–14.30; 17.00–22.30

98693 Ilmenau
Berg- und Jagdhotel Gabelbach
Restaurant Ilmenau
Feinschmecker Restaurant La Cheminée
K.-D. Gaydoul
Waldstraße 23a, Tel. (03677) 202555
Fax (03677) 893106
Küchenchef: Jens Kleiber
Plätze: 18/80
Ruhetag: –
Ferien: –
Geöffnet: 18.00–23.00
Warme Küche: 18.00–23.00

38871 Ilsenburg
Landhaus zu den Rothen Forellen
Reinhard und Heidemarie Prause
Marktplatz 2, Tel. (039452) 9393
Fax (039452) 9399
Küchenchef: Martin Schlösser
Plätze: 120
Ruhetag: –
Ferien: –
Geöffnet: 12.00–14.00; 18.00–24.00
Warme Küche: 12.00–14.00; 18.00–22.00

04349 Leipzig
Rats-Keller Schönefeld
Peter und Bettina Steffen
Wenckstraße 1, Tel. (0341) 2330965
Fax (0341) 2330965
Küchenchef: Peter Steffen
Plätze: 15/25/65
Ruhetag: Sonntagabend
Ferien: –
Geöffnet: 11.00–15.00; 17.30–24.00
Warme Küche: 11.00–14.30; 17.30–23.00

04109 Leipzig
Restaurant Apels Garten
Rudolf Müller
Kollonadenstraße 2, Tel. (0341) 9607777
Fax (0341) 9607777
Küchenchef: Thomas Engelmann
Plätze: 10/30/70
Ruhetag: –
Ferien: –
Geöffnet: 11.30–24.00; So 11.00–15.00
Warme Küche: 11.30–22.30

04105 Leipzig
Kempinski Hotel Fürstenhof
Geschäftsführender Direktor
Friedrich W. Niemann
Tröndlinring 8, Tel. (0341) 140-0
Fax (0341) 1403700
Küchenchef: Bernd Weinberger
Plätze: 52
Ruhetag: –
Ferien: –
Geöffnet: 12.00–14.30; 18.00–23.00
Warme Küche: 12.00–14.30; 18.00–23.00

04109 Leipzig
Restaurant Stadtpfeiffer im Gewandhaus
Wolfgang Mädel
Augustusplatz 8, Tel. (0341) 9605186
Fax (0341) 2113594
Küchenchef: Rainer Behringer
Plätze: 70
Ruhetag: sonntags gelegentlich
Ferien: –
Geöffnet: 12.00–24.00
Warme Küche: 12.00–23.00

04109 Leipzig
Thüringer Hof zu Leipzig
Thüringer Hof zu Leipzig GmbH
Burgstraße 9, Tel. (0341) 9944994
Fax (0341) 9944933
Küchenchef: Reinhard Seydel
Plätze: 40/200
Ruhetag: –
Ferien: –
Geöffnet: 11.00–24.00
Warme Küche: 11.00–23.15

98617 Meiningen
Romantik Hotel Sächsischer Hof
Peter Henzel
Georgstraße 1, Tel. (03693) 4570
Fax (03693) 457401
Küchenchef: Christian Heumader
Plätze: 25/25/25/30/50/150/150
Ruhetag: –
Ferien: –
Geöffnet: 11.00–24.00
Warme Küche: 11.00–24.00

01468 Moritzburg
Restaurant Schloßallee & Reiterstube
Jens Deutscher und Jens Michel
Schloßallee 35, Tel. (035207) 81783
Fax (035207) 81784
Küchenchef: Jens Michel
Plätze: 40/80
Ruhetag: Montag
Ferien: –
Geöffnet: 11.00–23.00
Warme Küche: 11.00–23.00

01809 Müglitztal
Königliche Schloßküche im Brauhof
Schloß Weesenstein
Königliche Schloßgastronomie GmbH
Am Schloßberg 1
Tel./Fax (035027) 5738
Küchenchef: Reinhard Lämmel
Plätze: 12/50
Ruhetag: Montag
Ferien: –
Geöffnet: Di. 18.00–24.00; Mi.–So. 11.30–23.00
Warme Küche: Di. 18.00–22.00; Mi.–So. 12.00–22.00

08523 Plauen
Restaurant Hammerklause
Vogtland-Verlag GmbH
Wolfgang Günther
Nobelstraße 18, Tel. (03741) 223529
Fax (03741) 228229
Küchenchef: Michael Seidel
Plätze: 6/25/35; Biergarten 30 (überdacht)
Ruhetag: Montag
Ferien: –
Geöffnet: Di–Sa 11.00–15.00; 18.00–23.00; So 11.30–15.00
Warme Küche: gesamte Öffnungszeit

01445 Radebeul
Steigenberger Parkhotel
Steigenberger GmbH
Nizzastraße 55, Tel. (0351) 83210
Fax (0351) 8321445
Küchenchef: Peter Mauberger
Plätze: 80/110
Ruhetag: –
Ferien: –
Geöffnet: 11.00–23.00
Warme Küche: 11.00–23.00

98574 Schmalkalden
Stadthotel Patrizier
Röder Hotelbetrieb GmbH
Weidebrunner Gasse 9
Tel. (03683) 604514
Fax (03683) 604518
Küchenchef: Lothar Beck
Plätze: 30/30/40
Ruhetag: Donnerstag
Ferien: Januar
Geöffnet: 12.00–14.30; 18.00–22.00
Warme Küche: 12.00–14.30; 18.00–22.00

04626 Schmölln
Restaurant im Hotel Bellevue
Michael Nowak
Am Pfefferberg 7, Tel. (034491) 700-0
Fax (034491) 700-77
Küchenchef: Michael Nowak
Plätze: 8/12/20/30
Ruhetag: –
Ferien: –
Geöffnet: 11.30–14.00; 17.30–24.00
Warme Küche: 12.00–14.00; 18.00–22.00

99891 Tabarz
Hotel Frauenberger, Schwanenrestaurant
Herbert Frauenberger, Elisabeth Hügel
Max-Alvary-Straße 9–11
Tel. (03 62 59) 52 20, Fax (03 62 59) 52 21 00

Küchenchef:	Herbert Frauenberger, Danilo Weh
Plätze:	32/68
Ruhetag:	–
Ferien:	–
Geöffnet:	12.00–23.00 Uhr
Warme Küche:	12.00–22.00 Uhr

99425 Weimar
Weimar Hilton
Belvederer Allee 25, Tel. (0 36 43) 72 20
Fax (0 36 43) 72 27 41

Küchenchef:	Kay Hartmann
Plätze:	250
Ruhetag:	–
Ferien:	–
Geöffnet:	6.00–24.00
Warme Küche:	6.00–24.00

39261 Zerbst
Park-Restaurant Vogelherd
Gabriele und Ronald Erdmann
Lindauer Straße 78, Tel. (0 39 23) 78 04 44
Fax (0 39 23) 22 03

Küchenchef:	Gabriele Erdmann
Plätze:	30/45
Ruhetag:	Dienstag
Ferien:	–
Geöffnet:	11.30–15.00; 18.00–24.00
Warme Küche:	11.30–15.00; 18.00–22.00

38855 Wernigerode
Travel Charme Hotel Gothisches Haus
Resort Hotel GmbH
Am Markt, Tel. (0 39 43) 67 50
Fax (0 39 43) 67 55 37

Küchenchef:	Günther Ulrich
Plätze:	40/200
Ruhetag:	–
Ferien:	–
Geöffnet:	10.00–24.00
Warme Küche:	11.00–23.00

Rezeptregister nach Kapiteln

Vorspeisen

Suppen

Fisch

Fleisch

Wild

Geflügel

Gemüse und Beilagen

Desserts

REZEPTREGISTER
A–Z

A

B

C

D

E

F

G

H

I

J

K

L

M

N

O

P

Q

R

S

T

U

V

W

Z

Vom selben Autor sind im Matthaes Verlag erschienen:

Die baden-württembergische Meisterküche
407 Rezepte von 120 badischen und schwäbischen Küchenmeistern
mit 44 Farbaufnahmen von Edith Gerlach
Format 21,5 × 27,5 cm
216 Seiten

Die nordrhein-westfälische Meisterküche
467 Rezepte von 67 der besten Köche Nordrhein-Westfalens
mit 46 Farbaufnahmen von Edith Gerlach
Format 21,5 × 27,5 cm
224 Seiten

Die niedersächsische und die Bremer Meisterküche
442 Rezepte von 70 Köchen aus Niedersachsen und Bremen
mit 46 Farbaufnahmen von Harry Bischof
Format 21,5 × 27,5 cm
224 Seiten

Die rheinland-pfälzische und die saarländische Meisterküche
516 Rezepte von 78 Köchen aus Rheinland-Pfalz und dem Saarland
mit 45 Farbaufnahmen von Harry Bischof
Format 21,5 × 27,5 cm
248 Seiten

Die Berliner und die brandenburgische Meisterküche
407 Rezepte von 63 der besten Berliner
und brandenburgischen Köche
mit 46 Farbaufnahmen von Harry Bischof
Format 21,5 × 27,5 cm
216 Seiten

Vincent Klink Schwäbisch Gmünd
Ein Kochbuch und Küchenportrait mit Landschaftsbeschreibung
109 Farbbilder, 123 Rezepte
Format 24 × 30 cm
234 Seiten

Hunsingers Fischküche
Ein Kochbuch und Küchenportrait
146 Farbbilder, 80 Rezepte
Format 23,5 × 30 cm
216 Seiten

Die bayerische Meisterküche
457 Rezepte von 100 der besten Köche Bayerns
mit 45 Farbaufnahmen von Edith Gerlach
Format 21,5 × 27,5 cm
224 Seiten

Die schleswig-holsteinische und Hamburger Meisterküche
460 Rezepte von 54 Köchen aus Schleswig-Holstein und Hamburg
mit 46 Farbaufnahmen von Harry Bischof
Format 21,5 × 27,5 cm
224 Seiten

Die hessische Meisterküche
502 Rezepte von 82 Köchen aus Hessen
mit 45 Farbaufnahmen von Harry Bischof
Format 21,5 × 27,5 cm
240 Seiten

Schwäbisches Vesperbrevier
285 Rezepte in 8 Kapiteln mit Radierungen
von Simon Dittrich
Format 10,5 × 23,5 cm
312 Seiten

Die mecklenburg-vorpommersche Meisterküche
403 Rezepte von 40 Köchen
aus Mecklenburg-Vorpommern
mit 46 Farbaufnahmen von Harry Bischof
Format 21,5 × 27,5 cm
216 Seiten

Historischer Krug Oeversee
Ein Kochbuch und Küchenportrait
58 Farbbilder, 413 Rezepte
Format 23,5 × 30 cm
224 Seiten

Ethnic Food New Age Cuisine
Küchenportraits aus Südostasien
266 Farbbilder, 120 Rezepte
Format 24 × 32 cm
286 Seiten

Josef Thaller

Die Mecklenburg-Vorpommersche MeisterKüche

40 mecklenburg-vorpommersche Meisterköche zeigen im neunten Band, daß sie die Regionalküche zwischen Lübecker und Pommerscher Bucht richtungweisend zu bereichern vermögen. Neuartige, delikate Kreationen und herzhaft klassische Kost werden in regionaltypischer Weise verbunden, wie z. B. beim Wismarer Ostseeaal in Gelee, bei der Rinderbrust aus dem Pökelsud mit Steckrübengemüse oder den pommerschen Zimtpflaumen an Waldhonigparfait.

216 Seiten, 46 Farbabbildungen
403 Rezepte, Leineneinband mit Schutzumschlag
58 DM